我的学术自传

成中英 著

华东师范大学出版社

·上海·

图书在版编目 (CIP) 数据

诚思录：我的学术自传 ／（美）成中英著 . —— 上海：
华东师范大学出版社，2024. —— ISBN 978-7-5760-5066-0

Ⅰ . K837.125.46

中国国家版本馆 CIP 数据核字第 2025NB3214 号

诚思录：我的学术自传

著　　者　成中英
策划编辑　王　焰
责任编辑　孙　莺　王海玲　朱华华
责任校对　李琳琳
装帧设计　卢晓红

出版发行　华东师范大学出版社
社　　址　上海市中山北路 3663 号　邮编　200062
网　　址　www.ecnupress.com.cn
电　　话　021-60821666　行政传真　021-62572105
客服电话　021-62865537　门市（邮购）电话　021-62869887
地　　址　上海市中山北路 3663 号华东师范大学校内先锋路口
网　　店　http://hdsdcbs.tmall.com

印 刷 者　上海中华商务联合印刷有限公司
开　　本　787 毫米 ×1092 毫米　1/16
印　　张　35
字　　数　455 千字
插　　页　4
版　　次　2025 年 6 月第 1 版
印　　次　2025 年 6 月第 1 次
书　　号　ISBN 978-7-5760-5066-0
定　　价　99.80 元

出 版 人　王　焰
（如发现本版图书有印订质量问题，请寄回本社客服中心调换或电话 021-62865537 联系）

1958 年与父母弟妹摄于台北家中

1960 年就读于哈佛大学哲学系

上：研究生时代在哈佛大学校园

下：1964 年摄于哈佛大学

上：1965 年出席夏威夷大学东西哲学家国际
会议，与方东美师和前辈学人陈荣捷、梅贻琦、
谢幼伟、唐君毅以及同辈刘述先等人合影

下：1966 年与维也纳学派著名科学哲学家赫
伯特·费格尔（Herbert Feigl）合影

上：1984 年与哈佛博士导师蒯因 (Willard V. Quine) 在加拿大魁北克瀑布同游合影

下：2007 年在第十五届国际中国哲学大会上主持会议

上：2016 年与英国牛津大学哲学系威廉森教授共同演讲

下：2019 年与德国哲学家米凯·福斯特（Mike Forster）等摄于台北故宫博物院

自题词

中华大地，锦绣河山，物华天宝，人杰地灵

悠悠我心，诚思上下，发我灵根，长我慧命

卷首语 ⌇⌇⌇⌇⌇⌇⌇⌇⌇⌇⌇⌇⌇⌇⌇⌇⌇⌇⌇⌇⌇⌇⌇⌇⌇⌇⌇⌇

何以走向哲学

有朋友常常问我为什么走上哲学这条路，我的回答基本是：哲学是我最喜欢的一门学问，同时也是中国必须去面对的一个知识领域。少年时代，在抗日战争的大后方，我认识到中国的弱小，希望中国能够强起来。青年时期，我开始理解西方之所长在于有激励人心的科学技术和科学思想，而科学思想则以哲学背景作为支撑，所以我对哲学产生了很大的兴趣，甚至认为哲学是中国文化的精华，因此，发展中国文化就要发展中国哲学，在中国哲学的基础上发展科学技术，使中国走向时代的前列，从而富强起来，不再受他国欺侮。

从中学时代开始，我就很喜欢看一些有思想内涵的书，其中包括《易经》卦图等，后来对爱因斯坦的相对论产生兴趣，并尝试把它翻译为中文，后因种种情况没有完成。大学之后，我沉浸在西方文学和西方语言之中，同时开始思索和探讨哲学思想，如熊十力的新唯识论，同时也重视西方的理性哲学，如柏拉图和亚里士多德的逻辑学。我们知道希腊有一个哲学的文化，我认为中国的哲学更为复杂深刻，更有益于世界的发展，我甚至认为中国是一个哲学的民族，因为她一开始就对宇宙变化有所认识和关注。中国没有西方的宗教，中国人的信仰是哲学的而不是宗教的，这就不能说中国人是有神论或无神论，同时也不应该把天主教和佛教的一些范畴用在中国的哲学心理之上。可以这么讲，我们是"哲学中国"，而不只是"文化中国"。

我希望中国的哲学能够影响世界，因为它能够进行一个生命和生活的转化，使这个世界走向和谐、和平与繁荣。

序

　　我长期教授哲学，已超过 60 年。可以说，跨越了几个重要的时代，也穿越了人类世界重要的文明发展中心。经历了地球上的山川田野，也熟识了天空日月的灿烂，觉得自己的生命是有一定的意义的。这个意义来自我出生的土地，也来自滋养我的中华文化传统。在增长的岁月中，我很幸运地认识了其他文化的特色。我一方面欣赏，另一方面也深刻地反思我自己的文化根源。我觉得我的存在中心就是我的文化根源之所在。因为有了这个根源，我才能够认识这个世界的其他传统，能够做出发自内心的真实评价，让我更能够认清什么是美丑，什么是真实与虚假，什么是善恶和是非。我之所以能做到这些，可以说就是因为我选择了哲学地思考。

　　哲学地思考，说到底就是认知自己，认知他人，认知世界，并能做出对自我、他人和世界的深刻评价。哲学地思考也让我能够坚持真理，敢于面对强权，对生命的每一刻都能承担其价值。不求无忧于生命，但求无憾于天地。哲学并非宗教，在我看来，却比宗教更能带来自由和对生命的信心。哲学也不是艺术，却能让我认真地拥抱现象而有所取舍。因之，我常常把哲学看成认知自我，也是实现自我存在的学问。孔子说的"为己之学"，在我看来就是这个意思。仔细分析来看，"为己之学"也是"为他之学"，并同为"为人之学"。人的完全自觉包含人我关系和天人关系，发挥自我、体现自我与实现自我，都必须考虑到人的宇宙地位以及人自身的价值。

我能欣赏不同文化传统的特色及其生活的智慧，心中并无偏见。但在世界诸多文化传统之中，我的确还是最欣赏古典的中国哲学精神。不管是与天地合一，或是与道同游，或是独立于宇宙之间以我为尊，中国哲学把一切都看成变化之道，却也意识到这个变化之道就是常道，因之能够欣赏变化而不伤害生命。这在儒家传统中是仁爱之道，是易学所说的中道。中国文化能够了悟到这个智慧是很了不起的，因此我感到中国文化的精华造就了中国的人才，也成就了中国的哲学精神。我自觉已体会了这样一种精神，也能够保有它，坚持它，始终不渝。

在这样一种心情下，回顾我的生命发展并非偶然，而是与中国现代的命运结合在一起。从早期中国的灾难时代到今天中国文化的强势复兴，我都亲身体验和感受，它们也共同促进了我哲学心灵的成长和成熟。我做出了力所能及的贡献，不敢妄言是否在历史上具有一定的地位，但我知道我的哲学思考是独特的，是反映我这个时代的，是尽我所能的。我也不敢说自己完全地发挥了所有潜力，毕竟这是很难自己决定的。

人生中有很多苦难，即使不在战争之中，也可能受到社会的不平等待遇。因为他人和种族的缘故，也可能因为自己的缺点，招致各种不幸的遭遇而必须做出抗拒和自我反思，而不得不付出代价。我更不能克服自己身体有限的机能，只能适应生命的极限，来完善和改进自己所能完善的和改进的。对我来说，这就是一种快乐，而不是一般所说的生命享乐。我这样的一个生命态度，可能是受到儒学的影响。但我也十分看重精神和生命的自由，尽量避免因物质和权力问题而造成的困境。这也可以说是生命的勇气，一方面能够承受，另一方面也能够尽量消除，要维护和还原出一个真实的自我与天地同在，甚至不受生死的拘束。张载说"存，吾顺事；殁，吾宁也"（《西铭》），我常常也有这样的感受。

我把我的人生分成几个阶段，也是我实际经历的生活与学习的写照。从童年时期在神州大陆的乡居，到青年时期到台湾地区求学，再到进一步走向美国海外深造，我生活的范围越来越广，生活的挑战也越来越大，但幸运的是，我都能够对它们加以应对。"海外"的范围从美国的西岸到东岸，再延伸到欧洲，自此我也开始了自己的教学时期。我很珍惜自己求学的这个过程，从很多角度来看，这个过程是现代中国人少有的，甚至是独特的。因之，我的哲学思想也反映了我对这些新文化的吸收和自己的创新成果。从学习阶段到教书阶段，这是一个跳跃，是把自己的学术生命传递给下一代。但我在海外，未能久居中国大陆，不能持续地作育中国大陆英才，我觉得是一个遗憾。幸好还有少数中国大陆的学生追随我，也有受我思想影响的青年仰慕我从我学习，我觉得我是很幸运的。

我把我成熟的教学时期分成两个段落。一个是回归故国，在中华大地上与同仁交往论学，也影响新一代的学子，这是一段很愉快的日子。后来我又不得不面对世界，在世界中寻求生命的地位。其实这也是中国的命运。中国是一个保守而爱好和平的国家，但就其近代历史而言却过分闭塞，遭受外来强权的侵犯而一时无法抵御。论其原因，中国近代的历史显示出中国对世界的认识和交往是缓进的，甚至是静态的和被动的。作为一个现代国家，中国必须与时俱进，主动地追求完美，嘉惠世界，动态地寻求和谐与平衡、成长与成熟。

必须要指出，我在第六部分关于"世界"这个标题下所陈述的，更多地是我的理论性的哲学思考与生命思考，和前几部分侧重于具体的学术生活与活动差别较大，应该说，更是对我自己的学术思想与理论的探讨与反思。在其中，我对自己的核心理论进行了随机却细致的分析与表达，虽并非正式的学术论文，却补充了以往论文中一些有关的细节，读起来也许较为吃力。但这一部分对我却很重要，因为它至少呈现了我的学术思考的重点和方向，以及对中国哲学与人类未来的希望，私以为值得读者反复推敲。

显然，人类世界如加速的火车越走越快，我们必须尽量跟进，与世界并驾齐驱，这样才能减少不必要的伤害。如果更能进取，在世界上建立通向人类理想未来的大道，中国的和平智慧就会有助于化干戈为玉帛，把人类导向一个理想的生活境地：既非西方宗教的外在超越，也非印度佛学的内在寂灭，而是显示天地宇宙丰沛的生命活力，开放出人类自由平等、彼此互惠的美丽花朵。

我的序言说明我的心路。我的心路是悠长岁月的积淀，希望它能够为读我学术自传的青年朋友带来一份惊奇，也带来一份激励和生命的欣喜。

我称此书为《诚思录》，因为它代表我真诚的思考和回忆，是与追求真理和真实直接相关的。

是为序。

成中英
2022 年 11 月 8 日
于夏威夷檀香山

目录

引言

　　我该怎么描述自己？这里有一个表述方法的问题。生命有一个历史的进程，历史有一个方向感，生命本来就是一个进程、一个方向，而且有其时间的起点。我的自传无疑是我生命经历的时间过程，但作为人，人的心灵却不限制在一个单一的时间界面，而是面向着，同时也保有着多向的活动界面，形成时间中现在、过去与未来相互交错的存在轨迹，发展为一个立体的甚至超立体的空间网络，它们之间有层次的差别和变化，也有前后因果相互影响的复杂关联。从现在这个时段的立场，回忆不仅是历史的事件，而且是贯穿历史空间的心灵活动，包含观感与思想，以及相应的具体世界。面对这样的记忆机制，我采取并行的方法：一方面，从历史时间描述生命的进程以及实际生活的具体事件，并说明其意义与影响；另一方面，开放地重温心灵思维的活动轨迹，甚至激活其内含的问题与思考成果来说明其意义以及对我生命的影响。我必须说，这已经不是纯粹的回忆，而是心灵生命的复活，对我的生命整体之未来向度同样具有重大价值。

　　作为一个思想者，尤其是作为一个哲学思想者，我对于自己这一生的生命进程有较早的自觉。我写自传是为了说明我的生命进程有一个思想发展的脉络，这当然不是一天形成的，而是逐渐意识到的。现在就表述方法来说，我要说明我的思想是诚之于内、发之于外的生命活动。至少从现在的回忆中强烈地感受到这一点。

哲学家里写自传的有很多，有的是一种自我陈述，比如说奥古斯丁的《忏悔录》，他记录自己当年在米兰生活的经验，以及后来如何从颓废逐渐反省自我，把生命超越到对上帝的信仰。这也说明了人的生命有一个内在的发展，不是下降就是上升。但有了自觉的思想，就能解释自己生命发展的方向，以及发展的根源与理由。当然，发展往往是自然的，但对自然的自觉就产生何以故、何以然的扪心自问。后人对前代哲学家的生命与思想发展自然也就能够发生启发和引导的作用，甚至可以说是一种思想与精神的传承。在近代，罗素的书《我的哲学的发展》陈述了其重要哲学课题，即分析哲学、数理哲学如何形成，以及怎样回应一些反对者对他的意见，所趋赴的乃是一个追求独立性、客观性和超越性的真理的方向。此外，还有伽达默尔的《哲学生涯》一书，是伽达默尔对自己早期哲学生涯的描写，叙述了大学时代接触到的哲学教授，接受他们的影响，尤其如何在马堡大学受到海德格尔的启发。至于最后如何定位自己的思想和海德格尔的关系，他也做了一些说明，让我们看到西方诠释学发展的一个轨迹。书中并没有提到他的父亲对他的影响，但在 2000 年我与他对谈时，伽达默尔却强调了他没有走他的父亲让他走的路，这显示了他的父亲对他的文化的影响，这也许是他的自传中可以补足的部分。

在中国传统中，古代思想家往往对自己身世有基本表白，对自己思想发展有所回顾的似乎并无太多。而近代我们却有五四时代思想家的各种自述，如梁启超的《梁启超自传》、梁漱溟的《梁漱溟自述：我是怎样一个人》、胡适的《四十自述》，以及蒋梦麟的《西潮》。这些自传式的作品，往往说明了一个时代的背景以及传主自我发展的过程，最后也都着重于自我思想的观点与主张，对后人的影响当然是十分重大的。

概括中西思想家或哲学家的自传叙述，作者都在生命中自觉一个终极的目标。他的生命以及他的生活也就自觉地或不自觉地追求或走向他的终极目标，至于是否达到他的目标，或取得什么样的后果，是作者自我评断的。作者的自我认识只是提供一个自身反思的角度，而作者思想成就的价值却必须等待社会与历史的长期评价来决定。

就我来说，我在描述我自己的哲学追求过程中，强调我的哲学思考是从我对我所处的环境和时代认知而来，从感性到理性，从理性再回到感性的循环过程。我经历了强烈的感情，产生接受或排斥的态度，但最后仍能基于生命与生活的基本理解，自然提升为一个有价值的观点，使它能作为行为的动机与基础。我特别看重经验中真实与虚假的分别，正如我重视人的诚恳与虚伪的分别一样。尤其在早期有价值的态度是十分强烈的，但也引起了生活中各种矛盾。也许经过一番苦恼的挣扎，获得一种理智的清明，心态也就平和起来。我就感受到一种生命的改变更好地超越强烈情感的桎梏。学习如何用理性观察感性，用感性转化理性，这样一个自觉发展的过程，一方面是对客观真理的追求，有了逐渐深刻的自然真实的理念；另一方面，自身的存在也就有了更实质的内涵与意义，不会随风而动。

我特别欣赏孔子说的"四十而不惑"和孟子说的"四十而不动心"，这样一种生命境界在古代也许较早取得。但在近代，由于人类生活的繁琐性和世界的复杂性，生命体如果能够到五十岁而"不动心"就已经很难得了。当然这里说的"不动心"是知善知恶，而不为利诱不为欲动。这样的生命才有一个新的起点，以后来的五十岁为成就自我的自然发展，因此就构成了一个较为理想的人生。我向往这样一个理想的人生，有其前期的自由与奔放，也有后期的执着与宁静。但在我的思考中，我对自然性也有一种生活的理解。我常问：什么是自然？我不能规范自然，但我总觉得暴力和无畏的牺牲不是自然，因此避免暴力和无畏的牺牲是最基本的自然。人类的生命与生命中的思想发展，就必须以此为前提和目标。另一方面，这也可能只是一个良好的意愿，是身不由己的，也是心由不得的。这可能是我思想中最大的矛盾之一。我希望自然与自由能够调和，我希望人的行动凡是自然的都是自由的，凡是自由的也都是自然的。但这也是一个理想而已，自然与自由之间存在着巨大的鸿沟，最后必须用自己实际的生命来填补或接引。

具体来说，我体验到真实的存在与诚恳的自我必须在实际的行动中表达与实现。如果一个人只是研究真实，而不感受真实，他的研究便只是一个虚假的形式。因此，我感受到一个思想者的生活必然是自然地实践他认识的真实，至少不可以违反。比如有人告诉我，某学者研究儒学一辈子，对儒学的经典十分熟悉，他就是一个儒家吗？显然不一定。因为说他是儒家，就必须相信他践行儒学，实现儒学的理想，而不是采集儒学的历史知识而已。同样，我们说一个科学家如果是家，而不只是研究者，他也必须相信和实践科学的真理，以他自己的生命作为科学真理的见证。在我的了解中，哲学更是如此。哲学本来就是一种综合感性与理性的研究，并涉及感情与态度。但这并不表示哲学家不可以客观地认识世界，客观地判断真假是非与善恶。他赋予了他的判断一种真实性和一种生命的价值，使存在的真理成为既是客观的又是主观的整体。如果一个哲学家做不到这点，他就无法说自己是哲学家。哲学家的生命现实就在成就一个价值判断者，包括对真假、是非、善恶、美丑以及其他有关价值的评述。他的理性导向价值的判断，价值的判断又必须以他的理性作为基础。

以上我在说明作为一个思想者和哲学家，我对自我的追求随着我的哲学思考而加深，同时也随着时间改变了我自己的生活。因此，我对自我经历的生命，也赋予了我体验的整体性生命的意义。我想中外思想家的自传都是如此。如果不从思想的主脉入手，对自我或对人的理解又有什么特殊的内在意义和价值呢？世界上的人很多，不是每个人都是思想家或哲学家。因此，不是每个人都愿意从思想方面回想反思自己的生命。但他们可以从自己的遭遇或其他事件来回忆自己的人生经历，这也不妨看成一种历史经验的贡献。一个退休的战士，对他的从军生涯可能有极重要的回忆，他的自传就在回忆那一段重要的历史经验，也有助于对历史真相的揭露或补充。一个艺术家，在他晚年回忆他的艺术创作，也许有助于我们对他的艺术有所理解。这就是一份有助于其他生命发展的心得纪要，透露出他那个时代的生活背景。总之，每个人在他的专业基础上，或者在他独特的人生经历中，都可以回忆他自身的参与：一方面显示他那个时代的生活内涵；另一方面，也在他的参与中显示了生命的发展或遭遇的途径。

以上所说表明一个事实，即有关自我的任何描述，都有一个内在的主体性，我们必须从方法论上承认这个主体性。它是先天的给予，是人在自觉中自然发生的认知行为。这也是现象学最先提出的一个自我存在的前提。既然有了主体性，是在自我与环境的交往中体验到的，对环境的描述便不能没有一种主体的特色，可称之为主体性观点。主体性观点陈述的事实，有其真实性，不只有其表象性。这就是我们必须理解一个人的思想和遭遇所相应的客观历史现象为何的原因。此一相应的历史现象，也是自我主体生活与思想的背景。主体的思想与客观的背景是密切相关的，因此，我的任何思想都可以说有一个客观相应的时代表象与历史真相。我的生命感受和思想与此一时代表象和历史真相紧密相关，不一定看成因果关系，而可以看成一个整体存在的两面。主体的思想承担客观的现实和历史的压力，从而表现了一些独特的时代感情与感受。在我个人生命的发展中，显然我的那个时代密切地影响我生活的方式和品质，这也是在我的自传描述中必须涉及的重要部分。客观的现象与历史的事实，引发了主体的思考内容与方向，把自我原始的、先天的生命倾向推向一个自觉的目标，成为主体生命的一个重要经验和发展。当然，主体的自我也可以基于自身的感受和行为，改变客观现象的发展状态与方向，形成一个内外交融、左右互动的动态过程。这也构成一个历史不断更新的过程，形成新的行为和价值判断。这一点也可以从伽达默尔对海德格尔存在论的接受来说明。伽达默尔接受海德格尔关于人的存在的"抛出"之说，因而否定了其他诠释学基础的可能。但他又接受并重视人类文化的传统，显示人类的主动创造力，与他形上学的前提相反。这也透露出人的主体性可以有自觉或非自觉的两面，非自觉的一面可以从一个外在的存在观点来决定，它与主体的自觉相互结合之后，它的意义就有了限制。

事实上，一个自觉的追求可以有一个客观化的描述，但由此引申出来的内在状态却有其独立的真实含义。以此再来规范客观的现象，并赋予它新的意义，是可行的。由于客观的对象可以变成自我主体新的内容，它就有了新的含义，也就形成了一个本体论的诠释成果，它是和具体的生活历史环境有关系的。所以我提到我自己的思想发展，自然导向对客观真理的探求。这说明我的思想有其根源，也有其真实性。这也说明我的哲学有其根源，是扎根在主体与客体统一的存在基础之中的。在我的自觉的思想过程中，我的思想呈现了它自身的价值，因为它呈现了一个客观的真实性和一个主体的相应性。这就可以说，一位哲学家生活的历史经验与其哲学追求，及其欲达到的目标之间应有一种内在的逻辑上的一致。这是我所说的哲学家自我描述的方法基础的重要性。这一方法论问题对描述自传很重要，所以我把我的自传命名为《诚思录：我的学术自传》。

伽达默尔所谓的"career"就是哲学生涯，是蕴涵在这个"哲学发展"中的。他的哲学生涯是一个教学相长的过程，这体现于他和其他哲学家的交往以及研究发展中一些与他人（尤其是其哲学思想）之间彼此的呼应和对话，以及基于此的反思和再发展。这些当然是所谓哲学生涯的一个基本目标，通过教学和研究自我的方式呈现。我自己从学生时代到教书时代也逐渐实现了这样一个过程。从小学、中学到大学研究所，我读书差不多有 22 年，拿到博士学位时已经 28 岁了。从童年到成年，是 20 年的成长。至于我在研究所的阶段则是"自觉的发展"，它代表着一种自主选择，这中间至少经历了 7 年的过程。我在哈佛大学念书的时候，有一个有名的社会学家叫帕森斯，他的儿子叫作查尔斯·帕森斯，也是蒯因（Willard V. Quine，1908—2000）的学生。我刚进入哈佛大学哲学系的时候，他便介绍自己是最老的研究生，已经"做研究"十年了。第二年他拿到学位毕业后，便受聘到哥伦比亚大学任教，所以对哲学的追求时期是因个人情况而异的。

作为一个教学与研究并重的学者，我从 1963 年秋天起在夏威夷大学开始任教，至今已经超过半个世纪，希望能够用自己的生命理性的成长来激励后人。孔子说："有朋自远方来，不亦乐乎?"如果能得天下英才而教之，岂不更快乐吗? 这种教育的重要性在中国的文化传统中地位十分突出。《中庸》说："天命之谓性，率性之谓道，修道之谓教。"人能成熟，能掌握自己生命的核心，能够体验到生命的价值，而且能够实践这一价值，何乐而不为呢? 这是中国哲学的精神。从这个意义上讲，我写这部自传就是想要说明善与人同，证明人都是本身就是善良的。人既然是善良的，就能不断地成长至好的人格状态，产生一种教化的力量。所以，应该把这一力量更多地贡献给人们。这也是我写这部自传的动机。孔子也说："吾十有五，而志于学，三十而立，四十而不惑，五十而知天命，六十而耳顺，七十从心所欲而不逾矩。"（《论语·为政》）。因此，儒家就是我对人生命成长过程的认识。这一个成长过程内在于生命一般的含义里。我对儒的基本看法是"天地之所需者曰人"，所以我从易经的第五卦需卦入手。儒即需，来自需，需是等待，等待天上下雨。所以儒首先要能够在对于人的理解中发挥自己的德性，成就自己的事业。既然能够有所心得，有所成就，所谓成己成人，就应该进一步教化后学，与人为善。因为人们总是在等待着不断改进，不断成长，所以"人之需也"就叫作儒。人有所等待就是一种需要，需要一种教化的力量。

孔子以"儒"作为一个人发展的基本过程，并且把"儒"的内涵界定为实现人之本善，是天下人的理想，也是维护天下之义，希望最终建立一个礼乐教化的文明社会。这正是儒家的特点。我是从这个意义上，以这样一种心态来说明这个"儒"字的。儒者，诚之为人之道也。

我被称为当代"新儒家"第三代代表。"新儒家"究竟是什么意思？意义不是很明确。但是，其中有一个意义，就是说，在中华文化和华夏民族受到诸多外部的压迫、侵略和伤害的情况下，怎样来肯定自己。如果我们没有一种内在的生命力来自我表达，就等于否定了自己过去所做的和现在所做的，存在的意义和价值就丧失了。所以，我们在现今的时代要做的，便是时时事事反思自己存在的价值，在这一价值的意义里去重新建立自我，自觉地整合自己内在的力量来面对外部世界的挑战。对好的事物，予以吸收；对坏的事物，包括各种不公平的待遇、剥削压迫等，坚决反对。人类应该走向一种善与人同、平等互惠的相互形态。这是我必须强调的一点。第一代新儒家，如梁漱溟、熊十力等人的生命过程，都代表了这样一种儒家的心态。他们能够把儒家的价值与宇宙的生命结合起来，形成一个新的愿景。这个结合也是新儒家在儒学基础上，建立了对宇宙生命的感知。这表示他们超越了《论语》的范畴，把《易经》与孔子的《易传》纳入到他们生命体验的思想中。这一个重要的发展，对我是有启示性的，让我进一步认识到儒家天人合一的精神所在，可说是一个发展中的时代精神。

值得注意的是，梁漱溟提出中国文化的历史价值和发展方向是具有真知灼见的，但是他并没有自觉到儒家具有的自然宇宙创造性的基础。这个自觉更清楚地呈现在第二代和第三代新儒家的发展中。

熊十力高度自觉地为中国文化思想的内涵的探讨打下了基础。他所写的《新唯识论》尝试从一个知识论的观点来说明儒学的宇宙论基础，但他只接触到唯识论的传统，因此只能从唯识论的角度来进行中国易学宇宙论的说明。利用唯识论的"刹那生灭"来解释《易传》中的乾坤变化，同时利用《易传》的宇宙论来反对唯识论所导向的一个所谓"空即是有，有即是空"的佛学的超脱境界（在西方则叫"超越"）。但他最大的成就仍然是转化唯识理论，建立易学的"翕辟成变"，并用"翕辟成变"这种关系来说明宇宙变化的体用关系。作为近代中国哲学的发展基础，这一点是很大的成就。但这也透露出一个问题，即他只能引用印度佛学来说明中国哲学的形而上学，而未能揭露儒学中内涵的基本变化思想元素。

熊十力走向《新唯识论》具有历史性。唯识学在清代后期已成显学，当时经学已经衰落了，史学也不发达。戴震以后，也就是18世纪中期以后，中国社会进入一种安稳，但没有积极打破社会的封闭状态，习惯于停滞的统一，既没有汉代武帝用儒学来重整国威的精神，也没有唐代那种开拓的易学道学的风采。清代基本上是力求安稳，这一点就把中华文化和精神消减了一半。于是清代积聚的问题越来越多。因为没有深入时代的发展，丧失了易学这种认识宇宙之"变"，以至未曾进行一种与生命对应的革新之变，发展个人的创造力，整个民族文化落入消极颓废之中，加上鸦片战争中的失败，中国的精神生命顿然衰微，失去了振作的能力与活力，对西方文化的侵入更是束手无策。

18世纪的戴震研究孟子，提出对孟子的理学的梳证，而不止于考证的功夫。这应该是一个哲学思考发展的起点，却后继无力，很快就落入到乾嘉的考据学故纸堆中，不再有思想的活力，更遑论主体的创新精神。但他的《原善》一文却包含了这样一个可能，可惜当时不受重视。20世纪90年代，我把《原善》一文翻译成英文出版，并写了一篇有关儒学生命哲学发展的长文，强调戴震改变了宋明理学，主要在于有一种对于生命更加强烈明晰的认识。但由于当时中国社会和中国学术失去了发展的方向，只求安稳不求进取，因之也不能发挥复兴中国哲学生命力的作用。人们安于现实，不思进取，缺少历史意识，没有发挥自身的长处，并因为闭关的缘故也未能紧追西方的变化，进而形成文化的一落千丈。因此无法对哲学提出任何资源，哲学自身也因为文化失去活力，不能发挥任何号召的能力。第一次鸦片战争以后，紧接着第二次鸦片战争，中法战争与中日战争，八国联军入侵，中国文化的生命与思想活力更是消磨殆尽。不到五十年时间，整个国家就四分五裂，文化失散，哲学委顿，只能走入翻译西方文典的途径，殊为可悲。幸有五四运动年轻学子的觉醒，逐渐为中国的文化与哲学开辟一条新路。但对中国哲学是否就应该弃之如敝屦呢？回答是，五四运动作为文化自觉运动，也可以说是哲学思想运动，至少在一定的范围内创造了一个新的觉醒，走向现代化时代的生活方式，连接一个具有生命力的和重视奋斗精神的哲学智慧。上面说的新儒家的发展，就是这样一个产物。外来的新思想的接引，也带动了一些实际的革新和革命活动，对中华民族的生命的保存与发扬产生了积极的作用。这毕竟是中国哲学的精神反弹吧。如何善用这一动力，就变成我们这个时代最重要的课题。

另一方面，西方，尤其是日本野心勃勃地侵略中国，造成中国社会的动荡不安。如何把这一个危机带来的精神震动与觉悟转化为创造的活动，更应该是中国哲学思想再创造的一个重要契机。我在1985年回到中国，跳过了中国自身的一些内在变化，看到文化复兴的契机。因此，在我自身的思想发展中也产生了极大的鼓舞力量。我们要从一个较远的距离来观察文化的变迁与发展，必须要说我经历的中华文化生命是从最艰难的处境逐渐走向光明的前景，而我所经历的生命使我对哲学这一思想的智慧工程产生莫大的信心。为了拯救自我、更新自我，也为了振兴族群的生命和发展，我认识到我们必须回顾我们文化的精华，重读我们的经典，借以充实我们的生命活力。所以我认为，必须提倡哲学思考，恢复中国哲学内在的活力。放眼看世界，不断创建、不断更新，使我的哲学生命改变现实，创造价值，并充实地完成它自己。

我十分重视孔子的易学与春秋学，易学方面我已多有表述，但关于春秋学，我却常常无法把孔子作春秋之意转化为客观的描述。有一点是清楚的，作为思想的对象，《春秋》是孔子要对历史的发展进行一个道德的判断和价值的论述，事实上，就是对人存在的历史意义、行为意义的一个深度认识和评价。《春秋》的价值判断应该是发自于真、归属于善的一个生命要求，以此来衡量历史事件、历史人物，甚至自己，是有重大意义的。春秋学代表的是对历史的交代和对未来的开创。当代新儒家对孔子的春秋学着实研究不多，也许由于中国现代历史太过复杂而一时理不出一个道德的头绪。但这是一个挑战，要建立一个美好的未来，就不能不面对这样一个挑战。不但要回顾中国的历史，也要回顾世界其他传统的历史，让我们的心胸开阔，在理智的光芒下会通人类历史，导出一个可以发展的价值方向。当然，也必须要求我们对人类已经经历的历史造成的纷争有所超越，却不放弃应有的公正判断，消弭人与人间、种族与种族之间的仇恨和疑虑，让时间累积起来的负面情绪和仇恨意识逐渐化解，并跳出狭隘的自私牢笼，拥抱一个开阔的、充满希望的空间与未来。这是我对新儒学的一种期许，也是我思想生命的一个重要部分。

总之，我们要不断地回顾历史和开创未来。就这一点，新儒家在我看来，可说已经具有一个不断的生命自觉与启蒙。但在第一代新儒家并不彰显，到第二代新儒家呈现了某些指向未来的开拓精神。比如牟宗三早期对易学有兴趣，但未能建立一个未来的儒家生命哲学。他提出"道德的形而上学"，有积极的道德发展意义，却隐含着对未来发展的自我坎陷。唐君毅也许更为积极地建立和西方传统的关系，虽然并不彻底，却提供了一个整体的相对定位的系统。这两个第二代新儒家的重要人物，也可以说发展了儒学中的心性哲学，批判了宋明理学，但又在过度的道德意识中失去开拓未来人类智慧的前景。但这两人也未能提出如何融合中西，促进生命的思想广泛地流行。到了第三代，公认有四位重要代表者，其中只有我和刘述先是进行哲学的生命思想研究的，其他两位则是思想史学者。刘述先富有批判意识，是一个批判的启蒙哲学思考者，看重德国哲学家卡西尔的《人论》。

接下来，我要从四个方面谈谈我的人生历程及哲学思想的发展。首先是早年在故里的时期，我要叙述我的父母亲、我的童年、儿时的朋友。然后进入海岛时期，从高中考入大学，在台湾学习与受教育。接着是第三部分，名为"异邦"，也是最长的一个部分，可分为上下两部分：上部分是我的哲学思想发展阶段，从华盛顿大学到哈佛大学，经历了一个重大的发展和转化过程；下部分是我哲学深入发展的阶段，旨在贯通西方哲学的发展，进而融通中西哲学的基本理念，并逐步从基本上构建自己的哲学思想创新。这个后期的发展，又可分为早期教学的时期和后期教学的时期，其中的分野是 1985 年我开始访问中国大陆的几所名校，如北京大学、清华大学等。总的来说，我在美国的教学时间悠久，迄今已近 60 年。我的哲学的发展过程也就可以概括为从初期的发展阶段，到中期的发展阶段，再到后期的发展阶段。后期的发展阶段与我回到中国大陆的时代有一定的重复和关联。在后期发展阶段中，我有两次总结，同时也坚定了我发展成为系统的本体诠释学，以其作为融合中西、指向未来世界哲学的建构。在后期，我的学术生涯与生命发展事实上已经脱离美国的范畴，而是以世界人类以及人类未来作为思考和沟通的对象。所以在"故国"篇章之后，另行提出"世界"的新章，这也说明我对中西哲学、人类文化发展和人类生命前途所涉及的各方面的问题所做的个别思考，并非长篇大论，而是说明我关注的重点、我提出的重点方向。

第

一

部

分

乡里——我的少年时代

（1935—1949 年）

一、我的出生与中国全面抗日战争

　　我于 1935 年农历九月二十九日（阳历 11 月 8 日）出生在南京市，但我的祖籍是湖北省阳新县龙港镇成家祠。我父亲 20 岁就离开家乡经过武汉到南京，任职于中央军事学校，后来和母亲结婚后就定居在南京。在南京也只住了一年多。当时中国面临日本发动侵略战争，南京局势很危险。我就随父母迁移到大后方重庆了。抗战胜利后，我仍然随家庭回到南京，那时我已是一个进入初中的少年了。1947 年我进入南京的国立社会教育学院附属中学，后者随即改名为南京市第六中学。但在初三时又面临国共战争，我于 1949 年与家庭迁移到台湾台北，以同等学力考入台北的建国中学，念高中一年级。我从出生到迁移到台湾，在 14 年中经历了两次战争，一次抗日战争，一次国共内战。读书的过程受到各种阻碍与影响，但幸运的是，在父母的保护下，我的早期求学过程并未真的被打断。尽管也有空白阶段，如在 1948 年随母亲到浙江金华避难几乎半年，但其间仍然请了一位浙大的学生教我英文，他用英文本阿拉伯小说《一千零一夜》来教我英文，效果还不错，因此维护了我的求学进度。

　　进入高三后，我又以同等学力考取了台湾大学，于 1951 年进入台湾大学外文系，除学习西方文学与哲学外，还选修了经济学，旁听了现代物理学与现代数学课程。1955 年毕业后，接受为期一年的预备军官训练。1957 年考入台湾大学哲学系研究所，作为方东美先生的入门弟子，以柏拉图为主修课程，但只读了一学期，于 1958 年年底赴美留学深造，进入西雅图华盛顿大学。必须要说，虽然在台大研究所只有一学期，但在与方东美先生的交往过程中却获益良多，除柏拉图哲学外，兼及宋明理学与大乘佛学（华严哲学）。在华盛顿大学研修一年半后，完成有关当代知识论与逻辑学的硕士论文，获得哲学系硕士学位。同年，我申请并获得了哈佛大学、耶鲁大学、康纳尔大学以及伊利诺伊州大学等四校的博士奖学金。我决定选择哈佛大学，于 1959 年秋天入学读博深造。1963 年春季获得哲学博士学位，同年秋季应邀担任夏威夷大学哲学系助理教授。

以上我对求学过程做了一个概述，但还是要回到我的童年和童年时代的经历，及其对我以后的影响。

1937 年，日本占领南京，进行大屠杀，同时也对重庆进行持续的轰炸。日本侵略中国是一个罪行，尤其当我们理解日本人很早就对中国大陆有觊觎之心。日本民族的起源虽然目前也不很清楚，但早期是一部分来自亚洲大陆北方的通古斯人，另外一部分是来自大洋洲的马来人。从先秦以来到秦始皇时期，又有来自亚洲其他地方的人从朝鲜半岛和中国大陆移居日本。秦始皇曾经派遣徐福带领四百个童男童女到日本（当时所谓蓬莱），寻求长生不老之药。日本人建国较晚，应该是已经形成了一个多元的族群，有其岛国的属性。但从秦代以后，显然日本经常派人来华朝拜，接受中国文化的影响。东汉光武帝建武二年，日本以倭奴身份进贡，并自称大夫，得到光武帝刘秀赐予金印，这金印如今还保存下来。从中国历史的记录看，所称东夷，指的就是日本。经过长期与中国的交往与学习，日本到 3 世纪采行了中国汉代的文化，可能在奈良一带形成政治团体，并有天皇的传说。日本的圣德太子在 3 世纪建立奈良政权，公布所谓"宪法十七条"。后来由于内乱，日本皇室（自称天皇）

于 8 世纪迁都到京都地区，活动范围更为广阔，与中国的交往走入隋唐时代。唐代的文化因此对日本的影响特别深远，日本派使节十次到中国学习，采用唐代的中央集权与平均地权的制度，以此进行政治改革。并在 7 世纪到 8 世纪创设了日本语言片假名与平假名。此语言是由简化汉语、方便读音而来，然后为唐代日使吉备真备与留唐僧人空海发明。我个人认为，日本人有了自己的文字之后，各地诸侯就开始争权发展，企图借尊王攘夷的名义实行统一。此一过程，从 9 世纪开始，逐渐走向日本的战国时代（1493—1573 年），涵盖了幕府的执权与发展，也代表日本政权的逐步统一。值得注意的是，在宋代，日本商人开始与中国商贾通商，各自获利，后来日本自行海禁，但宋代商人仍然与日本官方进行贸易，互通有无。元世祖忽必烈却因日本不与蒙古人进行贸易，两次造船结合高丽人与蒙古兵攻击日本，因协调不当而失败。

此一失败，造成日本对中国的警惕，而思更进一步筹划侵犯中国。在明代，中日商务来往开始频繁起来，但日本人参与明代皇族斗争，导致明代实行海禁。由于海上贸易（包含南洋与日本的贸易）容易盈利，南方民间的海上贸易仍然继续流行，而官方则进行对日倭的剿灭，乃有戚继光抗击日本海盗侵华的壮举。1644 年，清军入关，占领北京，明代乃亡。当时中日之间交往不多，日本关心内政，基本上采取锁国政策。而清代康熙继位，为防止海外亲明势力与内地沟通推翻政权，在 1655 年采行全面海禁的政策，禁止人们出海。

经过近两百年的发展，日本的国力逐渐加强，而西方工业革命之后，彼此争权，积极发展商业贸易，寻求生产原料与商品市场，则极力向东方推进，建立殖民地。最后于 19 世纪中叶，英国组团派人来华，要求官方开放贸易。彼时西方也有一种对中国财富的幻想，由于早期马可·波罗游记的宣传，认为中国遍地黄金。但中国皇帝拒绝了此一要求，并未考虑后果，引起了毁伤中国的鸦片战争，中国被迫五口通商。此一现象，我认为更强烈地吸引了日本的野心，日本开始怀有侵占中国的想法。因为鸦片战争之后，日本一方面积极学习西方，另一方面积极扩充势力到朝鲜半岛及琉球等地。在明治维新期间，提出"脱亚入欧"的政策。此一政策源于明治维新时代的政治家福泽谕吉（1835—1901），他主张脱离中国的朝贡体系，加入西方的国家体系，对日本的现代化体制有极大的影响：对内加强了明治维新时代积极自主的建设工作；对外则以西方尤其德国为榜样，进行全面的模仿改造，在心理与文化上脱离中国文化的影响。在内外影响之下，一个统一的日本国家就有了向外扩充的野心。

纵观日本从古到今 1 500 年的发展，我们看到日本内部社会的整合与政权的统一。政权统一之后就加强了向外扩展的野心。我们首先看到的是 16 世纪丰臣秀吉（1537—1598）作为幕府的太政大臣，曾经发兵朝鲜，企图占领高丽，最后因明朝政府出军干预而以失败告终。但日本向外扩张之心并未因此而收敛。

鸦片战争之后，日本认为其有一独立国家身份，可以和西方列强媲美，侵略中国，并有必胜之心。因此，在明治维新之后，等待机会向中国发动侵华的战争。鸦片战争之后，中国积极从事改革，但进度非常缓慢，采用张之洞所说的"中学为体，西学为用"的方案，进行"洋务自强"运动。日本注意到中国的自强，加紧从事扩大侵占朝鲜与中国东三省的计划，并直接干预朝鲜政府。中国是朝鲜的宗主国，也极力协助朝鲜王室抵抗日本的侵略。经过多次武力冲突，最后，日本出兵占领朝鲜，与中国在陆地与海上进行战争，导向甲午战争（1894 年），不幸中国海军全军覆没，被迫签订《马关条约》。此一时间，俄罗斯在远东发展，与日本势力相互冲突。八国联军侵华（1900 年）之后，日俄利益冲突，最后导致日俄战争

（1904—1905 年），而俄罗斯战败，加强了日本侵华的野心，日本走向全面军国主义道路，计划短期内吞并中国。中国遭受到连续战争的危害，可说积弱衰贫之至。清政府的改革计划并无起色，幸有孙中山领导国民党从事革命，在国家存亡之秋，发动武昌起义，推翻了清政府，建立了中华民国。但中国处在受尽西方和日本高度压榨之下，苟延残喘而已。

国民党领导的辛亥革命为中国带来一线生机，第一次大战后巴黎和会上日本强索德国所占据的青岛，引发了 1919 年的五四爱国运动。十分重要的是，这个爱国运动也成为批判传统中国文化、追求科学与民主思想的启蒙运动，显示出新一代中国青年敢于反叛的独立意志，也显示出新一代中国青年对未来理想的追求。可惜现实并不允许这些理想的发展，五四的文化启蒙运动终究停留在抽象思想与激烈豪情的中间，不能落实成为具体可期待的政治改革。政治的现实仍然是军阀分割各地，全国处于分裂和动荡不安的状态之中。当时，国民政府领导国民军从事北伐，于 1927 年建立统一的国民政府，但一直到 1945 年抗日战争结束后，国民政府才收复国内外国殖民地，取消不平等条约，达到形式上的统一状态。此一统一尚不包含在鸦片战争中失去的香港和在甲午战争中失去的台湾。

中国此一形式的统一来之不易，是通过牺牲重大的抗日战争浴血奋斗而来的。上面说到统一的国民政府建立之后，日本军国主义迫不及待地要阻止中国的国家建设，利用日俄战争后坚持不撤退的日本驻中国关东军创造事端，希望借此发动战争，实现日本筹划多年的消灭中国计划，占据中国，要中国人亡国亡种，实现日本的"大东亚共荣圈"妄想。无论是九一八事变、济南五三惨案，还是七七卢沟桥事变，都是日本人制造事端，借以发动侵华战争。1937 年 7 月 7 日的卢沟桥事变，是 1931 年九一八事变的加倍延续，充分显示日本有计划地实现全面灭亡中国的野心。中华民族在 20 世纪新生的第二代还在襁褓之中，就注定受到日本战火的摧残了。我刚好就属于这一代的中国人，我的童年就永远刻印着日本侵略中国战争的记忆，并以此为起点，进行了一个深刻的对国家命运与人类前途的思考与追索。必须要强调的是，日本侵略中国并想占领国土，如果成功，等于中国的亡国与灭种，思之使人心悸。日本虽败，但其亡我之心并未减少，并认为是日本人必走之道。因之，中国不能不随时警惕，也要有阻止或改变日本的决心。

二、我的父母亲

　　我的父亲成惕轩（1910—1989）先生，字康庐，号楚望，来自一个诗书传家的农村地主家庭。我只知道我的祖父炳南公以务农为业，却有一个诗书传家的背景。不知是否有更早的一辈中举为官，然后退隐田间。祖父很看重我父亲的学业，曾聘请有名的私塾老师为他上课。父亲记得祖父曾建立了一个读书场所，叫作"藏山阁"，后来我父亲用为笔名。父亲年龄较长后，问学于当时湖北有名的学者，包括黄季刚（黄侃）先生，接受了非常厚实的中国传统学问。当时我父亲有十分浓厚的儒家情怀，有以天下为己任的壮志。他在20岁时从老家阳新县到武汉黄鹤楼怀古，其时长江大水淹没了不少地区，灾横遍野。父亲有感于此，写下《灾黎赋》一文，感叹愿有广厦千万间，用来救济流离失所的灾民。父亲名传一时，不久被邀请到南京军需学校担任国文教授。后又考取国民政府第一届文官考试第一名，受到政府的重视，就留在南京工作。后来认识我母亲，两人在南京结婚。在南京，母亲生了我和二弟。不幸的是，日本发动侵华战争，中国走向全面抗战。我们全家也在1937年年中随政府迁移到重庆。

　　父亲当时有一个理想，他在诗文上以杜甫为榜样。杜甫一生流离，他的诗反映人民的困苦，而父亲写诗，也以感触时事、关心百姓为主题。从全面抗战八年到老年，父亲数十年写的诗都反映时代的变迁，甚至包含对阿姆斯特朗登月有感而发的赋文。另一方面，父亲也认同与佩服宋代范仲淹为官的清廉与对人才的提携，他一辈子清贫如洗，爱才如命，典选了不少文官公务员。他们为官之余，常常问学与问文于我的父亲。

父亲是个勤于诗文的文学家，他的功夫在古典诗与骈体文上面。他几乎天天写诗，对时代的事件以及生活都有深刻的感受。最为人所知的是他的骈体文。他知名的骈体文都是有关国家与天下大事的。其中最著名的是他在1945年写的《还都颂》，是四川省参政会邀请他写的。全文五千多字，有典故的比喻，也有时代的声音。后来《还都颂》被国民政府刻在重庆七星岗抗战胜利纪功碑上。我于2009年到四川寻根之时，看到纪功碑上空无一字，不知道原来的文献是被毁还是被收藏起来了。唯一的可能是重庆解放之后，人民政府用水泥粉刷掩盖起来，同时，把抗战胜利纪功碑改名为人民解放纪念碑。我当时访问四川外国语学院和重庆大学，在宴会中提出重庆应该有两个碑：一个碑是"抗战胜利纪念碑"，代表敌我矛盾的胜利，而另一个碑叫"解放碑"，代表人民内部矛盾的胜利。所以我建议大家陈情，表达这番历史的意识以及它的价值。我也不知道当时的学者们有无实际的反应。但令我吃惊的是，2012年到2016年我再去重庆开会，走访当时的解放碑，发现在碑上有一个横牌，上面写道：此碑又名"抗战胜利纪功碑"。一碑两名，至少反映了历史的真相。

我认为，这两座碑所产生的意义，可以解决对内对外两个观点的统一问题。毛泽东显然看到这样的矛盾，所以才有人民内部矛盾与敌我矛盾之分。两者应该分别处理，然后统一在一个整体的国家意识之下，才能更准确地反映历史和社会的发展。历史造成社会的变化，若非近代史上一大串失地丧权的战争严重破坏了社会的秩序，我们就不能不一方面针对影响历史的因素加以对治，同时也对社会秩序加强管理。一个重要的事实是，历史的发展可以对一个社会产生正面或负面的作用，但一个良好的社会应该有能力掌握自己的历史，不要丧失自我，有改善自我的权利和力量。回顾过去半个多世纪以来中国历史的变迁，不管是由内或是由外，都显示中国需要独立自主的、自我维护与自我管理的力量，这个民族的自我积极参与历史，朝国家与社会建设的方向发展，消灭任何企图破坏民族、社会与国家的外在力量。

中国是遵循历史精神的一个民族，我们有一种很强烈的历史感，同时也有一种很强烈的道德感。其作用就在认识到历史的变迁是好是坏，责任是外还是内，其理想目的就在自主地确定自我的命运，也自主地承担历史的责任，不断地纠正以往和计划未来，达到一个理想的社会目标。孔子作春秋，他说："知我罪我，其惟春秋。"知我者，其惟春秋乎？罪我者，其惟春秋乎？一个人对春秋的历史事实应该有一个认识，也应该有一个价值判断，可以在历史的明鉴之下寻求至善的途径。但有人只是安于历史，又如何实现社会的理想价值呢？当然，对历史的评价可以有多元的主张。但一个民族的主体价值是冷暖自知，既能为自觉的个人直接的体验，不可以不作为最原始的参考，也不能不尊重为最根本的社会权利。关于242年的鲁国春秋，对各代鲁公的道德批判，是孔子的观点。因为孔子有一套道德的学问，他深知人性的价值和人心的背向，所以，他相信他的判断具有独立性和真实性，并如此肯定自己写作春秋的价值，同时春秋作而乱臣贼子惧。孔子的批判可以用在整个中国历史上面，使我们拥有一个更具活力的历史观，对中国的进步以及对中国与他国交往的关系有一定的评价尺度。这是一种历史智慧，也是一种对生命根本的理解。必须从此一智慧与理解出发，诠释历史的意义和未来的理想，进行一种本体性的哲学思考，如此才能古为今用，而不只是单纯地梳解历史的事实经过。

我父亲写诗与骈体文，他不仅用典，而且对典故特别熟悉。我觉得他的用典十分恰当，并不像胡适倡导新文学时所说的陈腔滥调。事实上，中国的美文，包括诗词与骈体文，都有一个用典籍成语的传统。一方面，突出历史的事件；另一方面，也突出历史事件具有的背景和生命意义。这代表一种审美的美学修持，也呈现一种超越历史事件的美感欣赏，让我们更能够亲切地感受到历史文化所产生的丰富的热力与光彩。文学的著作有精神意义的真实性和生命性，以这两者作为引导，用典只是一个手法，把现在带向过去，也把过去带到现在，交相辉映，形成一个感受的灿烂。总之，今天我们倡导文化的复兴，不是走回原典，而是把原典的精神用来表彰现实的感情与美的经验。再者，中国的赋和诗强调对仗，讲究文字与声音的对称和协调之美。这是一个美感原则，中国人强调宇宙中的平衡、对称、互补的美好感受的眼光。因此读好的骈体文和诗赋，人们特别能够感受到一种生命与生活的丰富融洽，可以提升当前生活的品质，充实整体生命的活力。我父亲写了很多对联，都是恰到好处。最近有位年轻人娄希安收集了我父亲所有的对联，出了一本《成惕轩先生对联集》，这成为雅俗共赏的一本读物。娄希安研究当代对联，他告诉我他最欣赏我父亲的对联，是因为我父亲的对联别具一格，既有现代感，也特别富有古典的雅致。

父亲早年也从事学术的研究，于抗战期间写了《尚书与古代政治》一书。在书中，他阐述《尚书》中修德治国平天下的道理，以及清廉政治和任用人才的重要。1943 年，重庆备受日本人轰炸，日本的军队推进到贵州一带。在国家存亡之秋，父亲写了《民族气节论》一书，响应国家号召知识青年从军，与日寇奋斗到底。抗战胜利后，父亲回到南京，被任命为考试院参事。到台湾后，再被任命为"考试委员"及文官"考试委员长"，同时在台湾政治大学与师范大学授课，讲授中国骈体文学与诗学，造就了不少人才。他还撰写了不少有关考政的文章，对考诠制度的发展颇有贡献。

父亲对我的管教不能算很严格，他让我多学习现代知识，方有利于社会发展与国家建设。他并不鼓励我学写旧诗，只是就经典与古文进行讲解，强调四书五经的重要。有一段时间，我背诵四书，他也加以奖励。在1959年出境留学前夕，他买了一套粹芳阁的《五经读本》，他在书面内页上写道："此乃我古圣贤修身治国之道，英儿应再读一通。"我把这套《五经读本》一直带在身边，不幸在后来长途搬家途中有几本丢失了。每次我查询五经的文本，都会不自觉地想到父亲送我《五经读本》之时的那种殷切之情，以及他在他的诗集中表现出的对我的期待。有两句诗我记得很清楚，那就是"勿为过淮枳，当作和羹梅"。也许父亲看到很多留过学的学人，学了西方的东西，忘了自己的传统，变为不中不西，而不能发挥中西融合的作用。对于此点，我是深以为戒的。

我在美国读哲学，主攻西方逻辑、现代知识论与科学哲学。但我记起父亲对中国经典的重视，于是在撰写有关西方知识论的论文时，我也撰写了对戴震《原善》的英文研究论文，此文附上我对《原善》的英文翻译，最后由夏威夷大学出版社出版。

1949年12月，父亲带着我一个人迁移到台湾。由于时局紧张，母亲和弟弟妹妹只能留在大陆，一直到第二年年底才辗转到香港，再到台湾，全家总算团圆了。那时候我14岁。

父亲于1989年6月过世，对我是一个沉重的打击，幸好我在当年暑假回到台湾，和他有一段很短的相处的日子。他在病中仍然像往日一样，勉励我好好做学问，为社会与国家做出有意义的贡献。他的叮嘱犹在我的耳中。

现在要说的，是我的母亲徐文淑女士。我的母亲来自一个殷实的传统家庭。在老家湖北阳新出生于1907年，于2006年6月在台北过世。由于抗战离开家乡，我对外婆家并不熟悉。我从两个舅父那里知道，母亲的徐家在阳新当地有"徐善人"的美誉，因为徐家经常出钱修桥补路，救济穷人，在汉口有自己的商铺。1938年，全面抗战开始，父母带我坐船经过武汉，回到成家祖居龙港镇黄桥成家祠所在的成家村。我依稀记得在一个大房间内，许多人熙熙攘攘，厨房的大锅热气腾腾。但我却没有任何对徐家老家的印象。徐家当时有兄弟姊妹七人，母亲排行第四。母亲说她小时候的故事，提到一次阳新长江水灾。她在江边陪着大人洗衣，不小心掉入富池河。幸好亲人拉住她的头发，把她慢慢拉回来，才救了一命。母亲性情温和，对我们这些子女爱护有加。我记得两岁时在重庆江北住家院子里看到一条蛇游向住屋，我害怕地告诉母亲。晚上睡觉不时哭醒。母亲知道我受了惊吓，一直在我身边，陪我到天明。后来我又受凉，得了肺炎，那段时间也是母亲辛苦照顾的。此后十多年，我经常气喘，无法睡觉，母亲也随时陪伴我。我们在四川的乡下洪家榜住家，在我三岁左右，母亲开始教我识字读书，成了我的启蒙老师。

母亲经常带我到距离洪家榜两三里的蔡家场赶集。我记得蔡家场有一条街，两旁的店都是杂货店，陈列了应时的水果、蔬菜、杂货等。我记得最清楚的是，路边有很多卖四川土产地瓜的摊位，我很喜欢吃地瓜。母亲一早带我出门，在路边为我买了一个地瓜，剥开皮就可以吃，特别脆嫩香甜。母亲买完食品后即带我回家，我总是一蹦一跳地在母亲身后跟随。有一次走在路上的时候，我的右脚踩入一个土坑里面，无法动弹，向母亲求救。母亲慢慢地把我右脚拉出来，牵着我，我跛着脚回到家里。请来附近的一位土中医，他用黄酒烧了黄纸在我腿上熏来熏去，似乎好了很多。由于此一事故，我对童年的遭遇有一个深刻的回忆。我母亲活到了一百岁，在2006年6月过世。想到那一幕情景，不由得心中升起对母亲无限的怀念，好像母亲还坐在我身边一样。

在我心中，母亲是我永远的支持力量。虽然我也有调皮的时候，母亲会拿着一只竹板，假装要打我手心，我马上就乖乖地听她的话了。总之，母亲为我付出了很多，没有她的爱心，我小时候的健康可能就无法维持了。后来母亲也讲到徐家的一些故事，那种关切的感情，教我不能不牢记在心。母亲对人特别和善，我们住在乡下的那段日子，她经常做一些小吃，总是要分享给附近的邻居和熟人。每次想到我的童年，都会出现上述陪母亲赶集跌跤的景象，感觉到一种特殊的亲近和温暖。相对于我父亲而言，母亲有一个更开放的心胸，更具有现代化的头脑。在读大学阶段，她鼓励我要我多活动，不要呆板，凡事多多学习。我要做什么她也都支持和鼓励。这和我父亲的态度相反。父亲偏向于保守，认为有些活动可以不必参加，甚至电影也不必看。

我进入台湾大学二年级的时候，想买一辆自行车，骑车上学。但父亲非常反对，说骑车很危险，容易被汽车撞到。但母亲却偷偷为我买了一辆，让我小心骑去上学。后来父亲知道了，也没说什么。我当时想学游泳，母亲很赞成，但父亲非常反对，认为非常危险。1946 年我在南京，12 岁时由于经常感冒切除了扁桃腺，动手术几个小时，母亲十分焦虑。后来我从手术室安然出来，她才放心，谨遵医嘱，每天做麻油稀饭给我吃。我留学美国，后来留美教书，特别希望父母亲来美小住。但父亲坚决不来，他说美国先进的物质文化他在电视上已经看到了，他并不羡慕美国人的生活方式，会很不习惯，所以他不来美国。因此我虽然办了父母亲来美访问的签证，但只有母亲一个人来了。母亲很喜欢美国的生活，觉得比较简单自由。1989 年父亲过世，我接母亲来夏威夷长住，由我照顾。她年纪虽大，却仍积极地学习英文。一段时间后，她便能够用简单的英文到超市和购物中心买东西了。我记得 2002 年，她随内子外出购物，不幸走失了。但她自己摸索回到家里，那时她已经九十多岁了。她还要去华盛顿看我弟弟成中杰，坐飞机在得克萨斯转机，却未能上飞机。最后她搭下一班飞机，仍然到达华盛顿。2002 年以后，我曾经接她到北京居住。我们住在北京大学韶园的两个单元里，为她庆祝 96 岁生日。她也喜欢北京，尤其看到从家乡来的晚辈，心情非常愉快。后来我们又回到夏威夷，过了几年她已经一百岁了。

虽然母亲在夏威夷很安好，但她仍然想回台湾台北一次，看看她的孙儿女，也就是我女儿一家的小孩。但很不幸，2005 年的那个冬天，台北天气阴湿冷寒，她感染了流感，最后演变成肺炎，一时好转，我还高兴地去伦敦开会。但过了两三天，我的女儿来急电说她的肺炎又发作了，这次非常危险，已经进入加急病房。我连夜从伦敦飞回台北，一到台北便立刻到医院看她。她已到了弥留之际。我握着她的手说："妈妈我回来了！"她的反应很微弱，然后她就过世了。令人吃惊的是，我数天后回到夏威夷母亲的住处，突然看到母亲一个人坐在房间里，还说："中英，你回来了。"只一瞬间，这个影像就消失了。母亲影像的出现是否由于我过度思念母亲所致，我并不清楚，但她的影像出现在熟悉的地方，使我有机会再与母亲最后见面一次，我却心存感激。

就我来说，我的父母就像天地一样。父亲是刚强的，母亲是柔顺的；父亲坚韧不拔、耿介真挚，母亲温柔敦厚、心胸宽容。父亲虽然有一分慈爱，但仍然十分讲究原则；母亲则有一个开阔的心理，对各种事物都想认知，并鼓励我们去学习，大胆去尝试，不怕犯难。她又是那么慈祥，做人做事总是宁可吃亏，也不负他人。这也许就是中华传统妇女基本的德性，我想这与她徐家的家教有密切的关系。我必须要说我有最好的父母，他们的恩惠对我是莫大的。但我也理解到何以中国讲究孝道，不只是回馈父母，也是中国精神的延伸，强调牺牲精神与无私的奉献。因此孝道不但具有个别性，也具有普遍性，是人类生命所显现出来的善的表现，正如父母对子女的爱，是人类生命展现出来的基本德性。这是儒家的精神，但不应该限于儒家，应该看成维护人类和平相处，彼此扶持的精神力量。儒家只是明确地把它彰显出来了而已。

我还有三个弟弟和三个妹妹。第一个弟弟成中豪过继给大伯二伯，回到阳新老家留守，没有到大后方，后来死于20世纪60年代。第二个弟弟成中杰在重庆出生，后来回到南京，再随母亲到台湾。大学毕业后进入哈佛大学天文学系，后来成为知名的太阳星系研究专家，很不幸死于辐射线造成的白血病。他80年代回到大陆，做出他的贡献，死后有成中杰天文奖学金的设立。我有两个妹妹都死于抗战期间，最小的妹妹成中平是营养学的专研者，不幸在20世纪90年代过世。

三、小学求学：岐山庙、蔡家场、李子坝三小学

　　我的小学教育应该从我母亲的教导开始，她在家中教我认字、写字和读书。当时正值抗战期间，没有什么教本与图书，只是凭着她的知识来教育我。有两年时间，我跟着母亲学习，认识不少的字，也能用毛笔写字，能不能够画图却记不得了。

　　在五岁左右，我进入洪家榜附近一个斜坡上的岐山庙小学读二年级，用当时学校通用的二年级课本学习。岐山庙是一个荒庙，不知何故并没有驻扎任何僧人，却被当作小学来使用。我记得只有一位老师上课。学生上课时间并不固定，老师同时任教二、三、四、五年级，学生也从四五岁到十一二岁都有。老师先教高年级一小时，然后再教下一年级，一直教到二年级。教到某一年级的时候，其他年级就安静自修。这可能就是当时大后方乡村教育一种自然的方式。这段时间我有一个回忆，那就是有一天正午我去上学，由于庙在一个斜坡上，必须爬坡到庙中，但庙中空无一人，我有些恐惧。于是走出庙门，想回到路上，但我抬头看到庙前浓密的树林中有一些绿色的火光摇摆不定，教我惊慌不已。我赶快向回家的路跑，突然有一个农夫扛着锄头把我拦住说："你这个小孩到哪里去？"我说："我看到鬼火。"他说："不要怕，本来树林里就有鬼火，还是回去上课吧，老师应该来了。"我这才心安，回到庙中，

果然老师与学生都来了。我便开始听课，但心中一直未能忘怀林中的鬼火。当时不知鬼火是什么样的现象，因此想寻求一个解释。我说这个故事主要说明我很好奇，而且喜欢打破砂锅问到底。

我在岐山庙小学念书时，有许多值得回味的童年生活。我经常在一起的小同学就是和我家对面而居的庄光迪。我们的年龄几乎一样，经常结伴到学校上课，走在田径中，一路游玩，找寻路边的猪儿草。但是同时又害怕毒蛇出现，和我们比高。往往回到家里，已近傍晚。我记得有一次看到田边一排高树上站立着一排鹭鸶，一树一只，不知道它们在等待什么，但觉得它们很快乐，也许在享受夕阳的余晖吧。我有两次遇险的经历。一次我在一个山坡上，因土滑掉入到水田里，全身沾满泥巴，回家后母亲马上把我清洗干净，让我多穿衣服，担心我生病，但幸好没有生病。最大的遇险是另外一次，那就是我和庄光迪从岐山庙走回来，天色已晚。在小路上看到前面有一个粗壮的木棒，横斜在路中央，挡住了那条小径。我们不知道怎么走过去，决定跳过去。我一跳，发现下面的木棒突然拉长，变成了至少两丈长的大蛇，向右边的斜坡上飙去。这个变化让我们两个小孩惊慌不已，后来我们知道碰到了赤链蛇，而且是一个大号的赤链蛇，具有极强的攻击性。但由于蛇头的方向是对着山坡，而非对着我们，因此它就自然地游走了。不仅如此，我们继续往前走。此时天已经黑了，突然听到一阵野兽的吼声，我们知道遇到了土豹。正在危急之时，有一个猎户匆匆忙忙赶来，呵斥道："你们小孩在做什么，要喂豹子吗？快点回家吧！"我们赶紧跑回家，向母亲说了这番遇险。母亲一再叮嘱：不要贪玩，一定要在天黑之前回家。

在岐山庙小学就学大概不到一年，我就转学到村里的蔡家场国民小学，正式进入班级制的小学三年级。记得班上有几十个小同学，每个礼拜五都需要大扫除一次。我早上上学，中午不回家，由我母亲送饭给我吃。我就在操场的一个角落吃午餐。母亲做的饭很丰富，一个饭盒有好几层。我根本吃不了那么多，但母亲老怕我挨饿。饭盒里面有蔬菜也有汤，但由于是战争期间，并没有太多的肉吃。上课到下午5点钟母亲会来接我回家。有一天回家时我的姨妈在等我，她说我是你的姑妈，后来我知道姨妈是我母亲的妹妹，和我母亲一家很亲近。所以母亲让我叫她五姑，我就叫她五姑。[①] 五姑在学校等我大扫除工作完才把我接回家，说我很老实，一定要把教室打扫完才肯走。我们住在乡下，只有五姑和母亲的大哥来看过我们，那是我的大舅父，也是在战火中从武汉播迁到重庆的，三年后才重回武汉。

在小学期间，日本的飞机轰炸重庆，即使住在乡下也会受到伤害。日本人随时开飞机来轰炸，我们听到警报声就躲入附近的竹林中。在竹林中，我看到金色的蜘蛛和青色的毒蛇，幸好没被咬伤。在竹林中，听到日本飞机似乎就在附近扫射，后来我看到有一只水牛和一个农夫被打死在水稻田中，血红一片。我心中痛恨日本人的残酷，期待中国人早日打回去，这种痛恨可以说是与日俱增。1943年9月，日本飞机猛烈轰炸重庆，引起大火并炸封了防空洞出口，活活闷死两千多人。这当然是后来知道的。但那时我在乡下看到夜空中一片红光，把重庆市炸得遍体鳞伤。这时母亲很焦急，因为父亲在重庆市办公，不知生死如何。后来父亲回来，我们家总算渡过一劫。很多家庭毁灭失踪，可谓惨绝人寰。我幼小的心灵痛恨日本鬼子，我经常问，中国为什么不强起来。

我在蔡家场小学也只念了一年，在我不到十岁的时候又随家庭搬到重庆市了，然后进入重庆市的李子坝国民小学读四年级。我的幼年生活进入另一个处境。我在李子坝小学最值得追忆的是，认识了比邻而居的金姓同学，他似乎是北方人。我们年纪相若，都喜欢养蚕和一

---

① 出自作者家乡的习俗，娘家姊妹不叫"姨妈"而称呼"姑"，表示和夫家"同姓"成为"一家人"，是亲厚的表现。——编辑注

种叫洋虫的虫类。养蚕需要桑叶，我和他经常到处去找桑叶。尽管在城里桑树很少，却仍然可以在一些土墙和住宅的附近找到桑树。后来发现这些桑树都是有主人的，不像在乡间可以随意采撷，只好放弃了养蚕的嗜好，而改为专养洋虫。养洋虫是为什么呢？据说洋虫可以补气，应该是老年人可以吃的一种中药吧。我们养了洋虫却不想食用，最后也只好放弃。回想起来，这是我早年儿童时代和自然交涉的一段日子。六年级的时候，因为已经搬到城里，就无法像在乡下那样与大自然亲密接触。但我心中对自然的喜好却从未终结，始终保持着一种观察好奇与探索认知的态度。我不知道这是不是对我后来选择哲学研究、重视宇宙论和本体论方面有直接的影响。

李子坝小学也有音乐教师，可能是读过大学的一些流浪学生。有一个音乐老师喜欢唱一首歌叫《嘉陵江上》，歌词是："那一天，敌人打到了我的村庄，我便失去了我的田舍家人和牛羊。如今我徘徊在嘉陵江上，我仿佛闻到故乡土的芳香，一样的流水，一样的月亮，我已失去了一切欢笑和梦想。江水每夜呜咽地流过，都仿佛流在我的心上。我必须回到我的家乡，为了那没有收割的菜花和那饿瘦了的羔羊。我必须回去，从敌人的枪弹底下回去。我必须回去，从敌人的刺刀丛里回去。把我打胜仗的刀枪，放在我生长的地方。"后来又来了一位女性音乐老师，她教我们唱一首歌叫《红豆词》，那首歌也蛮好的，又教我们唱一首刘半农的《教我如何不想她》。现在想起来，这些歌也代表当时中国年轻人的情感。

我家住在离小学不远的一个有两层建筑的大杂楼社区里，我们在第二层，推开窗子就可以看到绿绿的嘉陵江水在远处流过。江上的风光往往吸引了我，我也常到江边放风筝。一天早上我去放风筝，突然江上雾气下降，不知道我的风筝飞到哪儿去了。后来才发现它落入嘉陵江，随江而去了。我望着汹涌的江水一阵怅然，然后空手回家了。那一年长江发大水，嘉陵江也突然涨潮，几乎淹没了江边三四丈高的房屋。幸好我们住在高处，靠近马路，没有受到水灾，却让我们担心了好多天，看到江水慢慢和缓下来才放下心来。

在李子坝读小学的时候，我见到了我的大表哥徐臣尧，他是我大舅父徐约农的大儿子，也从故乡来到重庆，在重庆北碚读师范学院。他常来我们家，我也慢慢地知道了他的故事。他在家乡已婚，但在大学里认识了一个喜欢的女同学，开始自由恋爱。但是他父亲非常反对，他也痛苦不已，常常向我母亲诉苦。当时我年幼，并不懂得他的心境。后来我知道他从小就被传统的封建思想束缚，舅父在他小时候就为他订下这门亲事，令他摆脱不掉。结果与他父亲闹翻，幸好有我二舅父和我母亲支持他，让他和前妻离婚，娶了他大学的女友。在当时可以看到旧社会的一些制度不适应现代社会，因此我很希望未来的中国社会走向开放、独立、自主，每个人都可以追求自己的幸福，不受旧观念的束缚，同时也不必父母操心。在那个年代，我并没有读到五四时代的文学作品，后来到中学时代才有所接触。觉得中国虽然正在启蒙，但由于战争，启蒙与现代化的思想实际上并不普及。日本人侵略中国，不但残害了中国人的生命，也阻碍了中国的现代化进程。1945年抗战胜利，由于父亲在国民政府工作，先行回到南京。我们全家直到1946年秋初才等到机会回到南京。

抗日战争胜利之后，我的大表哥回到南京，进入中央政府任职。解放战争中，他回到武汉，中华人民共和国成立之后留在武汉教中学。后来我回到大陆，很想看望他，可是他在前一年就过世了。他的儿子告诉我，他的父亲在中学教书很认真，受到赞扬。我听了之后感到释然。日本侵略造成中国人民多方面的痛苦，但也考验了中国人的品德和能力，激发了中国人的爱国精神。有的家庭无辜牺牲，但新的一代则奋发向上，推动了社会的进步，也逐渐找到发展的方向和民族未来的理想。我觉得这是一个新时代的信息，是从痛苦的历史中磨炼出来的希望和决心。

四、少年生活纪事

以上我说明了我出生的时代大背景，在此大背景下，我现在回到我两岁左右的记忆。从南京坐船到达重庆之后，为躲避日军的轰炸，父亲把全家搬到重庆乡下。我记得我们住在一个叫蔡家场洪家榜的地方，那是一个早期中举乡绅的庭院，面积甚广，大致分为三进。首先是属于外围的佃农，他们生活十分贫苦，让我很早就体会到农夫耕田的辛劳。地主一家住在第三进的高处，中间大厅供有神牌。两厢各自延伸，有多间住屋和别院。这和我后来读到的旧小说里描述的庄园一样。庭院中间的空地，是夏天乘凉聊天（摆龙门阵）的好地方。我们外来的客户住在第二进，我记得只有左右两户人家：左侧一户是我们成家，右侧一户是庄家，也是外来的下江人。庄家有一个男孩跟我同龄，我记得他的名字叫庄光迪。如上所述，我们两个小孩经常结伴上小学。我记得庄园外大门旁有一棵高大无比的金色桂花树，每到八月都有浓浓的桂花香散发出来，很远都能闻到。每当我回想到童年那段时光，也一定想到这棵桂花树。我家在 1943 年前后搬到重庆市区，之后再未回到儿时的故居。

从那个时候算起，60 多年后，我被邀请到几所重庆的大学演讲，决定在讲课之余去寻找儿时的故居。那是 2009 年秋天的事了。当时陪同我去的朋友有重庆社会科学院的邓平研究员和重庆语言学院的王毅教授。邓平对重庆地区的变化比较熟悉，而且他主管重庆市的历史文献。他说他熟知我父亲成惕轩先生的文名，因为他在当时的报刊上读过我父亲发表的诗文，也读过1945年我父亲应四川参政会邀请所写的纪念中国抗日胜利的骈体文赋《还都颂》。此赋被当时国民政府刻在重庆市七星岗的抗战胜利纪念碑上，碑上还有蒋介石的文稿和罗斯福总统的贺词，都是纪念抗日胜利的文献。

有了邓平的帮助，我们就向重庆西郊行进，希望找到儿时的洪家榜庄园。一路问来，寻来寻去，最后在一个斜坡的农田里，有农夫指出一块农田，旁边有一堆枯树草根，说这就是当初的洪家榜庄园。我震惊了一下，我的眼前呈现出儿时的庄园景象，但面对的却是一片荒芜的农地，顿时觉得沧海桑田，天地变化果然如此。我下车走在田埂上，向那块苍老的树根走近。我觉得它就是门前的那棵桂花树，不禁一时仿佛回到童年。对这棵老树备感亲切，流连忘返，不舍离去。农夫后来对我说，这个庄园在很多年前就失火烧毁，连一片断墙残壁都找不到了。在离开洪家榜的路上，我心中怅然若失。我的童年也和桂花树一样一去不回了，但浓郁的乡愁却占据了我的心灵，也让我回忆起日本侵华战争带来的灾难和残酷，以及善良的中国人遭受到的不幸。可惜我没有惊人的诗才，不能立时用诗的语言来表达对这一悲伤情景的回忆。

上节提到小学上学期间有两次在田间小路的遇险，当时我在小学阶段，常常和一些小同学结伴在田间游玩，发生一些趣事。有一次，我和玩伴在水田里看到小蝌蚪，有一个玩伴突然捧起几个小蝌蚪吞食下去。他问我敢不敢吞？我也不说我敢，就一口吞了两三个小蝌蚪。回家告诉母亲，她担心不已。我和儿时玩伴都在和自然打交道，不是搜索蜘蛛网去捉蝉，就是去找核桃树的果子和桑葚来吃。回想起来，我觉得大自然就在身边，很亲近，很亲切，有太多吸引人的动植物。即使是一个小昆虫，也令儿时的我分外感到好奇。我用各种方式来亲近它，并不知道做哪些事会造成对自然的伤害，也造成对自己的伤害。我想，人就是在这样一个与自然互动磨合的过程中逐渐成长，逐渐明智起来的。

我提到儿时和父母亲住在洪家榜的庄园里面，平常没有亲人来访。有一天，突然有一个年轻人来我们家探望，他是母亲三姐的儿子程秀高，我要叫他表哥。他的人生故事应该有时代的特征，所以我想简单描述一下。当时他不过是十五六岁的青年而已，在战乱中进入上海音乐学院，学会舞蹈和弹奏诸多乐器。他随学校搬迁到重庆，要到我们乡下来看我母亲，也就是他的四姨妈。他很活泼，而且很有活力。我和他走到洪家榜外面的一个养鱼的大池塘时，他突然跳入池塘中，开始游泳起来。那是一个夏天，他的皮肤也晒得黑黑的。他给我留下很深刻的印象。在那个时代，他身上有一种勇敢和大胆，让我羡慕年轻人的活力以及独立性。在今天，这并不特别新奇，但在 20 世纪 40 年代却是很突出的。他的兴趣才能和艺术才华也影响了我，在以后的交往中让我更能够欣赏现代的艺术，包括舞台艺术，如话剧等。

五、抗战胜利与《还都记》

　　1945 年 8 月，我刚进入李子坝小学六年级。有一天晚上，马路上汽车的喇叭响彻天边，我们开门看究竟发生了什么事。只见路上人潮汹涌，车灯照耀。有人大叫"号外！号外！"，原来日本无条件投降了！抗战胜利了！围观的民众欢呼不已。记得是在一个多月以前，日军打到贵州，威胁重庆，国民政府不得不号召知识青年从军。那个时候人们既奋发又担忧，马路上一车一车的知识青年投笔从戎开往前线。就在此时我父亲写了《民族气节论》一书，也准备与日寇奋战，不成功便成仁。但没想到如今，日本人因遭受到美国两颗原子弹的攻击而无条件投降。真是大快人心！我那时候才十岁多，已经充分感受到这个民族所面临的危机和突然的胜利，对未来也有一种说不出来的兴奋。儿童时代的我，曾经想做一位实业家，因为喜欢大江大河，希望将来为国家生产船舶，可以航行世界各大洲，沟通四海，与西方交流，打破中国闭关自守、孤立海上、受人欺负和侵略的处境。其他理想还没有进入我的想象之中。

　　回南京的日期确定以后，母亲把家中无法带走的物品都在地摊上卖掉。在一个晴朗的早上，母亲和我及弟弟妹妹坐上了一条小火轮拖驳船，拖驳船在小火轮的左侧，我们一家住在驳船的两个床位上面。中午时候，小火轮开始出发，从朝天门嘉陵江边开向长江主流，向东航行。我记得航行一天之后，进入巫峡江面。忽然有一艘大船迎面闯来，把小火轮和驳船闯得分开来，江水汹涌，十分危险。幸好领航人稳定了船位，小火轮拖着驳船到巫山江边小港修理，停留了一夜。第二天小火轮继续航行，尚称顺利。到了傍晚，出了瞿塘峡，直奔沙市。在沙市靠岸，允许大家上岸购物。很不幸的一件事情忽然发生了，在我家床位对面的一位妈妈，上岸购买食物，把三个未成年的子女留在船上。到夜半开船之时，这个妈妈却尚未回来，不知发生了什么事故。后来听说在回船路上，由于下雨，有人在跳板上不慎落入江中，可能就是这三个小孩的母亲。我们一家知道此事后很是悲伤。虽然船公司立即通知小孩的亲人，以尽快处理此一事件，但这种人生的不幸在我心灵中留下了痛苦的阴影，我觉得不幸也会随时降落在我们身上。第二天，驳船到了汉口。母亲徐家的亲人接待我们，两个舅舅尚未回来，但看到了徐家其他亲人，母亲特别高兴。一路上，我也看到汉口到处都是日本轰炸留下来的破坏痕迹。在汉口住了几天之后，我们一家又乘小火轮到九江，赶上一艘航海大轮，向南京出发。航行几天之后，终于回到南京。首先居住在南京永定门小铁路站旁边的一个古庙之中，不久就迁入父亲安排的宿舍，叫作兰园二号。兰园二号是一栋独立的中式建筑，有数间卧房，一个客厅，厨房是另行加盖的。屋外有一个小社区共享的花园，植被极少，只有一棵柳树。我在这个花园中练习滚铁环，颇能自得其乐。

在回到南京之前，父亲就要求我记下回到南京的感想，称为《还都记》。回到南京后，父亲看到我的文章，觉得很好，把它投到《中央日报（儿童版）》，分两期刊出。此稿在最近的材料搜集中并没有找到，发表日期应该是从1945年年底到1946年春季。那是我最早发表的文章，那年我十一岁。我进入国立社会教育学院附属中学，学校位于南京汉中门地区，就在莫愁湖旁边。进入初中一年级之时，父亲送了我一支钢笔，一下子就让我觉得自己成长了不少。当时与我同年级的一个小学生，我印象并不深刻，在我1985年到北京大学讲学期间，他跑来与我相认。他是北京大学哲学系的马克思主义哲学教授彭燕韩兄。他保存了我们全班初中一年级的照片，其中有我，照片中我戴了一个船型海员帽，据说是当时的童子军帽。想不到40年后在北京还能遇到一个老同学，真是人生难得的机缘！回想起来，他在中国的变化和我在海外的变化差别很大，最终见面，却仍有共同的话题和共同的理想，实在难得。

第二部分

海岛——我的青年时代

（1950—1957 年）

一、从南京到台湾

　　上节谈到由于内战，我和母亲及弟妹于 1948 年 11 月离开南京，到我二舅父所在的金华居住，父亲仍然留在南京工作。一直到我们必须随政府机构南迁到广州和梧州之时，父亲来到金华接全家南迁。我们全家坐上浙赣铁路火车从金华经衡阳、株洲到达广州。然后在广州再坐船溯西江、梧江而上，到广西的梧州安顿下来。那一段旅行虽然是逃难性质，每到一处都是人潮汹涌，但对我而言却是十分新鲜的经历。有一个特别的经历是，在火车停站衡山的时候，母亲从车窗向站上贩卖午餐的小贩买了几个湖南便当，每个便当上都有一个鲜红的辣椒，我不知厉害，一口气就把辣椒吃到口中，顿时觉得火辣无比，而不得不叫唤起来。但辣椒已吞入喉中，喝了开水更是五脏俱焚。这是我一生吃得最辣的经验，但不得不承认，车上那一顿中餐，配有可口的香肠，倒也令我十分满足。到了衡阳，记得按当时的规定，在进入市区之前必须渡过湘水。湘水滚滚，正是冬季发潮时节，令我感到大自然的粗犷宏力。我们在衡阳住了两晚之后，坐火车经株洲到达广州，南方的温暖气氛扑面而来，为紧张的旅行生活带来一些松弛。到广州市的广式餐厅吃饭，茶杯和饭碗都比别的地方小一号，但广式的烤鸡烤鸭却让我们年轻人大饱口福。然而，从广州到梧州却不是那样轻松的。

我们坐上轮船，被警告沿岸会有强盗抢劫客船，坐船的人都因此感到忐忑不安，不知何时会出事，幸好经过一夜航行并没有任何事情发生。我们终于安全到达梧州市。下船之后，随即搬入公家（国民政府考试院）安排好的宿舍，在梧州的北山斜坡上。住处很简陋，生活并不方便，最不幸的是，当年梧江发大水，淹没了半个梧州市，用水特别困难，而且水质浑浊，运上山的水可能有很多问题。两周之后，我八岁的妹妹成中芬突然上吐下泻，又无法急救就病殁了。这令我感到非常悲伤，对父母亲更是一个巨大的打击。我记得我陪父母去把我的妹妹中芬葬在梧州北山的山坡上。父亲一向坚强，但他在葬我妹妹的时候却流下眼泪，后来又写了一首悼念的诗，收在他的诗集中。那是 1949 年春天的事。

在梧州暂住不到两个月，时局又有变化。国民政府必须东迁，回到重庆。于是我们又随着大批人员从梧州坐船到广州，只住了一晚，第二天全家被安排到白云机场，坐上飞重庆的飞机。真是意想不到，这样我们又回到才离开四年的重庆。在重庆，我借读于重庆市的求精中学初中三年级。事实上，我在梧州中学连二年级都没有完成，就因为战火而辍学了。我记得那时住在梧州市对岸的梧州中学宿舍，第一次一个人离开家庭，必须自己照顾自己。星期天回家一天，必须坐船渡过梧江。看着急流的江水，突然觉得自己长大了，却无法为父母分忧。在重庆不到半年，局势又有改变。我们必须搬到成都，准备向大西北疏散。从重庆到成都，路程并不远，但路上很不安宁，我们坐的大客车就架了一挺机关枪，有三个保安沿途保卫我们。经过一天的路程，终于到了成都，住进我父亲所属的考试院的考铨处。到成都后不久就知道我们并不是去大西北，而是去台湾，但是必须等待飞机，却不知道飞机什么时候才会到达。我想那时候国民政府的资源有限，调动自然不容易，工作人员也只好等待一个不可知的未来。终于有一天，我们全家被安排到成都的新津机场。到了机场后，我发现到处挤满了人。而机场周围，到处都有弃置的行李车辆，显示人们只能求得自己的安全，不能顾及身外之物了。

我们全家在机场空等飞机将近一周，仍无任何飞机的消息。那一晚，机场附近的火药库爆炸，漫天流弹乱飞，炮声轰轰。当时情况很危急，父亲和母亲商量，由母亲先带我的弟弟妹妹回成都，想办法再回湖北武汉投靠舅父。我和父亲则在机场继续等候。在等候的日子里，我特别牵挂母亲，不知道她和弟妹是否安全，也不知什么时候可以见面。而父亲忙碌于联系飞机信息，疲劳不堪。我和父亲住在一家农舍里，食不知味。每晚都听到远处的炮声，常常必须躲在木板做的桌子之下。大约是母亲离开一周之后，父亲和我在成都新津机场等待最后一班飞机飞向台湾。终于在1949年10月的某一天，最后一架飞机抵达新津机场，来接留在新津机场的人员。我父亲有一张票可以上飞机，却不能保证我也能上飞机。我父亲的同事一家也面临同样的情形，他也带着和我年龄一般的儿子，等候上机。父亲和那位朱老伯被接上卡车，我和朱老伯的儿子诗蘩却被阻止上车。卡车即将开动，父亲拉着我的手不放。两位父亲都着急呼救，终于我和诗蘩被拉上卡车，开向远处的飞机。到了飞机下面，又面临我和诗蘩登机的问题。幸好飞机的行政人员并没有任何刁难，只是表示已经没有座位了，两个小孩只能坐在洗手间靠近车门的地上。两个大人都松了一口气，而作为家属的两个小孩，我们不但不在意坐在地上，反而感觉到一种坐飞机的兴奋，因为我从未这样坐过飞机。虽然在飞机上摇摇晃晃，也甘之如饴。经过长达8小时的高空飞行，终于到达台北的松山机场。我随父亲走下飞机，忽然想到母亲和弟弟妹妹，不禁黯然神伤。这是我到台北的经历，以后常常回想起，尤其想起被拉上卡车那一刻的感觉，好像人生不由自己做主，只有等待命运最后的选择。我想，凡人生伊始都有很多选择，但到最后选择的机会越来越少，选择的可能性也越来越小，最后只有等待命运来选择你的人生了。人在成长阶段，往往受制于时代。但成年之后，时代却不告诉你有哪些可选择的途径，而必须自我决定。如果没有自己的选择，走到生命的最后或走到一个生活的边境，人也只能听从环境的选择了。但值得高兴的是，这个环境的选择提供了一个新的选择途径，需要人们积极地把握，才能创造新的人生。

二、台湾的生活世界

　　我初到台湾生活，感觉到非常适应。因为本是同根文化，生活也就自然顺理成章了。我于1950年考入省立建国中学，读了两年，由于当局允许同等学力报考大学，我于1952年考取台湾大学，进入台大外国语文学系。关于台湾的生活世界，我也看到一些突出的地方文化特色。那时我们一家住在台北市内，常常发现左邻右舍商铺会定期举行"拜拜"。所谓"拜拜"，就是在门前供奉一头洗干净的新宰的毛猪，可能有招呼财神眷顾的意思。在郊区和乡下，我知道"拜拜"之风也是很盛的，供奉神明，祈求平安。后来我更发现，台湾地方很重视民间宗教。一个家庭或一个社区可以开设一间神庙，供奉想供奉的民间英雄，如关云长；也供奉地方的一些外人不一定清楚的有功德的历史人物，甚至取名为"山神庙"或"武神庙"。台湾地方重视民间宗教，有它的好处，也有它的问题所在，因为它形成一种地方势力，并具有相当大的影响力，和其他地方的神庙可能存在竞争的关系。我从来没有见过任何乡里的械斗，但在后来的选举中往往有彼此暗地斗法的故事。

　　台湾是一个美好的地方，无论气候还是地理，都是宜居的。但不幸曾经被日本殖民50年，或多或少使台湾同胞的中国文化性格无形中受到日本文化的影响，他们对中国的历史和文化往往不能深入，甚至年轻人认为唐诗宋词与自己无关。这就给一些有心人制造了远离中国或排除中国文化的借口和倾向。如何看待台湾可以发挥的正面的文化力量也就受到限制了。

三、在台求学经历：台湾大学

我与父亲于 1949 年到达台湾之后，心中最大的期望是母亲能够带着弟弟妹妹尽早来台湾团聚。1950 年年底，母亲带着弟妹经过千辛万苦的旅途跋涉，终于到达台湾。那时我已经进入建国中学高中一年级读书，也对台湾的生活环境与人情风俗有较多了解。我在建国中学读的是文科，1951 年夏天，中学还没毕业，我就以同等学力参加了大学招生考试，考上了台湾大学，一直到 1957 年去美国留学。

我在考进台大哲学系研究所之前，先考进了台大外国语文学系。台大外国语文学系很出色，因为那时候台大的资深教授很多都是北大、清华过来的。外文系主任是英千里先生，他是北京很有名的出版家、教育家英敛之（先后创办《大公报》和辅仁大学）的儿子，有很强的英国文学基础，他教西洋文学史。我在大一必选英千里的"西洋文学史"，大学本科后期我对 19 世纪英国文学的小说与诗最感兴趣，很喜欢这两方面的课程。同时由于西洋文学史的背景，我对希腊神话与希腊悲剧也特别关注。

二年级时我选修台静农教授的"中国文学史"。台静农是鲁迅的学生，中国文学根基深厚。同时我也在哲学系选修课程，希望能为文学找到一个哲学的基础，因此对文学批评感到莫大的兴趣。当时还有一位有名的教授叫作赵丽莲，她是中美混血，说中文带美国口音，却清晰易懂，很有风度，她教"西方文学古典作品导读"。她首先要我们读希腊的荷马史诗《伊利亚特》与《奥德赛》，讲述的是希腊神话中的爱情与英雄故事，突出了希腊人的冒险精神与善用策略的智慧，同时也没有离开实际的远古历史，其中包含对特洛伊的战争。我读这两篇史诗很投入，好像亲身经历一样，这也是由于赵老师描述得很生动的原因。希腊文学之外，赵教授还把我们带入犹太人的历史世界，研读犹太人的《圣经》，亦即基督教的《旧约》。研读此一文学作品，顿时感到与希腊浪漫主义文化截然不同的文化气息，可名之为宗教道德文化与信仰主义，很快能够与后期的西方基督教神学联系起来。稍后的罗马文学似乎更继承了希腊精神，但从中世纪开始，文学气氛一变，就变成基督教宗教文学了。文艺复兴期间，希腊文学逐渐复兴起来，带动了西方近代文学与艺术的古典主义以及浪漫主义，然后走向现实主义，甚至超越现实主义。这门课程对我理解西方的文化有很大的启发。

四年级时我把重点放在英诗浪漫主义的诗歌传统上，很喜欢早期的华兹华斯（William Wordsworth，1770—1850）和后期的济慈（John Keats，1795—1821）的诗篇，甚至把济慈的一首诗《希腊古瓮颂》翻译成中文押韵的白话诗，发表在当时我和一位马姓同学创办的青年写作刊物上。华兹华斯与济慈之外，我对新古典主义英国诗人德莱顿（John Dryden，1631—1700）的诗也很欣赏，觉得具有哲学的眼光，可能是他宗教信仰的反映。那时我很想写有关哈代（Thomas Hardy，1840—1928）的现代史诗作为大学毕业论文，但最终还是为早期的浪漫主义所吸引，改写了有关希腊悲剧的论文。在这期间，我还不时写写白话诗。由于我父亲并不主张我学传统诗，我想我应该多了解五四后的中国现代诗。我看过五四以来所有早期的诗集。当时能够接触到的就是胡适之与徐志摩的诗，然后就是卞之琳与臧克家的诗。我感受到诗之为诗，乃在表露真实的感情，形式上却不能不讲究音律，主旨在一个美好的形式下呈现那一份真实的情感，使读者沉浸其中，不做任何多余推演。有些现代诗光怪陆离，充满与现实的矛盾，有违反逻辑的一面，虽然它们产生了一些特殊的心理效果，却无法带来怡然自得的美感。这种美感在古典诗中是从未被放弃的，我也强调这样一种要求。

大学三年级时，有一位郝神父（英文名我记得为 O'Hara）教授莎士比亚戏剧。他是一个有学问的好神父，无时无刻不以好人的标准要求自己。他评点了那么多戏剧，其中比较有名的就是《罗密欧与朱丽叶》。我还读过《奥赛罗》《李尔王》《哈姆莱特》这些古典悲剧。同时又有一位年轻的英国文学硕士讲授 19 世纪英国诗，使我对英国诗的传统有了深刻的了解。我对华兹华斯和济慈诗的爱好也是从这门课程开始的。还有一个英国小说课程，分两学期由两个不同的教授开设。那时读到的都是 19 世纪的英国小说，尤其是哈代的小说。我为哈代小说中的命运意识所吸引。哈代在写名著《苔丝姑娘》时表达得很细腻，让我对环境和历史因素与自身欲念形成的遭遇究竟如何发生甚为好奇，因此花了一年时间自己找来哈代的其他作品继续研读和感受。这些作品包含《无名的裘德》与《远离尘嚣》等书。我当时受文学作品的情感影响，同时又用哲学的理性思考来加以克服，使我不沉湎于其中，而最后走向哲学。

四年级有一位黄琼玖老师，教授现代戏剧。她讲的是古典戏剧和现代戏剧。我感觉古典戏剧更有意思，尤其是古希腊悲剧，所以我后来本科的毕业论文写的是悲剧，论文题目就是《论埃斯库罗斯诸悲剧》（On Aeschylus' Tragedies）。这篇论文根据我在大三用中文写的《西方古典悲剧意识的探讨》一文扩大而成，该文发表在《青年写作》杂志上。同时，我也和好友刘述先同学进行过讨论。我的大学毕业论文被选为本科优秀毕业论文，后来展出，至今还保存在台湾大学的优秀论文档案里面。

英国文学代表着欧洲文化的重要部分，但欧洲文化还有德国、法国的文学传统，在当时并没有特别传授。系中却有两位著名的德语与法语教授，一位是周学普教授，一位是黎烈文教授。我师从两位教授学习德文和法文，对我以后攻读博士学位很有帮助。为了补足对欧洲文学的认识，我在大学后三年也读了不少德国、法国以及俄罗斯等欧洲国家的文学作品，大多是五四时代文化生活出版社出版的。如但丁的《神曲》，歌德的《浮士德》，以及法国小说家莫里哀的小说，还有更现代的纪德的散文诗，还看了不少五四时代文化生活出版社出版的俄罗斯文学译作，包括托尔斯泰、高尔基和果戈理的作品。我感觉到一个活生生的西方世界，却有不同的情调和氛围，让我对英德法俄等民族的不同气质有一些了解。这对我以后到欧洲讲学和交往提供了一种文化的理解背景，认识到英国民族与其他欧洲民族也都经过一番生命的磨难，才获得各自的成功。反观中国文化作品，又何尝不是有时代的变化和生命艰难的遭遇呢？从文学理解不同文化，显然是一个重要的方法。当时我并没有深入系统地比较中西文化及其基础。但我想从文学的诗、小说与戏剧进行比较，一定会更生动地反映中西文化的差异和各自具有的特性与美感。

当时我兼听哲学系的西方哲学课程，从哲学上能感受到英国文化的处境。从英国的哲学发展来看，英国哲学强调经验主义，即理性不足以改变人的情感经验。而恰恰是情感经验能够决定人的走向，而理性不被认作决策的基础，这与欧洲大陆不一样。欧洲哲学强调理性的功能，因为理性可以决定人生的走向。显然英国与欧洲大陆反映出西方哲学与文明的两个传统。但从英国与欧洲大陆的历史来看，历史即是人性实践的成果。人性中有理性与感情两元素，具体的影响力量显然不只是人性的一端，而是人性中理性和感情相互纠缠形成的行动效果，显示理性和情感共同主宰的人的历史。

在欧洲的传统中，个别文化的体验具有特殊性。古希腊人追求理性的生活，英国人则强调公共空间，把公共空间当作理性的基本要素，理性因此也作为重复经验形成的一种共同意识，或者共同概念、共同规则。这与当初的希腊人追求的纯粹的理性指导还是有差别的。近代欧洲的文化传统，包含多种文化因素，基督教从罗马传到英国，根据英国人的实际需要来重新决定其宗教内容与形式，因此才有英国亨利八世的宗教改革。英国王权与罗马教皇有矛盾，他们与欧洲大陆罗马教会的信仰是有差别的，西方文明因而具有多元的维度，在某些观点上显示冲突，也由此激发了西方人看重分析与论辩的思想习惯，构成哲学思考的驱动力，这一点我觉得很重要。美国继承了英国传统，却有欧洲大陆的成分，而且受到自身历史社会的影响，成为一个西方"文明混血儿"，发展成为一种争辩好斗的论证精神。

我对人类文明的发展过程有深入的理解，也许更重视此一过程的活动方式，或可称之为文化活动。文化中各种元素都有，但面对存在与价值的动因思想活动，可称之为哲学。我在大学时代，兴趣逐渐广阔起来，首先很想知道西方文明与文化的基础与源头何在，最后追问到它的哲学思考有何特征与价值，以及如何反映影响它的文化与文明背景。大学时代很短，在大一大二虽然看了不少书，反而觉得自己的知识十分匮乏，因此常常看一些非哲学的、与文化相关的著作，如数学和物理。为了了解这些学术领域，也花时间去听课和选修。我听了现代物理一课，也选修了一年微积分。目前，我仍然关心这些方面的知识。新的学科层出不穷，目前也只能关切其要点与方向以及涉及的哲学问题。孔子说"学无厌，教无倦"，我深有感触。但要想学以致用，仍然必须就专业知识立足。就拓宽与钻深知识体系而言，则在体现心灵自身的认知本能，不一定直接联系到具体的应用或者道德理性的实践。

我在大学一年级的时候，上方东美先生的课。方东美先生的知识视野非常广阔，就像一个大舞台，上面有各种各样精美的陈设，不同民族的文化不断地涌现出来表达自己。这是人类思想发展的大舞台，作为一场思想的戏剧呈现出来。方东美先生的书很早就出版了。他在抗战时期出版的《科学哲学与人生》（1936 年），把哲学当作文明的基础与结晶，来显示一个民族的文化行为。他的哲学课涉及基督教、伊斯兰教、中世纪建筑、文艺复兴文学与绘画、西方科学发展以及哲学意义，讲得十分生动。我记得他讲伊斯兰教之时，透过一首长诗，展现穆罕默德宗教信仰的精神力量。我记得他当时念的那首诗，特别动人。诗的大意是：穆罕默德要山走向他，但山不理会，穆罕默德就说，山不走向我，我就走向山。下课后我对方老师说，您上课念的那首诗，对我有强烈的启发性。我问他："那首诗能不能给我一个副本？"想不到的是，方老师居然同意了。于是，我因为一首有关默罕默德的诗歌与方东美先生接近。当时我才读一年级上学期，18 岁不到，受到方老师人格力量的感召，觉得方老师其人，穿一袭长衫，望之俨然，即之也温。他是安徽人，是桐城派方苞的后代，说起话来带有安徽家乡的口音。

方东美先生对我们几个同学都产生了很深刻的影响，其中包括刘述先。只要方东美先生上课，我们都会去听。述先当时是哲学系的学生，比我大一岁，他是成功中学毕业的，但我们作为同级，一起参加新生训练，一起上方东美先生的课。我们都受到方东美先生的感召，常常交换心得，觉得方老师眼界开阔，他的哲学包罗万象，除上述文化哲学外，更呈现一个多姿多彩的生命哲学。他兴致勃勃地谈论柏格森、怀特海这两位近代西方哲学家，并借两位哲学家的口吻来发挥原始儒家的生命活力，把儒家的精神淋漓尽致地展现出来。他也从生命哲学的立场讲述原始道家。相对于原始儒家与道家，方老师认为后期的儒学发展和道学发展深度有余，生命活力却不足。方老师也点出了生命发展的过程，从生命的丰富内涵和青春活力，逐渐发展成循规蹈矩的秩序，形成一种严肃的成熟感。在这个意义上，早期方东美先生对宋明理学的批评，到十年后他开设宋明理学一课，却对宋明理学有不同的认知和欣赏。另外，方师有文学的才华，华丽的辞藻不妨碍其清楚地表达，使他看来洒脱而严肃，兼具儒家与道家哲学的心态，为中国哲学家的发展树立了一个典范。

当时的哲学系还有一位让我印象颇深的是陈康教授。陈康教授给二年级学生教授亚里士多德的形上学，也教授洛克的经验主义。总的来说，他偏向对形上学和知识论的研究，听他的课受益良多。他善于进行细致的概念分析，逐字逐句念下去，清楚明白。他早年在伦敦大学受教育，后来转入德国柏林大学读博士，师从耶格尔（Werner Jaeger）、哈特曼（Nicolai Hartman）、施滕策尔（Julius Stenzel）等古典学家，学习哲学、古希腊文、拉丁文，1940 年获得哲学博士学位。他在德国、美国发表论文，写的大多是有关希腊哲学的英文文章，他的《论柏拉图的〈巴曼尼得斯篇〉》一文甚是著名。他最后成为亚里士多德哲学的专家。我当时在他班上，却没有问过任何问题，只是专心学习亚里士多德哲学。十年以后，他到美国南部埃默里大学教哲学，和我在东部纽约美国哲学学会（APA）开会时见了面。见面之后，陈康老师十分热情，与我交谈甚欢，以后我和他也经常联系，但他于 1992 年逝世于加利福尼亚州奥克斯纳市。之后每次开会我都会特别地想念他，他是我最为尊敬的老师之一，对国内希腊哲学的研究有带动和发展之功。

哲学系另有范寿康、吴康两位教授讲授中国哲学，我没有上过他们任何课程。哲学系开设美学课程的有一位虞愚教授，但他的课并未吸引我，因为我感受不到任何特色。四年级时系中有一位新来的教授，开设了逻辑实证论的课程，这就是殷海光教授的课程。殷教授大谈现代逻辑以及逻辑实证论的哲学观点，令我眼界一新。我在一年级上过陈大齐先生讲授的理则学课程，对逻辑只有传统形式逻辑的认识，加上墨子的《墨辩》与印度的因明学，完全没有数理逻辑及现代逻辑的概念。这次殷海光教授谈现代逻辑，令我深有兴趣，也是因为我有较强的数学背景，很想把我的数学知识用在逻辑上。殷海光先生固然开了这样一个新课，但他同时也在这个新课里面十分严格地批判当时新儒家的中国哲学著作。有一次上课，他拿了唐君毅先生新出的书，表示此书完全是五四精神批判孔教的再版。当时我不了解何以至此，后来知道殷海光先生是五四时代后期哲学教授金岳霖的学生。金先生当时提倡逻辑实证论，帮助罗素在华讲学，所讲述的大多是罗素的逻辑哲学与逻辑实在主义。他的两个学生王浩与殷海光，也都继承了他批判传统哲学的逻辑精神。王浩教授最后成为美国有名的数理逻辑专家，发明了所谓"机械数学"，写出电脑演绎罗素数理逻辑系统的程式。而殷海光先生未能在纯粹逻辑上研究发展，而走上了以西方逻辑理性精神批判中国传统文化的研究之路。他讲逻辑实证论，有一次带了一本书来，书名为《数理逻辑》，是数学家罗森布鲁姆（David H. Rosenbloom，1943 年）写的。此书大家都看不懂。他说这本书是俞大维先生送给他的，他也读不懂。我当时自信地说我可以看懂，因为我有高等数学的背景，殷先生就把这本书送给我。我仔细读它，其实它和一般数学书一样，从定义到基本原理，然后推论出很多定理和引申出有关假设，再加以证明。后来我在美国华盛顿大学选了现代逻辑课，在哈佛又选了蒯因教授的演绎逻辑课程。所学的内容是"命题逻辑"与"第一阶谓辞逻辑及其推论"，是现代逻辑理论、数论、组合论与抽象代数的基础。

台湾大学当时开的课程不多，除了外文系专业的课程，我几乎天天都在哲学系上课。哲学系的学生除刘述先外，还有傅伟勋一人。傅伟勋的日语很好，他似乎说过他的日文比中文还好，许多用中文翻译不清的哲学书，他查看日文版就很清楚了。但在大学里，我和他来往不多，一直到我拿到学位数年后回到台大担任哲学教授之时，才对他有了深入的了解。他说他在台大哲学研究所毕业之后，就留学夏威夷大学，然后在夏威夷大学拿到硕士学位。那是我在哈佛大学读博时期，所以一直没有机会早点认识他。他从事伦理学研究，但他对存在主义和日本禅学很有造诣，他的专业是海德格尔哲学。当时哲学系主任洪耀勋教授，上课时声音很小，只是自己一味讲课，台下的学生听不听他也不管，曾开过海德格尔课程，没有给我带来太多冲击。另外有一位曾天从教授，讲授形上学。后来我发现他写了不少形上学的论文，但我却没有上过他的课程。系中另有一位资深的黄振华助教，原在南京中央大学读博士，研究康德哲学多年，一直在写他的哲学博士论文。他留在哲学系最久，在我担任哲学系主任之后两年被任命为哲学系主任。那已经是80年代的事了。

　　当时的台大哲学系，从客观上来说，基本课程部分还是不错的。但人们对哲学系不看好，学生也普遍不喜欢哲学，认为读哲学的都是怪人。我不管这些，只想探索宇宙与人生的根本问题，喜欢玄想沉思。因此我虽抱有对文学的热情，但往往最后探讨一些宇宙存在与人存在的价值问题。虽然进入了西洋文学系，却很快就被哲学问题吸引住了，逐渐走上对哲学学习与追求的方向。再者，哲学问题很容易和当前的现实与生活，包括政治与科学挂钩起来，给人一种必须参与的动力。因此我后来决然放弃文学，完全投入到哲学中了。然而文学，尤其是诗，在我心中仍然占据一个重要的位置，那里是维护自我意识和自我感情的一个基地。大学毕业后，我决定报考台湾大学哲学研究所硕士，同时也向美国一些大学申请念哲学，最后为台大所录取，追随方东美先生研究柏拉图哲学，同时关心大乘佛学，有半年之久。在此期间，我收到位于西雅图的华盛顿大学的录取通知书，我决定前去更系统地探索西方近代哲学的实质。因为只有这样，才能解决占据我心中的另一个根本问题，即何以西方文化如此强势，并压倒了东方的文明，引发日本脱亚入欧并企图征服中国以满足一己之私的权力欲望。

我决定留学美国的基本动机有二：一是探索西方强大之所以然；二是借此反思中国之所以弱，也就是从一个哲学观点理解文化的动力及哲学思想的作用及其有关的出发点与其现代性的成就。

刘述先和傅伟勋两位都是哲学系的，而我是学外文的。因为我在哲学系上课时间比在外文系的时间还多，尤其在三、四年级的时候，许多同学都认为我已经转入了哲学系，并称我、刘述先和傅伟勋为"哲学三剑客"，但我仍然是以外国文学专业取得文学学士的。进入研究所之后，才成为真正的哲学人。我考入哲学研究所，刘述先与傅伟勋也都考进来。但我们三人的哲学兴趣非常不一样，我喜欢希腊古典哲学，也为当代西方哲学所吸引。刘述先却倾向于现代德国哲学，对新康德主义的卡西尔情有独钟，并深入研究了卡西尔的《论人》一书。我们都跟从方东美先生，每年暑假都到方东美先生家去问学。方先生让我们下午两点钟随时过去访问他，见了我们之后往往兴致勃勃地谈当代的一些哲学人物，包括熊十力与冯友兰等。他的一些观点也多少影响了我们。他在中国佛学方面特别观照华严哲学，后来也开这方面的课程。这对我和述先也都有影响。

每次和方先生谈完之后，我就拿笔记下我们和方先生的对话，我甚至名之为"方师对话录"，可惜这些稿子都没保留下来，只有片段出现在我的大学日记里面。傅伟勋可能是当初最早接受海德格尔哲学的年轻学人，但他后来写的论文却是关于英国经验哲学的伦理学。他当时并未参与我和述先对方东美先生的访问。我们这一代可说是紧接上一代新儒家的统绪而来，至少我和述先先后与牟宗三、唐君毅、徐复观三君子建立了一些后学关系。牟宗三和唐君毅是熊十力的大弟子，几乎完全接受熊先生的哲学思路。而方东美先生则大不同于熊十力先生，其功力用在文化现象学和中西比较哲学上。对中国传统以原始儒家为本，却无碍于融合道家与墨学为一体，并重视周易兼容并包的精神。

我想我和述先都受到方先生的影响，但各自探讨、吸收不同的门派，最后述先皈依了牟宗三学派，而我则采取方东美先生的"广大并容"的精神，来融合中国哲学的眼光和西方哲学的思辨。据我了解，方东美先生不同意熊十力的唯识哲学，更不赞同熊氏的朱王论说，而是以张载、戴震等人为正统所在。方东美先生对冯友兰也有所批评，认为他的中国哲学史是一个"断头的"哲学史，对中国哲学的源头没有清楚的说明。这一个批评对我有所启发，使我一直在心中追问中国哲学的源头活水是什么。此一源头活水不应该只是一个哲学的基础概念，也应该具有一种时间性的和历史性的相关性。后来我提出易经符号系统的出现当在纪元前伏羲时代，就是中国哲学成为哲学的一个开始，迄今仍有许多学者对此不理解。

此处我想概括一下，当代中国哲学有三种不同的自然主义：一是熊十力学派的内在自然主义，以人的内在意识与慧根作为解释一切的基础；二是方东美先生的原始自然主义，以原始生命的美德作为建立价值的基础；三是冯友兰先生的外在和理性自然主义，强调以理性的客观形式来界定一切潜在的特性和价值。这应该是20世纪50年代中国哲学发展的现况，但必须认识到中国大陆的哲学发展之后，才能认识到中国哲学发展的状态。

方先生的脑海里有一个宏大的中国哲学的框架，从一个原点出发，逐渐发展成为一个开放的体系。他讲的原点很重要，但他没有明确指出来此一原点，直到我思考易经发展的起点，才得到一个清楚的答复。虽然这涉及考古的问题，但作为一个中国哲学发展的"环境网络"（context），是极为重要的。因为此一易学环境网络形成的本体与道的概念，一直影响着儒家和道家的发生，也不断为中国哲学输入动力。我一直计划基于此一观点写一部中国哲学简史。但为了解决思想上的方法学问题，而写了《理解之根：本体存在论与本体诠释学》一书①，也可以说回答了以上问题。

必须要说，我在志业的选择上受到方东美先生的鼓励，决定报考哲学系做研究生。那时候本来是不准转系的，外语系毕业后报考哲学系研究生是不允许的，而我向学校说明情况之后，由于方先生支持，我才正式进入哲学研究所的大门。我选方东美先生为导师自然是唯一的选择，但我为什么选柏拉图作为我的研究中心呢？对我来说，柏拉图和中国哲学之间是一种建立理想与实现理想之间的动力关系。故不论其内容为何，从整体来看，柏拉图代表一个理念世界的系统表达。而中国哲学强调宇宙生命的变化性和内在的创造性，代表一个超验的理念世界转化为具体的价值人生。反过来说，我们也应该有一种超融的智慧，把我们的价值凝聚成永远的光芒，在动态的生命历程中可持续地照耀我们不断的追求。两者的结合是把永恒的真理变成活泼的智慧，也把活泼的智慧提升为永恒的真理。两者不即不离，但在具体人生中却融合为发展的热力，这也就是《易经》所说的"不变中有变，变中有不变"的一种结合，使一个活泼有生命的和谐成为我们生活的世界。

三年级时我阅读了冯友兰的相关著作，对新理学以及新儒学产

① 此书从20世纪90年代末的一个讲座开始，写成书稿，并在以后20年经历七八次整合，初步定稿，代表我提出的本体诠释学最系统的表达。此一书稿，仍在整稿中，尚未出版。

生了很大的兴趣，并且对中国哲学整体上逐渐发展出一个框架性的把握。但我仍然接受对时间与空间更根本的认识，并没有把这个框架看成凌空的系统，而看成随时变化的彩色世界，像万花筒一样。但在人生的实际行为中，儒学的价值哲学与伦理哲学提供了人存在的稳定性。此一稳定性却要求上观天文、下观地理，外有万物的世界，内有不断涌动的生命力量。因此，人的生命可以是上下贯通、前后逢源的，正如孟子所表述的一样。在社会生活当中，人不能不和其他人建立交往与和谐的关系。因此必须从一个大儒的观点来修养自我，无时不做动态的调整。当时在台湾，很多学者研究孔子只是跟随孔子《论语》之说，而不知孔子仍有《易传》之论。哲学的发展也只是跟着时代的潮流推进，而不能够建立独立的观点。这可能要到 80 年代初期，牟宗三的著作逐渐出版，才有一个更系统的哲学思想呈现在眼前。方东美先生的哲学思想也在后期影响到诸多文化人士，但在哲学这一块，可能只有我们几个少数的弟子罢了。后来刘述先皈依牟宗三，真正接受发挥方东美先生眼光的只有少数几个，我应该是其中最早的一个。

在我大学毕业之后，留学美国之前，我还在台湾服了为期一年的兵役。台湾有预备军官训练制度，大学生必须到军校接受基本军事教育半年，然后服役半年。对一个年轻学子来说，这可说是锻炼体魄的最好机会。我毕业之后，就进入预备军官第四期黄埔军校受基础训练。半年训练之后，开始服役。我因为外文的能力对航海有帮助，就被编到海军军官的队列中，进入海军军官学校，接受航海训练。而我的感受也是美好的，尤其在台湾的南部凤山，气候温和，空气清新。在受训中，我仍有机会思考自己的未来。我想那时我已经决定留学深造，想为中国哲学开发出一条适宜的发展道路，为中国文化的振兴贡献自己的心力。我能体验到做中国人的责任感，同时对西方的文化也能够较为冷静地思考，觉得有可学之处，但一定会有许多不可学之处；反过身来，觉得中国文化与哲学也有许多可以教化西方的元素。因此，我知道我的前景充满希望，人生有了一个奋斗目标。

我的这番想法，也得到我父亲的赞许。我父亲从来不重视利益，而重视道义，虽然很多朋友子弟都出去留学学习实用的学科，尤其是工程和经济学科，但我父亲从来不反对我学习哲学。我有志于道，他加以鼓励，说："不管学什么，只要学得好，都是有前途的。"但我那时去美国，家中并没有太多经费来供我留学生活，如果我申请到奖学金，就可以减轻家庭的负担。我能不能申请到全额奖学金呢？尤其是我要从文学转到哲学，会有怎样的学校支持我这一转变呢？对此我并没有抱任何期待，只是想尽力而为，说明自己的观点。那时还需要参加留学考试，及格之后才能够申请出去，这倒不是很大问题，我很快通过了留学考试，然后申请了美国的几个学校。当时对美国并不了解，我连学校所在的地点都不清楚，只是透过地图看这个学校在哪个州，对它的学术地位、内容程度茫然无知。最后，我选了几所东部的学校，也选了一两个西部的学校。幸运的是，那应该是1956年秋天的事了，我获得1957年美国西岸华盛顿大学研究所的入学通知书，并同意给我提供学费奖学金。其他大学也有类似的邀请，但我想毕竟西岸离台湾家里比较近，所以选择了华盛顿大学。但华盛顿大学有一个要求，就是我必须先就读英文系，半年之后才能转入哲学系，因为我本来就是外文系的学生，所以他们要按照学科来要求，不能在转学时改变。我最后接受了这个要求，于1957年11月决定到华盛顿大学留学了。

四、回台湾教学：改造台大哲学系

在教学生涯中，我总会碰到一些意想不到的事件，尤其是比较复杂的政治、经济、社会事件，它们都对我产生了一定的影响。在我成长和受教育的过程中，从最早离开大陆时起，我都感受到强烈的国家意识的存在，因为在我早期的生活背景中，面对日本的侵略，直接感受到中国的存亡问题，必须担负起卫国保民的责任，这样一种认识，是当时人们的共同感受。唯有在这样的共同感受之下，才能坚持中华民族的精神，也才能强调中华民族奋斗的使命。因为中国的确是受到了外族的侵略和欺压。在抗战的过程中，把传统文化之中国转化为现代国族之中国。抗战之后中国的重建，也是一个国家组合社会民族的发展过程。这样的国家意识说明了从抗战胜利到中华人民共和国的成立，所经历的是一个民族国家的社会发展道路之争。现在世界担心过分的民族主义会带来偏激的对内对外的国家政策，过犹不及。本来一个民族国家的发展，应该是和亲九族、协和万邦的，但如果有的国家不能够遵守一个普遍的道德规律，所谓"己所不欲，勿施于人"却会导向极端的民族主义，从而造成世界的不安。日本作为一个现代国家，不遵守基本的道德规范，自然引发备受侵略的中国的强烈反抗。中国抗日战争必然胜利，中国的民族主义也就成为建设新中国的基本意识。但中国有强烈的儒家道德作为行为基础，因而我深信它的民族主义和爱国精神是不会走向极端的。

抗日战争对当时的年轻人产生了很大的影响，我自己对这段历史并无研究，只感觉到有一种历史的力量，如洪流一样冲击着传统。历史的洪流因应人事的变化而自然地流转，并以曲折的方式把一切问题和冲突带到眼前。然后再以一种曲折的方式，成功地发展到比较完善的阶段。当然这可能并非个别人心中最美好的愿景。实际上，历史的途径往往是不可预测的，人们只能顺势走下去，就像走一条山路一样，在达到目标之前，总是要经过崎岖小径，必须跋山涉水，才能走向平原，走向大江大河大海。在追求与发展的过程中，人们会遇到道路方向之争，当然就需要社会与民族做出判断，并接受真实世界的考验，让我们觉得最终的决定是明智的，而非愚蠢的。

现在社会上很多国人对中国历史一无所知，不要说做出判断，甚至连起码的正确理解也达不到。因为他们缺少对事实的认知，也缺少对价值的把握。凡事不甚了了，也不参与，只顾当前自己的利益，用心于如何争权夺利，令人颇为感叹。抗战胜利之后，国共两党内战，其前因后果是我当时不太理解的。年轻的新一代只能接受与承受一些后果，期待一个美好的未来，也许就是当时我的处境。我那时小学还未毕业，就面临着时局的变化。

我于 1949 年随父亲一起来到台湾，在台湾进入高中，考取大学，然后赴美留学。在这个过程中，我心中追求的是真理与求知的方法，但现实既是抽象的又是具体的。因为具体的事实往往有抽象的含义，而抽象又必须借助具体来表达。一个社会进步与否，必须从这两方面来考察。要点在抽象不能离开具体太远，而具体也不能够脱离抽象的关照。事实上，我当时感受的是具体的事实以及一个与事实不相连接的抽象的理想。事实就是现实，只有逆来顺受，因此不能不承受内战带来的恐惧和不安，加深了自抗战以来感受到的生命的流离感，尤其看到个别家庭的悲剧，心中有一种莫名的悲痛。

我有强烈的民族感情，觉得中华民族有一种崇高和智慧，但涉及具体的中国人，往往又不能明显地感觉到这一点，相反，往往感觉到愚蠢与自私。我在成长的过程中，见识到流离的艰辛，也看到不同家庭的悲剧。尤其面对人性的堕落，令我不禁要问：人是不是本质坏？如果人性本善，是战争带来这些负面的行为，还是某种心理因素改变了人性？事实上，战争也考验了人性，带来许多可歌可泣的事迹，成就了人崇高的牺牲精神。我在对这个问题的反思中，认识到人性实现自我的极限。我仍然肯定人的本质是善的，在艰苦的环境中人们可以坚守自己的善，而并非必然转向恶。战争考验人性，所考验的就是人坚持从善的能力。我从重庆回到南京然后辗转台湾，经历了历史的潮流涌动。我不但没有变得现实，反而变得更趋向理想主义。我关心我在潮流中的个人成长，决心不管现实如何、遭遇如何，我都要坚定理想、充实自己，致力于理想的追求和实现。当然，我很幸运有我父母的支持，但我心灵中的理想却是自身的感受。我决心深刻认识这个宇宙，尽量理解这个人生，并勇敢地面对历史的变化从而找寻其意义。我尽量克服我自身的困难，观察现象，学习智慧，永不放弃一个至善的追求。我把至善看成真理、德性与美好的意愿与努力。

我选读台大哲学系课程，发现哲学系是十分保守的，首先，还维持着日本帝国大学时代的一些观点和习惯，把哲学集中在德国哲学的研究，对英美的经验主义几乎没有任何关注。其次，重视从日本观点研究佛学，崇尚日本东京大学。1965 年我第一次到台大哲学系讲学，应该是第一个强调英美传统哲学和当代西方哲学的新型学者。同时我更强调中国哲学的研究，尤其是有关《易经》的研究。

几年之后，我被任命为哲学系主任，我也就我的理想来逐渐改善哲学系，在课程与师资上面加以重新组合，并引进新人。1965 年，我开设新的哲学课程，强调哲学的方法思维，并立即开拓中国哲学与中国佛学的教学。1965 年后，连续三年我都在从事欧美新思潮的介绍，在系内系外多次做过演讲。以 1969 年为例，一个暑假我就演讲30 余次。台湾夏天炎热无比，每天演讲完之后，背上的汗衫就有一层白色的汗渍，身体里的盐分都被蒸发出来了。当年 9 月我不幸遭受到肾结石袭击，疼痛无比，赶去医院做了手术，把肾结石取出来。但由于这场手术，十几年来我的右腰一直感受到不适。这段时间我必须感谢夏威夷大学哲学系的主任纳格利教授（Winfield E. Nagley, 1918—1996）对我的支持，他深信我对台湾的讲学是开辟了中西哲学交流的道路，处处给我方便。在夏威夷我的课程都能更为集中地早日完成，然后我就到台湾去进行台大哲学系的课程改革。在这段时间，有两年我在耶鲁大学做客座教授，为了回到台北，我辞去耶鲁职位，但夏威夷大学一直保留我的职位不变。

1978 年，我被正式任命为哲学系主任和哲学所所长。我把改造哲学系作为一项重要的事业，因为我看到哲学的文化作用。而当时社会却没有任何这样的概念，把哲学只看成个人的偏好而已，甚至认为它和社会是不能融洽的。事实上，那时候台湾的高等教育各部门，而不只是哲学系，都需要一批新的学者来建设。这批新的学者也必然来自美国，因为台湾地区是以美国为留学对象，每年都有留学考试。在 20 世纪 60 年代，美国留学生最多的就是从台湾地区去的中国学生。下面我简述一下我回台湾涉及的人事情况。

我到台湾大学哲学系教书，最早是受两位台湾大学的教授邀请和敦促而形成的，一位是台湾大学文学院院长沈刚伯（1896—1977）教授，另一位是台湾人类学知名学者李济（1896—1979）教授。他们两位都非常关心台湾高等教育的发展，尤其是哲学系的维持与发展，因为哲学系关乎一个民族、一个传统、一个文化的传承与延续以及创新。他们是有远见的，而且不远千里跑到哈佛大学来找寻人才。除哲学科目外，台湾大学也面临着许多学科人才引进的问题。经过至少两次对我的邀请，我逐渐感受到回台湾教学有其文化上的意义。李济教授为了说服我，陪同我一起从新港（我当时在耶鲁大学开会）坐火车到纽约开会，令我感动。我告诉他，我读完博士后仍然希望短时间在美国教学，取得教学经验，然后考虑回台湾大学哲学系任教。

我于 1963 年春天获得哲学博士学位，是哲学领域的博士学位。我计划先在美国教学一年，然后就回台湾大学执教并进行改造工作。颇为意外的是，我在博士考试之后的第三天，突然收到一个长途电话，是一位美国教授打给我的，但我并不认识他。他介绍说他是夏威夷大学哲学系的系主任，名叫纳格利，他说有学者告诉他我最近从哈佛毕业，是当代西方哲学专业，又熟谙传统中国哲学，有此专长，正是夏威夷大学哲学系所需要的人才。因此，他在电话里邀请我到夏威夷大学哲学系任教，而且说他的这一通电话是学校授权的，可以立即任命我为哲学系的助理教授。只要我同意，不需要再做任何面试。他说："你只需准备好秋季前来，我将为你准备好一切所需。"这等于立即邀请我到夏威夷大学教书，而且说好教授一门当代西方哲学，一门传统中国哲学，具体名字由我定。我颇感吃惊，一时无法回答。我要求他给我几天时间想想，他也同意了。那是 5 月下旬，夏威夷大学秋季开学是 8 月上旬，中间只有三个月的过渡。本来我计划先行回台北看望父母亲，再决定我能够申请到什么美国学校任教，充实自己的教学能力，以便最后回到台湾大学教学。我已有五六年没有见到家人，很想回到台湾看望家人，这是我最大的愿望。再者，还有其他考虑的事项，都需要时间来完成。最后想想，我必须把这些情况告诉纳格利教授。在一个礼拜后的电话中，他欣然同意我在夏威夷大学教书一年后回台湾进行访问。我也可以在暑假先回台湾看看父母，再来夏威夷就任。以后有什么需要离开夏威夷到台湾教学，他也会加以特殊安排并给予支持，不会给我任何阻挠。

他对我安排得如此周到，令我十分感动，因为夏威夷大学制度的灵活性，可以使我在教育方面有所成长，建立基础，同时与台湾大学建立一种良好的关系，所以我同意到夏威夷大学任教。纳格利教授是一位值得信任的学校领导人，在他同意我的一切要求之前，他就得到院方与校方的支持，把我当作永久人才来看待。在之后的十年中，他果然不负我所望。一年后，我去台湾教学连续三年，后来又应耶鲁大学邀请，去耶鲁大学作为客座教授。耶鲁的哲学系教授史密斯（John Edwin Smith，1921—2009）对我也分外欣赏与信赖，他邀请我去耶鲁教书，事实上是永久职位，待遇很好。他希望我可以留在耶鲁大学哲学系永远任职，可以发挥我的哲学思想与中国哲学，开拓一个中西比较哲学研究的新方向。我也感觉到这是一个更好的机会，可以发挥更大的影响，教学的环境也能够帮助我进行更好的研究。因此我必须做出最后的决定，是留在耶鲁大学，还是回到夏威夷大学，再到台湾大学担任改造哲学系的主持人。因为那是我在耶鲁教书近两年的时期，才面临到台湾大学对我的深切的要求与邀请。

耶鲁大学是美国世界名校之一，它的哲学系人才也多学术权威之士。从1969年到1971年，我在耶鲁教学两年。1971年暑假，我必须做出最后的决定，留在耶鲁大学，或是回到台湾大学担任哲学系主任职务。经过近两周的深刻考虑，我下定决心辞去耶鲁大学哲学系教学职位，回到夏威夷大学。因为我答应夏威夷大学一定回来。回来后，我又安排去台湾大学，接受改造哲学系的系主任工作，因为这是我先前的承诺。两年之后我仍然回到夏威夷大学，这也是我的承诺。因为这些承诺很可能限制了我自己的发展，很多朋友也都认为我不应该离开耶鲁。对于现实人生的这种安排，我问我自己持什么标准呢？如果从自己的发展意义来看，我应该在耶鲁留下来，进行长远的规划，自然要放弃夏威夷大学的承诺，也必须背叛我对台湾大学哲学系的诺言。也许这些最后都能得到理解，也能够补偿，但我无法接受自己违反承诺的行为，因此也就安于这些承诺，而接受现实生活，却也是一个理想主义的决定，保持我人格的一致。当然这仍然是一个重大的人生问题，那就是即使冒很大的风险，一个人是否应该维持自己的承诺，这是一个合理化的问题，也是一个意志评价的问题。我并不后悔我对承诺的遵守，即使丧失了重大的发展机会，却保存了我人格的一致。这也许是我的人生观，是内心中一个基本价值。这段经验也可说是对我人生的考验，我信守现实而舍去了可以成就的理想，其实我是把现实也看成可以发展的理想。在这个认识下，我仍然乐观地建构我的哲学体系，创办我的哲学研究学术事业。我必须要说，纳格利教授和史密斯教授是我在美国见到的心胸最开阔、为人最正直宽容的两位学者，使我对美国的哲学学界也产生了良好的印象。他们是讲究责任的，也有智慧的决策能力，是我后来见到的学校行政官员中少有的。我甚至认为他们具有儒家的精神，却有一份悠游自在的应变能力。

1963 年春季，我自哈佛大学哲学系毕业。由于时间太紧，我并未先回台北看望父母，而是在 8 月直接从东岸前往夏威夷大学任教。那是具有历史意义的一年。哲学系为我安排了住处，解决了生活上的问题。我自己也买了一辆代步的二手福特汽车，由于我早在华盛顿大学的时候就已学会了开车，行动颇为方便。

从大陆到台湾地区，从台湾地区到美国，又顺利回到台湾地区，是我整个教学生涯的发展阶段。出发到夏威夷之前，我先到纽约看望朋友。纽约是我四年来最熟悉的暑期城市。平常有机会也经常到纽约，暑期还在纽约打工。我在纽约与几个朋友见面之后，最终在 8 月抵达夏威夷。按照学校日程，开设了两门课程。一中一西，也就是一个研究生课程，一个大学本科生课程。那一年的 11 月 22 日，美国总统肯尼迪被暗杀，我教书的第一学期尚未结束。下午下课之后，开车回到我的住处，从收音机里听到这个重大消息，大为震惊。因为我在哈佛大学念书阶段，曾经注意到肯尼迪家族的发展以及肯尼迪被选为总统的过程。他是哈佛毕业，在二战中十分英勇。任职总统后，在国际上提倡和平，在国内强调艺术人文发展，创造了一个美好的氛围，与其后的美国总统大异其趣。我在美国多年，仍然觉得肯尼迪总统任职期间是美国社会最具文明面貌的时代，以后是一代不如一代。

我在夏威夷大学教了两学期的课，于第二个春天回到台湾，看到七年未见的父母，心中特别激动。父亲在机场等候，我刚下飞机就一眼看到父亲穿着长衫，和往年一样。但他的形象却比以前苍老多了。七年前，他和母亲及弟妹在基隆码头送我上船，先到香港，再转海轮"威尔森"号到美国。那时是秋末多雨季节，烟雨蒙蒙中我在船上逐渐远去，雨水掉在我的头上，我的眼泪流在脸上，却不知道是雨水还是泪水。这次看到父亲，心中是喜悦的。我知道父亲也是欣喜的，心情自然和彼时不一样。我在台湾过了一个短短的寒假，就回到夏威夷上春季的课程。接着我又在夏威夷大学教了一年半的书，我把第二年的课程压缩到三分之二，在三季之内就教完了。因此我也回到台北两次之多。我于 1971 年秋季在台湾大学担任哲学系主任，陆续有四年之久。其间也回到夏威夷大学一学期或两学期，感觉到既忙碌又兴奋。我还利用时间大量演讲和著述，逐渐建立我自己的哲学观点和立场，希望能够形成一个重要的体系。我开始理解到作为一个哲学家，而不只是一个哲学教授，是要分外努力的，不只是接受新的经验，而且要综合思考并诉诸文字，然后再不断地沉思，发现问题，解决问题，推敲前提，演绎后果，比较东西，贯通古今，然后才能形成一个圆融的体系。我除了以西方哲学的康德、黑格尔、怀特海以及哈佛的老师蒯因作为主要思考对象，仍然不断致力于儒学，尤其是儒家经典，如《尚书》和《易经》的研修，并对孔子思想进行哲学性的考察。同时，又发挥比较哲学的精神，极力想创造一个开阔的哲学体系。我知道西方哲学已走向分析的途径，而不再从事系统建造，但我并不同意这个看法，也许因为我身兼中西两面，同时面对古今双向，而不得不在系统中求其圆通了。

第三部分

异邦（上）——我的海外求学时代

（1957—1963 年）

一、文学与哲学之间

　　我的哲学生命处在这样一种奇特的发展状态之中：20 世纪中叶，在充满变化的大时代里面，处处是变革和危机，这些都构成了我哲学生命的内忧与外患。我现在要追究的是，我的生命怎么会走向哲学？哲学为什么对我很重要？此外，我还有一个重要的疑点，是针对很多人认为中国没有哲学的说法，他们对于哲学代表什么含义何以理解得如此偏狭和浅薄？从西方的角度说，哲学已经成为宗教、科学的基础，对宗教可以提出批判，对科学可以提供支持。在这个意义上，我很同意黑格尔的观点，即哲学是人类基本意识的最高发展，再发展到一定程度，就发展到绝对精神。人是绝对精神的载体，绝对精神之中包含了宗教、哲学、艺术等。希腊人从知识出发来掌握最高的智慧，后来就发展成科学。就犹太教的发展来看，最后也是用哲学的智慧来把握宗教的智慧。中国的哲学则是另一种形式的表达。德里达强调，中国人没有希腊人所说的哲学，也没有犹太人所说的宗教，自然也就没有中国人所说的哲学。但我并不同意这种说法。中国虽然没有西方的宗教，却有相当于宗教力量的哲学，这是我要对中国哲学加以特别说明的。因此，"中国哲学"这个概念，也不全是从西方借来的，就像"本体论"并不只是西方存在论的概念，用中国"本体"概念翻译西方"Ontology"，并不代表两个概念是完全对等的。"哲学"一词虽为日本人西周所翻译，但他用了"哲"这个字，表明他也感觉到中国人的理解的智慧。事实上，《尚书·皋陶谟》说"知人则哲"，孔子曰"不知命，无以为君子也；不知礼，无以立也；不知言，无以知人也"（《论语·尧曰篇》）。仔细分析以上引句"知"的用法与含义，我们可以看到对人的存在价值的重视。而所谓"知"，则必然是一个涉及博学、审问、慎思、明辨、笃行的活动。这与苏格拉底所说的"爱智"有什么差异呢？我认为差异是有的：爱智代表一种心灵的追求，肯定了心灵的各种活动，而不等于心灵的各种活动。然而中国哲学中的"知道"，不正是对这种活动的"智"的追求吗？

中国文化从 19 世纪开始衰微，国势开始走下坡路。所以往往以西方文化为圭臬，使用西方的概念来界定中国的概念，这是一个反向格义的过程。其实中西哲学的概念正像维特根斯坦（Ludwig Wittgenstein，1889—1951）所说的，并不是共相，而是一种家族相似（Family Resemblance）。西方哲学和中国哲学都是一种哲学，我们不必有一种固定的、唯一的哲学形象，很多时候两者是相似而不等同的关系，却有不同的内涵与强调。我们平时用"本体论"来翻译"Ontology"，中国传统的本体概念被淹没了，这是一个错误的翻译。但这却体现了一种理解的危机，就是我们没有进行自我哲学概念的深思和自我哲学传统的认定，因此也缺少了一种具有哲学意义的哲学自信，相应地，没有哲学自信就无法建立真正的文化自信。

1957—1959 年，我在华盛顿大学攻读硕士学位，这两年对我而言有十分重要的意义。1959 年到 1964 年春天，我在哈佛大学哲学系攻读博士。这是最后一届以拉丁文授予学位证书的毕业典礼。在美国的这一段岁月，对我而言是一段开放的精神探险。另一方面，从求学开始，我就逐渐发展我对中国传统文化的认识。通过父母的教育和自身在中国乡里生活的体验，对中国文化的价值深信不疑，也形成了一种内在信仰。在求学过程中虽然未能接触到五四时代的精神，对中国文化没有批判的理解，但在逐渐成长中，我也深刻地认识到中国文化内在的危机在于保守封闭，大多无视时代的挑战。但我到台湾进入高中，由于学校图书馆保存了大量五四时代的文学作品，我透过阅读接触到五四时代的思想潮流，对具体的文化现象也就产生了一种理论性的批评。

19 世纪以来，中国文化不能面对现实世界，不能面对世界和时代带来的挑战和问题，未能开放探索解决之道，一切套以成规，自然人生处境就显得十分压抑和闭塞。我在五四文学中特别感受到这种压抑和闭塞。这是一种价值和哲学层面上的认识，正因为有这种认识以及相关的思考，我逐渐走向哲学之路。而且在大学毕业之后，极力想直接接触西方，理解西方的现实究竟如何，而且更想极力地理解西方文化的动力所在，来说明它的时代性和开放性。后来我创办哲学期刊，创办学会，并非偶然，也并非只是想推广中国传统思想，而是想在一个开放的内外交互影响的过程中，提升中国文化的优点，发挥中国文化的潜力，建立中国文化的开放性和包容性，发展一个更具有生命活力的理论理解以及实践智慧。另外一方面，也希望通过中国文化的再发展，把中华文化提升为世界文化的楷模，积极吸收其他文化的优点，产生世界性的影响。

我从 1957 年到美国，从修读西方哲学和反思中国哲学，到讲授西方哲学与倡导中国哲学，到现在 2022 年，已有 65 年之久。这一过程分成几个阶段，其中也包含了在台湾大学讲学，担任哲学系主任，积极改造哲学系等。在台湾讲学可说有整整十年，1975 年我回到夏威夷大学继续执教，并应邀参加了多场世界性哲学会议，经常担任短期的欧美大学讲座教授，然后再度面临西方哲学的当代发展，进行积极回应。我的态度是立足于哲学自身，以西方哲学之道还治西方哲学。但也逐渐形成了一个比较哲学的观点，重新建立和诠释中国哲学，把中国哲学推向世界。在此时期，我积极地创建了学术季刊与学术会议组织，开始发挥世界性的影响。这可以用 1984 年在加拿大蒙特利尔大学组织"中国哲学世界化"圆桌会议作为一个标志。那次圆桌会议是我主导的，我邀请了欧美哲学家，中国港、台地区和大陆的哲学学者，共同参与发表言论。此一盛会，把中国哲学的世界化提上了国际的会议日程。那时无论台湾或大陆，都没有中国哲学世界化的意识，对中国哲学的现代化，也只有模糊的认知。其实我主张的是中国哲学可以用现代思想语言，或更丰富的、逻辑的、形上学的与知识论的思想表达方式，尤其是用具有清楚的逻辑性的语言加以表达。我希望用清晰的语言来呈现清晰的思想，而不是用晦涩的概念构造模糊的语言。至于中国哲学的世界化，我一直强调中国哲学的世界性。世界性不只是普遍性，而且是普遍性加上特殊性所形成的意义形式，使普遍性的概念能够被应用到人类不同的文化传统之中，发挥理解与实践的能力与影响。然而当时哲学参与者往往强调的是哲学的比较概念，是一种比较哲学，却不具有统合性的架构。当然这需要一个长期的发展才能实现，也许我们还在这样一个发展过程中。但中国哲学具有世界性这个认识，却是在那个时候我特别提出来的。①

　　1985 年，我回到中国大陆，应北京大学汤一介先生邀请，担任北京大学哲学系的客座教授。我 1949 年离开大陆，到 1985 年已经 36 年了。我当时有强烈的精神上的需要，心灵上的需要。需要什么

---

　　①　我早就注意到黑格尔与谢林有关世界哲学历史的论述。黑格尔把中国哲学看成最原始的感受而已，无法与欧美的理性化的哲学相提并论。谢林则把中国哲学当作最原始的哲学典型，却是一种特殊性的实现，而不具有普遍性。我要论证的是，中国哲学有其发展阶段中的原初形态，其发展过程也是曲折的，并非一成不变。中国哲学的世界性，就在于它具有开放却又一致的整体精神，体现出天地宇宙发生发展之道；既说明了天的存在，又说明了人的存在。在"天人合一"的前提下，逐渐实现人类一体多元、多元一体的社会整合。

呢？需要理解。需要理解天地人的真实，理解一个世界；也要解释生存问题，解决自我心灵的问题，亦即建立个人的自我理解。另一方面，生命中的一些问题，从中国哲学来看，至少在根源上与宇宙存在的性质是同一问题。我注意到，在理解人的心灵的过程中，不同文化传统之间有思维上的分歧。有人认为心灵只是一种物质的形态，有人认为只是一种生命的情绪或意识的自觉。从中西哲学发展的情况来看，心灵是一个复杂的存在活动，既是欲望与情绪，又是理论与意志。更重要的是，它是生命整体活动产生的一种精神气质活动，具有强烈的主体认知性，又具有客观的历史性与存在的对应性，代表一种意向、一种愿望、一种性情，甚至一种信仰。它是动态的、整体的，是不断整合的，却具有不定性。我终于肯定，心灵可以作为广泛的精神气质描述，但具体的感受是：心灵能够凝聚所有的心力或心的活动，做出有意识的、决定性的判断，形成追求价值的意志和自我控制的力量。

面对这种能力，当然心灵也承受着重大的压力，来自存在的各个方面。因此，传统中认为由于心灵的活动，产生了哲学即反思活动，也产生了对实际生活的压力。认为必须凭借信仰，找寻一个上帝，来作为最终的归宿，或者干脆接受变化不已的外在世界，自愿地或不自愿地受外在性的影响而自我保全地存在下去。我认为在这两个极端之外，心灵可以被动，也可以主动，它可以内在，也可以超越，但它必须不断地在知识中提炼知的能力，也在行为中提炼行的功夫，然后形成一个自主的、自然的，也是自由的创造性的自我。这是我所追求的自我，我也认为中国的儒学具有这样一个特征。儒学不是基督教，不以上帝作为归属；不是科学主义，不以知识作为行为的唯一标准；也不是佛学，并没有完全内在地超越到一个寂灭的世界。因此，儒学才可以和道家的自然主义有沟通之处，因为它可以采取道家对自然的开放，却要维持心灵的自我独立性和自由性。这一点是我诠释儒学以及诠释《易经》和《易传》作为儒学根源的一个积极主张。这个看法，把中国哲学与中国文化作为生命终极的价值，应该是中国哲学现代化与世界化最重要的内涵。

从比较哲学的观点来看，在希腊和希伯来文化中，他们以超越性为对象，作为理解的目的，在希伯来是超越外在存在的上帝，在希腊则是超越内在心灵的自然。至于印度式的超脱，则是在虚空中重建一个完美的智慧。至于中国人对生命本身的理解，不是将它归于一种外在的世界或存在者，而是把它看成一种自我呈现的自由。它不是"两希文化"的那种信仰的态度，而是一种自我磨炼的态度。它的目的必须是充分的追求，即满足生命最终极的愿望，追求终极的归宿或是追求某种理想的价值境界。在追求的过程中，渐渐与理想的目标合而为一。这是中国儒学的形态，它不同于希腊哲学，也不同于基督教神学，更不同于现代科学。它是在认证人类存在根源的同时，不断地修正自己的认知能力，维护自己真实存在的一个过程。通过认识根源，激发自己不断创造的能力，在不断超融自己的过程中造成一种质与境的飞跃。它总是不断在成长、超越与融合，而且是一种"内在的超越"和"超越的内在"的合一。这就和一般意义上我们了解的"超越内在"不太一样，后者具有一种内外统一的意识。当然，这也不是儒家的全部。儒家还强调伦理和道德社会的建立，所谓"穷则独善其身，达则兼济天下"。我这里着重谈的是个人的一种哲学信仰，即必须有一种对世界的认识。通过警惕自己，不断地超越自己的内在，并内在地发挥自身生命的活力。

在今天，有人追求神学，寻求教会的力量；有人看破人生，遁入空门，在佛教中找到破除两空，掌握一种心灵的宁静与祥和；还有人会去追求科学，为追求外在世界的真实而努力奋斗。而我所要认识的生命本源，是自然生命的本源，以及自然生活如何在人生活动中发展和发挥精神的生命，来丰富与充实人类自身的生命意义，创造内在的潜力和外在的张力，为社会与人类提供爱与智慧，并引导下一代的健康成长。如果追求自我与世界统一的理解是一种哲学，我则是在这种情况下更深地走入哲学，而不限于科学，也不陷入神学之中。换言之，我是以哲学深思的方式结合两种存在，并使两者的存在成为可能。必须要说，我没有把自己的观点和黑格尔等同。我不是"绝对精神"，也不是"精神哲学"的代表，而是一个自然发生的精神实体，体现自然生命所包含的精神素质，对自然生命形成转化和提升，却不能不保有和尊重自然生命的功能，以永恒的创造性作为生命的本质或真理。在这样的基础上，我也肯定人类相互依持、相互补充的生命群体性的特色。

上面说过，我进入台大哲学研究所，选择柏拉图哲学作为我思考哲学的起点。也许在我的内心中，台大一年级上方东美先生的课程之时，就特别向往柏拉图的理想主义。在熟悉柏拉图一生的经历之后，我很佩服柏拉图意图建造"理想国"的愿望。柏拉图在实际遭遇到挫折之后，仍然能够回到雅典，创办学院，追求哲学的理念，以哲学的思维方式教育新一代。后来的西方哲学家，大多能认识到柏拉图的哲学教化性。怀特海更说："西方哲学都是柏拉图的注解。"仔细想来，柏拉图肯定本体哲学的重要性，认为任何世界现象都有一个根源和一个理想的存在相应。他的哲学理念就是这样一种根源和理想，如此才能说明任何存在的可能，以及人的存在的发展的可能。但这点也许并不彰显，也许人们所认识的是一个理想主义的色彩。而且这个理想主义从柏拉图来看，是哲学家可以思考的。因此，也就假设了一个思维的主体。这个柏拉图的本体概念，我认为在后来亚里士多德哲学中做了一个调整。他把柏拉图本体的思想，转化为一个实体实现本质及其具有内在目的性的概念。因此对存在物的理想完美性，并没有充分地表达。最后亚里士多德建立了一个科学研究的自然实体世界，对其包含的价值理想也逐渐失落，而形成了纯粹自然实体的科学哲学。因此，亚里士多德以来的西方哲学就变成了自然实体主义，而缺少一份延续的理想主义。现实与理想决然分开，成为另一种二元主义。基于此，我说西方的形上学最后就是实体的形上学或自然的存在论，而并非具有理想性质的本体论，也就并非中国哲学中一直维护的形而上学系统。因为存在的事物都有一个实体做基础，而不能实现一个层层上升的品质与性质。

回到我在美国求学经历之前的心态，我除了以柏拉图为主体研究，还极想认识当代西方哲学思潮。我发现中国的学者对西方的了解偏向于古典的西方，而对当代的西方，除一些非专业的介绍外，并无深刻的了解。而我所感兴趣的是古典的西方怎样走入现代的西方，要问这究竟是怎样一个演化。了解此一演化的基础与机制，才能更好地去回答如何重建中国哲学，使中国哲学现代化和世界化。我在台湾大学大学时代，早期曾喜欢尼采哲学。因为尼采强调新的价值转化，来面对人类新的需要。他要找出一个新的起点，来打破传统的宗教和形上学。但他提出的权力意志，却很难作为新的生命哲学的价值目标，因为追求权力只能带来无限的挑战，不利于生命的保存与经验的分享。最后我还是觉得柏拉图才是灵感的中心，而非尼采。尼采想要克服基督教的"被动性问题"，也就是"奴隶道德"的问题，而柏拉图讲的是吸收存在的动能，来转化存在的不变性。至于其他西方的哲学家，最重要的是康德强调一个理性建造的先验结构。但当时我只在方法论上下功夫，重视逻辑的重建，为此我十分重视亚里士多德的有关方法论的逻辑，这也让我对现代分析哲学有了浓厚的兴趣。我那时候想象的是，从一个分析方法的立场，来激活与重建中国哲学的概念和对真实的认识，我名之为"分析的重建"（analytical reconstruction）。但这个"分析的重建"的实际应用是什么呢？当时对儒学的认知，我总觉得一般停留在传统的教条阶段，而并无生动而内在的理解。只有把儒学的概念分析地发挥并给予一个经验发生论以及本体论的说明，我想才能得到一些重要的成果。我最早写孟子的哲学和孔子的正名思想，都是用的这种分析的观点。

我也考察到一些其他基本概念，最主要是"中庸致中和"之说以及王阳明的"致良知"之说。两者都涉及心的概念，但到底是什么样的心呢？英文是"heart"还是"mind"，是情感还是理性？最后我的分析是，既是情感，又是理性，两者是不可分的。在儒家哲学以及中国哲学中，都有这两种功能的认识。两者不可分开，因之具有理解性，也具有实践性。因此我后来提出"heart-mind"一词来说明对中国之心的认识。目前这已经成为通常的用法，但它却表现了中国哲学中的特性。一个词可以有多种含义，而往往这些含义虽然可以分别加以采用，但又可以直接地表达一个具体的状态。我从这样一个方法角度，来重新诠释西方哲学和中国哲学的关键性概念。对我的哲学思想是有重大意义的，因为它把分析导向一个偏向整体的和本体的诠释方法。所谓本体性，就具有综合发展中不同功能的能力，对我最后强调"本体诠释学"（onto-hermeneutics）不无关系。从这个方法学的观点出发，我对中国哲学就有一个深度思维的认识。中国哲学不但概念含义丰富，而且构成一个有机性的整体组合。这说明中国哲学的性质与西方哲学的性质不尽相同，而必须接受特别关注。但这并不表示中国哲学不是哲学，而是比西方哲学更丰富的哲学思维方式，是结合具体与抽象，以及结合本源与发展而形成的整体。

学生常常问：什么是哲学？中国哲学是不是哲学？我的回答就是：中国哲学和西方哲学都是哲学，但中国哲学比西方哲学更强调整体性的理解和实践性的体验。这是因为哲学被认为发自人的生命的核心，涉及人的情绪和意志，而不只是直觉与理性。因此和生活的文化更为密切相关。但这也不表示中国哲学没有理论的、概念的结构和推理的逻辑。只是在一般的理解中，没有把它分离开来。如果有了分析的认识，对中国哲学的哲学整体观也就更为清楚了，不能否定中国哲学作为哲学。一个分析的概念理解，需要经过分析才能透露出来。它必须假设学者具有分析的眼光和逻辑的理路，然后它才能掌握到中国哲学的发展中的结构以及结构中的发展，不会贸然否定中国哲学的合法性。因此，我从事哲学研究主要强调了西方哲学家，如柏拉图，也强调了中国哲学中的综合性的智慧以及所包含的分析性的理解。可见之于孔孟之言与老庄之说，一般人无法做分析性理解，也不能掌握概念的理想性与动态性，然后才会否定中国哲学的哲学性，并看不到西方哲学的分析性，殊为可悲。

由于实践的范围超出了西方传统意义上对哲学下的定义，用智慧来界定哲学，就已经说明西方的哲学也不排除实践的理性。因此，哲学是改变世界的一个积极的力量。创造一个哲学，就是深入了解到适应存在的实质和实践性，如此才能发挥出智慧的力量，达到改变现实的目标。

我当初留学美国，是想钻研文学，并从事文学创作。但我发现文学所吸引我的是其包含的生命智慧，而其描述的状态和故事却又能影响人的情绪和心情，不能让我专注在其内涵的生命智慧之上。因此，最后我放弃了对文学的追求，把文学看成既是诗，又是小说，或是说理的文章。就后一点来说，我必然走向哲学。从作为诗的表达来说，我看到一种情感和知识显露出来的心灵之美。但我却十分关注人的善恶问题，在文学上不能不体现在小说之中。因此，面对生命直接的问题，我也自然偏向于哲学思维了。当然，我读了四年的西方文学以及不断吸收和充实的中国文学，也不能说我没有受到文学的影响。其中影响我最多的仍然是诗歌、论理文献与其他文学体裁。大学时代研究史诗和现代的戏剧。我在美国华盛顿大学选读了一个学期的外国文学，集中在莎士比亚的研究上面。但我对莎士比亚的思想并无系统的涉猎，也就无法探讨莎士比亚的哲学是怎样的哲学。对中国文学来说，似乎很少提到中国文学中的哲学。但我们也不能不承认，中国文学的大师有其独到的对真实世界的感受，而他们表达的方式也有他们独特的见解。这也许是一个中国文学中的哲学问题，值得有关学者的探讨。

1958年前后，台湾学界有几场无形的哲学辩论，一派是主张传统哲学学科的纯粹性，还有一派则是主张现代化的，总的来说就是古今中西之争。当时我已经在美国了，而唐君毅、牟宗三、徐复观、张君劢等四位儒家学者在香港地区发表了《为中国文化敬告世界人士宣言》。这被视为新儒家对世界的宣言，被记录为新儒学史上的大事件。我在这里要强调一下当时的背景。当时的学界对中国哲学、对中国文化有不同的见解，有全盘西化的言论，也有固守传统的言论。其中就有对五四启蒙运动的批评，认为这造成了中国社会的动荡。有很多关心中国现代化的学者，譬如殷海光先生，他从哈佛访学回来，发现当前中国文化的空洞性，没有任何一种哲学的创造，连逻辑的思维也不存在，因此，他认为当时的中国文化研究，包括哲学研究一无是处。他的观点和新儒家的观点是截然相反的，他甚至大胆地对唐君毅先生写的《中国文化的精神价值》之书嗤之以鼻。大体来说，从整个中国（包含大陆和台湾）的发展来看，中国文化的确是处于一个最低潮的时代。在整个华人的社群中，虽然新加坡走的是现代化的路径，却欠缺了文化的品质，没有一个思想家；香港处在英国殖民统治下，其商业非常发达；而大陆与台湾则面对一个中国文化的考验，是不是能够把中国文化的价值真正地实现，或用非中国文化的价值来代替？

1958年时，大陆"文革"还没开始，但是"三反""五反"运动已经启动，是一个非常紧迫的时机。在全体华人世界中，找不到一个可以承载中国文化的基地。当然，西方虽有汉学，但对中国学问并不理解，只是一种"博物馆式"的陈列，因此只能提供一个不切实际的对中国文化加以批评的平台。从"五四"以来，人们并没有在中国文化中看出她自身再创造的能力，而和民主科学有关的制度也尚未建立起来。由于阶级斗争和战争，就很难看到文化建设的力量或意愿。当时从大陆出来的哲学人士，像牟宗三、唐君毅、徐复观，都像在穷途末路时抱着一种想拯救中国文化的激情，也可以说抱着一种文化焦虑之情的文化意识而奔走呼唤。事实上，这样的文化焦虑在历史上是少有的。这也是因为实际的情况导向这样的焦虑。唐君毅将其描写为"花果飘零"，我则称之为"失魂落魄"。中国文化只剩下一个暗淡的黑影和沉重的步伐。因此，我们必须说港台新儒家的出现是极为难能可贵的文化良心的呼唤。上述1958年的《中国文化的精神价值》宣言有它重大的历史意义，却没有引起任何回响。西方文化界根本不屑一顾。从现在看，这份宣言所提出的中国文化特色，也是西方文化人士不能了解或可以挑剔的，殊为可惜。其实，那个时代如果有任何西方的回应，也许更能激起中国文化的奋发之心，甚至激起搏斗精神也未可知。

我们谈到中国文化的价值，这是一个很现实的问题。因为战争造成整个社会分崩离析、满目疮痍，而且近代以来中国未曾出现一位伟大的哲人、大思想家，或者大艺术家。我们所有的多是所谓文化大师，早期的大师像新儒学的第一代，如熊十力、梁漱溟等，都是大学的学者，未有明末清初如王船山、黄宗羲、颜元等那样躬身实践的士大夫学者，他们不但著书立说，而且身体力行影响群众。也许梁漱溟是唯一的例外，其他典型则必须在早期共产党的领导者群中寻求了。台港出现的现代新儒家以及个别的学者，如方东美先生，凭借个人奋斗，提出的思想和建树的精神风格虽不足以有效维护中国文化的道统，却启发了下一代年轻人。我想我应该是属于这个年轻一代。但我必须要说的是，基于不同的个人背景，发展的方向和实际的追求因人不同，其成果也有待历史的检验。但我必须自我肯定地说，我看到了时代的问题。我认为这是中西文化冲突的问题，并不反映中国文化的实质价值。因此值得投入探讨，从一个整体内各种关系中找寻一条根本的出路，为中国文化开辟一条新的复兴之道。

总的来说，在我离开台湾地区到美国之前，我对这些问题还不能说理解得十分透彻。我感兴趣的是：西方为什么能够向现代化发展？西方的现在究竟如何？它的根源与基础究竟有什么内涵？我也问：西方文化与哲学可以对中国文化与哲学产生什么样的影响？为什么中国哲学不可以对西方哲学也产生影响？或者说产生了影响而不为我所知？梁启超在二战结束之后曾经访问欧洲，似乎提问过中国哲学对西方哲学到底有何影响。但他所提的似乎是中国哲学过去对西方哲学的影响，而我想到的是在一个未来重建的基础上，中国哲学会对西方哲学有什么样的影响。因为我已经很确定中国哲学的基本价值，认为这个影响是必要的，也是值得去发挥的。但这是一个大问题。我决定留学美国，就是为了要理解西方。他们为什么能够建立一种光辉的外表？为何总是走在时代的前端？我问中国将凭借何种现代化建设才能获得力量影响西方与世界？有一点我很清楚，那就是理解一件事情的前因后果，以及整体性的背景，我们就可以衡量一个文化发展的潜力。为了中国的文化与哲学传统的重建，我们必须认识其外在的和内在的背景，以及历史的和哲学的潜力何在，然后把它用最好的方法与形式呈现出来。我认为我可以在理解西方之后，从西方的哲学中提炼出适当的思维方法，以及恰当的表现形式，既合乎逻辑，又掌握知识与理性，同时又重视体验和经验。放眼整体与动态的变化，应该不难找到一条中国哲学重建之道。

上面已经提到，西方哲学中的本体论的源头是柏拉图。① 我很早以前就注意到孔子晚年好易，就觉得中国哲学也应该有一个深层的本体论②，当不下于柏拉图，或更超越而过之。我觉得柏拉图只专注在真实的理想性上，而孔子的易学则兼具理想性和变化性，把变化性看成真实性的一个重要部分。因此，中西之分重点在西方存在论的静态的真实性和中国本体论动态的根源性和创化性，只是中国过去没有系统化地发挥这样一个动态本体性的历史环境。所以，对中国哲学的重建和发展我更有信心，抱着非常坚定的认识。如果我们称柏拉图的本体论为"理想的本体论"（Ideal Realism or Ontology），则我们可以称孔子易学的本体论为"创造的本体论"（Creative Realism or Onto-Cosmology）。这些反思的成果，都变成我以后发展的一些线索，使我在学习西方哲学和反思中国哲学的过程中有一些方法学的引导。这也是我所处的特殊时代背景和环境所赋予我的一些影响。我期待尽力理解西方，从它的哲学开始到它的生活文化，用自身的思想与体验，来实现这样一个理解。这是我当时的一种心情，也可以说这是我出境前的雄心壮志。

我申请出境时，可选择的学校很多，但我实际上并不知道它们研究的方向和专长。也没有人能够告诉我。现在来看，美国的大学都各有其历史背景和专长的学科。我知道哈佛大学偏向于新思想的发展，耶鲁大学则比较偏向于古典哲学的研究。但我并没有申请这两个学校。其他名校，如哥伦比亚大学，比较偏向于实用主义；普林斯顿大学一般跟着哈佛走，伯克利加州大学也是跟着哈佛走。哈

---

① 更深刻地说，是公元前七世纪的巴门尼德在存在论上影响了柏拉图，正像柏拉图影响了亚里士多德一样。

② 本书区别"存在论"与"本体论"，本体论是有根源的动态的存在论，强调"本"的存在和"本"创化"体"的存在以及"体"的存在。最早的"本体"一词来自《易经》和孔子的《易传》。

佛大学的影响的确是重大的和广泛的，因为它是美国最早的大学，也是美国最好的大学。如果没有奖学金，它的学费是个人无法承受的。我出去后要改变专业为哲学，是无法得到这些名校的资助的。但我的理想并不因为不能进入东岸名校而被放弃，反而加深我自己努力的意志。我最终选择了西雅图的华盛顿大学，是因为它的位置虽然偏远，却离台湾较近，将来回台也比较容易。当时我是这样想的，令人惊奇的是，华盛顿大学给了我学费奖学金。当时我父亲表示他愿意支持我去此一大学，因此我也抱着一种兴奋的心情接受了华盛顿大学的入学许可。对于其他一些我并不太熟悉的学校的申请，也就不再关心了。进入华盛顿大学之后，我觉得我的选择并不差，实际上颇为成功。因为它的哲学系有很好的教授，后来都变成推荐我去哈佛大学的支持者。这是我当初完全没有想到的。华盛顿大学是一所很完善的大学，是美国西岸加州大学系统之外一所最完善的大学，而它的学术独立性却不下于加州大学。哲学系开设的课程也是最前沿的且独树一帜，还有一个先进的中国研究学院和一个全美排名前十的中文图书馆。

1957 年 12 月，我的父母兄妹送我到基隆坐船出境赴美。我是下午四点钟上船的，等待船汽笛的响声，心情很是依依不舍。天逐渐暗下来，细雨蒙蒙。我站在甲板上，看着码头上父母向我挥手，我父亲还一直大声说："要小心！要小心！好好照顾自己。"汽笛一响，船就逐渐离开了。马达的声音由慢而快，很快就进入到海上大雾之中。我不知道打湿了脸孔的是雨水还是泪水。这是我第一次离家远行，我知道我的父母是不会放心的。我也决定要十分小心地注意自己的身体和环境，希望不要给父母带来任何忧虑。进入船舱内，一时无法休息，只觉得船的波动很大，外面风声也很急，海上什么都看不见。但我相信明天太阳会出来，我会勇敢地面对新的环境。

二、赴西雅图华盛顿大学留学 〰〰〰〰〰〰〰

　　1957 年接近年底时，我在香港地区乘坐"威尔森总统"号邮轮前往美国西雅图，历经 20 天，途中路过日本神户、横滨，跨越了东太平洋，后来在夏威夷岛停留。夏威夷岛是美国一州，共由 5 个岛屿组成。主岛叫瓦胡岛，是第二大岛，也是首府檀香山和军港珍珠港所在之地。五岛总和的面积只有台湾岛的四分之一，却是新加坡的 38 倍，而且有山有水，也有太平洋最好的沙滩。夏威夷地处北回归线上，并非热带，而是温热带，平均气温每年不超过华氏 79 度，气候宜人。四时虽不分明，却阳光雨水分配平均，非常宜居。

　　我坐的"威尔森总统"号邮轮从香港出发，经过神户，直航夏威夷。但据我了解，大多数乘客是到美国旧金山的。而且这些乘客大多数是从港台地区等地来的留学生，主要是赴美留学。我在船上就认识了三个中国朋友，他们都比我年长，我们相处非常愉快。其中一位大姐，要去美国东部和她的爱人结婚。其他两位一位姓张，一位姓杨，则要到美西留学。我发现，杨姓同学也是要到华盛顿州就学，我和他约好一块儿从旧金山坐车到西雅图。从神户到檀香山，邮轮走了一周时间。在檀香山停靠期间，允许乘客上岸观光一整天，从上午八点到下午五点。我和几位中国朋友首先去了檀香山中国城，我理了发，感觉和国内大同小异。走出中国城，搭车到夏威夷大学参观，沿路树木花草繁盛。尤其到处看到亚热带植被和路边的棕榈树，只觉得风光迷人，无一处不干净整洁，温和的海风醉人心扉，我觉得这是一个生活的好地方。当时我并没想到未来会到夏威夷大学执教，而且在夏威夷长期居住。这种无形的吸引和因缘，可能很难了解。当时夏威夷大学一片草绿，建筑清新可喜，但没有看到任何一位学生，可能是接近期末的缘故吧。五点钟回到船上，我买了一个大西瓜，准备与大家分享。三天之后邮轮到达旧金山，看到金山大桥逐渐接近，颇为壮观，心中雀跃无比。不知这片新大陆到底是何种模样，颇为好奇，也有期待。到旧金山码头，有些学校的外国学生中心派人接船，我们三人也被某一基督教机构同时接到市中心居住一夜，并招待一顿很好的午餐。晚餐我们自己吃披萨，这是第一次吃披萨，和我小时候在重庆吃山东大饼大不一样。我吃的是最单纯的西红柿酱披萨，配上可口可乐饮料，觉得无比清爽。以后我吃披萨，最喜欢点的就是这一种，而且在吃这种披萨之时，我初到旧金山的情景历历在目。

在旧金山住了一夜之后，我和杨德容君坐上"灰狗"汽车，开往西雅图。"灰狗"汽车走了 15 个小时左右，到达西雅图时已经很晚了。华盛顿大学外国学生办公室的工作者接我到宿舍入住。我住的两人房已经有一个年龄约 40 岁的美国学生入住，他是音乐系的研究生，擅长小提琴。我们相互介绍彼此认识，就成为室友了。第二天，当地基督教会的欧文牧师（Dr. Irwin），请我去他家吃饭，表示欢迎我来华盛顿大学读书，也邀请我加入他的读经班，我不置可否。但那个礼拜天，我却随他的意思安排，也参加了他的读经班，并认识了一位华大中文系即将毕业的博士生 O 君（全名已忘）。我和这位博士生相处得相当愉快，他表示有事情可以请他帮忙。由于开学后功课比较紧张，课外活动参加得较少，欧文牧师的教会就没有去了。却不时受到在大学教书的施友忠教授的邀请，要我逢年过节到他们家聚会。我又发现 O 君是著名语言学家李方桂（1902—1987）教授的博士生，也因为 O 君，我与李教授熟悉起来。后来李教授来夏威夷大学教书，他与他夫人办了一个清唱班，我受邀请参加，回忆在西雅图的日子。O 君在一年后毕业，在美国中部找到一个教书职位，将带全家去履职。走之前把他的一部旧车（1945 年的纳什汽车）送给我，要我小心开车。他不要我任何费用，他说他的车年代太老了，不送给我也就报废了。我接受了这部旧车，自行学习开车。有一位广东籍的香港研究生，在打工之余主动教我驾驶。学车倒很顺利，很快我就能在湖边大道行驶。但不幸有一天，由于一个急转弯，车轴突然断裂，车子的右后轮飞出去了，车子倒向一边，不能再行驶。我当时虽然有些紧张，但仍然十分镇定。我面临要不要修补这辆老车的问题。思索半天，基于感情，我决定花费打工一个月的钱约 80 美金修理此车，换了新轴。8 个月之后，我已读完硕士班，拿到硕士学位，以及到东部哈佛大学进修博士的奖学金，决定将此车送给华人朋友。但无人愿意接受，因为它可能成为一个负担。我就把此车交给拖车公司报废，该公司居然还给了我 20 美金的买车费。这一生活经验让我理解到，美国社会的生活不会陷入绝境，连一个研究生都可以养一辆车，是当时台湾经济做不到的。

我在华盛顿大学宿舍住了一个学期就搬出了。一是在外租房比较便宜；二是自己做的饭比较可口。我在找房子的过程中，遇到一次不愉快的经历。我看到一家挂着房屋出租的牌子，我就去敲门。一个中年妇女应门，说房子已经租出去了，并把牌子拿走。但是我下午再经过的时候，房屋出租的牌子又挂出来了，可见她是故意不租给我。那是我第一次感觉到美国人潜在歧视东方人的心理。但后来我又找到第 15 街的一处住所，房子很大，上下楼，我住楼下的大间，租金很便宜。当时 1957 年，一个月只需要 25 美元。而房东瓦德太太每周都来房间整理和清洗，态度极为和善，让我恢复了对美国民间的信心。

我选择华盛顿大学就学，当初的原因有两个。一是华盛顿大学答应给我奖学金；二是华盛顿大学位于西雅图，在美国西岸，离家比较近一些。后来发现它师资强，办学历史悠久，也是美国排名最高的州立大学之一，由于我的背景，我被要求先读一个学期的英美文学系，学习美国文化。第二学期，我就转入到哲学系，攻读哲学的硕士学位。在第一学期里，我一口气读了13本著名美国小说，让我对美国文学、美国文化和美国社会加深了理解。一些美国特殊的风俗，对我也就见怪不怪了。

华盛顿大学采取的是学季制，一年四学季。我在第二学季时转入哲学系，选了三位教授的课程，一门是逻辑哲学论，一门是现代伦理学，最后一门是康德美学。这三门课的教授都是美国当时优秀的学者，第一位教授叫作阿瑟·斯穆里安（Arthur Smullyan，1912—1998），他是数理逻辑学家，也是一位分析哲学家，我选他这门课的基本期望在于了解西方的逻辑学和分析哲学。我原来有一些数理逻辑的背景，学起来并没有很困难，成绩也不错。他很欣赏我，鼓励我到哈佛大学读分析哲学。他自己是哈佛大学毕业的，对模态逻辑有所研究。我选他为导师，认真学习逻辑哲学与现代知识论，涵盖了英美19世纪以来的逻辑与知识理论，尤其是逻辑实证论与摩尔（George Edward Moore，1873—1958）哲学。我在他指导下，写了一篇硕士论文，名为《知识论中感觉经验和理论诠释的关系》。

第二位教授叫作亚伯拉罕·梅尔登（Abraham Melden，1910—1991），是教授现代伦理学的。这位教授受后期维特根斯坦的影响很大，体现在他对行为动机的分析，他重视意向性（intentionality）问题。比如说有人杀人，是用武器杀人的，但不能说武器杀人，只有用武器的人的意向性决定了杀人的原因。但意向性有多重，一个人不一定有意向杀人，但他却用一个工具杀了人，是和他有意用工具杀人是有分别的。后来我理解这和现象学的意向分析有关系。梅尔登教授用了安斯康姆（G. E. M. Anscombe，1919—2001）教授的《意向性》一书，自然不是偶然的。梅尔登教授并没有特别提出现象学的分析方法，但他却把意向性的多重性描述得很清楚，让我认识到人性的复杂性。我在他的课堂上很喜欢提问，而他都很耐心地回答问题。

第三位教授名叫梅尔文·雷德（Melvin Rader，1903—1981），主教美学，对我有重要的影响。他开设康德美学研究讨论课，是从康德第三批判入手的。我读康德著作，也可说是从第三批判开始的。到哈佛之后，才细读康德的第一批判和第二批判。雷德教授有很深厚的文学修养，温文尔雅，言辞生动。他首先探讨了美学的典范，包含有机主义、语境主义、知觉主义等，并以此作为分析康德哲学的铺垫。他要说明康德为何认定美能够带来愉悦之情，而所谓的美学的愉悦之情，又必须从对象的特征里去理解，而不只是主观的先验范畴。先验范畴是因客观事物的特征而引起的，并非空洞的形式而已。但美学的判断是由人的内在性决定的，是和物的存在与特色相对应的。因此，审美并非抽象的判断，因此也无先验的范畴，而必须从美感中去分析这些对应的因素为何。这也说明康德认为美感命题是非决定论的，而不必受传统形式与特色的规范，也就是在美感中呈现或实现个别的美感的特色。我的论文报告提出了这样的分析与理解，而且写得很清楚，用以说明美感判断的多重性。人们可以有不同的美感，侧重的心性、品质也各有不同，但都有一个重复的共同性，即是美感的愉悦性。当然这种愉悦也可以是多种形态的。因此，美感判断的不定性并不表示美感的经验和具体的审美命题之意义性，更不表示意义不确定，也不表示意义的模糊，而是具有十分具体的内涵。这是每一个美学命题的创新性，在美的显现中呈现生动活泼的多样性。因之，多样性可以表现为一个多种的形象或不同形象的再创造。美感自然不是概念所决定的，而是具体的经验所决定的。但既为美，自然有它显示出来的内在性的一致。我甚至结合了梅尔登教授的伦理学分析意向性层次的问题来思考美学的判断问题，使美学的美的价值具有不同层次的涵义或意象，却统一在一个人直接或直观的感受与思考之中。梅尔登教授对我的论文特别欣赏，给了我满分，并且在课堂上把我部分的论文读给大家听，使我受到很大的鼓励。他也为我大力推荐哈佛大学，并支持我的申请。

由于当时这三门课都是要写论文的，我就规定自己，要调动自己的积极性，积极地问问题，积极地表达自己，所以成绩都是好的。除了这三位教授的课，我还选听了数学系的一门课，叫"实数函数论"，是十分重要的专业数学课程，因为当时对数学逻辑感兴趣，所以就选听了。除此之外，在我就读第二个学期的课程时，美国著名的哲学家哈茨霍恩（Charles Hartshorne，1897—2000）到华盛顿大学做访问教授，开设名为"怀特海和皮尔士"的研究生课程，我选修了这门课。所以我后来对皮尔士和怀特海感兴趣和选修这门课程有关系，那时也是我第一次读到怀特海的名著《过程与实在》。哈茨霍恩是编撰皮尔士著作的编辑者之一。他把怀特海和皮尔士看成一类，都作为"过程哲学"的代表。在怀特海的问题上面，他有很深刻的认识，有一个哈佛出身的背景。当我接触到怀特海哲学论述时，我记起早期方东美先生谈论过怀特海。这也加深了我对怀特海的兴趣，并深刻地思考宇宙及其发生问题。我积极参加了很多关于怀特海哲学的学术会议，发表了一些关于怀特海的论文，并为怀特海与易经之间的哲学比较提供了一个框架。

在 20 世纪西方当代哲学中，怀特海于 30 年代写作《过程与实在》，海德格尔也是在同一个时期写作《存在与时间》，所以 30 年代显然是西方当代哲学发展的转折点，逻辑实证论也是在那个时代兴起的，它和科学中相对论与量子论的兴起有密切的联系。那时我认为，如果没有科学的刺激，便没有西方哲学多样性的发展，现代哲学中的知识论也就不能进行内部调整的活动，并影响其他学科的发展，我认识到现代西方哲学以知识论为中心的基本观点。回到哈茨霍恩的课，在这门课上我写了论证"内在关系"的报告，所谓"内在关系"，是相对"外在关系"而言的。我所论证的核心是，我认为超越也可以是一个无限的存在的内在关系，必须用发展的眼光来看待。

在华盛顿大学第二个学期，我还选修了沃尔特·考夫曼（Walter Kaufmann，1921—1980）教授的课，他是普林斯顿大学哲学系来的客座教授，他的专长是尼采哲学。他是第一个把《查拉图斯特拉如是说》翻译成英文的人。他是一个德国人，有很重的德国口音。他当时开了一门课叫"黑格尔与尼采"，我很感兴趣。因为在台湾时，方东美先生也教授尼采，讲得很生动，奠定了我对于尼采哲学的兴趣。考夫曼教授的课是尼采的专题研究，有很深入的发挥。他的课程提出的一个根本问题就是内在与外在的关系问题。我当时写了一篇课程论文，内容是关于黑格尔的绝对精神。我在论文中指出黑格尔哲学中的所有关系都可以看成内在关系，间接地否定了基督教上帝的超越性，这篇论文得到 A。我思考的主要问题在于：西方哲学发展为何会从黑格尔走向尼采？两者的思想是不是绝对相反？有没有相似性？尼采的权力意志和黑格尔的绝对精神在功能上是不是有共同的效用，有没有主体意志的作用？同时，这两者最后都导向一个绝对的一元哲学，只是前者偏向客观制度的建立，后者偏向于主观权力意识的运用。同时两者都是德意志精神的体现，犹如希腊文化精神中的日神（Apollo）和酒神（Dionysus）。这是我与黑格尔的第一次接触。可以说，我之所以对康德和黑格尔的哲学引起重视，与我在华盛顿大学求学时的经历不无关系，那个时候我才了解到黑格尔的重要性。直到今天，我自己也开设有关黑格尔哲学的课程。

最后要谈到我的硕士毕业论文，内容是摩尔的知觉主义论。前面已经提及，斯穆里安教授是我的论文导师。我的论文主要在探讨我们的知觉究竟是如何让我们认识外面事物的存在。摩尔崇信普通语言（ordinary Language），认为它体现了我们对外在事物的一般认知。他是否受到维特根斯坦（1889—1951）的影响，是值得讨论的。我认为他早期受英国经验实在主义的影响，把语言看成经验命题的载体，也是自然的。不但他教学早于维特根斯坦，提出普通语言的真实表达性，反而可能影响到维特根斯坦后期哲学的发展。因为维特根斯坦哲学从"逻辑图像论"转向"语言表意论"是突发的，也是他到英国学习与讲学之后的事。他的早期哲学受罗素逻辑的影响，后期哲学受摩尔的影响，也极为自然。摩尔反对新黑格尔主义，强调透过分析的方法重新回到现实世界。这一理论影响很大，导致很多英国哲学家的理论都呈现现象主义的理论形态。简单来说，就是认为我们肉眼看到的世界并不是真实的物质世界，而是一种知觉的存在形态，因此需要一种基于现象分析的过程以及逻辑重建的过程，才能认知客观的现象。我的论文认为，仅仅从现象性去说明外在事物也是远远不够的，还需要建构一个可以用语言指涉的对象。因为对象转变为现象或者现象实现为对象的那种可能性是不受限制的，所以不能把对象仅仅看作现象归纳的集合，而应该看成经由个体整合经验建立概念出来的理论建设。这种理论建设可以随时落实到现实中，但不应该完全把它看成是现实中的现象。

在论文中，我把罗素的《描述论》看成既有消解对象所指的功能又具有建立对象的功能。很多学者包括蒯因在内，只重视前者，而忽略了后者，我则是两者并重，甚至我比较偏向于实在主义的认识，当然这是我个人的创意。简言之，我认为可以从现象中去认识对象之作为对象的真相，这个真相把我的理论概念投射到现象里面，所以也有一种主体参与的成分。从总体上来说，真相是主体和客体相互交往所产生的对事物的认识，因而两者有别于柏拉图的实在论。我当时写这个题目，就是要从逻辑分析和语言分析的角度指明摩尔思想中的现象主义偏向虽可以理解，却应该修订。

关于读博士的深造，斯穆里安教授建议我留意一下东部的学校，于是我就申请了哈佛大学、耶鲁大学、康奈尔大学和伊利诺伊大学这四所大学的哲学系。我在 1958 年 12 月初申请，4 月初就收到了这四所大学的录取邀请，每个大学都表示给予我全额奖学金。经过再三思考，也受到教授的鼓励，我选择了哈佛大学。我之所以选择哈佛，主要是从专业的角度考量。伊利诺伊大学强调现象学，耶鲁大学强调古典哲学，它们都有一些分析哲学的教授。但除此之外，现象学和希腊哲学并不能充分地吸引我。当时哈佛大学逻辑哲学与分析哲学最为繁盛，所以我选择了到哈佛学习。于是我谢绝了伊利诺伊大学和耶鲁大学的邀请。对康奈尔大学的邀请，却遇到一个难题。康奈尔大学的哲学院院长诺曼·马尔康姆教授（Norman Malcolm，1911—1990），是维特根斯坦最后的一名学生，颇具盛名。我告诉他我决定去哈佛大学，对他的邀请和奖学金表示深深的感谢。很快他就给我回信，指出我做了一个错误的决定，说："你没有必要去哈佛大学，我们强调语言分析，是很重要的潮流，具有时代性，你应该来。"他还保证给我超过哈佛的奖学金，哈佛当时给我是 300 美元一个月的奖学金，而他给的奖学金是 400 美元一个月。可是我已决心跟从蒯因教授研究逻辑和分析哲学，只好再度谢绝他了。同时我比较关心近代逻辑的发展，所以我决定去哈佛大学也是合乎我自己的愿望的。马尔康姆教授似乎并不甘心，仍然给我回信，表示以后任何时候"你觉得哈佛不能满足你的愿望的话，仍然欢迎你来康奈尔大学"。后来我一直希望能和马尔康姆教授见面，但是进入哈佛之后学业繁忙，在读书阶段一直没有机会见到他，心中对他仍然有一份感谢之情。必须说，我对维特根斯坦哲学的研究虽然并不专精，却因为马尔康姆的关联，经常阅读维特根斯坦的著作和有关的哲学论文，自有心得。

三、美国学术生活中的思想世界 ～～～～～～

在华盛顿大学，上面提到的三个分析性课题对我的哲学研究与发展很重要，它们把我带进了哲学的深水区。我的硕士论文写的是关于知识的构成问题，以后可以编入我的著作，作为文集的一部分。在论文的开端，我对于知识的论题就从罗素谈到了所谓"描写论"（Theory of Description）。"描写论"的力量在于以逻辑去分析句子，尤其在英语里，有固定的指谓（示）词——"这""那"。"指谓"就是一个表象。用中文说，"红花"或说"水沸了"，其实说的就是"这（那）里花是红的"或"这（那）里的水沸了"，它们表述所知觉的事物内在的状态。"指谓"是指而未知，所以要给它一个描述，一个谓，然后才知道所指是何物或何物有何指。从这一点来看，这是从"物自身"开始而产生的一种逻辑的思考。在一门语言中，有很多类句子，每一个句子都有一个主词。主词是指外在的事物以它自身的方式呈现在我眼前，为我所认知。而我所认知的就是该物呈现出来的特性。如果没有这些特性，我也无法认定物之为物或物为何物。中文的"指"实际上有两个含义：一是呈现特性的物，一是物的特性的呈现。所以公孙龙子说"凡物皆指"（《指物篇》）。但他立刻又接着说"而指非指"，第一个"指"是物之特性，而第二个"指"则是物之自身。没有特性就无法知道物的自身为何，但这个知道也只是特性为彰显的物，是没有离开特性的物。至于到底这个独立的物为何，则无法从物的特性中真正决定。因为即使化学确定了物的基本元素，但这个元素作为特性所包含的物又是什么呢？实际上这是一个逻辑的问题，也是形而上学的问题，因为即使我们知道更深层次的物为何物，还是不知道那个物之后的物是什么。在我的思考之中，也许我们可以以一个归纳的方式，来指认那个物的自身，即所谓物自身，就是可以不断展现物之为物的特性的那种能力或存在。这是一种动态的能力和存在，是形成物之为物的必然条件。

在西方哲学中，最终的表达就是亚里士多德所说的"第一存在"。在中国哲学中，也许"道"这个字更能表达一个没有限制的变化的一种根本能量，也可以称之为"太极"。其实亚里士多德所说的"第一存在"就相当于《易传》里所说的"太极"。但《易传》更进一层地说明此"第一存在"是动态的和创造性的。所谓"一阴一阳之谓道"，道有阴阳两面，而有无则和阴阳相似。原始太极可以说是原始的有，包含了原始的有之根源，老子就直接命名这个"有"的根源为"无"。这个太极就是"有无"的无限展开，表现为两个重要命题，即"无生有"与"有无相生"，这可以说是中国本体论最重要的论述，把物之为物的根源也更逻辑地解释出来。西方哲学中所说的"物自身"，应该被想象成为有无相生的道。物的存在是有无相生的一个过程，并非永恒不变的存在物。但我们的认知能力却不一定能够在一定时间里面涵盖有无的变化，因此我们对存在往往有一种迷惑。存在是不是真的存在？变化的存在是不是存在？这在中国哲学中比较容易回答，但在西方哲学中却形成一个形而上学的"不可知"。

再回到物的特性描述的问题。我们的认知从"觉知"到"理知"，都必须以当前物的特性作为描述的对象，而不必追问"物自身"为何物。康德就采取这样一个立场，"物自身"是不可了解的。上面的分析至少说明，我们不能把"物自身"看成只是物，而不涉及变化的能力。但我们可以把一个假设的"物自身"看成有特性的物。因此描述此特性也就体现了一个物的存在，这个存在是亚里士多德所说的"实体"，即是物的特性的本体（原初之体），表现为"X is F"这样的语句。注意，我此处用的是"本体"一词，关于此词，我要指出两点：一是本体之体在这里并没有说明，实际上以上分析的体之为体就是可以从无到有的具体化，涉及一个变化的过程；二是本体不等于主体，主体是人的自觉的存在，是认知本体的能力，是人之主体认识了本体之物及其特性。因此，主体涉及知觉、知识与诠释的问题。有了这些理解，我们可以把"描写论"作一个根本的说明：主体的我描述物的特性，预设物之本体，把所描述之物只定位在所描述的特性之中。因此，不必因为一个物的特性而确认或幻觉一个不实在的存在或实体。这个观点是罗素提出来的，他用来说明我们可以描述不存在的事物，好像我们描述存在的事物一样，而把不存在的事物看成存在。这是罗素的"描写论"。

为了说明此一论点，罗素举的例子是"一个秃头的法国国王"。但如今法国哪有国王呢？更何况哪有一个秃头的法国国王呢？人们为此所迷惑，以为有这样一个不存在的存在，只是不存在于我们看到的世界之中。这样一个结论当然是错误的，至少假设了一个奇怪的存在物。为了破除此一错误，以及取消这样的幻觉，"描写论"把以上那个复杂名词写成一句描述语句，即"有存在物是法国国王，又是秃头"，同时加上一个唯一独有的保证，即"凡是说法国国王是秃头的，就是说的上句话的所指"。最后这个所指是什么呢？显然从我们已有的认知来看，并没有这样一个存在物。因此，我们也不必为这句话所表现出来的所指感到迷惑了。这是罗素解决"不存在物的描述"的一个逻辑方法。而我此处要强调的是，正因为物的本体可以变化多端，我们不但不能决定一个非经验的存在物，也无法确定一个经验存在物为何物。作为主体的我，可以假设一个不可知的"物自体"。因此无法知道物质本体为何，但我们可以从经验中归纳和透视一个存在体的变化性，以说明物的本体实际上就是不可拘一格的道。当然，我们也可以假设一个实体论的存在世界，一方面，我们可以找到一些比较固定的结构和规范实体的自然定律，正如科学所发现；另一方面，我们也可以同时假设不可知的"物自体"为一些潜在的能量的聚集。在一定条件下，这个潜在的能量聚集提供了形成现实世界的动力。从一个动态发展的本体论的逻辑推论中，必须肯定一个变动不居的实体世界，有其固定的结构，也有其生成发展的规律。如此来看这个世界，则这个世界更具有生动的活力。同时这样也肯定了人的主体性的建构能力，在不同的情况之下有一个坚实的基础的根源，突显与发展一个动态的实体世界，与人的存在的主体意识息息相关。

显然，自《道德经》与《易传》以来，中国哲学是把"道"看成更为根本的存在。尤其我们看到，不但"有无相生"，而且"主客互参"。所谓"有无相生"，就是"物自体"和物之特性的不定性、非确定存在活动（存在即活动）。所谓"主客互参"，则是客观世界的存在必须经过主体的自我认知与诠释建构的判断，而取得它一定的固定性和可信度。但我们如果进一步探讨"道之为道"，必须把道看成一个"无名"的终极的概念。老子说："道可道，非常道。名可名，非常名。"所谓"常道"和"常名"，就是我们主体认知所能共同接受的一个实体世界。但所谓道，并不限于此一实体世界，而是面对着实体世界之无限的可能性和包含的变化性来说的。面对"道"这样一个终极概念，我们要问的是如何感受以及如何思考之所谓道，是要把道这个概念与人之为主体的存在和知觉结合在一起来理解的。因此，老子《道德经》十分强调主体的态度问题，他要打破主体中的欲念和习惯，甚至于打破我们所经验到的自我的存在。我们要反思自我存在背后的存在，但这个存在是无法描述的，为了逻辑的一致，只能在一个无我的却充满生之潜力的存在的无形载体中去探讨。老子说："致虚极，守静笃。万物并作，吾以观其复。"（《道德经·第十六章》）他在此处把万物呈现出来，看到万物的动态和变化的过程，以及它如何回归到它自身的起点，来透露一个更深层的起点的可能性和可能形貌。老子用"复"这个字极为重要，"复"既复其本体，也复其变化的过程。在认识这样一个活动之中，才能看到"道"的作用、"道"的变化性和"道"的创生性。这样认识的"道"，就是自然。所以老子又说："道法自然。"（《道德经·第二十五章》）

一般我们对自然的概念，没有深刻地去体会，只有透过对"道"的变化性的根源的可能性才能理解何为"自然"。"自然"即本体自身的变化与变动，它带来一个新的存在结构和格局。如此，我们才能够对"道"有更深刻的了解。有此了解，我们看到的花红叶绿，不只是颜色，而是一种生意，一种创发。这也就是美之为美的所以然，正像我们看到生命产生生命之所以为善，或存在实体能够变化的真之所以真。这就是"道"，这就是宇宙的真实，也是人的真实，更是宇宙和人密不可分的真实。这种密不可分是要从深度、广度以及长远的变化来认知的。这个老子的道论，可以说是中国哲学中的本体论的"描写论"，让我们把这一些现象当作现象描写之后，所透露的变化之实体就是真实的实体。如果我们只为事物的表象所吸引，看不到它的变化性和可能性，就无法掌握最后的真实。

老子的"道"在《易传》中表现得很清楚。《易传》把"道"看成阴阳五行的变化，而且用一阴一阳的符号来描述这个道的变化，及其变化的层次。从起源论的观点来论述，道之为道，应该是经过长期而广泛的观察而形成的概念。因此，我很重视《易经》的经文，其实就是伏羲观天察地，体悟阴阳之道所形成的符号体系的具体应用。由于道具有变化性，道中的乾坤就形成不同的组合，显示为万事万物。《易经》的符号体系就是"道"的符号化，而且是具有逻辑性的和数理性的符号化，把道中的逻辑与数理结构依照一定的规律展现出来，形成六十四卦以及可能更高阶的卦象。以此卦象来描述万物的发生，事实上就是赋予万物一个可以描述的特色。然后把卦象与现实的存在状态对应，或用它来说明现实的状态，由于来自对现实状态的观察是极为逻辑的事，它代表一种描述。此一描述能否与更具体的事实配合，则是其预测的功能所在。这样一个预测的作用与确认，就是所谓的占卜。占卜的结果是某一状态和事物存在，或某一状态和事物不存在，达到预测指导行为的效果。总而言之，如果我们仔细分析《易经》的符号体系和卦象的组合原理，以及占卜的解读方式和功能，就可以知道《易经》是最早掌握"道"而无"道"之名的经典。如此解说，孔子的《易传》和老子的《道德经》都代表了对《易经》包含之"道"进行了一种自觉，因而产生了"道"的概念。我如此解说中国哲学的原始，把《易经》《道德经》和《易传》结合在一起，不但说明了中国哲学的一个原始起点，而且厘清了"道"的概念的形成过程。同时也说明了"易"与"道"、"道"与"主体"、"道"与"本体"三者的密切关系。"道"来自"易"，对"易"的表象真实的认识来自孔子，对"道"为万物存在的根本的认识来自老子。这些基本概念的关联，是观察，是描述，是逻辑组合与推理，是认知、理解和诠释。这是我最后的结论，形成了我后来发展"本体诠释学"的中国哲学的基础。

我掌握了西方哲学近代逻辑和其语言的分析，用来观察中国哲学的重要理念，就得出了以上的结论。简单来说，西方逻辑提供了一个"描写论"的哲学方法，形成一套理论来描述认知世界的事物。而中国哲学中的"指物论"未能充分发挥，没有重视中国语言中的"描写论"。但经过逻辑的分析，我们看到"指物论"中就包含了一个描述的观点，而且能够透过符号体系来直接面对世界存在的自身，确立了"易即真实"的道的本体论和人的主体论。中国哲学直接描述本体存在的事物，却没有把如何认知，即基于何种认识的方法或方式描述出来，直接就说："道可道，非常道。名可名，非常名。"如果我们追问或者反思这种说法，就可以把描述性的表达作为其中一个理由。这个认识说明中国哲学有西方哲学经验层面的认识，但是没有在方法上进行第二层次的考虑，没有把为什么认识或者怎样认识的方法讲述出来。中国的语言更是一种本体论的语言。在西方，往往把可能性提升到知识论的认知过程来了解。从知识论来看，存在物已经被赋予了一个语言的形式，形成概念化的认定，故而具有一种形而上学的内涵，把它看成纯粹的客观存在或纯粹主观的存在，未能发展一个结合主观与客观本体论的诠释。这应该是基于"描写论"发展而来的合理的推论。

以上是我接触到西方逻辑之后反思中国哲学含义时所得到的启示。后来我到哈佛大学攻读博士，我对这个问题的重视表现得更为积极。我把它用在各方面，形成认知的一种方法。与之有关的另外一个认识是，我们认识形而上的存在，总是预设了一套认知理论，凡认知必须有个认知和思维的对象做保障，因此也就必须依靠一个具有本体性的形上学基础。最后得出的结论是，认知活动与形上学的存在是相互依持的。如果形而上学是内，认知就是外；如果形而上学是外，认知就是内，内外合一和合成才形成一个真实的认识。这是结合描述和诠释的自然结果。《易传·系辞上》说："形而上者谓之道，形而下者谓之器。"道是通过器来了解的，器需要道作为说明的根据。道器是合一的，二者是相互依持的，也是相互涵摄的。道是器的生成活动，器是道的诠释活动。这两者虽然有差别，但根本上是合一的。这不仅是体用合一问题，而且是本体合一问题，以及"本、体、用"三者的合一问题。

更进一步，另外一个知识论的问题是"指物论"的问题，"指物论"的问题一直到我在耶鲁大学客座教学时才显现出来。因为"描写论"就蕴含着一个"指物论"的假设，要描述什么，首先要描述一个摆在面前的东西，这个东西可以是一杯茶，一朵花，一个人，一张桌子。从公孙龙的角度来看，凡我们看到的东西，就假设有一个"指"在里面起作用。你没看出来有"指"，是因为一般的东西不需要那个"指"就看到了。至于看到天上的星辰日月，同样没有那个指，因为星月本身就具有唤起认知能力的作用。知识如果成为可能的话，必然是知识的对象本身具有唤起认知的能力，有的东西唤起认知的能力比较小。在宇宙的创造过程中，就人的心理经验来说，有的东西引发我们注意的能力是比较强的。因为它的能量比较强（比如太阳），作为一种所指，人不能不重视它。有的东西无法清楚地表达它的存在，但是由于具有特殊的意义，需要人们去发现它，从自指变成他指。比如"心"，是无法实际指出来的，但它却可以在想象中为我的反思所专注，构成禅学所说的"直指本心"的认识。这种"无指之指"，可以说是中国形上学的一种认知方法论。既有所指，也可以更深刻地体会，使我们对新的本体有更深刻的认识。张载说的"心统本体"，就同时具有本体论与认知论的双重意义。对人的整体性与主体性的认识，显示出一个更高的层次。

公孙龙在《指物论》中指出："天下无指，而物不可谓指也。不可谓指者，非指也。"这句话有特别的含义。物是指出来的，无论自指或他指，物之指就是"指"本身的现象。而指出来之后又呈现一个"象"，这个"象"既可以单一描述，也可以多重描述。这个"象"可以变化，可以与其他的"象"发生关系。比如日月之光，看到太阳的光就想到月亮的光，描述月亮的光就涉及太阳的光，涉及太阳光对其他事物的照耀。

但公孙龙又说："天下无指而物不可谓指者，非有非指也。"物是指的对象，则指本身是不是一个对象？这就成为一个问题。从第一个层次来讲，指与被指是有差别的。物不会自己表现自己，而指则是作为一种属性附属在物之上的，是存在者表露自己的能力。为什么某物很有力量，但是我们看不到，恐怕是我们还不够细致，无法看到很微弱的事物。比如用电子显微镜，或者更精密的仪器，可以感受到很细微的物质，但是仍旧看不到紫外线、量子场等。这些我们虽然看不到，但它们的确是"科学的"存在。在这个意义上，这个"指"是一种引起我们注意的力量。

"指非指"的意思就是，此一层次的指不是高一层次的指。高一层次的指是"物之指"之指，是所有从事指的工作的"人"的潜力。根据以上的分析，很重要的一点是，终极的存在逐渐在一定情况之下透露出存在的消息，但它不是一下子完全透露，而是逐渐透露，经由一个过程的透露。海德格尔有一个概念叫作"此在"（Dasein），此在让存在从存在者中显露出来，并对存在本身进行理解而又有呼唤存在之物。这有点像面对物自身的存在，使得存在之物在"此在"的呼唤中显露出来。我当时并未想到海德格尔，这是要到数年之后才认识到的。

在华盛顿大学读哲学阶段，我对当代西方哲学的探索，启示了我对中国哲学的深刻了解。除了形上学，经过当代伦理学的分析，我也获得一个本体论的认识。人们研究伦理学，重视伦理的人际关系。这些关系是需要描述的，最后却必须要找到伦理描述之后的本源，因之必须要认识到人如何成为有道德的人。伦理的关系需要道德的人来实现，但如何把伦理关系转化成为道德的要求，这又回到现象和本体的问题。伦理的关系是一种现象，本质上就包含了一个本体的认识，而这个本体又必须以客观的事实和关系作基础，来进行对人的存在自身的理解。从这个角度看，儒家讲求"五伦"和"五德"，就包含了一个对自我本体的反思，以及对外在存在的相应的认识。人们必须仔细观察和反思人的关系如何形成，以及人自身本质的存在论关系。但在传统的伦理关系描述中，对道德的自觉没有形成一个根本性的理论。我们只能透过孔子对德性的分析，来理解儒家伦理学的德性概念。我注意到仁的概念的提出，"仁"就是人的本质与本体，是需要一种高度自觉和反思的修持来彰显的。但"仁"的体验和经验却可以自然发生，孔子说："仁远乎哉，我欲仁，斯仁至矣。"（《论语·述而》）这也看出来"仁"有一个本体的主体性，是已经存在于人的心性感情之中。人们可以假设，正因为"仁心"本质的存在，家庭关系和社会关系才能自然地建立起来。而所谓德性，也自然逐渐发展起来。从"仁"的体验中，我们更能发现"仁"作为一个基础的道德感情，可以衍生出不同的德性。但如何衍生，却需要经验和逻辑的考察。我们也因此认识到，德性与责任、责任与利害以及责任与权利等方面的关联。这是一个德性发生论的观点，不把德性看成外在的建构，而是内在精神的凝聚。这些德性构成一个体系，相互支持，相互平衡，就提升了人的精神品质，使人能够自然地达到和维护一个合乎理性的生命自觉与行为品质。

伦理学重视人伦关系，目的在于实现一个人伦之间的和谐又合理的关联与关照。这就需要人的内在道德来实现的。因此，道德是实现伦理关系的自我意志与能力，而伦理则是道德发挥作用的实际成果。在中国的伦理学中，儒家强调修养功夫是发挥自我的道德性能，而道家则基于自然的体验，发挥自然的性能，但所成就的都是自我德性的实现，只是要达到的伦理目标不尽相同。由于人的发展不只限于自然，事实上更涉及人和人之间的协力，儒家伦理因此是人性实现的根本理想，它符合人自身发展的要求，也不违反自然的规律。所以它代表的伦理学更具有普遍性，也更为人生的现实所需要。道家偏向于自然，佛学更偏向于超脱生死，都受到其面对的形而上的存在制约。但这并不表示儒学没有自身形而上的基础，因此儒家的伦理学最后必须要放在一个存在本体的框架中进行理解。这一个存在本体的框架见之于《易传》和《中庸》，可说是孔子后期的哲学思想的发展。但我对这个本体的框架的理解，需要等我到哈佛大学研读博士学位之时才多加关注。在早期留学华盛顿大学期间，感受到当代西方伦理学所重视的是道德心理和动机的分析，可名之为"后伦理学"（meta-ethics），涉及道德与伦理之间的关系问题。传统中国哲学没有说清楚伦理与道德的差别以及两者的密切关系，值得重视的是，伦理展现的是已经存在的人的关系，而道德则是个人对伦理关系的自觉，从而进行伦理关系的积极发展，以达到一个理想的目标。至于道德自觉如何建立，这需要思考道德心理学和伦理的本体论，这是我当时希望发展的方向。我看到当代心理学的发展，但我更想进一步考察道德的本体如何掌握。后来我读了牟宗三的《性体与心体》（1968 年）等著作，初步了解他的形上学的建构，加深了我对早期求学过程中继续扩大思想范围和系统重要性的认识。

在对伦理学的兴趣之下，我思考父母之德与子女之德的关联。父母对子女有爱的德性，子女对父母是否也应该有一个相应的德性呢？对此，我同意儒家孔子的态度。子女对父母应该有孝的德性，但孝并不是或并不只是奉养父母，同时指出子女对父母也不应该是遵从父母的意向或志业而终生不违。孔子这个说法，往往受到误解，以为子女只是守成而已。其实，从一个意向性的角度来看，父母的意向或志业不只有关父母自己，也有关对子女的期待，而且是最好的期待。因此，从一个意向性的观点来看，子女了解父母的意向并努力使自己维护或实现父母的意向，应该是孝的精神意义之所在。当然这也表示子女应该对父母表达深切的关切，理解父母心中的意向为何。这种父母的意向除了特殊的方向，当然也包含一般性的对善的执着和对恶的拒斥。因此，一个子女不做坏事而成就事业，自然是对父母的一种继承。但子女如果不因他的成就感谢父母，也并非父母之心意。总之，从一个意向的观点，我们更能了解孝道之所在。孝道是德性，却引发权利和责任意识。这也可以说是我反思西方伦理学所产生的重要心得。

儒家强调伦理，也提到道德之重要，更强调自觉地去修养身心，发展品德，赋予自我一种维护伦理的能力。在上述基于意向性对孝的伦理有了进一层的认识之外，我还认识到儒家的德不仅是行为的能力，而且是依据一定规律来实现一个伦理目标的能力，并因之建立一个生命价值的目标。在此一意义下，儒家之德也就是一种责任、一种任务。孔子主张"正名主义"，即一个名称必须有它实际的对象与之相应。而所谓对象，往往包含应尽的责任和应有的理想规范。孔子说"父父，子子"（《论语·颜渊》），就指出父母与子女之间不仅是血缘关系，还是责任关系。父母有父母对子女的责任，而子女也有子女对父母的责任，也就是在社会整体关系中，必须依照一些内外在的要求来彼此相对。如此，才能建立好父母子女之间的伦理关系，符合了社会存在对行为规范，对整体社会负责任。如此，儒家的伦理不只是德性伦理学，也是一套责任伦理学。与康德的责任伦理学比较，儒家的伦理学更具有实践的自然性。因为它同时重视德性与责任，而不是把责任看作在德性之外，以德性作为责任的基础，远比直接从普遍道德律来建立责任更具有实践性。德性可以作为责任，也是可以从意向性来理解的，就是在持续完善德性，以及在整体社会实现德性。德性所预设的规律，也就更明显地实现德性的标准与要求了。因此所谓"孝道"，不只是孝的行为，而且是符合一个孝的规则的行为。如此，伦理关系才能够维持，而一个实践德性的人，也就成为一个具有稳定性和可靠性的君子。这都可以从一个意向性的观点来了解，这个意向性不只是父母子女之间的意向性，也是社会整体逐渐形成的意向性。这就是一个道德实践形成社会传统的重要特征。它把自然关系转化为德性关系，再转化为伦理关系。后来我专门就"孝道伦理"这个题目写了一篇论文，除了探讨品德的责任化，还指出权责相应的潜藏关系。由于有了责任，它就预设权利的存在，父母与子女之间也可以表现成为权责的关系。但这个权责关系是自然而然引起的，而非有外在的规范。父母养育子女，是父母的责任，但也是子女的权利。同样，子女孝敬父母，是子女的责任，但也是父母的权利。在一个现代化的社会当中，权责的规划也许比自然道德的说明更具有说服力，对"孝道"的现代意义也有所彰显。

总而言之，人伦从自然界产生，这个事实非常重要。这说明从一个意向性的观点，自然可以在意义上涵摄责任，因为自然可以涵摄一些实现人伦价值目标的能力。此一观点，也指出如何解决休谟（David Hume）有关"是"（is）与"应当"（ought）之间的关系问题。如果没有一个整体的经验背景，以及一个整体的价值目标，事实无法产生"应当"。但如果有这样一个整体的经验或时间背景，以及一个整体的价值目标，两者的关系也就自然建立起来了。中国圣贤看到这样一种关系，因此往往把一个自然的宇宙看成一个人文价值的宇宙，也是人类可以实现价值的境域，值得维护和发展。

西方的伦理学谨守自然与价值的分野，而且有走向客观与主观二元的倾向。作为自然的人，所强调的价值是行为的后果，以及基于后果的行为的是非善恶。他们把善恶看成是非，而是非是可以客观地科学地决定的。而人作为主体与行动者，所重视的是自身的生存与生活的利害，因此强调建立一套自然主义的伦理学，或建立一套以上帝为基础的伦理学，甚至建立一套没有形上学基础的伦理规则论，完全从功利主义的观点出发。但中国伦理学，尤其是儒家的伦理学，是以善恶作为最根本的分野，然后再认识一个客观事实的是非，也就是在善恶的判断的基础上来论证行为的可与不可，与事实的对与不对。举例来说，向人借钱，可以凭借具体的利害关系来决定。至于还债不还债，也是用规则来决定它的价值所在。利害与是非的判断是两个层次，并不一定统一起来，往往必须从明文的法律规定来决定，并不保障是非善恶的价值。因为是非善恶不一定符合客观的真理，而只是一种相对的关系而已。价值是相对知识而言的，并无两者合一的标准。在中国的伦理学里面，是非是保障善恶的方法，善恶是检验是非的标准。是非并不代表行为结果的好坏。是非有三重因素——动机的正当与否，行为的是或者非，结果的好或者坏。至于正确与错误，则要看实际的情况。因为动机与结果可能不尽相符。西方认为结果好才是真的好，只要结果是好的，一切都是好的，强调结果论。中国强调的是动机或者过程，结果的保障并不重要。往往从经验上讲，可能达到一个好的结果，但也可能达到一个不好的结果。而且西方往往为了可以达到一个好的结果而去做一些从动机和手段上讲反而不好的行为。因为要达到一个目标可能会采取一些有害于第三方的策略或手段，即可能会牺牲某些人、某些价值，所谓不择手段以达到目的。

从中国社会的实践来说，伦理学强调的是一体相关论，是非、善恶、好坏都在其中。好坏是从结果来说的，是非是从行为来说的，善恶是从动机来说的。所以它要求这三样东西的相关性，这是一种理论上的相关性。至于能不能达到一个好的标准，最主要的还在于动机，在于行为，并不以结果作为基础。西方社会则往往以结果作为基础，来指导行为的过程，来指导动机。动机永远要受结果的影响，一个理想的结果，或者自以为是的结果，甚至于违反正义的结果，但只要这个结果对他来说是好的，就会影响他的行为的动机。中国人往往以动机作为基础，强调人的性善，动机上的保障。西方不强调这一点，强调的是结果，而且基于某种宗教的原因，认为人本身并不是善的，因为即使做出的事情是善的，做事情的动机本身还是有问题的，甚至于自骗自欺。有时还会用低层次的动作来说明高层次的行为，以达到某种目标。这当然会造成一种诡辩。比如拿枪打死一个人，他可以说："我没有打死那个人，是枪打死的，不是我打死的，我只是扣动扳机而已。"请问杀人只是扣扳机吗？所以从这方面提出这样一个问题，就可以造成道德的怀疑论。这是由于西方往往在人的动机上没有对善的追求进行保障，而强调人对上帝的信仰的重要性。中国不需要上帝来保障一切，而是自己对自己负责。

我也从对西方哲学的理解中引申出中国哲学的一些特点。这也说明哲学的学习是很重要的事，因为可以产生文化间的一种互相启发，也会对理解西方哲学产生重要的影响。比如中国强调事物之整体，而不像西方因为整体还未出现，就从部分来看整体。中国是先把整体架构好，然后再看部分怎么布局，所以这两者的过程正好相反。但是对于如何实现一个整体的善的目标，我们也可以从西方哲学得到一些启发，同时可以反思中国哲学的优点和不足的地方。总之，我们可以从这些问题中明显地看出两者之间的差异，这种差异往往是相互对应的差异。你在这个地方缺一块，我在那个地方缺一块，所以中西文化可以相互补充。这是我研究西方哲学的一个基本态度。

说到美学这一块，我在华盛顿大学对美的问题产生过一种初步的认识。我用的西方美学读本里面列举了很多美学理论，从柏拉图的摹仿论，一直到近代的一些美学理论，其中很多理论所彰显的意义与形式给我留下了很深刻的印象。在西方，美学研究比较强调美的特殊形式，所谓"有意味的形式"。这是需要我们去创造出来的，因为艺术就是创造出这样的形式，把一些材料组织结构起来，美就自然形成了。这里我发问，美与艺术到底有怎样的差别？美是不是已存在事物的一种表象，已完成形象的一种自我呈现？已完成的形象，就是指在一个本体创造的过程当中完成的自我形象。这种创造，因为它是一个美的存在，如果它是自然环境所形成的，就有一种自然美；而艺术是经过人的意识加工的一种创作，故而形成一个有意义的、有意味的形式，从而产生人为美。

从这一点来讲，这种源自康德的认识论区分具有很重要的意义。因为到黑格尔就认为艺术既然作为一种有意义的形式，则人造的一些形式更有价值，更有艺术性，因为它们代表着人的智慧的显现，代表着理念的显现；而自然的思维模式是已经存在的，没有人的因素在里面，反而没有那么有价值。但我觉得这样一个论断，也需要重新加以审定。因为中国人强调所谓自然之美，比如把自然的美看成一种自然本身的活力。自然是"不经心"的事物的一种表现，具有内在的深刻意义。描写自然之美时则说是鬼斧神工，就好像自然也是一门艺术，是由主宰者创造的。西方传统中则不会这样说，不会认为自然之美是艺术美。这是由于西方把自然和人看成对立，没有内在的任何和合。

中国文化认为美（包括美的艺术）的形成是与自然相辅相成的，我们从天然的事物中都可以了解到内在自然的具有本体性的气韵。我们体会到这种气韵之后，自然就会写出一首诗或者画出一幅画，这样的诗画就同样成为一种具有内在自然生命的艺术，可谓巧夺天工或神来之笔。这里还有一个差别，用康德的话来说，是"优美"与"崇高"的差别。为什么要提这个？在中国看来，这两者是相关的。对西方文化来说则是不同种类的。怎么去了解"优美"？

比如我们了解大山大水、大河大海的景观，这种美，以及小的花园、景观的美，都叫优美，这里面只是一个大小的问题。还有一种可能是自然力量的呈现。优美是一种比较柔软的、有吸引力的，且具有稳定性的美。在康德那里，首先美不能是功利性质的，值多少钱不重要。比如说我看到这棵树觉得特别美，这一枝花特别美，看到一种美的房间的布置等，这些都可以是美的，当然也同时是艺术，却不是带着一种利益的考量。再比如一个雨过天晴的早晨的美，这种美所依着的对象只是很实际的平常物，但美的性质就在于沉浸其中而不思返，这是一种很安逸的快乐。崇高则有一种强有力的力量，"君不见，黄河之水天上来"，在壶口瀑布看到水势，看到大瀑布，力量很强，但是并没有实际伤害我们。虽然会引起恐惧的情绪，实际上是安全的。在远处看海啸、火山，一定要站在一个安全距离去看，这也是很美的。这种美是一种惊奇，惊奇天地如此这般显示其独特性的存在。

但是，关于这两种美，康德还没有说透。实际上，我们可以问：它们之间有什么关系？一种强有力的美可不可以转变成为一种柔和的美？或是从动态变成静态？举个例子就是，我看天上的星星，它很亮，没有动，所以不觉得它会掉下来。关键在于，不会有危险，这时我们对它的美是一种旁观的态度。星辰很安静的姿态，会有一种特别的吸引力。但如果星辰慢慢动起来，甚至于可能向地球撞来，我在地球上就难以感觉到星辰美不美了。远处的一列火车和另一列火车对撞，虽然距离很远，我仍然会感到很不舒服。同样，你看到一个人打另一个人，不管多远，你都同样感到不舒服。一棵完好的树让你用斧头给砍了，一块石头被打碎了，同样令人有一种不美的感受。王阳明从他的天地一体之仁来说明的，就是这个道理。所以，这种美的感觉关系显示天地人物的互通性，以及心物关联的整体性。人能够有美感，就是因为有这样一种互通性和整体性。具体来说，是和人的认同宇宙、认同生命和认同心灵息息相关的。因此，人的那些良好的情绪，生命中那种张扬或哀悯的情绪，或遇到危害时的紧张感，都与美感相关，只是用不同的具体环境作为不同的背景而已。

我这样论述美学，指出美具有一种本体性，因为它具有一种整体的、宇宙的意识，即美是基于宇宙的创造力所产生出来的，在不同运动过程中所形成的一种现象。在不同的存在层次上面——自然层次、生命层次、创作层次，都有所体现。其中，身体层次也是一个方面。比如说我们看到一个女性的身体，一个小孩的身体，它很美，它刺激我们生命的感受。这些都是由于生命跟人的存在有关系，显示出美的整体性和前瞻性。在西方的美学里，我们往往会看到一些分类。只有中国美学里才能看到一种基础上的相关性，获得一种较为完整的美学体验。美学因此也更能够显示其内在的本体性和整体性。

其实，我接下来要说的这一段同样可以看作康德对我的启示，他在某种程度上与我本节对美的论述做出了相同的说明。康德说，所有的美不是先验地在概念上归类好了，比如说知识就是归类好了的。美没有先天的限制，但它可以有不同的形式、不同的风格。这才是美，是一种非决定性的判断。它不是知识论中的那些理解，也无任何先验范畴的要求，只是那些自然形成的或人类创造的意义形式而已。

总的来说，我在华盛顿大学期间抱定一个宗旨：尽量从西方哲学中去看中国哲学的优点。当然我也重视西方哲学所显示的中国哲学的缺陷，比如不讲究逻辑性，不讲究论证，不重视经验证据或不知如何表露。因此，我对西方的数理逻辑和数理学科非常关注，因为它是逻辑性思考的一个楷模，应该为我们所理解与参考，来改进定义概念化和语言化的严谨性。在我赴美之前，我的哲学是以中国的思维方式，像方东美先生那样，把哲学看成是整体的。虽然中西方哲学思维上有差别，但是对中国人来说，这两者都是哲学，可以彼此互相补充。我们不把中哲、西哲当成两个不相干的东西，也不说只有西方的是哲学，而中国的那些思想不是哲学。所以我坚信中国有哲学，而且中国哲学和西方哲学之间一定有相互映照的关系。我在华盛顿大学读书的阶段就感觉到这些自我认识的正确性和重要性。

四、美国的生活世界

　　我从西雅图坐火车到纽约，当时在美国西部已待了将近两年了。我于 1957 年到达美国西雅图华盛顿大学，到 1959 年华盛顿大学硕士毕业之后，利用短暂的暑假开始往美国东部迁移。因为那个时候我决定去哈佛大学，哈佛大学在马萨诸塞州剑桥市，其实就是波士顿的一个社区。我买了美国北方火车公司跨越美洲的车票，由于火车必须要走三天三夜，即使是经济舱的坐票，也可以斜躺休息。我很兴奋地坐上火车，沿途可以看到美国的城市和乡村及其他风景。这个旅行的经验是很宝贵的，三天之中我尽量到车顶上的观景台观赏美国大陆。很多年后，我在夏威夷大学早期教学期间，有一个暑假在加州旧金山市斯坦福大学参加会议。会后又必须到美国中部密歇根大学所在地参加那一年的国际东方学术会议，因某种机缘，我从旧金山市驾车到密歇根，中文教师李欧梵作为陪同①，开车也走了三天三夜。那种体验就和火车的体验不一样。因为开车直接进入城市，并在不同城市休息，有更具体的实感。现在我比较这两次长途旅行，感受是完全不一样的。

---

　　① 李欧梵买了一部新车，没有人开，听说我要去密歇根开会，就找到我，问能不能请我开车。我同意开车，但要求他作为我的陪同，为了安全，他要随时提醒我注意。

在 1957 年的火车旅行中，看到的是一个广袤的美国自然风光，并未直接体验不同地区的风土人情。但在 70 年代，我在驾车去密歇根途中，却直接经历了美国的城市，至少有一部分时间感受到美国人的生活习惯和生活态度，包括体验加油站、汽车酒店、赌场与教堂的氛围，以及接触到活生生的美国人。我现在追溯这两次旅行，感觉到美国社会有多种层次。自然风光是一面，美东与美西地理环境也不一样，从外表可以看到一些差别。但如果开车横跨美国，的确会感受到美国社会的一些特色，甚至不同的人情风俗，因城市风格而异。从野旷的西部山区，进入到中西部富裕的农产平原。到了芝加哥，成为一个繁荣的大城市。如果再向东走，就进入美国文化的核心地区，一直延伸到高楼大厦的纽约市。但这个层次的美国是不是美国所有的写照呢？经过我多年的观察与在美国生活的经验，还有两个层次需要更长时间来进行了解，不是火车和汽车的旅行可以涵盖的。一个是商业工业技术发达的美国，呈现在美国东部城市的大型工厂或摩天大楼的办公室；再一个层次就是美国人的商业经济社会的各种人际活动，也许不能从外表观察，而必须直接去体会，甚至于去面对，同时要有深刻的学识和阅读，认识美国的历史及其发展。除此之外，我还愿意提出第五个层次，那就是美国人的生活动机和生活目标，以及美国人政治的、经济的心态和野心，作为美国文化的价值的核心。这一种高层次的理解，不仅需要长期的观察，而且需要实际的个别的或整体的交往，甚至冲突与磨合，应该是一个最重要的种族心理和政治信念。因此，第五种理解是没有止尽的，也可以因环境的变化而变化。当前中美关系就反映出这一种深度的美国心态及其意向性，也可说是它最深层的美国精神。在这种理解下，我们才能更深刻地认识美国以及其潜在的心理与文化属性，从而解释现实的行为态度。

我列举这五个层次，用来说明我对美国这个国家和民族逐步深入了解，当然也是随着时代和环境的变化而掌握的，包含前面四个层次，并以这四个层次为其支持。我从 60 年代认识到美国的历史和地理，到逐渐认识到它的文化精华和发展方式，最后才逐渐接触到它深处的种族心理和政治文化形成的惯性力量。其实这五个层次也适用于中国，但所涉及的形式和内容却完全不一样。有一点很清楚：中国文化的基本精神是更为自然主义，也更有伦理的气质，而美国的基本精神是更为功利主义，同时具有科学技术的面貌。两者所追求的目标也不一样，甚至相反。我从事哲学研究，对掌握美国以及其欧洲背景是有帮助的。因为文化决定社会，哲学思想决定文化。中西文化有根源上的不同，是历史和人文所造成的。如何建立沟通，友善互动，避免毁灭性的冲突，应该是当前人类必须严肃面对的实质问题，更是哲学课题。

基于此一反省，我把我从美西到美东的火车旅行，看成认识美国全景的一个前奏曲。今后的发展就显得特别有意义，这也是我客居美国数十年的人生过程。此一过程是对我生命的考验，也为我提供哲学智慧的开展之路。因此我在美国感受到的生活世界，就如此表现在这五个层次互相穿插的光怪陆离的活动之中。这是生活的教育，也是文化的教育。两者的重要性不亚于我哲学教育的重要性。我从小就想理解何以日本人侵略中国，后来我又很想理解何以二战后美国能够击败日本，却并不以平等精神对待中国，最后反而以日本为阻挠中国发展的工具，完全颠覆了历史所要求的正义。这必须透过这五个层次来理解。这里只是做一个跳跃时间的回想，是属于我生活的一部分，与我的学术也有密切的关系。因此，借此机会表现出来，给予我的哲学一个描述及判断美国生活世界复杂性的机会。与我在台湾的感受不一样，更不同于我幼年时代的乡土中国。

1957 年的火车行经历了西部的几个大城市，我不记得是否经过芝加哥。但到匹兹堡的印象很深，一看就是产煤的工业城市。火车依次走到费城，然后进入纽约。进入纽约铁轨是在地下，一时完全感觉不到纽约的摩天大楼等建筑。到了纽约站之后，走出来的大厅其实就是一栋纽约商业大厦。我坐了三天三夜的火车，到达目的地，进入火车站大厅，突然感觉到很迷失。正在此时，我父亲安排的陈君认出我，说他是来接我的。而且他表示他也是台湾大学的校友，我很高兴，问他我要到哪里。他说就住在他那里，于是我也比较安心了，更能够放松地观察四周的环境。果然纽约气象不同，大厅里人来人往，好像各种人种都有，各自寻求自己的方向。我坐上陈君的车，由他开车到他住的西城区河边大道的一座大楼里，已经有很多中国面孔的年轻人在大厅里和我打招呼，很快大家都熟悉了。他们几乎都是说粤语的男生，有的也住在陈君的公寓里。因为是暑假，天气炎热，但河边大道的大楼房间仍然有哈德逊河的风吹来，十分凉爽。他住的地方靠近那条河边大道，风景不错，所以我们下午就沿着河边走一走，看一看那个河面。河边有人在打球，感觉气氛很祥和，很有生活品位。在河边有很大的房子，道路从河边到大楼中间有公园，树木繁多。河边大道上都是树，呈现一片绿色的景观，并没有纽约城东区的那种繁华，反倒和自然打成一片。纽约的西城和东城不全一样，下城和上城相差更大，主要在建筑的形态和排列的方式上。纽约人认为西城没有文化，为后来的移民所居住，外族人较多，年轻人甚至形成帮派，成为好莱坞电影《西城故事》的主题。陈君所住的那座高楼其实有近一百年的历史了。我所谓的"住"，就是晚上在客厅打地铺，但我完全能够适应这样的环境，一点不以为怪。但有一点要我主动适应的是，陈君一般夜间活动，白天睡觉。所以一到晚上，吃饭的时候，就有大约七八个广东朋友来聚会。我就当小老弟，同他们一起行动，主要是开车到唐人街吃饭或消夜，从来不去任何景点。毕竟唐人街的饭馆大多都是粤菜馆，和旧金山或香港大致一样。我当时并不理解这是不是美国生活的常规，也觉得很兴奋，别有一种风味。后来才了解，这是陈君的广东习惯，并且他很大方，自己付钱请我吃饭。我后来了解这个生活方式也不一定只是广东人的习惯，而是华人喜欢朋友在一起聊天与诉苦，在他乡感觉到一种温暖。就长期居住而言，其价值当然高于观光旅游。我想早期的华侨就已经采取了这样一种生活方式，白天去打工，晚上回来由一个资深的朋友带大家共同行动，包括用餐，使人能够感受到一种归属感。

我在纽约五天都住在陈君的公寓里，也因此认识了来往的中国学生，包括我台湾大学的同班同学。原来暑期中他们都来纽约打工，利用假期自然聚集在陈君的家里，自由聊天，各叙来美经历，大家都变成熟人，无形中感到中国文化的四海兄弟之情。在那段日子里，虽然没有机会到其他纽约景点去参观，却因为住在百老汇大街旁边，有时去百老汇街上逛逛，很快就认识到纽约这个城市的魅力，不同种族的移民开设了不同种类的商店，在大街上就可以体会到各种种族的文化特色。我注意到白天纽约的老人喜欢在百老汇街边晒太阳，而晚上纽约的黑人则喜欢隐藏在路边黑暗处，当你经过时突然伸手抓你一把，令你大吃一惊。那个时候的纽约治安显然比现在我知道的纽约好上很多倍，但黑人的地位似乎没有任何改变。我在后来几个暑假中，由波士顿到纽约来做暑期工作，就几次遭受到黑人的突击和抢劫。幸好我没有受到任何侵害，但对黑人的问题也不能不特别关心。

大部分华人家庭在纽约从事各种商业活动，包括从事餐饮业。这边中国餐馆多得不得了，光在纽约就有三千多家。我住的那一段百老汇就有四五家中国餐馆，但经营的中餐却不一样，从广东杂碎到正式的广东菜，再到四川菜和北京菜，供人选择。你从百老汇大街往下走，走上五十个街区就走到了中城，或者是其他一些大的街点，沿途也都是商店，主要是百货店和各种杂物店，包括成衣店。

再往下一直走，就会走到有名的四十二街，两旁也都是大楼和服装与皮鞋店，并有一些咖啡店。这是有名的商业区。路上人种复杂，看不出来自何方。再往下走，就会到下城有名的三十四街与十四街，如果向东边顺着三十四街走，就会碰到有名的第五街大道，是所有大型商店的主街。回到住处的大楼，顺着河边大道向北走，最后就会走到宏大的华盛顿大桥。如果再往北走，就会遇到一个有名的景点，即是中世纪碉堡，是美国人从欧洲买回来的，据说是先拆散再到美国重装。后来我有机会去参观，感受到一种中世纪的氛围。从地图上看，整个曼哈顿是一只大鞋底的形状。我想了解为何住在纽约的人不愿意离开纽约，觉得生活很舒适安定。我发现最主要的原因是交通方便，各种商品都有，只要有钱，什么都可以买到。更重要的是，纽约保存了移民团体的整体生活。几乎每一个族群都有活动空间，因此在纽约生活可以选择工作赚钱，因为一般的工作很容易找，你也可以悠闲地生活，只要你不犯法，按法律纳税，没有任何人来干涉你。那个时代的纽约，治安一般还不错。因此，生活可以放松，也可以自由照自己的生活方式生活下去。再说，人们一般也不在乎你代表的是什么或有着怎样的身份。移民生活在繁华的商业文明之中，不会受到什么干扰。总之，在纽约什么样的人物都有，根本看不出来他们有什么背景或职业，甚至看不出他们是什么人，好人与坏人更是难以分辨。因此，人们藏身其中，觉得十分安全。纽约是最为多元的一个现代城市，在毫无神秘感的现代生活中，每个人都保存了一种自身的神秘，因此觉得很安全，同时也很自由。我必须要说，现代的纽约也许和我们那个时代的纽约已大不相同，但纽约那种生活的节调却仍然存在于纽约客的生活世界之中。

五天之后，我坐灰狗长途汽车到波士顿，然后到查理河对岸位于剑桥的哈佛大学报到。从纽约到波士顿大致需要五小时的客车时间，当然也可以坐火车，时间就更长一点。我坐汽车到波士顿立刻就感到波士顿和纽约完全不一样，不一样的城市风貌，不一样的气氛感受。纽约是一个有钱的商人，波士顿则像一个居家的绅士，而剑桥则像一个严肃的学者。在纽约我感到十分兴奋，到波士顿就自行地谨严起来。我在哈佛五年求学期间，每年寒暑假来回纽约与波士顿两三次，每次都感觉到这种气氛的改变。这种改变是自然发生的，从纽约到波士顿是谨严起来，从波士顿到纽约就松弛下来，而松弛中也有一丝兴奋和喜悦，正像在波士顿谨严中有一份安顿之感，而且有另外一种喜悦。多年来这两个城市对我心理上产生的无形影响是重大的，往往不清楚到底哪一个更代表美国。美国是一个商业国家，但美国也是一个重视教育的国家。也许从历史看，先有好的教育才有好的经济。纽约的发展是在波士顿的发展之后，这也说明了美国的繁荣是以严肃的教育为基础，然后走向大胆放任的商业。哈佛大学（成立于 1636 年）是美国最古老的大学，先有哈佛大学才有美利坚合众国（成立于 1776 年）。哈佛作为美国政治的学术基础，在美国成立国家之时就很明确。受过哈佛大学教育的美国总统也最多，我进入哈佛不久，哈佛大学毕业的肯尼迪被选为美国总统了。波士顿的历史是美国早期历史的重镇，从 1620 年"五月花"清教徒初到波士顿，到 1776 年美国革命成功，波士顿就是美国文化的圣地。它附近的景点我倒有机会去实地参观，自然和纽约的感受不一样。

我到剑桥的哈佛大学报到，距离开学不到一个礼拜。我就住进哈佛大学不久前建立的威廉·詹姆斯大楼。我搬入之时已经有一位西班牙文学的研究生住入，他是我的同房。他是意大利人，个子高大，十分文雅，性格也很温和。他知道我念哲学，和我也很谈得来。但我在这个宿舍只住了一年，就搬到外面的住处。他似乎一直住在这个宿舍里，平常我们也保持联系。他毕业后，在西岸伯克利大学找到一个教职，后来就不太联系了。我感觉到他会很成功，因为他平常非常用功，做事也都稳当小心。我后来发现，能够进入哈佛大学的都是那种勤劳好学、做事谨严、生活态度很正道的年轻人。这的确是美国领导人才的培养地，他们不是一般地好学，而是非常认真，非常自觉，知道自己的目标，而且非常努力地去实现。就以他们利用图书馆的情况来看，莱蒙特图书馆是 24 小时开放的，很多学生整夜泡在图书馆里读书。后来我接触到附近麻省理工的美国学生，他们也是夜以继日地在图书馆或工作室赶功课、做作业、写论文。这种拼搏精神是我在西岸没有看到的，而在美国东岸的哈佛大学却是司空见惯。我当时突然理解到何以美国是如此强大，它的希望是寄托在一批年轻的学人那种拼搏的精神上。中国人强调勤劳，是否有美国那种拼搏的精神，我当时是难以判断的，我在心中只希望中国人也一样能拼搏，赶上美国，赶上这个新时代。

我在威廉·詹姆斯大楼住了一年，就搬到了剑桥路 1673 号。据说那个地方好多来自中国的哈佛名人都住过，我先住在顶楼三楼，房间很通风。但到了 11 月后，天气变冷，外面起风，往往把房间吹得很冷。我几乎每年都感冒，我用胶布把窗子的裂缝封起来，但不久风又把它吹走。到了 12 月，我的房间连雪都会飘进来。幸运的是，有一位一楼的中国学人回台湾，他的房间空出来，我就搬到一楼去住，感冒也就好多了。这是一种英格兰式的住家大楼，进门处有一个阳台，可以摆脚踏车，三楼之上有一个阁楼，房子后面是一个花园，却是乱草丛生，有一棵大树，就在我住的一楼窗外，偶尔也能听到鸟声，但不知道从树的哪一个角度出来。每个房间都有热水管的暖气，我住过的三楼也不例外。但热水却无法维持热度，仍然很冷。这栋大楼的房东是一对移民的波兰夫妇，是在二战中受到德国纳粹迫害后逃亡出来的。房东住在一楼最前面靠右的大房间，应该是主要的住屋。其他房间分布在楼下地下室，一楼有三间。二楼有四间，并有一个公共浴室。三楼有公共的厨房供租客使用，而我第一次的住屋就在厨房旁边。除我的房间外，应该还有两个房间，其中一个房间住了一位中国女士，却不知道她学什么，也不在哈佛。后来她搬走了，住进一位退休的美国老人，和肯尼迪总统同姓。他听觉已经不行了，却没钱买一个助听器。但他约了很多助听器的销售员，带来助听器给他讲解与试用，最后他都说不买。我看那些销售员也无可奈何，但态度仍然很好，而且说如果你要，他可以再来。这让我感觉到美国的商人有一种耐性，并不会因为生意不成功而态度不佳。销售员能言善道，尽量推销商品，但对方不买他也无可奈何，还要维持一种感谢的态度，我觉得这也是美国的商业精神。我说的房东姓"博特利"（可能记忆有误），平常是见不到他们的，只有付房租之时他们才出来。我的房间是一个月45美金，我租了几年都没有改变。他们对待中国人很好。令我感动的一件事则是有一天我交房租给女房东，女房东忽然说你的房租我们减为40美金。我说为什么呢？她说我付房租最为准时，因而对我很感谢，要减我的房租。我不想同意，但她一定坚持减少，我只有感谢她了。我在那里住了将近四年，从来没有再加我的房租。而且在我离开之后，女房东还表示她们即将退休，问我愿不愿意考虑买下这座大楼。其实这座大楼是很值钱的，只是我当时没有钱，更没有任何买房产的企图心。在我三年之后从夏威夷回到剑桥看朋友的时候，又到1673号想看看房东，那时房东已不在了。整个大楼被一个北京来的女士买去了，改名为"友谊之家"。我的那个房间住一夜就要85美金，让我几乎无法相信现实变得如此之快。而这个北京女士的确很幸运，把这栋老楼改造成拥有二十多间房间的酒店。由于十分靠近哈佛大学校区，事实上就在隔壁，因此住客众多。我一时感觉到中国人很有生意头脑，很能抓住机会进行商业发展。回想起当初的房东想把一个发财的机会给我，我没有接受，当然也不后悔，只是心中对这对老夫妇有一种感激之情。

我住的 1673 号大楼对面有一个公园，旁边有一个地区图书馆。有时候我会去图书馆，在那里读报纸看杂志。哈佛大学校园内有最大的怀德纳图书馆和 24 小时开放的莱蒙特图书馆。在我住处附近有神学路的哈佛燕京图书馆，这是一个中文图书馆，属于东亚语文学系。我经常去那边看中文报章杂志，查询中文书籍。后来我也认识了这个图书馆的吴馆长，他对华人学生很亲切。从台湾来的张光直是我的学长，他的专业是人类考古学。他对中国大陆的实地考古有很大的学术兴趣，也与大陆建立了学术关系，但不知道他在大陆有没有长期进行考古工作。我毕业后还与他保持联系，特别提出中国文化的源头问题。我提出了"羊文化"概念，问他羊的骨头在中国何时何地在考古资料中出现。他说最早的中国文化考古现场，如半坡文化和河姆渡文化，都有羊骨头的出现。虽然他没有明确提出"羊文化"一说，但从他的考古资料来看，羊文化的存在应该是可以肯定的。可惜我没有和他深入地探讨下去。后来他在哈佛大学教学，我见到过他一次。他那时候身体健康已经很坏，我也不敢占用他的时间太多。不久他过世了。我对他心中有一种悼念。在哈佛大学哲学系的中国学生只有我一个，与我先后到的也有劳延煊与张灏，在我之后两年，则有杜维明从台湾来，他们都在东亚语文学系研读中国历史或中国思想史的博士学位。这些华人学生最后都变成有名的学者教授，可能是我们那一个时代的特殊现象，支持华人学生到哈佛研习博士学位的奖学金来自哈佛燕京承办的庚子赔款的奖学金。而我到哈佛的奖学金来源则是哈佛大学哲学系的桑塔亚那奖学金。到了暑期，哈佛燕京学社也主动给予我一个暑假的奖学金。因此，在生活方面，华人学生基本上可以安心读书，没有后顾之忧。

五、结论：自我意识的发展

　　我想总结一下成长过程中对自己的认识是如何展开的，这个意识是在离开大陆，迁移到台湾的过程中逐渐进行的。由于离乱，逐渐感受到父母的辛苦和自身成长的愿望，希望能够改变现实，为家庭与社会做出一些好的改变。但这并不是使命感，也并非命运感，而是自然而然发生的一种生命感，应该说是我成长过程中建立自我心理内涵的重要成分。在早期战乱的时代，没有想到自己能独立生活，好像永远离不开父母。但在生活的经历中，看到有的家庭父母不幸伤亡，很难想象幼年的子女怎样为生。我是幸运的，读完大学开始留学生涯，即刻就体验到自己独立的责任，既是对自己的责任，也是对父母的责任。其中最重要的问题是，哪些行为是应该做的，哪些行为是不应该做的，必须依照自己的基本价值和知识来做出决定。基本价值的重要性是，在任何情况下所作所为不可逾越，我觉得这个基本价值得力于家庭。如果一个家庭不能给予子女这样一种基本价值，他就很难保持一个行为的标准而不逾越，其实就是所受的教育给予的价值标准和知识。教育不能不重视价值的充实与维护，使一个年轻人可以面对更多的社会与环境挑战。

　　我注意到知识是十分重要的，它说明了价值之为价值，不但考虑行为后果，还要考虑一个人格的建立。一个人格能够独立自主，也有自我负责与自我管束的意志能力。知识的重要在于扩大认识现象、分辨真假，然后才能做出是非善恶价值的判断。如果知识不全，往往会盲目做出错误的行为判断，甚至于混淆是非，以非为是、自以为是，然后走入歧途或陷入困境。我选择学习和研究哲学，就属于这一份追求，包括善的知识和合乎知识的善，可以明智地独立地去生活，不会出现问题。但我体验到人生并不是仅仅合乎道德生活目标，更应该发挥生命的潜力，做出美好的事业和实现美好的人生，但同时也不逾越道德，而不是以道德作为生活目标。在高中三年级时，我开始写日记，主要就在记录心中的这些想法。这个习惯一直继承到大学毕业之后，我写了四本大学日记，每年一本，每一天都有记录，现在还保留下来。我每天睡觉之前必须要写好日记才睡觉，我父母也十分理解，希望我早点写完早点入睡，因为第二天还得早起到学校上课。

我想提一提我对自己内心的成长具有什么样的一种认识。我在高中读了孔子《论语》的两句话，即"知者乐水，仁者乐山"，"仁者寿，智者乐"（《论语·雍也》）。我问自己我到底是"仁者"还是"智者"。基于我当时刘仁和智的理解，我感觉自己既是仁者，又是智者，因为我同时希望自己"既仁且智"。我能够感受到对人的关怀，对天地万物的关心，同时也对万物感到好奇与兴趣，尤其是天上的星辰。我在高中的时代，在家中吃完晚饭，常常和邻居的朋友散步到河边（台北的淡水河）桥上观察天上的星星，心中也同时兴起希腊和中国神话中有关星座的传说故事，我看到天上星河的天鹅座，想起牛郎织女的爱情故事，我也看到天上的猎人座，找到猎人追逐的大熊星座和小熊星座。我的星座是天蝎座，是冬天的星座。晚上看到半个天空横斜着一只大的天蝎，对它注目良久，遥想遥远的太空，不知是何状态。这也导向我对天文学发生莫大的兴趣，有时有些特殊的发现，就写在自己的日记之中。回到刚才说的

"仁智"的选择，我想我能够做到既仁且智，而我也许更珍惜仁者，隐约中把希腊和中国的传统做了一个对比。既然是仁者，我就用了"好山"这两个字作为我投稿的笔名。因为我觉得智者乐水，水是流动的，仁者乐山，山是稳定的，所以我取仁而舍智，在当时台湾《新生日报》副刊投了第一次稿，写的题目是《小石头》，歌咏石头的坚韧，不会因路人撞击而破碎。几天以后，这篇文章竟然登出来了。那是我从小时候写《还都记》之后第一篇发表的小品文，我又连续写了几篇小品文，都用的"好山"这个笔名。现在回想起来，我的性格偏向于仁。但又因为对智的爱好，选择了哲学专业。这也说明了我心中追求平衡和一种理想人格的心态。在后来的发展过程中，我认为这两者可以分开来考虑一个决定，但我更感知两者合一的重要性。因此，在儒家伦理研究中，我特别强调"仁智合一"。孔子说"智及之，仁不能守之，据得之，必失之"（《论语·卫灵公》），这也看出来孔子重仁且智，以仁为本。这是我心灵发展的一个重要阶段。

前说父母亲所代表的家庭经验存在是十分重要的。这些经验内涵在实际的文化处境中，表现为一种存在的方式，影响到子女的生活态度。在家庭中父严母慈似乎是通例，但我对我的父亲却感受到一种慈祥，我对我的母亲也感受到一种严格的要求。我想我是幸运的，得到父母的教育和爱护，使我能够在战乱中正常地成长。但我毕竟要脱离父母独立求生，而且一旦独立起来，我的独立性也显得非常坚强，不想给父母带来任何负担。我进入华盛顿大学虽然有学费奖学金，但生活还是要有额外的支持才行。父亲特别担心我没有钱用，把他的稿费积蓄汇给了我一千美元。我心中觉得特别难过，我不愿意看到父亲把辛苦赚到的稿费寄给了我。我那时就开始在学校餐厅打工，每晚到厨房去洗碗碟。我发现美国学校公共餐厅的厨房是机器洗碗，干净的碗从机器中出来，特别干净，也特别烫手，我也坚持工作。同时在工作中也有一位黑人学生，和我相处甚好，不时在洗完后拿出他写的诗朗诵给我听，当时并不知道他所云何事，但他的认真态度令我很感动。

我做过的打工工作还包含周末去一些家庭除草修树，那是冬天，手脚会很冷。第一次我是到一个家庭洗墙，同时种下花的种子以待春天发芽。在几乎零下的温度工作了四个小时，当我拿到工资时特别高兴。当时是一小时一美金，所以我拿到不到五美金。我特别兴奋地写信给我父母，这是我第一次赚的钱，要为父母买一样东西送给他们。母亲连说不要，父亲说好好读书，不要工作。但我继续打工，尤其有了前说的O君送了我一辆老车，我和另外两位中国同学开我的车联合去打工，成了一个小型的打工集团，快乐也在其中。最累的有两次工作。一次是为保龄球球馆捡球，因为是人工的，特别辛苦，往往一个晚上干六个小时，回来腰酸背痛。另外一次是到远处的苹果园种苹果苗。从早上六时出发，到晚饭时间才回来，回来之后腰都伸不直了。后来又到一个酒店做过清理员，上下二十楼地搬动，实在太辛苦了，也无法再继续下去。另外一个工作是用机械打掉地上的水泥钉，然后推车把砖头送到山下。这个工作非我所能胜任，最后我把钻石机给弄断了，推车也摔散了。后来工头来了，了解这个情况，对我并无指责，只是说你不够强壮。我告诉他我不要工资了，也愿意赔偿他的损失。这个工头很有人情味，他说："不不不，只是你不够强壮，工资我还是要付的。"这些早期的经验可能在现在都不再有，美国的社会风气也大有改变，从一个比较和善的社会进入到一个斗争的社会。这些工作经验让我发现我的能力的极限，这也是不可逾越的。我对自己做了这样一个考验，让我更深刻地理解到生活的本质。没有适当的劳动，就没有适当的生活。有了适当的劳动，才能够真正自力更生，吃饭也会觉得特别香甜。

在西雅图最长的一次打工，是暑期到城中区的一家医院做护士助手。这个工作是要经过训练的，我在华盛顿大学里接受了这个训练，所以很顺利地找到了这样一份工作。我坐在一个工作室里，听到适当的铃声，然后做出要求的事情，包括运输氧气筒，帮助护士上石膏、上支架，也帮助护士测量体温，了解受伤病人的心理状态。这让我了解到更多美国人的生活实际及人情世故。一个病人说他曾经是百万富翁，不知如何成了穷光蛋。一个病人抱怨他的儿子说要来看他，却从来没来过。我注意到这些有遗憾的病人也都抱着遗憾而过世，失掉的财富并未回来，说要来看望的儿子也从未出现，第二天病人就抱着遗憾过世。而我的另一个工作就是，把过世的人运送到冰冻间。

在中华文化的传统中谈论一个家庭的背景，必然要从父母追溯到祖先。这样的思考、这样的认识，是对人的存在的一个最基本的理解。这也是中国"饮水思源"这一概念的来源。所谓"饮水思源"，在情感上是对父母的一种感恩，推而到一个族群或种族，甚至天地，构成中国人敬天爱人、孝敬父母的价值观念。我记得小时候每逢旧历年三十夜，父母亲必要我们子女对着祖先的牌位叩拜，聊表一番对生命根源的敬意，这自然是中国生命哲学的重要部分，而不能把它看成只是封建。我对中国文化中重视自然感情，以及从自然感情发展为道德情感这个传统，是直接体验的。现代人已经没有这样的体验，因此人的生活缺少了一个自然感情的深度，也缺少一份道德情感的高度。即使现代人有自己的宗教，包括外来的宗教信仰，如佛教和基督教，但没有这一份自然感情存在，生活还是缺失了一份真实感、一份善良感、一份美感。由于现代人缺少这份自然的感情，也就缺少一份对生命存在的源头与目标的自觉，缺少一种内在的认识，然后用外来的信仰来填补，却不能够真正填补生命自然的状态。当然，信仰可以是理性的，但其对象却变成非理性，而人的自然感情虽然并非理性，但其对象却是可知的。在这个意义上，我不否定中国有中国的宗教感情，甚至也可以有它自己的宗教，表现在道家的自然哲学的基础上。西方的宗教是超越自然的，有其历史的原因。这个历史却不是中国的历史，也不能取代中国的历史。

因此，西方的宗教作为个人的信仰，仍然要进行一番中国自然感情的诠释，才能发挥真正的宗教意义，而不是人云亦云，变成一种功利的计算的思虑。我在自我认识的过程中，常常为中西宗教的差别和价值判断感到一种困难。到底什么是宗教？宗教应该是一元的，还是多元的？我最后的认识是，宗教必须依靠自然感情，然后经过道德情感的驯化，然后提升出一个理想的对象或理想的境界。如此方能化解人类因历史经验的不同而产生的宗教信仰的不同，并不因为这个宗教信仰不同而相互排斥，甚至于爆发战争冲突。而是应该彼此理解，交换经验，逐渐形成一个更普遍化的宗教情感，作为世界上人的共同信仰核心。核心可以一致，而信仰的方式和内涵则可以彼此相应，却不必冲突矛盾。这样反而能增进人类的和谐共存，丰富人的生命的感受，彼此支持，长期和谐地发展下去。同时改进生活的素质及人的生存的品质。

我提到生命，它显然是一个复杂的概念。生命具有一种发展，从原始的生命的创造，到生命的实现发展，有一种文化文明道德的含义，作为人成就的寄托或者原初的意义根源。这个根源的概念很重要，涉及宇宙最根本的起点，也涉及人类必须要面对的未来。它应该决定了人存在的形象及其变化，也促使人类因环境的变化而进行文化的创新，来维护生命变化的方向和品质。此一根源既是价值的根源，也是知识的根源，是两者统一的根源。这是我在反思自身成为自我存在的基本意识，事实上就是自我形象与活动的动力所在。没有此一根源的动力，我们怎么会有人之存在的自我觉悟？怎么会有人独立存在的自由的活动呢？怎么会有促进自我活动的目标呢？又怎么会有人之存在的一种创造力的实现呢？这些所谓知识的实践、真理的认知、美感的审视、善的坚持，都可以说是人的内在价值，在实现而又超越历史的过程中实现的，这也是人能够建立自我，从事文化，创造文明，进行交通的根本原因，并非一个单纯的事实。自我的建立就在逐步理解生活的事实，实际上包含了复杂的文化内涵以及心理结构。

就科学来说，达尔文的进化论肯定人是从动物演变来的，今天的进化论则进一步把动物还原为原始的细胞存在。通过把人还原到原子细胞，科学地消除了祖先的精神含义。另一方面，基督教认为人是上帝造的，但人又为什么要肯定一个超越的上帝作为人的祖先呢？上帝能不能作为人的祖先呢？

在中国的传统方面，我们熟知一个人生命的根源就是作为根源存在的祖先。天地也不仅是一个历史的存在，也作为一种持续维持历史和文明进步的存在而存在，甚至在某种程度上是一个可以对其进行直观感受的存在。这个存在对我们自己的生命而言有"原始反终，故知死生之说"（《易传·系辞》）的意义。这个认识很重要，因为这就将人的精神存在和物质存在结合而为一个存在，因为人的身体是精神和物质的有机统一。所以从《易传》所达到理论高度来说，生命体乃是浸润着精神的物质，精神的物质也可以说是生命体的活动方式。前者为乾，后者为坤，乾坤交融，合而为一体。这也可说是一种整体中的内外循环理论。"原始反终"就可以从当下我的存在来理解过去的生以及未来的死。始终两者是一个统一的存在，生命的变化则处于一种内外互动、生生不息的状态，是《易传》所说的"精气为物，游魂为变"的生命变化状态，"精气"和"游魂"分别代表物质和精神。

基于这些了解，我在这里想要强调的是，我很早就有一个生命的自觉，从来不把生命当作物质与精神二元对立的存在状态，而是坚持对生命整体存在进行一个鲜活的统一性理解。当然，这也表示我必须做统一两者的功夫。这一功夫是决定何者为主，最后把两者统合在一起。并非所有时间都以精神为重，有时候身体的重要性是精神重要性的前提。后来我读到宋明理学中的理气哲学。理气之间谁为主体，谁最重要？我最后的体验是两者本来在根源上就未曾分离，应该是一个相互生成，也是相互制约与规范的过程。我觉得宋明哲学家往往把理气分得太开而无法结合起来，形成对立或矛盾，而丧失了原始的生命体验。我感觉到生命实质既是气的，也是理的，都是属于人之为人的性的整体中的。但程颐与朱子把理气用来表示存在的两种方式，以为物质就是气的存在，而心灵则为理的存在。作为物质的存在，人的身体的欲望和情感也都是气质的，而人的道德理念和规范意识，则为理性的存在。事实上，我感到生命的感情与欲望，仍然是一种生命的理，而不必限制为气。同样，人的自我规范与道德意识，也可以从人的生命之性发展出来，是孟子所谓"本性的四端"。对于这一点，在我成长的自我心灵中，是逐渐增强的，也是我小时候读《三字经》"人之初，性本善"的一个潜在的信念。因此，我更欣赏程颢说的"医书言手足痿痹为不仁，此言最善名状。仁者，以天地万物为一体，莫非己也"（《识仁篇》）之含义，这是他亲身体验出来的。后来程颐和朱熹把理气严格地分为二橛，区分物质就是气的存在，精神就是理的存在，可说是忘记了对生命之性的体验与结果。我从小对生命之性有所体验，也对自我之自觉有所感受。这与我以后走上哲学思考之路，强调一个整体一元的背景，是密切相关的。《易传·系辞》说"形而上者谓之道，形而下者谓之器"，并不是说形而上与形而下绝对分开，而是说一个整体有看得见的表象，也有看不见的真相，表象与真相可以是一体的。

西方哲学把表象与真相分开，也是一种误导。表象与真相实际上可以是一体之两面，而不必固定在一个形式之中。如此理解，变化的动力可以是真相，但变化的活动何尝不是真相呢？同样，我们可以看到事物好像固定不变，实际上却在微妙的或缓慢的变化之中。可见，真相与表象可以作为两个形式来看待，而不可以把形式的内容分为两个部分。这是我对希腊或西方哲学中把真相与表象固定化的错误的批评。我重视易学，同时看重道学，因为我从很早就认识到表里如一、隐显合一的道理。同时，我也逐渐了解到易道所说的阴阳之间的关系，它可以是形式的互换，实质上也可以是一种相互作用的整体关系。形下之物是一个可以作为形成物质形象的存在，形上的精神则是突破其物质形象而具有一种发展能量的存在，这两者永远是联系在一起的。一者是阴，一者是阳，精神是阳，物质就是阴。精神可以突破物质性的现状，所以它是一个动力，属阳；而物质是静态的，是一种存在的状态，所以它代表一种静止，属阴。这就是说，形上形下就是阴阳动静之间的关系，是一对相互连锁的概念。它们之间统一的关系是最原始的存在方式，可以追溯到宇宙本身存在的内部机制，具有相互转换的原始创造力，这就是我理解的太极。

从这个角度看，人的存在就是一种太极的存在，必须从人的存在内在统一性体验来理解，形成一种自我意识。而这个自我意识包含着一种原始的平衡和谐的持续性的要求，如此，人存在的内在性机制可以用来说明外在存在宇宙的基础。同样，基于人对宇宙的观察及反思，也可以从外在世界的经验中理解到自身存在的统一性，形成一个人的生命存在体现宇宙太极的概念。所谓人的存在必然要追溯到天地宇宙本身的变化能力，来说明人之所以为人。当然人既不是没有物质的精神，也不可能是没有精神的物质。物质与精神相互依存，决然不能分开。同样，宇宙的存在与人的存在也不可以分开，两者之间有一种类比推理、体验一如的密切关系。不能单向地界定，而必须双向地界定。

基于我的生命自觉，也是对自我存在的自觉。我的早期生命体验，让我对学习产生积极的精神，对很多生活的处境，都能够乐观地对待。我除了有强烈的人的本性概念，也渐渐地理解到中国哲学中所谓的德的概念。父母亲很强调"祖上之德"这个概念，祖德的概念包含对他人的宽容和仁慈，然后才能获得好报以及行德的好的结果。父亲常警诫我们一定要学会为他人着想，而且警诫我们对人态度上不可过分。即使回应他人对自己的不好，也不可过分，宁可自己多吃亏。这样会自然得到祖德的保佑。其实父亲母亲所强调的就是儒家的基本道理：一个是仁爱，一个是中庸。这些观念在我读到四书之前，已经在生活中发挥了实践的影响。从我父母对我早期的生活教育来看，中国儒学传统在上一代是被当作生活来接受的。而我这一代，可以说仍然是传统的受益者。但到我的下一代，生活环境不变，传统人生的价值观受时代的影响，逐渐必须用教育来补充，因为上一代的价值信仰对下一代已经不发挥作用了。从我小时候到现在，也不过 70 年左右。传统的道德信仰也无法从书本中传递，新的一代寻求新的生活方式。面对翻天覆地的社会变迁，心中空虚，不得不逐渐走向以西方的宗教为精神的寄托。但在我成长过程中，西方的宗教并没有进入我的生活圈，因为我的家庭自身就具备一份从传统而来的理想价值与道德信念。这也可以说是我成长中最大的幸运了。

从父母的存在导向祖先的认知，是既超越历史又在历史之中的，是文明和历史的结合体。回想起来，人能体现生命的根源及其价值，最能影响人的心态，可说是对存在的原始根源的一种认识。这种认识赋予生命一种发展和价值的含义，要积极向上，努力行善。这也可以说是一种易学潜在的影响，因为易学是指导人自强不息，厚德载物的。如果不指出来，就无法理解易学潜移默化的力量。易学作为形上学，内在的生命体验显然在这个时代还有它发挥的影响人心的力量。显然，易学并非纯粹的物质主义，也不是纯粹的精神主义，而是潜藏在中国文化中的积蓄的德性教化力量。如何用现代的哲学语言表达出来，表现为一套精致的理气一体的生命创造的形上学。它既不是纯粹的物质主义，也不是纯粹的精神主义。它不是一种要把物质消除的唯心论，也不是要把精神划除的唯物论。可以说它是一种德性形上学，同时也是一种知识论，更是一种德性伦理学与价值理解论。所以后来我说易学是中国哲学的源头活水，事实上也是中国生活方式的一种理想体现。我后来也把它看成一套理解本体的诠释学和彰显与诠释的本体论。它表现为一分为二、合二为一的方法思考，把天地、阴阳、动静、有无全面地统一而非消除差异，反而表现为动态的和谐。所以它具有一种内在的动不可测，静不可量的存在状态。这就是《易传》所说的"一阴一阳之谓道"的概念，道中有万物，万物中也有道。人与万物不可以离开道，如果离开了，人就不成其为人，万物也不成其为万物，而道也不成其为道。

这种天地人万物统一的宇宙观与本体观，我很早就深深地体会了，对我哲学思考的发展，形成一种无形影响的力量，不但和中国哲学联系起来，也能和西方哲学联系起来。所谓："道也者，不可须臾离也；可离，非道也。"（《中庸》）我对道的这种理解，也就奠定了我以后发展本体诠释学的基础。

这里也凸显出我对父母自然孝敬之心。父母并未溺爱我，只是呵护我，要我努力向上。当我犯错的时候，他们仍然责备我，甚至惩罚我。小时候真正的惩罚，只是母亲手中的一根小竹条而已。实际上，母亲用此竹条也只是表示她的生气，从未真正打我任何一下。我看到竹条，就立刻悔过。我的心中常常思念我的父母亲，觉得自己并没有特别地孝敬，只是在求学过程中获得好的成绩，获得父母的褒扬，觉得也许这就是对父母的一种报答了。长大成人之后，父母亲也从来没有要求我特意为他们做什么事，反而常常担忧我的身体健康。孔子说"父母在，不远游"（《论语·里仁》），又说"父母唯其疾之忧"（《论语·为政》），我想我离开家独立生活，也常常远行，反而带给他们一些不必要的忧虑。对父母的身体健康我是关心的，但事实上更多的时间是他们关心我。而幸运的是，在我父亲过世之后，我有一段很长时间奉养母亲的机会。

总言之，中国文化很重视家庭，很重视父母，而父母也非常重视儿女的品德与学习精神，并非强调一种实质的利害关系。当然养儿防老仍然是一种社会公德，但并非一种功利态度。这都是来自易经的宇宙论与儒家的人性哲学，后面谈中国哲学问题我还会提到。所以这一点透过所谓从易学到儒学的发展来肯定人存在的根源，人存在的根源具有天地的含义。人之自觉人的存在与价值就在理解此一含义。相对宇宙与父母来说，我的存在自觉乃在认识到天地如父母一样，有内在的教化作用，使我自觉到存在的根源含义，表达为对父母的孝敬之心。论语中说："君子务本，本立而道生。孝弟也者，其为仁之本与！"（《学而》）我的存在自觉和生命体验，就可说具有这样一种反思，后来读到《论语》，也就感到非常亲切。我读《易经》想到张载写的"以天地宇宙为父母"（《西铭》），感受到他对天地父母感受的亲切，反映了他的生命经验，应该是中国人一致的认同。在他的文章中，也自然体现一个理想的父母形象，一种大爱无私的奉献，自然也让我感到亲切，理解深入。我常想，西方基督教的上帝有大公的爱心，情感上也可说为天人合一的状态。用上帝理解人，用人理解上帝，天人合一就是神人合一。但我知道在本体论上，是不为基督教所接受的。老子《道德经·第二章》说："生而不有，为而不恃，长而不宰，功成而不居。"生命的产生和持续是宇宙发展的存在方式的显现，使得生命有一种自然而自由的创造力的发展，这就是人能够发展到今天的根本理由和动力所在。

中国人的祖先具有超越物质的精神性，同时又有着提升物质和改善宇宙物质状态的生命力。另外一方面，这也体现物质存在的重要性，因为物质不仅是一个媒体，也是实践能量的载体，是存在的一个标志。所以存在离不开物质"精气为用，游魂为变"的那种存在方式，既是气，又是魂，更是理。魂代表是不可测的状态，气代表生命稳定发展的内涵，理代表生命稳定发展的形式。在这个意义上，我得到的一个结论就是，人的存在最后必须具有一种自我的意识和觉知。从我自己的生命体验来说，人的最初存在处于与父母，也可以说与天地共存的生活环境中，人的存在于是逐渐产生了一种内在的形式。到了学习的年龄，才突然产生出一种惊奇感，一种自我的震动。在我与自然的交往中，一个突然的事件，比如不小心吞了一个蝌蚪，就担心肚子里会长出青蛙，或有意吃了一个桑葚，就担心头顶会长出一棵桑树，如此，我产生我和世界之间的差别感，对自我的意识。换言之，必须假设先有自我，然后才能够肯定自觉，而后发展成为知识，因为知觉总是"我的知觉"。我开始知觉到父母的教导，感受到父母的教训，这表明我有一个内在的自我和一种对外面世界生命进行关怀的主体意识。这种自觉是内在于我的，需要一个启发的过程和一个激发的动力。我作为主体与外界的交往及接受父母的规范，是构成自我存在自觉的基本条件。所以我想，这个自我应该是非常重要的一个存在标志，它来自一个过程，这个过程里包含了一些外在性的因素，也包含了限制性的因素，同时也包含了一个启发的开始和激发生命不断走向再发展的能量，逐渐具有一种显示存在目标性的社会和国家意识。

如我在前面提到的，我在上小学的时候，就能很明显地感受到日本侵略中国，而对日本侵略者有一种痛恨。我也目睹知识青年从军的热潮，就相应于国家的存在，有一种更为深刻的印象和理解了。进入小学开始学习，我的自我意识体现为一种学习的能力，以及自我决定和行动的能力。这个意义上的自我，是一种多方位的存在。它不能离开我基本的生活——在天地之中，在家庭之中，在学校之中。当然我很幸运，父母亲都是知识分子，能够较好地启发我的生命意识，从这之中再产生出一个自我的历史意识与文化的价值意识，具有较多的丰富性。父亲本身便具有一种历史的象征含义，因为他代表了一种文明的传承与智慧的继承，而母亲也具有仁爱与谦让的美德，他们合起来代表一个爱和正义的整体的价值。我处于父母之间，自然就获得一种仁爱和正义的感受，也会关切小动物，这是一种自然的仁爱。个人也能正直谦让，不接受欺负，但也不欺负他人。这就是我说的人性之善的自然表达。这种人性之善是一种内在的能量，是自我独立存在的基本现实，自觉为人性为善的命题意识。

我在这里所说的存在是一个可持续性的存在，也是一个发展性的存在。存在可以持续发展，是一种善的实现。我们要维护我们的善，就必须要持续地发展和充实我们的存在。善是本根，存在是体用。两者如同阴阳，必须密切配合，相互支持，用在人和其他生命体的关系中。人的存在必须同时能够促进他者的存在和持续发展。这样的理解，说明人可以和他者形成一个整体和谐的关系。但如果欠缺一个彼此的互动，而又基于后天因素的矛盾，形成敌对的关系，把原本人的内在的善转化为外在的恶，也就构成生命的危机，对个人和群体来说都是不幸的。我作为中国人，受到日本侵略者的伤害，自然产生一种敌对的态度，这也是自然的现象。只有当侵略者做出真诚的悔改和应有的补偿，才有可能恢复原始的平衡。

令我吃惊的是，日本人对侵略中国、残害中国人没有做出应有的抱歉和补偿，造成人性的危机，这是令人遗憾的。但这也显示历史中有一种动力，在适当的关头让破坏平衡的恶消除与消灭。我所要表达的意思就是这样一种存在为善的形式，本身便具有一种价值内涵。基于反思，是我们可以理解的，至少是我个人在早期生活经验的思考中理解的。用《系辞》来说就是"继之者善也，成之者性也"。"继之者善也"，继承的是什么？继承的就是天地存在的运动。继承天地的存在、持续存在是一种善。"成之者性也"，就是这个存在是要继续发展的，它是存在的本性。"本性"要求继续发展且具备发展的能力，这个本性就是本体自我自觉的基础。自觉带来理性与价值判断，也带来德性与善。它们都是自我存在自觉的一种方式。

自我的存在能够持续发展人的"性"，也就是孟子说的"人性本善"，这个性实际上就是德，德是符合所有存在表现的一种规范，一种价值。它本身就弥漫在所有的存在之中，作为生命持续发展的潜能，所以它叫作德，这个德又是和道相应的。所以从另外一个角度看，因为有道才有德，因为有整体的德才有个体的道。这个道当然也是原始存在产生、实现的方式，因为原始存在是"一阴一阳之谓道"。至于"一阴一阳"的再发展，这个过程全是道，它是在持续地把道的存在方式延伸出去，可以涵盖整个宇宙，呈现为万物的整体。人的存在因此可以说具有这样一种内在的德性和一种与外在存在之间的谐和，也就是道。

我在上小学时对待读书学习很用功。从教育的角度来看，自我必须规划自己。二年级的时候，老师教我们写大字。老师用红笔勾，我就回去用毛笔描了一遍，老师很生气，就打了我的手心。我当时用毛笔填是为了描红学习他的笔法，但从老师的角度来看却是不尊重的表现，所以这是小孩的学习中需要注意的，我到后来就更好地领会到，做学生的不能够干那些冒犯师长的活动。这方面就有哪些是明显为善的目标，哪些是可以被解释为另一种态度的行为，即使主观认为是为善，但他人并不能够看到善的实质。这种区分是需要学习的。我们必须透过学习具体的行为来学习善。学习是我们认知的基础，自我的认知产生行为的动机。学习就是从习惯上符合传统的规矩，并遵守这个规矩。认知乃是对概念的领会和使用：基本的概念是什么？概念的对象又是什么？然后才学习到整体与价值及其实际的应用为何，重要的是把人的知识态度与判断价值的可能不同的出发点联系起来，把认知人与相对的事物的评价联系起来，这样才能做出更好的学习。

比如说"白马是马"，"白马非马"，这两种认识不一样。一般的说法是白马是马，因为马的概念更加宽广，具有一般性，而白马是马的一个次类。公孙龙的"白马非马"的论点，是具体事物的构成和整体事物不一样，所以白马就是白颜色加上马，和单纯马的概念之间是不对等的。所以说"白马非马"这个命题蕴含着一种多元的存在逻辑。从学习认知到判断推理，人发挥了诠释与评价的作用，也预设了一个自我的概念，而自我也包含各种认识与推理的功能，在适当的时机地点和处境中做出正确的判断。这才是对整体的认知与理解的意义，以及对概念适用的掌握，是人的正确行为所必须具有的。

进一步，我们问：什么成就了人的自我？对此，我曾用英文写过一篇关于自我存在的分析论文，叫作《自我修持与自我存在意识》。主要谈到的问题是如何从中国表象文字来理解自我。我注意到"自我"是由两个字组成的，"自"是一个根源，来自自觉的根源意识，可以追溯到有无天地父母的存在根源。而"己"则和"已"相通，"己"就是"已"，是已经积聚经验的存在者。因为这个存在者作为根源，可以就自身发动一些来自存在的功能，形成"自"与"已"的组合，这就是自己，自己作为一种来自存在的状态。这一存在的方式可以分为内外有分和内外有合的两个层次。

什么叫内外有分？就是说己和非己是两回事。英文里说自我（self）和非我（non-self），就区分得很明显。非己是外，而己是内，这是存在的基本方式。我们如果追溯到科学上细胞的存在，就知道细胞都有一个细胞核、有一个环状的细胞膜，细胞膜不和外面的物体联系在一起，所以是内外有分的。外就是自然，内就是自己。另一方面，不仅仅是内外有分，也有内外的统合。内外统合的程度决定了生命的德性。这是对自身存在的要求，自我不但只在最低限度上存在。我在这里用四个方式来说明自我存在的机制："内外有分""内外统合""知行合一""天人合一"。天地代表一种维护存在的环境，一个支持存在的活力，这里我分别用父、母这两个字来表达，所以人的存在是在天地合一的存在之中，而人的内外合一则构成人的生命活动的基础。这里我说的内外合一是一个动态的概念，是人的身体与自然的适应和交往。作为外在的自然，有其结构上的层次，而人的身体也有各种不同的机能，而必须在自然中吸取动能与营养，必须更新生命力。因此内外相通，是内外合一的具体状态。这样一个内外合一状态，是建立在内外有分的基础上。

自我具有一种认知外物的作用，来思考客观的世界，认知内外的差别，同时又能进一步统一内外的功能，在整体的行动上实现掌握这样一个出于"知"与"行"的要求。从形上学的角度讲，中国哲学里的"知"有一种管控作用，这就是主体的意识，出于意志的主导作用。意志也代表一种意识，可以主导一个整体存在发展的方向，是主导与实现生命持续存在的力量，使得生命持续发展下去。这个力量最后自觉成为对外面的知识，却不必丧失其原初的意向性，最后演化至知行合一的阶段。所以说，人的自我是一个逐渐发展的自我，自我不是向来就有的，而是一种潜在的存在的能力逐渐形成，不处在一个具体的环境的活动中，是无法持续存在下去的，因此理解生命就必须要理解生命存在的外在环境，包括大小环境。

接下来我要讲的是下一个阶段。"知行合一"之后产生出更深刻的自我意识，凝聚的"己"的内涵也更多。因为可以和更广阔的时空与宇宙环境互动，具有一种自然的创造性，然后才培养出成熟的自我。在中国对人的存在的理解语境之下，意识存在出现之时，自我就应运而生，但往往是不自觉的。意识表现为意志，转化为自我的存在，并可以以自我作为对象，也作为自觉的主体，成为"己"的存在，并掌握了一定的规律性。在心智成长过程中，这种自我意识是逐渐发展出来的。孔子首先使用了"心"这个概念，所谓"心不在焉"，心的存在是自我的存在，自我如果没有一种动力的话就丧失了存在的自觉。自我存在呈现的内涵是一个心灵的活动，心灵的活动是配合相应的身体活动来进行的，是在一个大的环境里实现的。所以在这种情况下，人的心灵发展具有一种发展的对应性，既是在人性的基础上完成的，也是在"道"的大环境下完成的。人能不能维持这样一种心的存在，使得心能够随时处在一种精一（惟精惟一）的状态，是一个对心灵发展的要求。"精"是一种持续的心灵之自觉状态，这个精就是一种态度，一种自觉我之为我的状态，也是认识价值中一项最基本的要求，包括事物之真、意象之美、人性之善等价值。

我从小学成长到中学阶段，并没有一种自觉的哲学形式的思考，但是我已经体验到了这样一种用心思考存在的方式。哲学在这个意义上是与生俱来的。每个人都可以成为哲学家，每个人都有生命的根源，能够与天地自然共情，与他人共感，但是有的人在此基础上能够进一步地学习，因而产生哲学意识，使得自我转化为哲学意义上的自觉。我一直认为中国人有哲学思考的能力，而且这种能力能发展到高度的自觉，并能够持续地进行下去。至于自觉的是什么？说到底就是自觉人的根性、根源；自觉到一个可以发展的潜能；自觉到这一发展过程中可以发展的目标，和它所带来的理想的投射。类似这样的存在认识，就把对自己的认识转化为对本体的认识。对本体的认识就是哲学认识的开始。从这个意义上说，人不只是一个单纯的自我，中文中的"我"只是一个对现实存在的称呼，有时也称作"吾""余"，在不同的位格上，不同的字能更恰当地表意。

"自我存在"在中国传统的宇宙论中自然发展体现出来的。其最重要的含义体现在早期对本体产生自觉的自我中。我们感受来自父亲母亲的关爱，在父母和宇宙环境的支持之下，产生一种自我意识、根源意识、发展意识与内在的组织意识。这就是对本体的自觉。我界定的本体就是这样一种根源的动力，产生一种发展自我存在的进程，达到一种具有结构性存在的存在者的具体状态。这也就是我所说的内外合一的存在本体自我，包含了性德（天性）、心知（心灵）、意志（志向）这三项内涵。"道"的概念则是不同的个体心灵彼此沟通理解所协调出来的一个动态变化的存在整体。个别的存在具有道和德个体性的内涵，是有层次的，比如说物质和精神就属于两个不同的存在层次。植物发展某种生长的能力，这种生长的能力即物质的灵魂；动物则具有一种追求欲望的本能，因此以本能为其灵魂。一个人能够发展成为一个认知万物、控制自身活动的存在者，也就有了一个理性的灵魂或本体自我。从中国哲学的语境来看，人之性可以具有同情与正义的本能，可以称之为善。这种善的动力，可以产生德的功能，也就是持续地发挥善的力量。从个别功能的实现，再到知觉和意志的认知，是逐渐发展出一种高级的理解认知能力，这就是一种智慧，中国哲学用"智"来表达。孔子强调"仁智合一"，是人的存在和理性最高的统一，可以说代表一种至善或圣德的自觉。

这里，关于"智"和"知"的区别需要强调。智是知识逐渐积累整合出来的，能够指导行动。纯粹的"知"如果没有变成"智"

是无法指导行为的。休谟就说，知识无法指导行为，指导行为的只能是情感。而"智"则是和生命活力联系在一起的，具有意向性。意向代表一种行为判断的能力。"知"加上意向性和判断能力就形成"智"，成为行为的基础，知是智的应用，用来指导行为。不管我的知识和智慧究竟怎么样，我都有一种理想的追求，有一个意志，意志是基于已有的知识产生的信念，自己创造出来的理念对象，以实现自己的理想，所以心智导向一种纯粹的意志。在人的性德结构中，我也肯定人的情欲，情欲是随身体而来的。所以整个自我是有层次性的：身体、情欲、性德、心智（理性）、意志。心智和意志合起来叫作精神，可以持续发展；情欲和身体都属物质的方面；性德则是整合物质身体与心志的一个媒体，是一座桥梁，具有导引方向的作用。

我上面说的自我意识，凸显了建立在乾坤天地变易的基础上的宇宙意识、本体意识。本体的含义强调根源，强调发挥与发展及成形成体。所以人的存在是一个本体具体化的存在。这样一个本体的存在，也就自然具有群体性，导向家庭、社会与国家群体的不同层级的存在方式，也包含了对自我与他人他物及宇宙可以建立知识与交往关系的潜能。自我的认识和对宇宙的认识是联系在一起的，没有自我就无法认识到宇宙。认识宇宙也不能脱离人对家庭、社会与国家的认识，这是通过生命的体验来理解的。宇宙有一种力量，也体现在人身上，其中父亲的一面叫作乾，而母亲的一面叫作坤，合在一起就是乾坤。对于人之存在的根源与结构的理解就涉及天地乾坤，如果不作宇宙的理解，人们往往会落实在一个超越的上帝的信仰，或落实在科学物质主义的信仰。

自我意识凸显了宇宙意识，自我的本性能够扩大成为宇宙的本体，这就是所谓"天人合一"的基本意义。因而，自我能够在宇宙的各种层次掌握生命的美感、真实与和谐。在这个基础上，人的存在从根源上是开放发展的生命存在，是具有天地之根性的存在。人的存在同时又具有一种高度自觉，从管理哲学的角度看，能够自觉为一个自我管理者、自我主导者。从自然转向自由，从而对于整体的天人和谐关系进行积极的肯定，这是否是存在的最高境界呢？从政治意识来说，人可以建立一种"天下为公"的理想，就已经用一种天人合一的信仰作基础。但是"天下为公"理想的实现，需要本体的自我不断地修持自己，不断地完善自我，充实社会环境的各种努力条件，包括道德、伦理、教育等条件。

有人问，为什么这样的存在方式比对上帝的信仰好，或比单纯地相信科学的物质主义好？回答是，我们必须注重现实性与真实性的关系，既不能在现实性的经验中忘记真实性，也不能在真实性的理想思考中忘记现实性，我们必须从经验和理性的反思来理解人的存在处境。我之所以有这样的理解，是因为我在小学阶段就已经受到儒学的影响，意识到必须充实自我本体，才能达到价值理想。在我成长的过程中，首先认识到儒学的积极创造力，然后认识到易学中所呈现的宇宙创造力。我的小学和中学教育是儒学的，但到了大学，走进易学的宇宙论和本体论，把它和儒学的道德与伦理结合在一起，形成了我基本的自我存在的架构。

这样一个过程，当然需要具体说明。因为它已经涉及我从战火中的乡里过渡到一个全然不同的环境，即迁移到中国的海岛台湾。我逐渐认识到儒学的根源是易学，同时更体会到易学是道学的基础。这样我就对中华文化的源头活水有一个深刻的理解。现在回想起来，这样的一种认识，经过我对西方哲学的探讨，更加深刻与坚定。但这个认识的开始，则是在台湾读书的成长经验。在我人生的发展过程中，我想着重说明我在海岛台湾的成长过程，理解过程比理解结果更加重要，因为前者对后者具有启发作用。更重要的是，在后来的发展过程中我逐渐了解到，中国的文明与文化不但具有人类文明与文化存在的独特性，在和西方文明的比较中，更具有一种特性，这种特性是在具体经验中隐藏抽象的普遍真理。一般读者不能看到这样一个隐藏的普遍真理。但当一个人用哲学的眼光来看，他就能够感受到或经过分析发现这样一种抽象普遍真理的存在。所以，要读懂中国哲学，必须经常反思，养成贯通具体与抽象以及特殊与普遍的思维方式和思维习惯。这样才能维护中华文明和文化发展的动力。当然，这并不是说中华民族的哲学才是唯一重要的哲学。事实上，人类的重大哲学传统都有这样的意识，也只有具有这样重大的品质，才能成为世界哲学的一部分。我后来所提出的"世界哲学"概念，包含了中国哲学，却并不排除其他文明与文化中哲学的存在。

中国文明与文化具有调节不同文明存在冲突矛盾的能力，使人类的文明走向一体多元的和谐沟通状态。假设一个民族强调上帝的存在，另一个民族强调科学而反对宗教的存在，这两者构成一种冲突，则中华文化能够将两者整体化，而又多元化，形成一个和而不同的共同体。我在中华文化的体验中，看到世界文明与文化中的哲学走向整体又多元的可能性，既相互依持又共同享有。这可能是人类存在的最美好的状态，是人类继续存在的价值基础。因此，中国文明与文化以及其哲学必须得到普遍的肯定。为了使人类的文明与文化发展到完美的境地，哲学家必须做出深刻的努力和极力维护的工作。同时我们也要注意到一个文明传统的哲学基于何种因素而被遗忘或扬弃，这是我在生命发展过程中十分重视的问题。我在此对自己哲学成长的过程的描述，事实上就是一个自我实现和自我哲学教育的哲学思考历程，也是一个逐渐认识世界真理，把中国哲学转化成为世界哲学的一个过程，更是为中华文明与文化及其哲学进行定性、定位的认知过程。

第

四

部

分

异邦（下）——我的海外教书时代

（1963 年至今）

一、哈佛岁月：追求学术理想

　　我进入哈佛哲学系后就感受到西方哲学研究的浓厚气息，当时哈佛哲学系正处在一个最强势的哲学高潮。读美国哲学史就知道，哈佛哲学系一直就是美国哲学的摇篮与研究基地。早期最知名的哲学家是爱默生（Ralph Waldo Emerson，1803—1882），他学过神学，主张上帝为真实的本体，不赞成三位一体。他受到法国自然神学家蒙田（Michel de Montaigne，1533—1592）的影响，更趋向一个理性化的自然神学，有后期斯多葛学派的风格，不相信个体的灵魂，而相信自然的理性。他的哲学也被看成和中国孔子的想法相近。在他的那个启蒙时代，可能他也读过儒家的经典，像欧洲康德和英国的诗人一样。美国哲学是以当时的欧洲哲学作为基础，逐渐走向一个十分重视经验的实用主义。这个新的发展是由爱默生之后的查尔斯·皮尔士（Charles Peirce，1839—1914）促进的。皮尔士有工程与数学的基础，更有哲学的头脑。对科学理论作为真理的求证，他提出了实用主义的原理。他说一个概念必须有一个实际经验的效果，是可以测量出来的。但他的客观主义却受到同时代的心理学家威廉·詹姆斯（William James，1842—1910）的修改，以主观经验包括心理经验作为实证的基础，由此改变了实用主义的基本性质，甚至也成为宗教经验确立的一个原理。他甚至以为有用即有意义，想把实证主义推向庸俗的美国商业主义。詹姆斯之后有杜威（John Dewey，1859—1952）提出新的实用主义的理解，称之为"工具主义"，比较接近皮尔士的原始的科学的实用主义，用在教育和社会科学上，推广成为社会的伦理学，和英国的功利主义十分接近，成为美国文化的精神代表。杜威是哥伦比亚大学的著名教授，胡适留学以他为师。胡适回国后参加五四运动，邀请杜威访问中国。杜威访问中国的时间是1919年至1921年，英国哲学家罗素（Bertrand Russell，1872—1970）也在1920年应邀访问中国。这两位英美哲学家各自发挥其影响力，影响的对象当然也不一样。可惜当时中国邀请的德国哲学家奥伊肯（Rudolf Eucken，1846—1926）及法国哲学家柏格森（Henri Bergson，1859—1941）都无法前来，没有产生相应的影响。反而有印度的诗人泰戈尔（Tagore，1861—1941）应邀前来，对当时的文学界产生一些影响。中国邀请这些学者来华，主要是看重他们的哲学观点，可以从中选取学习。但最后的效果并不符合初衷，因为中国文化发展的走向还必须由自身来决定。梁漱溟于1921年写了《东西方文化及其哲学》一书，似乎反映了当时中国哲学思想家们的一些想法，主张从西方哲学走向中国哲学，然后走向佛学以为归属。从那时到现在，已经一个世纪，中国哲学的发展方向却仍未定型，对西方的理解也才开始，对中国哲学的建立更是方兴未艾。

上面我简述了哈佛大学的背景，涉及中国的五四时期。就哈佛的哲学教育发展而言，皮尔士和詹姆斯可说是那个时代的重要人物，两人的影响至今仍然可以感受到。但真正影响美国后来有关逻辑与科学哲学的发展，其奠基人是皮尔士。皮尔士之后，哈佛哲学系出现了很多大家，主要在逻辑知识论和语言哲学等方面。这一个特殊的发展，却是和20世纪欧洲大陆的逻辑实证主义密切相关。逻辑实证主义在20世纪初期甚嚣尘上，在欧洲和英国都形成一股对西方传统哲学的批判浪潮，代表科学知识进步的强势影响力。而从二战开始，由于德国纳粹迫害犹太人，在德国从事科学与哲学的学者纷纷逃向新大陆，由此引起新的学科，如现代逻辑、科学哲学、语言哲学等在美国大学的发展。这些重视方法论，提出意义标准为何的问题，最后只承认先天的逻辑真理和后天的科学真理，对价值与伦理思想不但不加重视，反而称之为无意义的思想，认为它们不具有认知意义，不能成为哲学的主题。如此一来，伦理学、美学和形上学等具有价值内涵的学科，都被摒弃在学术殿堂之外。这是非常极端的批判态。最后经过一段时期的讨论，发现这个态度本身是自相矛盾的，也是无法成立的。这个批判影响了整个哲学发展的方向，哲学走向逻辑分析、语言分析和概念分析，但同时也与生活脱钩。这样一种哲学态度，正是我进入哈佛大学读博士的时代背景。

值得注意的是，当时哈佛哲学系并未放弃西方传统哲学的学术研究。却增加了新的重视方法论的哲学批判和逻辑分析，还进行了一个积极的哲学创造，来解决传统的哲学面临新的知识建构的标准的问题。这正是 60 年代逻辑哲学家蒯因教授的重要工作。我进入哲学系也是因为想深入理解这个新的发展，让我能够透视西方哲学思想的动力何在和方向何在。与蒯因同时，还有几位重要的哲学家，都很知名，也颇有影响力。一位是唐纳德·威廉斯（Donald Williams，1899—1983），他是一位知名的新实在论者，从经验分析与归纳逻辑的观点建立了新的形上学和新的归纳逻辑。另一位是罗德里克·弗思（Roderick Firth，1917—1987），他是知名的知识论者，遵循笛卡尔的理性主义方法论，建立一个现象主义的知识体系。第三位是当时知名的伦理学家，名为亨利·艾肯（Henry Aiken，1912—1982），他也是美国哲学实用主义课程的主持人，并讲授美学。系中还有其他教授，其中有一位研究海德格尔的教授，名为约翰·怀尔德（John Wild，1902—1972），由于其研究对象与当时的潮流相反，受到重大的学术压力，最后离开哈佛到耶鲁大学任教。另一位从事德国理想主义研究的教授，名为保罗·蒂利克（Paul Tillich，1886—1965），是著名的神学哲学家。他的课程受到欢迎，除哲学系的学生外，还有其他的学生会选他的课。还有一位专职希腊哲学的哲学家叫作拉斐尔·迪莫斯（Raphael Demos，1892—1968），也很知名，为学生所欢迎。因为当时的哲学研究方法也用在古典哲学研究上。还有一些年轻的教授，有专研维特根斯坦的年轻教授奥尔布里顿（Rogers Albritton，1923—2002），也有逻辑哲学的教授德雷本（Burton Dreben，1927—1999）。此处我想最后提一下后来知名的科学哲学家，也是教育学家，名为伊斯雷尔·谢弗勒（Israel Scheffler，1923—2014）。他写了两本很重要的科学哲学的书，由于我选过他的课，对他也有些理解。我在哈佛哲学系近五年，后期还有两位重要的哲学家要提一提，那就是伦理政治哲学家约翰·罗尔斯（John Rawls，1921—2002）和逻辑与科学哲学家希拉里·帕特南（Hilary Putnam，1926—2016），帕特南最后是在我第五年快毕业时来到哲学系的，但我也有机会听过他的课。哲学系还经常有访问教授，其中最著名的是英国牛津大学的欧文（Gwillym Ellis Lane Owen，1922—1982），他访问哈佛大学哲学系，讲授亚里士多德的物理学，也是我最后选的课程之一。

我进入哲学系第一学期是1959年秋季，我选了四门课，第二学期是春季，我又另选了四门课，一年共选了八门课。第一门课就是蒯因教授的演绎逻辑学，其次就是威廉斯教授的归纳理论，再就是亨利·艾肯的实用主义，第四门课在我印象中就不是很深刻了。以后连续两年，每学期都选四门课，前面说的几个教授的课程我都选修过，蒯因教授的课程选得最多，其中包含他的语言哲学、逻辑哲学与公理组合系统理论，主要讲述他的集合论和逻辑学关系。我也选了几门威廉斯教授的课程，包含他的形上学与康德哲学。我选了艾肯教授的美学与休谟哲学，他的学生众多，几乎每门课都到一百人。基于我选他的课成绩优异，他聘我为助教，帮他阅卷打分。我又选了谢弗勒教授的科学哲学，以及德雷本教授的数理逻辑讨论课。当然我也选了其他讨论课程，学分超过所需要的学分，还旁听过不少其他课程。当时的感觉我是大力地吸收西方的哲学思想，不断地学习，不断地摸索，很明显地感觉到一种深度的和广度的发展。

第一学期我选了蒯因的逻辑方法论一课，他写的书就叫作《逻辑方法》（*Methods of Logic*），涵盖传统形式逻辑和现代逻辑体系，并涉及逻辑分析与某些语言上的难题。这个课程我在华盛顿大学就已经有了较深刻的训练，对我有兴趣的知识论和形上学具有重大的方法上的意义。事实上，这就是近代数理逻辑，在蒯因的表述中呈现为真理函数论，第一阶谓词逻辑，一般量词逻辑与集合论的逻辑，然后用在分析特殊命题、同一性、描述论以及如何消除特有名词和命题函数中的变数，之后解说类与集合以及数的概念，最后提出一个"公理论的集合论"。蒯因的描述和解释都很清晰，他提出的命题量词推理结论，也是较容易自然进行的。这门课每周都有习题要做，是很好的逻辑分析与概念分析的训练。这门课也是后来蒯因开设的其他课程的基础，包括数理逻辑论、语言发展论以及语言哲学与逻辑哲学。每一课都有他自己写的书作为教材，他的讲述虽然单调，但他的写作却是清晰有力，铿锵有声。读他的书，就感觉到一种纯理性思考的力量，充分地发挥了20世纪分析哲学的基本精神。从我个人看，他的哲学贡献不亚于罗素和怀特海，甚至要超过之。我深受蒯因逻辑方面的影响，对分析哲学的重要性十分肯定，对分析的方法也重视逻辑的整体与个别分析，而且一直将其作为语言哲学和知识哲学发展的基础与工具。蒯因在逻辑方面的成就不在话下，他对语言哲学与科学哲学也可说都有灼见。可惜的是，他对哲学的其他部分，尤其是涉及价值哲学的其他部分，如伦理学和美学等，并没有进行更多的论述或根本没有论述。此点使他有别于罗素广泛的兴趣活动，也有别于他的上一代刘易斯（Clarence Irving Lewis，1883—1964）教授兼及逻辑研究与知识论研究以及伦理学研究。当然他也不同于弗思的哲学，他显然很尊重弗思，在知识论中他强调了知识的有机性的体系及知识发展的逻辑线索，形成了他具有特色的"自然化知识论"与"信念之网"的内在关系论。当然，他的语言哲学也具有说明西方语言如何发生，以及语言所包含的逻辑规则如何建立的思想。他是第一流的语言哲学家，他于1960年出版的《语词和对象》（*Word and Object*）一书十分流行，影响深远。该书从语言命题与命题函数来说明语言意义的实际形成和引申的规律，是当前西方哲学中诠释问题的最好示范。

蒯因除了帮助我解决关于知识形而上学的问题，还有一点吸引我的就是他的语言哲学课程。他用刚出版的《语词和对象》一书作为教材，很详尽地说明了语言之成为语言。但这不是语言学，而是语言的哲学，也就是分析地和逻辑地理解何以自然语言，如英文具有其文法的结构和意义的结构。意义何来？意义单元为何？意义和真理有什么关联？事实上，这就涉及形上学的问题。他的语言哲学有两大特点：一是以"语句"为意义的单元；二是废除对"命题"的指涉。所谓传统的命题，是指一个抽象的存在，与意义的发生没有关联。从这个出发点，他主张的是语言经验主义，而不是概念主义，更不是柏拉图的实在主义。他说的意义必须从实际的用法及语言符号的能指与所指来进行讨论。在这个前提下，由于没有先验的概念和抽象的存在，传统的两个重大假设也为他取消，他称之为传统哲学的两大独断观点。一个独断论是分析命题与综合命题的分别。他否定分析命题的存在，因为命题作为语句，其意义是不确定的，是为人的用法所决定的，并非先验的概念所决定。如说"单身者为未婚者"，并非先验的真，事实上，可以是经验上的假。另一个独断论是一个知识的命题，所指向的物之存在，罗素以我们可能的感觉可能性来说明，即感觉经验的"感觉资料"所形成。这是针对现象主义所形成的知识论的认识。我在华盛顿大学时早已否定了这样一个独断立场，这也就是为什么我与弗思教授有所争辩的地方。因为弗思教授接受现象主义，而非实在论者。我的思想反而与蒯因一致，对他的语言哲学因此我也充分地吸收。最主要的是，他能够把语言的结构与形式纳入到逻辑符号体系之中，显示一个语言所包含的深度结构，更容易明白其所指与所关联的其他语句所代表的意义。所谓意义，就是述辞，依附在一个名词或一个名称之下的性质表象。而这些表象作为意义的表征，是随着我们经验来决定的，而不代表客观物体的本质问题。所谓客观的存在，就是一个表象名词之所指或所依。由于其所指与所依往往模糊不清或难以分辨，而无需心理上做出分辨，因之一个词就有不固定的意义。在翻译或理解中，往往出现这样不固定的情况，形成"意义不定"的语句或呈现模糊的概念。再者，一个名词也可以透过描写论被看成一个存在命题，也可能面临着意义不确定的状态。[①]

  蒯因这些论说，对我很有吸引力。事实上，他是从存有论和知识论来说明语言的意义结构。对我的"本体诠释学"很有帮助。他对我的"本体诠释学"产生的帮助主要在于两个方面，一个方面是语词所指的存在，可能是一个不定的东西，也就是一个未能决定或

---

  ① 后来蒯因一直强调意义的不确定性，但他却没有提出解决这个问题的方案。他强调的是一个多元的理解以及一个多元的翻译的可能，可参考他的最后两本书：一是《真理的追求》（*Pursuit of Truth*）（1990 年），一是《从刺激到科学》（*From Stimulus to Science*）（1992 年）。事实上，蒯因在他的《本体论的相对性》（"Ontological Relativity"，1968 年）一文中显示了一个决定意义的标准，就是相对不同语言的理解所产生的决定。我在一篇论文《奎因暗藏有心灵理论吗？—兼论翻译不确定性的意义》（《哲学分析》2014 年第 3 期）中明确地强调了这个标准及其重要性。

无法决定的 X。在把罗素的描述论一般化之后，我们对于存在的决定和描述会有多种层次。在描述之前，是无法知道 X 代表的是什么。只有在命名和描述之后，也就是给予一个性质的诠释之后，一个词才有确定的意义，而一个句子才有真理值可言。我从中国哲学的《易经》中总结出了一个变易存在原则，《易经》的创造性原则化成语言之后，为什么能够继续存在？是我们通过经验的探讨得出的，经验则可能来自一种知觉，或者一种理性的推论，这对我的"本体诠释学"而言是一个重要的成分。我的"本体诠释学"主要由三部分构成：一部分是蒯因的量变逻辑，一部分是伽达默尔的历史效果论与视野融合论，另一部分来自易经哲学中基本创发力的假设，也就是对"本之为本"的认定。我直接说"本体诠释学"，很多人不能完全理解，因为他们没有蒯因逻辑语言哲学的基础，也没有易学变化论的基础，就无法把蒯因的理论和伽达默尔的意义与"视野融合理论"结合起来。我的"本体诠释学"是现代逻辑分析与语言沟通与应用的成果。

另外一个跟哲学有关系的问题，就是我们所说的逻辑方法和本体，就是所谓存有论的问题。由于"本体论"（generative ontology）和"存有论"（ontology）之间有一种暧昧的距离。你可以说本体论概念是中国传统的概念，而"ontology"则只是希腊哲学意义下的存有论。这里我比较同意牟宗三的观点——存有论是相对的。什么叫相对性呢？相对性和存有论的相对论可能有一种类比的关系，而存有论和相对论是一种递进的关系。比如说我在太空里面，有一种相对运动，以一种比较随意的标准来说，"在动"是一种相对运动，"不动"的参照系是根据于我所离开的那个质点。因为事物总是在动，非常难以固定。蒯因谈到存有论的相对论，他的论述很重要，见之于他写的有关存在相对论的论文（"Ontological Relativity"），强调存在物特性的论述，是基于我们对存在物的一种认识。而此一认识，客观地说，必须由科学知识来决定，但主观的就必须由说者的语言系统来决定。我对蒯因的认识，写了三篇有关的逻辑论文，发表在一份逻辑季刊（*Notre Dame Journal of Logic*）上。我主要探讨的是，相对论的"相对"究竟是相对于什么来说的？

答案是"相对"乃相对于存在来说的。对此，我的理解是，如果谈到人的问题，基于对人的一些描述词，我会作一种有关人的理解和诠释的尝试。而对于一个动物，我并不会把它当作人的存在，只能就动物的属性来理解或描述。而动物中的不同种类，也只能从观察的实际来决定它的属性，如昆虫有昆虫的属性，而非其他动物的属性。同样，面对一个植物，只能就植物的特性来理解，而不能用动物的属性来描述。因此，我们必须假设一种先行的理解，或者一种现实的境遇。在这个先行的理解或现实的境遇中，来认识存在物的属性。因此人的属性就预设着一个存在的境遇，恰恰是境遇决定你的存在，这个境遇决定你对一个事物存在的基本认识。不同的自然语言，对自然的事物都有其基于境遇决定的属性描述方式。因此，一个族群的语言决定了一个自然物的存在形象和属性，也许大致相同，但仍然可以有不同的差异。就像在不同的地理环境中，同为人也有人的属性特征的差异。也许本质上是相同的，但在形象上却可以不同。至于蒯因的命题，其实际意义是在语言的翻译上。关于一只兔子的存在，用非洲人的话来讲，兔子有某些与特殊环境相关的属性，因而有不同的名称。一只兔子和它的环境结合在一起，可以名为兔子或名为"Gavagai"。但那些和环境不相干的兔子，是不是也叫兔子或叫什么物种名称，这是一个语言在经验的基础上可以决定的。因此，一个语言翻译另一个语言的兔子的名称时就会出现差异。

此处，我联想到公孙龙的《指物篇》。虽然物莫非指，但此指并不一定是彼指，彼指也不一定是此指，甚至指也不一定就是同一个指称的指。指就是属性。在公孙龙的观念中，指和物是可以分开来理解的。因此，我当时想到三个不同的世界，一个是指的世界，一个是物的世界，一个是物指的世界。所谓指，可以有人类心灵基于经验形成的概念，而物则是原始的物质的存在，可以看成最原始的质能。当指与物结合在一起，就变成具体的、现实的物。与现实物同时存在的，有两个世界，一个是存在的物，一个是潜在的心灵。这两者可能是一者，也可能是同属一个主体。心灵潜藏在物之中而为一种潜能，是构成物变化发展的一个机制。关于这一个物质世界发展生命以及心灵存在的过程，是我一直思考的一个主题。我肯定物质的潜在性，也认为物质与其性能以及与心灵的认识能力是统一存在的，构成一个原始的存在的三位一体。当然这个形上学的论题，当时并没有发挥，只是认识到蒯因的逻辑学可能有这样一个形上学的内涵，或可以说预设了这样一个形上学的架构。这样就使他的"自然化的认识论"与"量化的语言哲学"形成一个整体的系统，可以回答有关的存在论的问题。当然蒯因并没有提到这样一个想法，他仍然采取一种逻辑实证论的观点，并就语句的真理性作诠释。

另一个在方法上与蒯因很接近的哈佛教授就是威廉斯，我上过他形上学的课程和对归纳法的讨论。他用一种演绎的方式来证明归纳法之所以必须被接受，是因为理性的根据不在于经验而在于理性。这是一个很重要的认识。因为从休谟以来经验主义的最大的一个问题就是怎么证明归纳法的有效性。比如太阳是否照常升起，谁能保证太阳第二天一定会升起？谁能保证宇宙法则自然规律必然有效？这在想象中是有可能的。那么这种对归纳法的质疑如何解决呢？所以过去为了避免逻辑上的循环论证、无限倒退，必须找一个非归纳的基础。在亚里士多德那里，这就是一个大前提，在这个大前提下可以演绎地说明世界的存在具有理性的结构。在这个问题上，我们今天从知识的需要和认识的必要来说，还是会要求一种有效性的说明。

威廉斯的答案，即所谓"理性的自我保证"，不是说在原则上绝对无差错，它可能会有一定程度的偏差，而这个偏差是我们必须要去面对的，它是一种统计上的偏差。统计本身是一个数理结构的创建，是具有规律性的。从这点来说，它是涉及数学的模型，尤其涉及统计数学的模型以及形成这个模型的基本定律，还涉及逻辑必然性的应用问题。从一个知识模型的建立来看，理性地建立一个知识的模型，它怎么去应用到具体情况，以及怎样去描述一个具体事物，都一定会有错误的。我们无法看到一种规律和实际的完全契合，这是很难的，因为这要求所有的事物契合所有的条件。事实上，我们很容易了解到，事物之间总是密切关联着的，而条件就是关于整个宇宙的条件，事物的实际存在也是和整个宇宙关联在一起的。而数学模型的规律，也不能保证它一定涵盖了所有宇宙的条件，这是我们人类智力上的一个局限。所以必须允许一些偏差的存在，在统计学上它是可以明确地表达出来的。

威廉斯教授的思想启发了我，因为我的确相信我们人必须要经历理性上的发展，才能更好地了解这个世界，至于能不能达到滴水不漏的状态是很难说的。因为经验是可以无限发展的，今天不同于昨天，明天不同于昨天。时空是开放的，所以宇宙作为对象永远处于人的归纳之中。这符合我对于中国哲学中宇宙发生论的基本精神，即宇宙是不断创生的。它一方面必然需要一个理性的结构来掌握它，另一方面也不能够必然地决定它。所以我要构建这样的一个模型，作为一个有总体系统的逻辑建构的知识论，加上一个开放的有理性过程参与的归纳逻辑，我决定从这方面来发挥我的哲学。但是我要找到历史上是否有这样的研究，即有没有人做过这样的研究，以及做到什么程度。蒯因和威廉斯鼓励我说，你要是能找到历史论证会对你的研究产生很大帮助。在此鼓励下，最后我就选了这个论题。因为不能排除前人完全没有类似的想法，所以我后来决定去接触皮尔士的观点。作为一个逻辑学家，他也建立过一个体系，来说明宇宙的变化。在他那里存在也是一个开始点，存在的变化具有偶然的成分，跟我有些接近，虽然他使用的语言是不一样的，但是他是一个实例。

其次就是威廉斯教授提出的观点，在他1947年出版的《归纳基础论》（*Ground of Induction*）一书中有充分的表现。但他的理论没有提出严谨的推理原则，也就没有一个数学模型作为参考。我想我应该可以弥补他这个缺点，进行一个更充分的推理架构的认识，并提出知识的可信度问题。这个问题恰恰就是前一代哈佛哲学系教授刘易斯在其知识论中特别强调的一个概念。除可信度问题外，他也提到可靠性问题。可靠性是对可信度的评价，因此相当于一个计算结果的偏差度。有了这样的认识，我就很有信心地去发展我的归纳逻辑的模型与体系问题，最后作为我的博士论文的主题。我想得很清楚，就以皮尔士和威廉斯为起点发展一套归纳逻辑理论体系的建立。我这里所说的是理论，不只是逻辑，因为它是一个作为整体的知识结构的发展。当时我还选修过一门科学哲学的课程，这门课是谢弗勒教授开的。他的科学哲学中讨论主观和客观的部分，比较符合我心中的分野，所以我把他的观点也作为一个可供参考的对象。

我再提一下我选威廉斯课程所写的论文的问题。他在讲课中十分明确地提出时间的不真实性和时间的不存在性。我的学期论文是对时间作为"过程"的诠释。我注意到相对论中时空统一的存在，但问题是这一个统一的存在，究竟是把时间空间化，还是把空间时间化。这是我十分感兴趣的问题。我注意到相对论必须假设时间的速度是固定的，相对时间的运动，一个物体可以有相对的快慢，如果此一物体在时间运动中接近光速，光就成为一个固定的质点。但如果运动的速度不能达到光的速度，时间是否就是一个动态的存在物，像河流一样或光流一样，以一定的速度或不同的速度向一个方向进行。这应该是可以计算的。事实上，生命的成长与最后死亡都是生命对时间的计算。因之，时间是基本不同于空间的。只要空间不是光的质点，空间里就有不同的时间流动，因而相对不同的空间而有不同的存在。对于这个时间的特点，这些存在也就体现着时间带来的属性，如生老病死。时间的形象就是流动和过程，和空间仍然是不同的。如果我们超越空间，我们也就超越了时间。同样，如果我们超越了作为时间的光的运动速度，我们必然要进入到另一个空间，而并非我们现在的空间。这当然是可以想象的，却不是人类能够经历的。进而要论证两个形象：一个是时间从我们身体流过，让我们经历生老病死；另一方面，我们的生命可以看成时间之河上的船只逆流而上，面对时间的冲击而逐渐衰老，最后消失。这两者都体现出存在两种特性，是我们所能感受的，而非幻觉。

我对时间的看法可能接近中国哲学的基本理念，时间是一股生命的洪流，它冲进我们的身体，从我们身体上流过，我们也借助时间，在时间的过程中发挥我们的生命潜力，满足我们生命的需要，最后再为时间所吞没而流入时间，成为另一个生命的种子。相对论的研究讲"空间时间"，而中国的易学则讲"时间空间"，内容虽然一致，但对生命的意义却不完全一样。因为对两者的认识必须包含具体生命的感受，结论是中国人比较重视时间，而西方人则比较重视空间。无论如何，我的这篇哲学报告得到了威廉斯教授的赞许，但他也提出大量的问题，在我论文的两边用手写了不少的评语。我也为此和他在他的办公室里阐述了半个多小时，他的目标主要是理解我的想法，对我的想法的真假是非未做出太多的回应。我心想他基本上还是质疑我的观点的，但我的论述却具有一定的说服力和特色，他也就基本上接受了。他是一位很好的老师，非常认真地去理解学生，尤其有关学生论文的立场和优点。

在这里，我继续讲我选的艾肯教授的课程，他的课程是实用主义。他上课具有表演性，很有力道，选修这门课使我深入到美国哲学的现代的起点，让我对自然主义的创始人皮尔士有更深的认识。皮尔士认为一个概念要有实际的内涵，必须要与它实质产生的效果交融在一起，产生知觉与经验的效果。举例来说，桌子作为一个概念，与具有颜色、形状整体等属性的桌子实体是密而不分的。人们能够感觉到桌子作为物的效用，感受它的承载能力。皮尔士有两篇重要论文，一篇是《如何使我们的思想清晰》（"How To Make Our Ideas Clear"），另一篇是《信念的确定》（"The Fixation of Belief"）。这两篇文章可以说是美国哲学最古典的命题，后来实用主义的发展，离开了这个逻辑分析的起点，一直到蒯因才重新建立起来，为蒯因命名为"概念的实用主义"。根据皮尔士的观点，人们对一个概念能够取得同意，也就是在概念所包含的感觉效果取得同意。皮尔士因此说，所谓真理就是一群科学研究者在实用主义概念的定义下取得一致同意。皮尔士认为，科学就在发展这样一种意义的真理。我认为蒯因基本上是接受这样一个科学主义的真理观，但他不认为只是同意而已，而认为是实质地反映了世界的真实，透过语言的约定俗成表达出来。作为经验的真理，其内涵仍然是可以改变的，而改变后的概念的所指就是真理所显示的真实。

如果我们问真理如何导向一个相对的真实，就要看整个知识体系中真理有哪些位置。这是后期蒯因的见解。从他的逻辑分析来说，因为概念或意义分析的命题并不存在，所以没有所谓先验的真理，而是我们基于经验效果的概念判断来决定的。但这个不代表现象主义（phenomenalism），不代表约定主义（conventionalism），也不代表现象学中的本质主义（essentialism），而是主观决定和客观事实统一的一个判断。这一点是我个人的洞见，对人能够形成知识的一种诠释。因此，需要追问理解概念的实用主义精神何在？实际上采取了理性能够做出的判断精神，把客观对象和感觉经验结合在一起。因此既非单纯的现象主义，也非单纯的本质主义，而是可以合一的决定主义。实用主义所说的对象，作为真理的一个求证的标准，必须要用感觉经验来决定。换言之，任何感觉都是经过决定的感觉，即现在你对任何一种实质存在的认知，都会成为你一种感觉直觉的认知。这就是从古到今概念实用主义所坚持的标准。

　　除以上课程外，我还选了一门康德哲学。这个课程很有特色，历时为一学年，分为两个部分。第一学期是康德哲学，以威廉斯为主，艾肯教授为辅。第二学期则是休谟哲学，以艾肯教授为主，威廉斯为辅。两人同场辩难，提出问题，休谟与康德在哲学相对立。这门课主要强调的是《纯粹理性批判》和《实践理性批判》两本著作，由于我在华盛顿大学时已经对于第三批判有了一定的理论基础，因此想要通过这一学期康德哲学课程的学习，对康德有个完整的系统的认识。当时有很多学生选修了这门课，因为大家都想看到两位老师的对阵。艾肯的辩证性很强，而威廉斯教授的辩证性也很强，他是美国新实在主义的成员，资格很老，也比较有名。艾肯则是唇枪舌剑的批评者，精于雄辩。他对康德哲学的基本处理方式在于回归到休谟的怀疑主义，他对康德的知识重建有很深刻的批评，认为其走向独断的自我主义。他更反对康德的伦理学，强调道德感情的重要，而非道德意志的结果。我接受康德的架构，也并不太怀疑康德的"物自体不知论"，因为我可以想象它的存在。对于休谟的怀疑主义，我却表示怀疑，因为它有悖于常识。有关道德的基础问题，我同意休谟提出来的人性的感情与正义的感情，是道德意志无法代替的。

　　第二年我除了选修蒯因的数理逻辑与逻辑哲学，另外加选了谢弗勒教授的科学哲学。谢弗勒教授使用的是科学的分析方法，用来讲授深刻的、复杂的逻辑、数理与科学理论，企图为知识的客观性建立一个主观的方法论的基础。他于 1963 年出版了一本书叫作《探索的解剖》（*The Anatomy of Inquiry*），该书很重要的一点是，从知识的客观性来论证求知者应有的分析理性，形成客观知识所需要的主观基础。

哲学家常常说相对主观性，主观性实际上指向对立着的所谓客观性。客观是在主观之上建立的大众群体的一个普遍认同，同时也持续一定的时间。因而，客观性是靠主观性来限定的。当我们说某观点是客观的时候，实际上还是主观的认识。所以可以通过群体的主观意识来解释客观性。研究者能够清楚明白地使用理念和概念来描述一个事实存在，并且符合大众的需求，这种源自个体的主观就变成了客观。在这个意义上，科学归根结底是来自主观的。如果说我们能够使得一样科学的发明或者发现获得其他研究者的承认，就变成一种理论的客观性。我们说，能实现一种实际的客观性，就产生理论，而有效性就变成一个实质性的考验，来求证理论本身的完善程度。从这个意义上讲，谢弗勒教授也是皮尔士的一个继承者，以及后来蒯因所采行的自然化知识论的前驱者。

实用主义后来有一个重要的代表人物就是杜威。在杜威看来，所有的科学知识都是功利的，我们需要用科学的方法来完善科学的工具，科学的方法在于直面问题，它强调问题的提出以及如何建立假设、检验后果来解决问题，并提出新问题。问题是从社会处境中提出的，而解决问题对社会的进步有很大的帮助，因此具有功利主义的意义。这也是一种实用主义，或可称之为功利主义的实用主义。

我还想提提德雷本教授的课程。他是蒯因教授最早的学生，他证明了蒯因逻辑体系的有效性，所以得到了蒯因的赏识。他的课是数理逻辑问题，也开语言哲学讨论课程。他想探讨勒文海姆-斯科伦定理，来证明一个自然数系统的完全性。这是一个很艰难的逻辑问题，里面涉及对该定理的证明。他提出来一个辅助的伊玛（"lemma"）定律作为前提，但他无法证明这个伊玛定律，用了整整两个小时得不到任何结论。班上包括我在内的三个博士生也无法提供帮助，只能在挫折中下课。这让我认识到一个学者也有他内在的困境，往往在课堂中表现出来。

后来我在夏威夷大学教书，在 1966 年的夏天召开了一次学术会议，知名哲学家费格尔（Herbert Feigl，1902—1988）在会议中提及斯科伦定理的重要性，可以用来解说科学知识体系的完全性或不完全性问题。[①]

对于此，我必须谈一谈初阶逻辑的数理结构。初阶逻辑中有一个数理的模型，它是一个矛盾的承载体。因为在一个可数的数的模型里面，根据定理，却存在一些不可数的集合，可数的数的模型存在一阶逻辑中，它可以引申出一些不可数的数的存在者。因为有这种可数性，才有不可数性的集合。换言之，不可数的数的集合，就是一些复杂的不可数的数的存在，构成一个集合。而这个集合面临一个可数的数的模型，因此这是一个矛盾。而这个存在着的不可数的数的集合本身又形成一个可数的数的模型。这实际上是数论的问题，而且看起来好像是矛盾的。我对此有所指出，费格尔教授当时就邀请我一起写这篇文章。费格尔教授回到他的学校之后在忙碌中

---

① 在数理逻辑中，特别是集合论中，斯科伦悖论是勒文海姆-斯科伦（Löwenheim-Skolem）定理在相对主义理解之下所形成的直接后果。它声称所有一阶语言的句子的模型都有一个初等等价的可数子模型。这个悖论见于策梅洛-弗伦克尔（Zermelo-Fraenkel）集合论中。康托尔（Georg Ferdinand Ludwig Philipp Cantor）在 1874 年发表的更早的结果是，存在不可数集合，比如自然数的幂集、实数的集合和著名的康托尔集。这些集合存在于任何策梅洛-弗伦克尔全集中，因为它们的存在可从公理得出。使用勒文海姆-斯科伦定理，我们可以得到只包含可数个对象的集合论的模型。但是，它必须包含上述提及的不可数集合。这似乎是一个矛盾。但是正在讨论的这些集合是不可数的，只是在模型内不存在从自然数到这些集合的相对意义上，在模型外有一个相对的参照点是完全有可能的。

和我共同探讨，要我执笔。但可惜的是，我也因为课程忙碌，没有分心过来，这个预定的题目也就未能写出来了。

实数函数是不可数的，因为它可以无限大，所以自然数会产生一个不可数的函数，因为自然数本身就处在一个实数域内（一般认为自然数是最早的人类发现）。像这样，可数性也就导向了不可数性，这是勒文海姆-斯科伦定理。不可数性给它以一个可数性的说明，不可数性也即导向了一个可数性的模型。所以从这个课题中可以得到一个启发：探索的过程会伴随着失败的可能。我们要在探索的过程之中解决问题，有的实际成功，有的实际不成功。

可数性与不可数性的矛盾，似乎比较接近"谎言悖论"。谎言悖论有两个层次，你说"我这句话在说谎"，假如"我这句话在说谎"是真的，则这句话不就成了假话吗？假如"我这句话在说谎"是假的，则这句话不就变成真的了吗？于是就形成了悖论。另一方面，你说我是可数，怎么又突然变得不可数？可数于是就不可数，不可数于是就可数。关于前者，我只是用说谎达到不说谎的一个目标，在表达方面就是这样，在语言与实际使用中可能有差异。而可数与不可数也是这样一种关系，即不可数应该含有可数的模型，而可数的模型也可以包含不可数的集合。这个问题就这样理解而解决了。

蒯因的《逻辑哲学》一书，理顺了系统的规律，成为他对于集合论规律的一个总说明，这也是蒯因的一个极大的学术贡献。在《逻辑哲学》里，蒯因对现代逻辑进行了非常清楚的梳理，另一方面，他也进行了逻辑的创造。逻辑不是死的东西，而是要体现在原创的鲜活生命中，体现在科学的知识创构中。不只是在已经包含逻辑真理的前人创造中发现一些逻辑的结构，比如语言的结构、概念的结构，还要建立一个有核心的体系。对不同逻辑知识体系所代表的一些模型，进行一个总括。后者是一个核心系统，而其模型则是不同的应用系统，可以看成是核心的一种表述。它一方面改变了数学，另一方面也改变了我们的语言。

我认为逻辑是一个很重要的核心领域，它对哲学的发展很关键，这方面是根据我自己接受的教育得出的经验。"本体诠释学"中的"本"就是一个核心系统，它通过不同的方式，以包括语言、概念、数学甚至是物理学的方式，来实现原初逻辑的整体体系和结构框架。从中可以看出，很多事情是同构的，但还不能完全等同。这个问题在翻译上也体现得很清楚。中文和西文是两个不同的语言系统，都可以作为我们的表述方式，但具体的表达形式并不一样，有的地方看起来是矛盾的，有的地方则不矛盾。我们在生活中之所以不断产生矛盾与悖论，原因就是我们不知道矛盾与不矛盾之间的转化关系是什么。实际上，矛盾既是矛盾的，又是不矛盾的。在这个意义上，悖论就只是看起来以矛盾的形式存在，但最后我们总能证明两种存在并不是矛盾的，只是在诠释上会有些复杂。

蒯因教授就说明了这一点。他坚持一个初阶的逻辑，初阶的逻辑实际上就是一个核心系统，因为它具有一切逻辑的特性，也是在研究中可以感受到的。初阶逻辑里面，有一个自然数，有一个集合概念，却是一个不完整的系统，因而会有一种吊诡的感受。到底是一个什么存在？其存在是一个核心系统。因为有这样一个集合，集合概念就变得不完美了。当时就面临这样一个大问题。

还有一个问题在于，由于不同的体系都可以来包容这个核心存在，它们之间有什么样的关系？这些不同的体系之间很显然是不可以等同的，因为我们要面对的是一些大量重复而不等同的概念。就好比我们要用不同的语言来翻译一些重复的意义，但总是会面临一些不可翻译的"不确定的意义"。这就是后来蒯因特别提到不确定性的存在。不确定性强调的就是 A 系统不等于 C 系统的翻版，A 系统本身要表达的是大于 C 系统的。B 系统也是一样，作为原型大于

C 系统。这都是根据经验而产生的语言体系，不可以说它们等同于 C 系统。它们之间有差别，差别就建立在它们的不确定性上。量子论也是一样，量子有两个系统，一个静态的系统，一个动态的系统。所以这两个系统不是重叠的。一个原初的基本粒子，静态的系统具有它的位置，而动态的系统则显示它的速度。如果要调查位置，就无法掌握它的速度；如果要掌握它的速度，就无法测量它的位置。从这一点上，我们就能认识到什么是不确定性，这是一个很重要的理解。

最后，我还要提到教我知识论这门课的弗思教授与我的关联。他虽然是一个现象论者，但是他的基本精神是要解决现象论和二元论的问题。所以他对现象问题与形而上问题都持有批判态度。这对我是一个很好的帮助。最后我就奠定了我哲学博士论文的一个框架。导师有四个人，蒯因、威廉斯、弗思、谢弗勒。其中，蒯因是我论文主体的支持者、指导者，也是批评者。我后来花了两年来写这篇博士论文。

现在我回忆我写不同教授课程论文的情形。首先，我提出选修弗思教授知识论所写的论文产生的回响。当时，弗思教授不同意我的学期论文的观点，因为我想突破现象主义，直接回归实在主义。弗思提出了很多批评，尤其反对我从现象主义中推出实际存在的知识对象。他的批评是很严格的，认为从现象中推不出客观真相的存在。他甚至说如果我不改变立场，我就会被取消下一期获得奖学金的资格。当然他并非勉强我改变立场，而是我一时提不出有力的证明。我就跟他辩解，我说我看到桌子的大小和桌子的形状，我也看到一样东西叫作桌子，但是这些感料的集合，我却可以看到。制造桌子的木匠，更可以看到，因为他必须判断制造出来的产品是桌子还是非桌子。从这个意义上说，个别感觉是导向众多感性材料的集合，也是表象。由于桌子的表象由形状大小等个别表象所组成，我们可以称之为桌子的表象。由于没有其他整体的表象，在特定的环境中呈现，我们也就可以称桌子的表象为桌子的真相。弗思教授听我讲后不再多言，我也不十分记得他是否默认我的推理的合理性，或在本质上仍然反对我的意见。有意思的是，我担心弗思教授会取消我的奖学金，但最后看到的是 A 的评分（A 是 85 分以上，不到 A 申请奖学金就会有问题）。我觉得弗思教授是一个好教授，他能接受学生言之成理，却保持他的批评，这样的风度是哲学家的风度。

前面也提到实用主义到了威廉·詹姆斯，成为一个主观心理的信念。这当然也是就皮尔士来说的，但詹姆斯把实用主义用在经验本身的行为作用，因为人有此一信念，也就更容易达到他要达到的行为的目标。因此，他的结论是"有用就是真"。这点是皮尔士完全拒斥的，对詹姆斯来说，却能够界定宗教信仰的重要性。宗教信仰具有拯救性，使人们能够有信心地生活下去。而实用主义认定了信念或信仰的积极心理作用，能够产生有益的效果，所以实用主义的真实性就在自我实现，也就是自我信念完成行动的实现，类似王阳明的"知行合一"，我们可以称之为"信行合一"。最后必须指出，美国哲学中的实用主义和英国哲学中的功利主义也可说有同等的结构。两者都重视行为的效果，但功利主义强调的是实际的大多数人的最大利益，实用主义并没有做此要求。但显然功利主义符合实用主义的定义，这也可以说在整体利益上，也可以提出最大的利益作为感觉效果。因此，两者可以同流。事实上在美国社会，两者几乎是彼此互换的。实用主义用在经济的行为，而功利主义则用在伦理学的范围，但这两者仍然是可以互换的。我们也可以指出，实用主义在皮尔士来说是一种实证主义，可以作为求证一个科学理论的方法与规律，有其坚定的经验基础。

我于 1958 年到哈佛，两年之后学完了所有课程，也通过了两个外国语言的考试，一个是德文，一个是法文。我开始寻找思考博士论文的题目，我的兴趣具有多方面，但主要的焦点仍然是在逻辑理论。当时我最主要考虑的一个题目是如何建立现代逻辑的数学基础，正如逻辑学家已经建立了数学的逻辑基础一样。我的思考是：数学与逻辑的关系既然非常密切，不应该只是单向的基础性，而应该是双向的基础性。因为在历史上数学发展的时代，逻辑也有进展。因为数学方法可以用在逻辑上，形成了数理逻辑。但为什么不可以同样形成以数学为基础的逻辑，我注意到数学家尤其是代数学家对这个问题也十分感兴趣，但并未形成一个清楚简易的系统。因此我想探讨数学的本质，来建立逻辑的体系。为了此一目标，我到数学系选修了一门重要的抽象代数课程，名为"交换代数"（Commutative Algebra），想理解数的根源及其对逻辑的影响。当时数学系教这门课的教授是世界有名的数学家奥斯卡·扎里斯基（Oscar Zariski，1899—1986），他的课讲授特别清楚而又动人，令我印象最深刻的是他对伽罗瓦理论的证明，他的推理犹如庖丁解牛，既快速又自然地完成了证明。

从这里就可以看得出来，在数学世界里面，具有自然数和想象数的差别。想象数是否存在就变成一个哲学问题。所以抽象实在论是不是存在？这就是传统的提问。柏拉图主义者相信超验数的存在，而自然科学家不相信，其间就有这样一个分野。像哥德尔，他在说明了"不完全性定理"之后，慢慢就走向了柏拉图主义。柏拉图相信一个超验的完美模型，但实际上我们都无法达到。超验模型只是一个理想的存在，并不实存，所以它只是作为一个追求精确化和改善实际存在的一种。蒯因是一个自然主义者，就不可能接受这种超验主义的解决方案。我当时选这门数学课，扎里斯基非常快速地解决了这个问题，他只花了 15 分钟。这是我当初的这么一个经验。但是我对实在论和超实在论又有一些困惑，因为作为一个年轻学者，我自然相信理想性的存在，但是理想性的存在又总是没有办法达到，顶多是现实存在的不断改善而已，所以最后我还是回到了一种自然主义的存在论思维。我后来写的论文，逐渐偏向于归纳逻辑和科学哲学，而不想把时间花在一些抽象的高阶的逻辑思维上，把存在建立在一种虚无的、无法认定的想象世界里。因此我上了这门课后，就为我的哲学论文做出一个选择，没有再做纯粹的数理逻辑，而是走一条自然主义的哲学重建之路。

此一课程也让我面临到实际的困难，我想证明数论是哲学定律的基础，但同时也取消了逻辑的许多定律，如不容中定律，用数学来界定逻辑比用逻辑来界定数学更为容易。因此，数学作为逻辑的基础不能产生深刻的问题，而只是帮助逻辑的证明用数学化的方式比较容易而已。按照蒯因的观点，引进集合的概念就已经进入数学，在没有引入集合的概念之前，数学与逻辑是形式上对等的。这些考虑让我不得不放弃初定的研究方向，经过思考，我决定写有关归纳逻辑的数学基础和其因之获得的有效性证明，等于从一个数学角度上解决了归纳逻辑的基本问题。我的导师也就从蒯因扩大到其他教授，最主要是威廉斯教授和弗思教授，最后也涉及科学方法论的问题，而又必须引进谢弗勒教授。我的博士论文的指导教授可说同时包含演绎逻辑的蒯因和归纳逻辑的威廉斯，以及知识论的弗思和科学哲学的谢弗勒。这篇论文最后能够写成功，也必须感谢威廉斯提出皮尔士的模型与弗思教授提出的刘易斯的模型，最后定名为"皮尔士与刘易斯的归纳理论"，主要就在彰显和一般化归纳逻辑的逻辑有效性的论证，在理论上解决了归纳逻辑的有效性问题。

后来我还旁听了两门课，其中一门是费正清（John King Fairbank）上的，他是哈佛东亚中心主任，开的课是"中国文明与中国历史"，在东亚文明史的基础上深入地探讨了西方人是如何看亚洲与中国的历史的。尽管他们是在他们的现代史背景下讨论中国史的，但他们强调的却是中国的一些新问题。譬如，为什么中国衰落？为什么会有抗日战争、国共战争及未来的一系列发展？

还有一门是本杰明·史华慈（Benjamin I. Schwartz，1916—1999）的中国思想史。本杰明·史华慈于1985年出版的那本名叫《古代中国的思想世界》的书，是从一个整体的中国儒家、道家思想来说起。其中最大的成就是对于现代中国思想的研究，分析为什么共产主义在中国兴起。他一开始在研究所研究中国历史，我和他的认识来往比较多，在他家也谈了很多事。所以后来我办英文《中国哲学季刊》，第一篇文章就请他来写。他不知道写些什么，我就给了他一个题目，即中国哲学的非消除主义。后来他就根据我的题目作了文章。英文《中国哲学季刊》的第一篇能有这样一位名教授所作的文章，还是很好的。

前面我已经提到我选修的课程，我想再补充说明我选的几门重要课程涉及的一些对我的启发，透过每一门课写学期报告和授课老师的问难，使我走向一个思考严谨的哲学思考者，这也可以说是哲学思考的必要训练。没有这个训练，就不能掌握非常细致的问题，同时澄清细致的分辨，并进行逻辑的分析、批判与推演。当时我写学期报告，一般在30页左右。因为电脑并未流行，只能用打字机打出，往往打错了就需要重新打，有时要打到三遍之多。

我上完哈佛哲学系的基本课程后，就要准备博士预备考试。考试有四个专题，一个是逻辑，一个是形上学，一个是伦理学，最后一个是西洋哲学史。同学们认为最难的就是逻辑这个课题，但这对我来说不是问题。我的问题是在通过考试之后，我将选择什么样的博士论文题目。虽然我的兴趣多面，而且我的初衷是挖掘和理解西方逻辑与哲学的基础和根本。在此，我就认识到这个根本就是逻辑，不是一般的逻辑，而是有本体论意涵的逻辑。事实上，西方逻辑反映了西方的存在论，突出了存在必须具备的逻辑要求，包含了同一性、排中性与本体一致性，分别表现为同一律、排中律和非矛盾律。这样的要求加强了西方本体论和存在论中存在的不变性，存在的对立性，和存在的矛盾性或冲突性。这些形上学的现象，是和抽象的逻辑密切相关的，也可以说是形上学决定了逻辑，正如逻辑决定了形上学一样。当然这是和中国哲学不一样的。中国哲学强调存在的变化性、存在的包容性，与存在中对立的共同性。但我要写的是一篇西方哲学的博士论文，而且是有关现代西方哲学的论文，必须以我所学的课程为背景及中心来思考问题，来选择主题。下面我就探讨我如何决定了我博士论文的主题。另外一方面，为了表达我对中国哲学的关怀，我也决定另行写一篇中国哲学的博士论文或学术研究报告，求得我心中的平衡。下面我将探讨我如何找到与当代西方哲学有关的博士论文的主题。

二、我的博士论文的撰写与贡献

博士论文的选题是很重要的，作为一个博士生的候选者，要慎重地考虑其论文题目，论文题目代表他最佳的研究成果和研究方向，同时也代表着对某一个问题、某一个领域的深刻了解。因为是针对特定领域的研究，本身要深入到具体的方法和细节上，要具有一种特殊性，所以才代表一种特殊的具体问题。研究的心得与方法、对相关问题的掌握，是否具有深度和广度，有一个基本的标准。从这方面来看，主要要求对一个问题掌握得很透彻，概念很清楚，表达很准确，能够显示自己的学术修养、知识结构以及在该方面理解的成就，且能够在已有研究的基础上引发新的理论，指出新的问题，才算是做出对学术的贡献。对我而言，论文是我亲身实践的一个认知成果。它一方面表示我对客观世界的认识，所以要有知识层面上的保证；同时它也提出了一个真实的问题，作为支撑学术论证的基础。更重要的是，呈现我对归纳逻辑的本质的洞见，把它和知识结构和推理原理充分地联系起来。遇到有关知识或评价问题之时，就能够直接和归纳逻辑联系起来，然后形成一个初步的解决方案，这是目标重点。统言之，对一个问题的把握，要把真实看到底，要把解决方法提出来，而同时认识它的限度，或者可以开展之道，掌握新的基本问题所在。

我对西方哲学的深入研究，得力于在哈佛读书的阶段。当时进入到各种体系中，与各路名师讨论逻辑、知识与形上本体何以分离的可能，就是直接对真理进行独立的探讨。我特别感受我的哲学智慧的成长，不只是一个见解的问题，而是一个方法、理解与理论的问题。也不只是一个境界的问题，而是一个实践和信念的问题。我当时的一个想法就是，西方讲究真理，真理是独立在人性之外的，是外在于人心的对象性存在。所以真理要求人的探索和发现，要求人的思辨与沉思，如此才能把真理转化成为我的一部分，也把我转化成为真理的一部分。

吾爱吾师，吾更爱真理，亚里士多德在吾师与真理之间要区分两者。但这里面有一个问题，如果这个真理是全面的，它也应该包含吾师的智慧，而非排除因吾师认识的真理。吾师是一个导引，应该受到尊重。吾师并非对真理的限制，所谓青出于蓝而胜于蓝。蓝也就是青的一部分，体现一个求知者的自身的贡献。同样，我们可以超越传统。但传统也可看成超越的阶梯，是整体的真理或价值的一个重要过程与部分。

后来我了解到海德格尔说的，真理是一条"显露"。因为从希腊语言中可以看到一个最真实最直接的表述，"显露"一词即希腊文的"aletheia"，在希腊语中乃是"去蔽"的意思。所以真理是一个显露的过程，必须把它当作一个对象去发现，去揭露，从结构上去发现它。它是隐蔽在日常生活之中的存在，因为它自己不能够照亮它自己。但人的心灵与认知能力，却能洞烛它的存在而将之表露出来，并散发着它自己的光芒。本质上，对这样一种真理的认识是把真理当作外在的存在，然后由外在转化为内在，我称为外在的真理。二元论中的超越的真理，就是这样一种外在的真理。

关于中国哲学中的真理问题，我早期已经对此有初步的体验，即真理是内在于我思考的过程之中。真理是不离开求知的、求真实的过程的。"知"只是知觉的过程，是一个主体实现的过程，是一个把握理解的过程，不是从外显露的过程，而是从内主导的过程。我注意到"知"字也具有这样的含义，"知"本身也是一个本体的存在。因为我们有所知与能知的差别，在终极的层面上，这两者的分野是来自知与真理之间的统一性，不然怎么知道主观与客观之间的差别？这是我一直强调的。在我的本体诠释学的发展中，我也特别强调认识这一点。因为我参与了真理，所以我可以诠释真理。因为真理在发展，我感觉到这么一个发展，所以我可以在必要的时候进行一种诠释，进行一种重新的认知和把握。

因此，我强调知识的本体性，强调价值的本体性，也强调美感的本体性。美既是主观的，也是客观的，即心灵之中相对于心灵之外的一个分野。这样一种认知，我觉得是我当时已经产生的思考。因为我对我所要上的课程做了一个初步的规划，从而逐渐建立了自己对本体论和认知论把握的体系。同时决定不再认同柏拉图主义式超越的数学真理的志业，转而想要积极回应一个与具体的实在事件相关的真实世界的真理。自然并不否定抽象性、超越性，甚至外在性，但是我们不能把数看成全然外在性的对象，而应该把数看成具有构造性的思考过程或概念。我了解到与西方哲学中的建构主义与直觉主义相联系。在这一方面，我认为我的思想受到形式主义和逻辑主义的影响，尤其是罗素以来的代表一种独立追求方向的认知尝试，因此，对心灵能够建构体系体现真理这样的理解，是较为后期的。

我从蒯因学习的逻辑思考很重要，对我的哲学影响很大。我的哲学里面，本体诠释学由三个部分组成：一是蒯因的成分，一是伽达默尔的成分，最后就是《周易》的成分。我的博士论文更多在建构知识的基础，以及逻辑方法论的归纳原理。所以我假定归纳法与归纳逻辑的结构是客观的，但我们往往不能接受其客观性，因为不能保证其普遍的有效性。两三只天鹅是白的，不能说明所有的天鹅都是白的。如果要做归纳的结论，则必须要有一个普遍性的大前提，能够经过逻辑的演绎，来达到所需要的结果。因此就必须预设归纳也是一种演绎，是一种潜在的有某种局限性的演绎。但吊诡的是，归纳所需要的大前提，却必须先行要建立起来，不然就成为"问题的乞词"。因此，我们必须要找一个更基础的原理，使这个演绎的大前提有所限制，允许普遍性的不确定性或不完全性，必须容忍一定程度的偏差。换言之，我们必须允许普遍性命题存在着一些或然性或偏离性，也可以说是一种不确定性。在这个理解之下，我参考的是路易斯讲经验知识的发展和形成，认识到他所谓"意义一致"的重要性，并以之为经验命题存在的基本原理，亦即要求命题与命题之间具有一定的同质性，并具有超越一般个别命题的有效性。从心理的习惯而言，一个事件既然发生了，就必然会第二次第三次地不断发生，每次发生可能有不同的条件，但我们可以把它看成一个统一差异的整体，也就在普遍性的要求下承认不同的课题的差异，但把这些课题看成具有意义的一致。如此，则归纳推理的大前提，并非单一的普遍性，而是具有多种可能差异的一致性而已。如此，归纳的逻辑推理所需要的大前提，在内涵上应该不同于纯粹演绎逻辑的大前提。如何建立这样一个包含差异性的大前提，正是解决归纳的逻辑推理有效性的一个途径。

一个集合命题是由个别命题组合而成的，它们有彼此之间的联系。这就好比整个宇宙是"分而合"的，具有差异的个体之间有相互支持、相互依存的作用。从形而上学来说，每一个个别命题都与另外的命题存在相似性，就像维特根斯坦所说的家族相似性。因为他们来自同一个父母或同一个传统，从开始的一种同一性逐渐演化成富有差异的相似性。我们考虑知识，不仅要同时比较命题呈现的差异性，还要考虑到命题本身在发展过程之中的联系：第一个命题如何成为第二个命题，第三个命题又是如何产生特殊的情况，参照前面的命题可以进行新的修正。像这样，知识结构是累积而又组合而成的，既不是单纯的累积，也不是刻意的组合，而是两方面都存在。这就可以在掌握个别命题与组合命题的差异性之后继续建立一种更大的统一性。归纳逻辑的作用不仅在于归纳经验命题本身，还在于提供经过审查之后的组合。从经验命题的个体到一般，再到演绎的大前提，就需要这样一种对内在统一性的认知。

此外，除了解释刘易斯对经验知识的研究，我的论文还涉及对皮尔士推理理论的探讨。因为皮尔士很强调三种逻辑的关系——演绎逻辑、归纳逻辑和假设逻辑之间的关系，最后形成一般逻辑推理论。其中每一段都代表一个前提，归纳逻辑那里的结论就是演绎逻辑的第一前提，而假设逻辑命题则作为第二前提。这里面还有很多细节，我就不一一赘述了。

蒯因代表逻辑哲学的高度发展，一般性与差异性的统一关系，是一种有内在关系的认识。这一点我觉得很重要，因为我们要从实际的观察来理解，而不是只考虑纯粹心理学的过程。海德格尔也谈逻辑基础，认为统一性里有差异性，差异性中有统一性，并把它看作存在的一般现实。这样一种说法当然不符合西方哲学传统的追求方向（比如同一律）。在海德格尔的时代，他把逻辑看成人的存在的一种现实，而不仅仅是人的心理上的感受，这一点也是海德格尔更偏向东方的方面。

在这些研究的基础上，我建立了一套逻辑推理理论，能够从大的群里看到小的群，也能从小的群中看到大的群，归纳逻辑就是从小群看大群。就是说，我不可能看到所有的人，但是我看见大部分的人，且由于来自不同地方的人之间有很多相似的地方，可以以此归纳出大群也是这样。这是很有效的一项原则，可以通过"取样"来进行实际的预测。这是可以根据统计学上或然规则的系统化的逻辑处理，从而得到论证的基本现象，即每一个大群中的小群都是反映大群结构的，尽管在细节的部分可能有些偏差。这就体现出形上学的基础，说明宇宙是一个"整合"的存在。这是中国哲学特别重视的一点。整体包含部分，部分构成整体，所以我们可以从整体中看到部分，也可以从部分中看到整体。它的不精确性正是对现实认知的表达。至于精确的程度，要看取样是否有代表性，取样的时候，是否经过多方面的择取，多角度的参考。这个方法在中国哲学中有所体现，不管是墨家、儒家，道家，还是佛家，都具有这样一种以大见小、以小见大的基本意识与认识。

通过这样的分析，来掌握一个具体而微的样本的结构，来说明群体样本的结构，然后再经过长期的观察来磨合样本，使得样本成为标准样本。这是我获得的一套方法理论，用来说明知识的结构如何形成，说明三种推理的关系。我觉得这非常重要。当然取样的标准化还有一些基本原则，比如强调全面的表达，就算是在个体中也要看到一种较为全面的表达。孔子说过一句话，"人能弘道，非道弘人"，可能就有这种精神的体现。人是天的一部分，所以天能在人的生命中表现出一些性质，来发扬道的总体精神，以及更好地理解天人关系。

就美的问题来说，我们也要从部分去了解整体，因为整体的美建立在各个部分的美之上。根据前面所说的原则，一种由个别事物的合同性形成的整体、由个别命题形成的有机体的表象是需要的。在这个意义上讲，推理结构的部分与整体问题就涉及认知与实践的问题。美学的经验中整体活动与部分活动的表达问题，就在于此，是同一而又富于差异的。进行知识组合，然后说明归纳逻辑的科学预设，这是我论文的重要论点。我在论文中引经据典，运用数学上的"大数原则"①来证明我的基本立场，并且讨论了如何通过取样来获得整体知识，从部分中看见整体，这期间运用了许多先验概念进行了具有逻辑的思考。因为这在数学上也可以表达出来，即样本对整体结构的整合，我觉得这是很重要的思考。当然也不全是数学方法，因为数学往往要求精确性，对于样本的应用，我们还可以用统计学上的误差理论来表达和修订。部分反映整体不可能是百分之百地正确，可以有误差。误差是因为发生的可能性条件不一样，这反而更好地说明了归纳逻辑具有允许进一步拓展现象和样本的空间。这个结论可以用在对道德行为的观察，从个人细微行为中看到正与邪、是与非的方方面面，即作为部分如何实际地反映整体。这个反映是先行假设了一个由相似部分（不管多细微）组合成的整体存在，因此一个部分就能在一个正常的条件下反映整体。米勒提出的"自然的一致性"假设，不外乎是对这个整体与部分的关系的认识，却没有对整体存在结构的分析内涵。同样，因果律也未能提供一个结构性的整体存在的基本认识。

这篇博士论文后来又经过了好几稿才完成，其间有很多教授对我进行了指导，总共花了两年时间。两位主要的论文导师分别是蒯因和威廉斯，一个强调逻辑推理有关整体的本体含义，一个强调归纳逻辑有关部分的本体含义。总之，我的基本认识是要从理性自身的建构出发来掌握经验，然后以经验来扩展理性的范畴，使理性更贴合世界的模型，更符合于当前的现实。所谓范畴，和其他有关概念，都是在长期的实践经验中磨合出来的。这是我们必须认识到的。这当然也是我博士论文的一个贡献。后来我的口试委员会成员

①　我提出"大数原则"，名为超几何统计学定律（Hypergeometric law of statistics），是我证明出来的一个统计规律，见我的博士论文《皮尔士和刘易斯的归纳法理论》（*Peirce and Lewis' Theory of Induction*）一书中。1969年该书由荷兰奈霍夫（Nijhoff）出版公司出版，目前已有新版。

蒯因、威廉斯、弗思、谢弗勒从他们各自的观点出发都接受了我的看法。这四位学者分别代表了数理逻辑、归纳逻辑、知识论和科学哲学四个方向，他们肯定了这一篇论文创发的价值。

我在撰写英文博士论文阶段，并未忘怀中国哲学的重要性。我想趁此机会用分析哲学的方法写一篇有关中国哲学的学术论文，并不是针对任何要求，而是对我自己的要求做出决定。在那段时间，我在选修西方哲学之余，仍然积极地发展我对中国哲学的深入认识。我发现哈佛的中文图书馆，即哈佛燕京图书馆有丰富的中国藏书，古今的中文哲学著作远比华盛顿大学收藏更为丰富。我往往在上完哲学课程之后，在周末到中文图书馆阅读中文典籍，也阅读中文报章杂志，对中国大陆与台港两地的基本学术发展有深刻的印象。我当初思考选择中国哲学论文，经过几番自我探讨，也由于我旁听了远东文化学系开设的中国思想史课程所引起的反响所致。中国思想史课程是由知名的毛泽东思想研究专家史华慈所开设，逐渐和史华慈教授有所交流，经常探讨他提出来的中国哲学问题。他的哲学讲授偏向先秦哲学，并未涉及宋明新一代的发展，直接就跳到最现代。为了回应中国哲学的批判性问题，我选了戴东原哲学作为我写中文论文的题目，最后我决定先把戴东原最原初的哲学纲领《原善》翻译成英文并注解，然后就其哲学进行说明和诠释。这篇中文论文反而比英文的完成得更早，很快就有出版社要求出版。最后一版比较完善，是到夏威夷大学教书之后由夏威夷大学出版社于1971年出版的。

我在中国哲学方面的思考，始终不忘怀对中国历史的观照。当时，从中国来的文科学生大多数在东亚系，这里面包含我刚刚提到的杜维明。早期我就和他们有一些亲切的交往。杜维明入学的时候，是我在哈佛的最后一年。那个时候我所有的课程都完成了，对西方哲学有了一定清晰的了解，然后就开始准备考试。在哈佛写毕业论文之前要准备考试，就是在第三年的秋季。科目有知识论、逻辑学、伦理学、形上学。考试是一个上午加一个下午，各三个小时，两天全部考完。通过就写信告诉你"我们很高兴"，未通过就告诉你"我们很遗憾"，第三种情况则是告诉你"你的课程有一门没有通过，需要补考"。我是一次性四个考试全部通过。当中也有很多人不及格，所以大量的人就被砍掉了，十几个研究生只剩下四个是通过的。因为有好多门课，总共有十几门课需要考试。不通过的也只是再给你一次机会。所以形势比较严峻，需要严阵以待，因为这不是临时抱佛脚就可以的。有些问题你没有想过，则反应不过来，因为教授出的问题常常不一定合于一般的期待，只有你深入理解后才能够回答。

在3月的一个午后，我得知自己通过了全部资格考试，可以成为博士候选者，心中感觉很轻松，决定提早到纽约去看望朋友。3月的美国东部，还是春寒料峭，我到了纽约之后，住在哥伦比亚大学附近一位朋友的公寓里面，沉思自己未来发展的方向。我对其他朋友事业的进展也做了一定的了解，觉得自己还算是比较顺利的。同年度先后梯次的同学，从台湾来的同学当中，通过资格考试的寥寥无几。那是20世纪60年代，我的学位是1964年的（1963年暑期我通过了论文考试，但错失了毕业典礼），而通过学科考试则是在1961年前后。所以我应该是在1961年的春天抵达的纽约。那个时候，从台湾地区去美国的留学生还是很多的。也有从港台地区来的华人，而大陆则绝无仅有。夏天则去参加了许多的活动，其中有中国同学会的活动，主要是参加一些纽约大学同学会的郊游活动和社交活动，也有哥伦比亚大学中国同学会的类似活动。

记得那个时候还有一些中国学社的学人研究活动，我在活动中思考自己的论文，并总结自己研究的一些议题方向。我的哲学兴趣也为当时朋友所认知，却不知有何价值。我想的首先是继承我从大学时代（在台湾大学——台湾第一所大学研究所）到硕士研究学习阶段（华盛顿硕士研究所）的道路，我一直是以追求真理为目标的。真理本身具有双重含义，真理一方面代表真实，另一方面代表主体的人对真理和真实的认知，基于一种体验的把握。我在中文的语境中发现"真理"这个词，是基于比较晚近的思考。我发现"真理"实际上是由两个字形成的，"真"和"理"。真理并非强调真与假的区隔，因为世界上并没有所谓假理。但是我们可以说有虚理，这就彰显虚、空、无的重要性。肯定的是肯定一个真实的存在，因为真实可以是空，可以是无，也可以是认识的一个依据。或者是实，或者是虚，这些终极的存在名词，都具有一定的认知的依据和结构。

因而，在这样一种描述之下，没有"假理"这种说法，因为真并不与假相对。真理可以是空理、道理、虚理，有之理或者无之理，但是与真假还是有分别的。这方面需要区别真和伪。真理是真，"假理"是伪，真理的真是存在，"假理"在假的意义上是否定存在的。"假理"还突显了某种认识问题，假理为假，就不存在，它与真理是在最基本的层面上对立的，因为一者存在，一者不存在。真理是说与真实相对应，与终极的真实相对应。终极就是不可否认的，不可否定的存在的特殊结构。因此，所谓真理，并不是"真的理"，既不是用真来描写理，也不是理来描写真，不是理之者为真，也不是真之者为理，而是真实存在所彰显出来的依据和结构。这是一个过程，直到逐渐认识到真中间包含着一个理或者许多理。在这个意义上，真可以说是理，理也可以说是真。

从中国哲学史来讲也是如此的，真和理都是终极的哲学概念，在具体用法上面可能存在差异，但在我的认识当中，是把这两者当作一个统一体。同一中的差异性就在于真是本体，或者说接近存在本体，而理则更接近认知的理据，以假设本体具有一个综合的内涵。现在中国人很容易把一些特定的名词当作体性结构，把"真"当作形容词，把"理"当作名词，就像"红花"一样。实际上，真理是两个名词的组合，而不是形容词和名词的组合。因为我们看到的世界是一个整体的表现世界，整体的表现并不是丰富的表现。红花只是红的表现，只是花的一部分属性，花也可能是香的，还有其他属性。而真理的理是真的整体表现，真与理是同时存在的，只是有一个从真到理的认知过程。

就这两个字的结构关系而言，在我的设想当中，它们与"本体"的含义与用法是一致的。"本"与"体"都是同一个结构，在时间中呈现出全体之象。"本"是整体的"本"，"体"是整体的"体"，从"本"到"体"是"本体"自身转化的过程。同时也可以说是根源存在转化为具体的体系存在，包含着存在自身，并且认识到这种存在的转化的过程性。在这个意义上，"本体"以及"道理"这个概念，都有这样一种逻辑。这就回到我所说的哲学中真实存在的问题以及如何认知存在的问题，后者关心的是如何进一步地肯定存在、描述存在，以及追问存在的作用。它如何作为实验的基础或工具？不但如此，它如何作为我们行动的目标，只因为它蕴含着行为的标准？也就是说，它是否能叫做有价值的理想和行为的规范或者典范？这是我们应该重视关心的问题。无论是以设定的方式，还是从体验或者本体论的根据上，隐约中都体现出了中国哲学的基本要求，就是"本体论"乃"知识论"的形上基础，"知识论"乃"本体论"的表达方式，二者相互涵摄。

我毕业通过考试是在第三年，1963年夏天答辩，1964年春天拿到学位。从1958年到1964年总共经历了六年时间，这是一个很长的过程。事实上，我在1963年秋天就开始在夏威夷大学正式教学，冬天回到台湾看望父母。那一年美国肯尼迪总统被刺杀了，整个美国呈现一种脆弱的图景，这是我大致的印象。这也使我自己产生了很大的责任感，一种自我认识的要求，在某种程度上也出于对父母期待的回应。从哲学教育的发展来看，这是一种具有内在意义的生命发展，显示人必须具有外在的机遇、内外的规范和主体的意志三者，才能够圆满地完成目标。

我至今还记得在哈佛读书的第三年，有一个写论文的场景。我在图书馆，外面在下雪，直到晚上12点才回去。有时候肚子饿了，就买一块意大利起司，不是像美国和瑞士起司的扁平一块，而是方方正正的立体型，黄颜色的，味道很好，也可以加两块饼干，当作宵夜吃。我在图书馆，找到一个很宽大的地方，就在里面找了个位置写论文。后来我去了一趟洗手间，把一个起司放在桌上，十五分钟的时间，我的起司就被吃掉了三分之一——有人咬了一口我的起司。我左看右看，没人回头，不知道是谁吃了我的起司。想想还有点好玩，图书馆里显然有个同学饥不择食，吃了我的起司，但是又不好意思吃完，就只吃了三分之一。

这样一个学习过程，不知道与前期中国留学生有何比较，但我发现我是二十年来第一个进入哈佛大学哲学系的研究生。在我二十年前，有王浩毕业于哲学系，成为著名的逻辑学家。在他二十年前，赵元任教授毕业于哲学系，然后转入语言学系。还有一两位中国学生进入哲学系，但具体情形我就不十分清楚了。对我来说，进入哲学系等于进入了西方哲学传统的核心，感觉到一种强烈的理念和理论的冲击，同时也是一种方法学上的挑战，让我强烈地感觉到如果要中国哲学受到西方的重视，也就必须有一种严谨的形式和精确的表达。因此我产生了分析重建中国哲学的想法。在我已经有的西方哲学基础上，一方面能够系统地面对一些根本的西方哲学问题，另一方面对一些根本的中国哲学问题，则开始思考如何沟通中西。面对同一个问题，固然可以有不同的表达与解决方式，但在形式和语言表达上，一定要有同等的严谨和清晰。这个分析重建中国哲学的理念，在我哈佛求学的第一年就萌生了。事实上，它也可以追溯到在华盛顿大学求学读硕士期间，直到我进入哈佛，就更为确信了。此一方法的进路，在我回到台湾讲学期间也受到些挑战。有人认为，中国哲学经过分析重建，就已经不是中国哲学了，因为丧失了它的原汁原味。这个想法当然也有其道理。每一个文化都有哲学表达的方式，有人甚至认为一个传统的神话体系就是一个哲学。但哲学是发挥思想的意义，不只求得自身的清晰，避免混淆和矛盾，也发挥影响社会和学术的作用。当然，这不只是观点的问题，也不只是方法的问题，而是一个文化和思想发展的程度和需要的问题。

前面已经说明，当时哈佛大学的哲学系包含了哲学精华人才与丰富的哲学资源。不但如此，这一代美国的哲学精英也是基于更早的一代发展而繁荣起来的。在我进入哈佛哲学系的 60 年代之前，哈佛哲学系已经是人才荟萃，包含有名的哲学家怀特海，逻辑学家亨利·谢弗（Henry Sheffer），知识论哲学家刘易斯，多元理性主义哲学家桑塔亚那和同时代的黑格尔主义哲学家鲁一士（Josiah Royce）。这样一个历史背景，可说是多姿多彩，对学生的吸引力是很强大的。因此吸引了很多优秀的美国年轻一辈，对维护它的优秀学术传统发挥了重大的作用。不过必须要说，60 年代分析哲学的高潮到今天已经走入平坦。未来美国和西方哲学的发展方向也走向多元，由于比较哲学与中国哲学的风潮，哈佛哲学系虽然没有受到太多影响，而我也未能及时进行访问，世界哲学的浪潮也未能产生积极的冲击。可能哈佛哲学系是保守的，其精神是要维护西方哲学科学研究与逻辑研究的传统，因此对东方哲学也有某些抗拒。这和耶鲁大学的学风可能还不一样。

我在 20 世纪 70 年代被耶鲁大学哲学系主任史密斯教授邀请到耶鲁大学讲学。当时耶鲁哲学系有意聘请我为终身职位，但由于我已有对台湾大学的承诺而未能接受。但从这件事情看，耶鲁大学比哈佛大学更开放，我的导师之一弗思表示支持我回到哈佛，但我由于台湾之行，未加考虑。有意思的是，我的另一个导师威廉斯却表示愿意为我在我建立的英文《中国哲学季刊》写书评，可见当时的学风也有所改变。至于蒯因，对我也非常关怀，在我 90 年代教学于夏威夷大学之际，也表示愿来讲学，并希望在暑期与我见面一谈。当然我不知道他的心态如何，但我觉得他的心胸是开放的，兴趣也是多元的，能不能够接受中国哲学的思想却是一个问号。可惜我没有跟他进一步地探讨。

那段日子，我的精神十分饱满，精力也非常充沛，即使每天睡眠很少，一点也不觉得疲惫，也没有感觉到什么问题。也许是由于我把学习思考与写作当作一种人生的乐趣，因而产生了一种提神醒脑的作用，即使最简单的生活也是甘之如饴。在我的印象中，奇怪的是中国学生很少提起中国的文化传统与哲学思想，连老子、孔子都从来没有人提起。因为那些古典的人物离现代中国太遥远了，这反映出一种文化上的疏离，反映了人们心中的历史空虚。可见在那个时代，不但西方人对中国哲学没有意识，中国学生也似乎基本上忘记了中国的历史和思想传统。

此处，我回忆我注意到的一个基本问题，就是前面说的相互诠释的问题。我认识到：任何基本的理念与其他可以综合成为体系的基本理念，都可以建立一个相互论证和基础的循环关系。比如知识论和形上学，哪个是基础？形上学是知识论的基础，这就是说你必须有一个知识论的来源和理据。相反，知识论也是形上学的基础。如果有了形上学的体系，也必须要有一个求得知识和确认知识的方法，也就是确定形上学概念和意义的可能。因此，形上学与知识论就构成了一个彼此循环与互相预设的关系。知识论是形上学的基础，形上学又是知识论的基础，所以两者相互循环并彼此互为基础。这个循环的概念用在逻辑和数学两者之间，如何表明出来，就是我上面所说的相互基础的问题。同样，时间概念与空间概念是否相互为哲学的基础，当然也是值得探讨的。因为我们可以看到有时间就有空间，有空间就有时间。但这又预设时空都是一个动态的无限存在，而不能只是一个静态的有限结构，两者可以不相交涉，成为各自孤立的理论体系。最后我想提一下知识和价值之间的相互基础问题，知识之为知识是因为有价值，价值之为价值是因为我们对价值有所知识。

回到我所熟悉的问题，如何面对这一个知识论和形上学互为基础的问题。我一直认为，关键还是要从现象学开始，讲现象就是表象。既然我们看到一切都是表象，那么事物的真相是什么？现象学的回答是：一个表象是可以描述的，且呈现以无限的可能。这也是罗素的一个基本态度。但是他把笛卡尔联系到这个问题上来，并说明笛卡尔是想要重建知识的。从 18 世纪到 19 世纪开始，笛卡尔、莱布尼茨等人都是在做一种重建知识的工作。这跟理解知识的基础是不一样的。理解可以导向诠释学，而知识论导向真理论。我当时并没有去深究这个差别，而只强调形而上学的基础和知识的关系。

因此我试图更深入地理解蒯因的哲学体系对我产生的影响。从逻辑上看，他强调对外在的真理的认知，故而在这方面主要继承了罗素的理论，即逻辑真理论、逻辑实证论。另外一方面，蒯因也有一种知识建构和实际创造的理念，我认为他潜在地受到皮尔士哲学的影响，皮尔士强调实际效果主义，是与人的行为和知觉经验联系在一起的。我认为蒯因比较强调这一方面，即知觉认知的重要性，因而它并没有堕入一个抽象的二元论，而是强调内外合一的内在主义。

具体来说，蒯因有勇气去批判当时流行的独断论的说法，一个是知识现代主义，即自康德以来形成的问题，认为知识只是属于现象的范畴。但是知识也有存在的本体，知识现象也可以通过理性知觉来掌握，就是所谓的先验存在的知性范畴。另一方面，知识所指的真理，即"物自体"，是不可知的，只可以想象而不可了知，是一个超越形上学的存在，纯然外在的存在。这样就把真理一分为二，分为可认知的和不可认知的。由此知识永远面临一个不完全的、没有基础的存在体系与概念体系。皮尔士对此是反对的，所以他后来提出了实用主义，在哲学上的意义就是打破这种固有的观念。但是后来他又被误解成庸俗的实用主义，这是很不幸的。

蒯因继承了逻辑上的实用主义，知识上的实用主义。他认为人的知识能力决定了知识的形式和知识的真理性，以及与世界相应的关系。与世界相应的关系和对象，是人自身可以决定的，但是这个决定中已经包含了与外在存在的关系。对外在存在的关系和对内在存在的关系，应该是一体的。在这个假设之中，我认识到知识的主客统一的可能性结构，我称之为内外合一。这就让我回想到中国《易经》中的概念，所谓"道也者，不可须臾离也"，道不能离开人的存在，真实不能离开人的存在，它们不能独立存在。同时从整体上来讲，是"一阴一阳之谓道"，是"诚之者信也"，是主客之间密切的关系。《中庸》对此有深刻的表述，它认为诚就是存在的真理，而所诚者不只是一个自我存在，而是物与物之间的整体存在。因此，《中庸》说："诚者，非自成己而已也，所以成物也。"最后《中庸》说："成己，仁也；成物，知也。性之德也，合外内之道也，故时措之宜也。"我们还需要注意到《中庸》把伦理德性的仁与知转化为知识论上的认知活动与形而上学的创建活动。

反映在蒯因的思想中就是，第一，在逻辑上他尽量避免高阶逻辑的创设，反对抽象存在，肯定有生命的存在。罗素所说的质料的可能世界，即感觉由各种不同的世界所组成，会牵涉到一个问题，即提示出一个我们如何解释可能世界之重复的方向。一种解释是，所谓重复的可能世界是一种潜在的存在者，也就是在内在的真实之中逐渐创造，并不是说还有一个实存的可能世界存在于这个过程之外。量子论中量子处于一种波的状态时，会有很多可能性，但这种可能性都必须以他自身的存在来决定。一旦确定下来，其他可能性就都不存在了，潜能也就变成了实在。所以这是蒯因对这一问题的复杂思考，是一种内外合一的实在论。

蒯因反对的第二个论述是独断论，即分析命题与综合命题的决然对立。这是当初莱布尼茨提出来的，莱布尼茨继承了笛卡尔和斯宾诺莎的思想，来谈论绝对世界和现实世界的差别。绝对世界是上帝的世界，一切都是前定的，根本的秩序是由上帝决定的；而现实世界是由我们的经验所显示的，这个世界是多种可能的世界，是一个不理性的世界。所以在超越的世界里，真理是必然的，可以通过理性分析来决定的，是必然的真理、分析的命题。在上帝眼中，没有新鲜的事物，一切都是完成的、固定的，事物之间的关系在上帝的眼中都已经决定好了。但人类却注定要以非超越的眼光来看待他存在的处境，即有限性的困境，所以他看不到普遍真理的必然性。他看到的只不过是现实发生的事件，且经历过各种可能性。因为可能性引发偶然性的存在，所以不是必然的真，但也不是必然的假。在这样的宇宙结构中，莱布尼茨做出了一个必然命题和偶发命题的分野。这个分野直接影响了康德，在某种程度上也影响了休谟，因为休谟也区分事实结构和逻辑结构、事实关系和概念关系。

康德很明显地在《纯粹理性批判》中提出了分析命题和综合命题。他的分析表现为语言的结构，用现代知识论的概念来解释分析命题。所谓分析命题，就是主词概念包括谓词的概念，它以这样一个结构呈现。在康德以前一般认为数学命题是分析命题，比方说 4 包括 2，因为 4 是两个 2 的和。但是从另一方面，更深入地来看，4 虽然可以是 2 跟 2 的和，但我们并不是说马上就能看到它作为两数之和，因为 4 也可以是 3 + 1，所以这里面还有一个自觉的过程——理论的自觉。如此，这样的数学命题到底是综合的还是分析的？

它与以下的分析命题"2 + 2 中包含着 2"还不一样。因为从 2 + 2 我可以直接看到 2，但是从单独的 4 里面看不到 2，而是要经过一个演算的阶段。所以说纯粹地分析问题，要从逻辑上看，A = A 才是这样的一个命题。很多逻辑命题、数学命题，比如说 ab = ba 这样的命题，它不需要公式的推导和演绎，很多逻辑的基本命题就是这样决定的。在康德看来，数学命题既不同于纯粹的分析命题，也不同于纯粹的综合命题，因为数学命题需要你去演算，去找到一个真理，需要一个演绎和推导的过程，而不是由一个固定的规则来决定的，所以它叫作先天综合判断。它和综合命题的不同之处在于，综合命题是一般纯粹的经验的综合，离开了"花是红的"的事实，你不能说花是红的。所以，从经验来讲，没有综合的过程就很难知道什么是什么，这世上所有综合真理的发现都需要一个经验总结归纳的漫长过程。而先天综合命题则是不通过经验，而是通过一些演算规则，就能从分析命题中挖掘出一些属性。

其实康德要解释的对象还不单纯是经验性命题的一种差别，他解释的是当时物理学的问题——普遍物理学，即牛顿物理学。在康德所在的 18 世纪，这已经是一个公认的基本定理。比如说三大定律：动者恒动、静者恒静，力和加速度成正比，以及作用力与反作用力的大小相同。还有一些对于其他自然力的考察，像压力和热量的关系。这些都需要一个考察的过程，来找出一些具有客观性、普遍性的真理。它不是离开存在者而独立存在的，而是存在者本身所必须具备的道理。比如引力的支配，引力和距离成反比，距离越大引力越小；引力和重力成正比，重量越大距离越大。这是从地面上去判断的，是一个综合判断。

康德哲学分为分析判断、先天综合判断和综合判断三大类。蒯因实际上所反对的就是分析命题和综合命题之间的差别，他也反对康德的先天综合判断，这是一个很重要的认识。他认为所有的分析命题都只隐藏着的经验命题，因为它们总是在一个命题系统中，而且是按照一种特定的规则造成的。比如说，所有单身汉都是没有结婚的，但是这个单身在经验上可能有一些歧义。比如说一个单身汉，他后来结婚了，只是暂时地单身；或者结婚后并不是一种真实的婚姻关系，所以说他实际上是单身的，这就看你怎么看待单身和结婚两个概念之间的关系。分析则是出于对具体情况下语用的理解，理解之后我看不到一个必然性在里面。所以所有的命题说到底都是经验命题，而没有一个必然存在的可能。说到自然规则，人们往往把它看作一种"被给予的"规则，比如说来自上帝的给予，早期一些哲学家（科学家）常常把它归结于上帝。实际上，自然规则也是根据我们的经验总结出来的，而不是天赋和绝对必然的，它不等于同一律等逻辑命题，它有违反或者意外的情况。我们可以分析任何一个具体情况，它既然是具体的就具有特殊性，没有必然性。

在蒯因看来，事物就以一种非必然的关系存在。所谓的自然规律也只是抽象的提法，具体来看都是在有条件的情况下才发挥作用的。比如是否有东西能够匀速运动，这是不一定的，因为地球也在动，很多时候万事万物都是相对运动，不存在一个绝对空间里的绝对运动。所以说动者恒动的命题是很难普遍化的。从具体情况来说，不存在一个永恒不变的真理。从蒯因的自然化知识论来看，有些命题的意义比较固定，有些则不一定固定，从而形成命题之网或知识信念之网。作为整体的知识结构比较牢固，但其中的具体命题还是会变动。比如说细胞中的分子结构容易变动，而原子结构则较为固定。所以知识作为一个整体，如果分离开就是一种错误或导向错误。这些都是我理解的蒯因的重要理念。

蒯因的逻辑实证主义，原则上是反对传统理性主义的，但并不反对现象主义。现象主义是作为经验主义和理性主义之间的一种独立的哲学结构，以知识为重，所以我觉得这一点是有启发性的，和我中国哲学的内在观念结构是相关的，可以用一种分析哲学的路径来阐发我的本体诠释。我说的本体就是蒯因说的存在，因为他对存在的诠释和实践，就是对于存在的一种具体状态进行不断的认识和再认识。这也是我的本体诠释的基本主张。

另一方面，我不只是以蒯因为模型，还结合了伽达默尔的语言诠释——用一个传统的语言体系来说明一种历史的或哲学的观点，更重要的是把这两者统合在中国的宇宙本体论的内在主义表达上面。这是很艰难的一个工作，因为要把这些说清楚，需要不断地以循环的方式去理解和说明。我做的就是把这一点发展出来。如果说我的学习和教育过程能够体现这一点，我就要把它重新叙述出来。

简单说来，蒯因最后的转向就是用建构的方式来掌握一个知识体系，或者说来显示一个存在体系，同时与实际的科学经验加以配合。他在这方面表现出一套坚持外向发展的知识结构。我和蒯因的思想的渊源很快地建立了起来，他也成为我博士论文的主要导师。他的观念可以说是康德之后最大的一个发明，因为他不拘束在怀特海和罗素的系统里面，他也不全然走入宇宙论体系，重点还是在知识论方面。他创建的逻辑体系，也不是完全坚守早期罗素的逻辑体系，后者在解决悖论的问题上提出了各种解决方案，而是把它们综合成一个对象加以讨论。所以，这样的一个逻辑体系才能发展出对本体的基本认识和对真理的追求。在这个意义上，我肯定归纳逻辑具有基本方法含义的形上学基础。

我对我的整个在哈佛的求学生涯是满意的，我向教授们求学的整个过程是非常特殊的，而且具有深刻意义的，有哲学的意义，有文化的意义。在我学业的发展过程当中，受到这几位教授的关怀，我对此也特别感谢。当时在哈佛，能够获得这样一个优质稳固的博士指导委员会的指导，对任何人来说是很难得的机会。而就我的学业表现来说，他们对我也是满意的，一切进行得都很顺利。

在哈佛的其余时间，我也常常会去思考哲学的一些基本概念，主要是要面对中国哲学的一些基本问题，即怎么把中国哲学提携出来，建构出来，确定中国哲学在世界的地位，以及中国哲学怎么给世界哲学做出贡献。这些关系究竟是怎样的一种关系，需要说明清楚，我当时一直在考察和传播这样一些问题，没有时间加强思考和阅读，而后者恰恰是非常重要的。所以在决定了博士论文的题目之后，我就决定要开启对中国文化、中国哲学方面的讨论。

我从易学到先秦儒家，再到宋明理学的发展，进行了深入的研讨，其间就看到清代戴震对儒学的发展。戴震批评宋明理学，虽然有些过分，但他的目标是重新厘清"理气"关系，譬如有关理气在宇宙论中的关系，理气在人的生命哲学中的关系。我当时还读过五四时代胡适之所作的《戴震哲学》这本书，引发我思考中国哲学在世界哲学到底发挥什么作用的问题，考虑到戴震的思想是有实际意义的。我准备在写博士论文的同时，写一篇中国哲学论文。这是我对自己的要求，同时也是我想建立中西哲学比较的一种尝试。我认为胡适之的描述不够完整，很想积极地更完整地诠释戴震哲学，以便更准确地表达我对中国哲学的理解。

戴震在清代是以考据学，训诂学为研究对象，属于徽派，他的学生里面有段玉裁，做的是徽派考证学。但是他的实际精神却是哲学思想，我所找到的他哲学思想中的一个最根本的表达就是《原善》。这一思想契合我哲学的基本理念，体现了人存在于世界当中应有的本质。他肯定世界的本质是好的，因此肯定人存在的本质也是好的。但我认识的基督教在强调人的"原罪"和无法自主实现善的能力，而必须依靠上帝的拯救才能保全一个全善的自我。事实上，这等于否定了人存在的本质之善，也间接地否定了上帝创造人的合法性。但基督教这个信仰，是从一个假设的历史来决定的。人们是不是必须接受这个历史是一个问题，至少不能期待所有人都有这样的历史回忆或历史经验，毕竟只有犹太民族有此记忆和有此经验。犹太教把自身具体的历史泛化成为人类历史，是令人难以接受的。中国人的历史肯定是天人合德或天人合一的经验和体验，因此才有孟子性本善的说法。戴震的《原善》也在这个意义上来重述孟子的主张和论说。显然这是一个文化上的差别，而不是人的本质上的差别，并不等同哲学上观点的差别。我想透过戴震，更好地说明中国哲学中有关"人性原善"的理论。因此，我才选了戴震作为中文论文的主题。必须注意，并没有任何人指导我写中国哲学论文。由于我已经有了较强的中国哲学的基础，我做出这样的选题，并进行这样的研究，凭借的就是我对中国哲学的理解和我对西方分析与诠释方法的把握。

事实上，如果这个世界是好的，人也应该有一种好的价值观念。这是一种基本的价值认定。我踏上美国土地，认识到基督教教徒的友善和真诚，我也欣赏基督教教堂那种宗教的崇高的气氛，我认为这是美的一种表达。当然其核心是一种接受上帝信仰的安宁和乐观，反射出基督教在生活中的重大影响，其中也包含慈善和助人为乐等德行。这些美好的性质，我感受到儒家基于人性本善的信仰也都具有，只是没有一个组织结构来积极实现一个信仰中的真善美。单就个人而言，儒家的理想是每个人都应该修养自己，在生活中体现德行，而不是在一个组织结构中去找寻安顿。我想这是基督教和儒家的不同。从孟子到戴震，都坚信人性本善，以其作为道德的基础。但这并未成为宗教的信条，也未形成宗教的组织。这也是基督教和儒家不同的地方。戴震反对理学，他认为理学约束人的自然欲望，形成政治权威，以理杀人。因此，他更重视个人的原善的修持。从这个角度看，基督教与儒家的不同形成的差别都与组织和权力的形式有关。因此，儒家没有成为宗教，而与政治密切相关，所产生的弊病仍然是组织和权力的问题，而非人的本性原善的结果。总而言之，探索戴震的《原善论》，让我对基督教和儒学的重大差别进行了深度的思考。我心中的结论偏向于历史的经验和个人的体验加上个人的最后选择，形成了不同的宗教。如果只从哲学或形上学的终极真理来看，基督教与儒学是两个不同的体系，也许不能进行全面的比较。由于探讨戴震的《原善论》涉及人的终极存在和终极的属性问题，我被带到最原初的中国哲学思想的探讨之中，即"易经"哲学的探讨。

易学在当时并没有受到应得的重视，《易经》和《易传》的形成的基本经验在学界中较少论及，对《易传》中所说的"继善成性"命题中所包含的原善论，也缺少深刻的讨论。这一个反思，让我今后更重视中国哲学的原始和终极哲学思想的起点问题。这是我选择中国哲学主题所带动的一个灵感，这个灵感甚至于改变了我学术上的重大发展方向。我不再进行单纯的哲学比较，而是探索一个人类价值观的本体的起源，也为人类整体寻求一个终极的价值理想，而不拘束在不同的宗教体系传统之中。

我欣赏戴震，因为他坚信善的精神。另一方面，他能够在文字当中找回原始的更为深刻的含义，并表达出来，这和现代分析哲学的基本精神是吻合的。他虽然是以训诂学著名，但我把他看成 18 世纪一位重要的哲学家，一位具有批判精神的哲学家。我决定对戴震做一个梳理，并进一步把他的《原善》一文翻译成英文。《原善》一共三篇，加上详细的注解和我的研究论述，构成了一部书稿，我名之为《对善的探求》（*Inquiry Into Goodness*）。这本书出版了两次，第一版是在美国东岸的东方出版社出版，第二版经过修改于1971 年在夏威夷大学出版社出版。

之前我提到，我当时考虑的主要问题是追求真实，即怎么去认识真理与真实的存在，也就是本体的存在。人类都有追求真实世界的基本动机，我们必须确定自己在一个真实世界中，然后来真实地获取我们所需要的真实知识，进行我们真实的活动，这样才使得人类的行为具有意义和价值。知识，既是客观世界所需要的，也是主体作为知和行的发出者所需要的，同时也是建立真实价值、思考真实价值所需要的。真实存在、知识与价值，这三样东西是永远联系在一起的。

从西方哲学的传统来说，近代哲学以来，康德提供了一个认识世界的框架，认为时空是真实的，物质世界是真实的。他不怀疑物质世界的存在，个体就是实在的，他认为时空是我们感觉的形式。我们必须通过时空来进行我们的感觉认知，我们对事物的感觉本身即肯定了认识的基础。所以可以保障客观世界的真实性，客观世界的真实性就建立在时空的真实性和物质对象的真实性，加上人自己认知功能的有效性的基础上。也就是通过我们先天的认识范畴，来有效地认识客观世界。深入来讲，先天的认知范畴，是一组所谓的超验存在的性质——超越个体自我的存在。也就是说，在我们未曾建立时空观念之前，便已经有了一些认识客观世界的基本方式。换言之，我们先天就具有认识世界的一种能力，能够以我们的独特方式来认知世界。这也等于间接地预设了一个超越的自我。

康德肯定人类认识的能动性和客观世界的真实性，比如说在知识中进行探求，寻找客观的真理。所以他首先肯定了世界的真实性，而真实性也已经被界定为时空的真实性。这里所说的“时空”，时间是时间，空间是空间，并不像现在所说的时空一体的存在，当时还没有这样的认识。时间空间各有特性，它决定了我们在时间空间的范畴中所建立的事物的特性，也就是事物的真实性。知识也就是对于真实的理解，符合真实的要求。我们的知识何以可能？条件就是要符合时空的要求，所以时空就是我们认识（内外感官）的先天形式。

至于物的存在，则不单纯是一个时空的问题，还包括它在时空范畴的前提下具有的某些其他属性。比如量和质的性质：事物是一或是多，这就是量的性质；是全部还是部分，肯定还是否定，这就是质的性质。它也可以具有一种关系，存在者之间的关系。此外，还有模态的范畴，即设定人类心灵究竟是通过什么方式把存在看成可能或者必然，这些都是认识活动中的真实内涵，也即康德所说的知识论。在这个体系中，所有先验的对象或真实的经验对象，尤其是后者，都有一个道理和根据。这个根据就可以使我们透过我们的范畴来在实际的经验中呈现出一个物体，即我们的知识对象。但这个知识对象"到底"是什么，却无法知道。

所谓的"到底"是什么意思？就是说，我们以什么样的方法来承认它是"什么"？换言之，终极的根据是什么？如果我们随便就说一个物体是"什么"，比如我们说一个物体是桌子，但是一个桌子可能是一个幻象，可能根柢上是一些木材，或者一些分子结构的存在，很难决定它是什么。康德提出这样一个知识框架，是为了回答休谟的问题。后者认为，世界上并没有对于客观对象的知识，我们只能从经验中去看它是什么。我们的经验是一个印象，知觉的印象，是没有基础的。所以休谟在《人类理解研究》这本书里面一直强调认识的对象只是我们各自的印象，而它们的关系是一种联系关系，并没有必然的内在关联，它们的关联也可能只是我们心理上的一种构建。所谓物理学的一些定义或者规则以及万物之间的因果关系，乃至于普遍性和特殊性的性质，全部都是主观印象。这是休谟怀疑主义的立场。我们对知识的一般性也是不能保障的，因为我们只能用归纳法，这样的方法是不可靠的。有些命题虽然现在看起来是真的，但不能保障它永远是真的。比如你可以说太阳从东方升起，但究竟是不是以后每一天太阳都会从东方升起，是不可知的。

这也就是典型的古希腊以来的怀疑主义立场。

因此，休谟的结论是，我们所谓的知识只不过是一种对事物的印象，而知识间的联系则根据归纳法的概括，不具有必然性。这个立场在当时看来当然很严重，事实上等于说我们没有真正的知识，或者说任何经验知识都不可靠。但康德却要保证经验知识的可靠性，所以觉得休谟提出了一个重要的挑战。用他的话来讲，结束了独断论长久以来的噩梦，而把人的心灵带到一个比较清醒的认识状态中。康德为了维护知识的稳定性和真实性，必须建构一个有效的系统来回答。康德的宗旨是忠实于理性批判主义，他提出一条线索，就是我们如何来回答休谟的问题。因为它涉及我们对真实性方方面面的要求，对世界的认识、对人的认识、对存在的人生，这些都是我们关心的问题。我们一般会认可演绎逻辑推理的有效性。因为它的大前提已经肯定了经验的基本现象和普遍性，在很多具体的问题上面，我们就可以抽象地掌握具体事物如何构成，然后根据逻辑来演绎，以了解事物具有什么相关属性。所以推理本身是没有什么问题的，但是我们必须保障前提的正确性。比如我们必须先假设，"凡人皆有死"是一个真的命题，而苏格拉底是人，所以苏格拉底是有死的。这个命题是可以理解的。但问题在于，为什么有这个大前提？大前提是怎么来的？假设的可能性是哪里来的？这些才是我们要去追问的道理。

所以，即使我们把归纳法和演绎法结合到一起，也不能保证知识的大前提的正确性，进而不能保证推理结论的有效性。事实上，这些一般性的结论基本上是归纳法的结果，无法用演绎法去推理。因为演绎的前提就是要保证大前提的有效性，而真实性必须建立在归纳法的有效性的基础上，所以归纳法的有效性是演绎法有效性的基础。保障了演绎法的大前提有效，才能说明个别事物的有效性，最后建立一般事物的有效性，这就构成从特殊到一般的关系，这也是知识成为可能的条件。因此，若归结到推理的根本问题，则所有推理的大前提都需要一个归纳的认证和支持。对此，传统的解决方法是通过归纳法不断地归纳出所谓理论性的结论，即要求这种一般性的结论都是成功或盖然成功的。因为倘若一层一层地归纳下去，还得保障最初的大前提获得一种一般的成功，或盖然的成功。只有这样，才能在保障归纳法正确的同时，也间接地保证知识演绎法的有效性。说到底，不管是演绎推理还是归纳推理，最后的保证都在于建立一个真实性的宇宙存在大前提。

以上是我对西方近代以来认识论的一个叙述。我的博士论文实际上就是对这个知识推理的处境进行最根本的探讨，就是对大前提的真实和真理的探讨，必然涉及哲学的立场和方法的说明，要能反映出我哲学思想中最关键、最基本的要求，也就是我的哲学立场以及方法是什么，这样才能进入到西方哲学的核心。换言之，就是对真实和真理的追求，涉及形上学和知识论两方面的关联。我的硕士论文已经涉及这个问题，到博士论义阶段，我更清楚地掌握了西方知识论和形上学的基本问题，也就是真实存在的建立问题，试图从知识论的角度来探讨形上学的可能性，从形上学的角度来保障知识论的有效性。从西方哲学的历史来看，柏拉图重视形上学，亚里士多德更重视知识论，但两者都十分关注形上学与知识论之间的关联，以人的理性为中心来建立这种关联。欧洲哲学的发展，仍然不能脱离人的理性问题，只是在出发点上是假设以经验为主，还是以先验的概念为主，因而有不同的表达的方式和哲学立场。在这方面，我描述了康德的基本问题。这些问题集中体现在康德的《纯粹理性批判》一书中，他把知识论提到最高点以保证形上学的可能性。康德后来写作"未来形上学"，在根本上并不否定形上学的存在，而是要在知识的基础上保障它。另一方面，从他"物自身"的设定来说，形上学又似乎是不可能的。

事实上，人类面临着一个困境：形上学何以可能？在康德以后，这一直是西方哲学中的重大问题。德国哲学在康德以后，基本面临着回答这个问题的任务。不管是费希特，还是谢林，直到黑格尔，甚至马克思，都有这样一个意向，即如何回应这个问题。这个问题的终极关怀是什么？简单来说，就是知识论中如何包含对形上学的要求。换言之，就是知识论与形上学作为外在世界与内在世界之间的统一性问题。西方哲学二元论分野向来很难得到统一，所以仍然是哲学中一个基本问题。必须要指出，形上学作为整体真实的学问，而知识论作为逐步认知整体的方法，两者之间是一个诠释圆环的问题。在早期我并没有提出这样一个概念，后来在中国哲学有关整体与部分相关性的思考中，以及有关存在与知识的关系思考中，我逐渐理解到这是一个本体诠释的问题，涉及一个本体论的诠释圆环。整体与部分彼此涵摄，各自独立却又相互依持，构成一个动态的循环与螺旋上升的时空过程。

　　从以上这个角度看，中国哲学在根本上已经解决了这个问题。我之前也提到了这一点。在我提出的中国哲学重建的问题上，就特别提到了"天人合一"的命题。天人如何合一？我提出易经哲学的重要性。易经哲学就包含一个解决的方案，即我们通过长期观察宇宙的形象，在"法天象地"的过程中建立一种指向内在世界的同时又表达外在世界的符号体系。一方面，我们有知识的开端，知识所面对的是一个真实世界。在真实世界中，我们自然总是遭遇到变化，而《易经》的精神就在于不去刻意消除这种变化，而是把它保存下来并加以理解，理解其规则性，并以之理解其不规则性。这也是《易经》中"变"与"不变"的问题。二者统一在一个"不易、变易而简易"的过程中。"简易"的作用，我将它称作人与人之间以及人与物之间的互动关系，最后达到一种主客的和谐。显然不易是形上学的整体精神，而变易则可以看成知识掌握本体的发展过程。至于简易，就是两者之间的诠释圆环关系：从整体看到部分，又从部分建立整体。我当时考虑的一个问题，是把中国哲学的特色也包含在论文里面。当然从西方的角度来讲，我也强调西方哲学的基本特色。我在研究西方哲学内在特征的时候，就发现中西哲学既有深度的差别，又有深度的一致。但是最后我并没有这样做，因为我想它毕竟还是属于另一个方面的问题，涉及两个哲学的传统。

总的来说，康德一方面接受了休谟的挑战——怀疑主义，从而产生了《纯粹理性批判》，但康德哲学中涉及的道德哲学与美学，甚至于神学等问题，就不在这里讨论了。在 21 世纪的今天，从 20 世纪的分析哲学到今天的后分析哲学与诠释哲学时代，中西哲学的传统可以更好地加以比较和整合，但必须建立在对这两大传统的深刻的认识基础之上。最后，我回想自己在哈佛读书的阶段，我能感受到蒯因哲学的整合能力，因为就我而言，他提供了一个最根本的、逻辑的、数学的基础架构，允许一个动态的知识论与形上学相互基础的诠释活动，间接提示了中国哲学的本体宇宙经验与心灵的认识及语言表达之间的诠释统合关系。蒯因并非诠释学家，但他提供了 21 世纪西方诠释学发展的重要背景和基础逻辑，自然地导向了我对本体诠释学的认知与发展。

三、受邀到夏威夷大学任教

    1958年6月14日，我在台湾获得学士学位，1958年年底到西雅图华盛顿大学攻读硕士学位，1959年再到剑桥哈佛大学攻读博士学位。1963年5月，通过博士口试。由于申请学位时间已过，我的学位是在1964年授予的。我在哈佛大学将近五年之久，是一段难以忘怀的日子。1963年博士口试通过后，随即为夏威夷大学邀请任教。由于这个任命太快，没有给我一些空余的时间来思考未来的活动，连原来计划好回台看望父母的计划也取消了。当时我也接受了几家大学的面试，东岸与西岸都有机会。但夏威夷大学却提供了更接近东方的地理位置，我也因此放弃了在东岸和西岸教学的想法。

    我必须在此趁机回忆五年内在哈佛读书阶段暑期的工作情况。1961年我迎来了第一个暑期，由于我有逻辑和数学的训练，得以申请到一家电脑公司做程序设计的工作。当时，研发台式计算机的马罗（Maroe）公司积极争取我去做电路程序设计工作。我并没有选过任何程序设计的课程，但是我很有信心能为他们做有关电路的数学设计。公司在新泽西州的橘郡，我就住在橘郡的城内，离纽瓦克国际机场很近。我从波士顿坐火车到纽约，然后转公车到橘郡，不经过纽瓦克机场。我上班的工作环境很好，有一个小组的领导者，他对我信任有加，从来不问我的工作如何，他说："只要你这个暑假能做出什么成绩就很好了。"他们的工资待遇很好，我也从来不追问如何付款，一切都是自然进行的。一个半月以后，我忽然有一个灵感，看见他们原有的程序设计中有一个多余的步骤。我建议用另外一个指令跳过去，经过计算，为他们计算机节省了一小点时间，也节省了计算机程序设计中的一小点空间。这个发现，让他们特别高兴，因为这个发现为他们省下了一大笔发展的经费，新出产品也提升了速度，增加了有效空间。为此，他们希望我明年暑假再来为他们工作三个月，工资也加多一些。但对下一个暑假，我是无法做出决定的，因为我不知道我是否通过博士考试笔试，是否在通过后有必要探讨我的博士论文计划。第二年，我通过了博士笔试，继续获得桑塔亚那奖学金，并得到哈佛燕京学社的暑期补助，因此我中止了暑期工作的计划。我必须要说，我并未想到数学与逻辑训练能够在现代计算机设计与操作的发展中形成热门。但我的兴趣并不限于逻辑与数学哲学，实际涉及很不现实的形上学问题以及价值哲学问题。现代的工业化职业中，并无任何产品或技术与此相应。但逻辑和数学，甚至哲学有促进科学研究和高科技研究的必要潜力。

我继续追忆从东岸到夏威夷的那段旅程。我于1963年7月中到达夏威夷檀香山，乘坐的是从纽约到檀香山的泛美航空公司航班，现在已经没有这家公司了，机身上有浅蓝色带红色的标志。我是中午的飞机，飞了5个小时到达洛杉矶。当时我有位高中同学前来接我，在他家度过一夜，第二天上午才坐飞机飞夏威夷。我在洛杉矶看到不少椰子树，发现洛杉矶充满热带风光。有人说夏威夷更加有热带风光，但在我记忆中，夏威夷气候温和而并不炎热。多年前我坐船经过夏威夷的时候，我还觉得夏威夷像一个公园，对椰子树没有留下具体的印象。没想到我初到洛杉矶，却经历了热带的风光和浪漫的热带气温。第二天中午就到了夏威夷，这时我才注意到夏威夷岛到处都是椰子树，还有空气中的一种浪漫情调。面对着蓝色的大海，让人怀疑似乎到了一个原始的天堂之岛。我慢慢习惯于这样一种气氛，尤其夕阳初下时，这样一种气氛更是十分浓厚，让我久久难以忘怀，也成为我离开夏威夷再回到夏威夷的那种期待心情。到了夏威夷机场，哲学系系主任纳格利教授亲自来接我，开车把我带到大学附近为我租好的一栋一室一厅的楼房，一切都很美好。而且学校怕我没有现金，为我预支了一个月的薪资，对我不能不说十分优待。

那个学期在 8 月中正式开课，我首先开了两门课，分别是美国哲学和中国哲学。系主任对我说，这是时下最为流行的课程。美国哲学方面，我讲授早期的美国宗教哲学，然后讲授 19 世纪的皮尔士，一直到 20 世纪的怀特海等人。美国哲学与英国宗教有紧密联系，它是 17 世纪的英国清教徒从神学走向科学的一条路。早期的美国人很严肃、很自觉、很自律，不是很重视金钱。他们过的是宗教生活，是清教徒的生活，我在波士顿读书的时候就注意到当时仍然潜在的宗教文化气质。18 世纪受到理性主义、启蒙主义的影响，1776 年美国发生了大革命，随后是 1789 年的法国大革命，美国的民族和文化有所改变，明显地反映在哲学思维上。相对来说，中国文化从古代到现代，其改变是渐进的。中国的文化传统以儒家为本，几千年来都学习同一套的经典，甚至连它的注解与诠释都改变很少。但在美国，从神学到哲学的发展，最多不过一百年。他们从宗教的背景走向古典的西方，奉读不同的经典。在方法上尤其有巨大的改变，从 19 世纪的进化论与启蒙哲学，很快就走入具有美国特色的实用主义。但美国文化接触到中国文化，虽然相对地晚，但在美国知识界的影响还是显著的。美国知识分子的改变是方法态度的改变，17 世纪的神学到 18 世纪就被推翻了，因为进化论进来了。19 世纪开始又有了一个新的黑格尔主义，吸收欧洲的传统，同时也第一次接触到中国传统，反映在爱默生的著作中。第一次世界大战以后，德国犹太人进入到美国，带来很大的影响，主要造成的改变是，南北战争、解放农奴和西部大开发。美国南方人的性格相对北方而言并非一致，像得克萨斯州，路易斯安那州，可能还保留一些法国人的传统。纽约完全是意大利黑社会的天下，形成了美国人好利、重现实，甚至于好斗、霸道争胜和强制的特性。

在1901之前，清代后期，美国大修铁路，修成了东西贯穿的铁路以及州际公路。很多华人被招募去修铁路，最早去的是广东香山县的人，紧接着的大批移民则是广东台山县人，两地人说的是不同的方言，彼此并不沟通。夏威夷的华人说的是中山方言，旧金山和纽约的华人则是台山县人居多，说的是台山话。由于中国革命以及战乱不已，中国人外流。事实上，鸦片战争以后，许多南方华人出海到南洋打天下，形成了广大中国海外华侨的社会，对辛亥革命也产生了重大影响。

20世纪五六十年代，美国社会已经有了很大的改变，比如嬉皮运动等。美国社会的改变主要是受到资本社会的影响，由于强调经济生产和对外贸易，19世纪以来的美国工业化带来美国作为国家的财富与国力。在政治上，反映了中产阶级维护民主制度的发展，这是很重要的一点。因为到了21世纪，美国大财团的发展，也使美国的民主政治变质。我在60年代到夏威夷，夏威夷还是一个比较保守的东方社会，大不同于美国本土，族裔之间相处得很和谐。其中以中国人居多，其次是日本人、韩国人，再然后是菲律宾人、葡萄牙人等。最有钱的是新英格兰人，他们是新英格兰传教士的后代，争取到很多特权，尤其在居住方面更是高人一等。西方文明介入夏威夷，成就了基督教在夏威夷的影响力量。

夏威夷的海域很大，夏威夷岛是一个世外桃源。夏威夷首先为英国人所发现，英国人有意殖民夏威夷，但毕竟英国离夏威夷太远，只好留给美国人继承占领夏威夷的计划和目标。在开始阶段和夏威夷进行商业交往，夏威夷的檀香山就成为美国商人的集中地，他们和夏威夷妇女发生性关系，有一阵子带来梅毒，后来又带来麻风，毁灭了大量的夏威夷土著。比利时人达米安神父（Pater Damiaan，1840—1889）献身于对麻风病人的照顾，后来成为夏威夷人心中的偶像。1960年以后，我看到的夏威夷岛是一个平静美好的岛屿，没有美国西岸的热情与忙碌，也没有美国东岸的紧张与压力，可以说是太平洋中的人间乐园。

当时哲学系有五位教授：教伦理学的海恩斯（Haynes）；出生哈佛大学的雷斯尼克（Resnik），后来与我合作写过文章；系主任纳格利是南加州大学专研齐克果和宗教哲学的学者；另外有一位资深教授（名字已忘）；最后一位是耶鲁毕业的查尔斯·莫尔（Charles Moore，1901—1967）教授，他创办了《东西方哲学》（*Philosophy East and West*）季刊，同时开办了"国际东西方哲学家会议"（International East-West Philosophers Conference）。这个会议每五年召开一次，我到后的第二年，哲学系主办了第四届东西方哲学家会议，时间是1964年6月29日至8月8日。这是我开过的最长的一次会议，相当于一个暑期班的时间。主要的目的在于使与会的东西方哲学家彼此熟悉，能够相互交谈。上午正式开会，宣读受邀学者的论文。下午举行个别讨论会，年轻学者必须参加。这个会议是当地华侨商人集资支持的，我提名邀请了方东美、唐君毅、谢幼伟、吴经熊、梅贻宝与陈荣捷等先生。年轻的学人除我外，还有刘述先来自中国台湾，陈特和彭子游来自中国香港。印度的哲学家代表也有不少人，西方哲学家主要来自美国和欧洲，不少是知名的学者教授。其他东方国家，包括韩国，日本，也来了不少学者，这是一次很突出的文化与哲学会议。

当时夏威夷大学的校长汉密尔顿（Thomas Hamilton，1914—1979）对文学有一定的修养，是英美文学的专家，经常公开朗诵诗歌。整个大学的气氛十分协调和充满活力，加上哲学系的国际会议，使夏威夷大学的哲学系突出于一般哲学系之上。夏威夷大学也可以说是首先发展东西方哲学研究，在全美或全西方所独树一帜，迄今仍然无其他大学与其相媲美。夏威夷大学作为州立大学，也有其他的特色，其天文物理、海洋研究与农业研究，也是全美所突出的。后来校长西莫内（Albert J. Simone, 1935— ），正式提出东西方哲学、热带农业、天文物理与海洋科学，以及当时正在发展的东西管理与商业哲学，为夏威夷大学五大优秀传统。当然，就州立大学排名，夏威夷大学是在加州大学排名之后。但就其优秀突出的领域来说，却有其特殊的风貌和吸引人的地方。如果哈佛是美国哲学中心，夏威夷大学则是东西方哲学的中心，为美国文化和文科发展散发了一种创发的活力，并影响西方哲学的发展。我从 1963 年执教夏威夷大学到今天，已经有 60 年的历史。看到夏威夷大学哲学系的成长，尤其看到我所推广的中国哲学国际化与世界化的成果，心中也有一份喜悦。只是美国未能真正重视东方哲学，只是想在政治上控制东方，把文化中心仍然放在欧洲，这当然也影响到美国哲学对世界哲学的持续发展，处于被动和后发状态。这又不能不说是一种遗憾，当然这也看出美国这个国家文化的开放性和思想的创发性，是受到自身历史的限制和影响的，并不能超越出来，也未能成为东西方乃至全球走向平等交流、共建和平、创发世界人类共同生活价值的标杆。事实上，追溯在美读书与教学的岁月，我不能不感受到美国文化从 1960 年以来逐渐地退化，体现在政治的霸权野心与经济的贪婪自私，最后造成内外部价值的不协调，甚至内部价值的自相矛盾与可能的崩溃。

在第四届东西方哲学家会议结束之前，我提出来要建立一个"国际中国哲学会"，希望与会的中国哲学学者前辈大家支持。当时，方东美先生表示十分支持。但具体怎么做，他们说还要靠我来发挥。我决定先行发行《中国哲学通讯》，以联系其他大学的中国学者，以鼓吹中国哲学的重要性。当时，中国哲学的概念并不突出，能够立即认同的只有少数的学者，大部分散在哲学系之外的科系，如英文系、中文系、东亚系和历史系。这些学者也都不是哲学家，他们只是因为一般课程的需要，开设中国文化史和思想史。其实没有一个学系有中国哲学这门课以及相关的哲学系统研究，有之则从我开始。但我也不能不指出，陈荣捷先生一直是孤军奋斗，在夏威夷曾经教过中国哲学课程，然后到美国东部新罕布什尔州达特茅斯学院从事东方哲学研究与教学。第四届会议结束之后，彭子游决定留下，在夏威夷教太极拳，我就邀请他来帮我油印《中国哲学通讯》手写刊物，宣扬中国哲学，吸收会员，一直到1973年正式出版英文《中国哲学季刊》，1975年正式成立"国际中国哲学会"。

1966年，我在哲学系主持了一次重要的哲学会议。那是一个科学哲学与形上学的会议，主题是"心与身"。由于在那段时间，我除了教授中国哲学与美国哲学，还开设了一门科学哲学专题课程，集中谈论身心关系问题，提出它们之间的统一性与同一性的问题。那个时候电脑已经被发明出来，有哲学家宣称电脑可以替代人脑，这是科学界提出来的。我对这个问题感到困惑，"心"与"身"到底是什么关系？在希腊哲学中，心与身是分离的；在中国哲学中，心与身是统一的。希腊哲学中的心代表灵魂，身代表物质。根据亚里士多德的四因说，心代表形式与目的，身代表动力与质料。后来笛卡尔也论说心与身是两种不同的存在，他的"我思故我在"，只能说是心的存在，而非身的存在。身的存在必须要上帝来保证，心没有广延，身有广延，这两者自然不同一，必须述之于上帝，才能把心和身相应地统一起来。但上帝怎么样统一心物呢？笛卡尔认为，脑下垂体是两者统一的基础。但这并非清楚的论证，何况上帝只是心的存在，他又如何影响物质的身体呢？把统一性归之于上帝，是一种神秘的统一性。迄今仍然无法说清楚。当前科学哲学的发展，是把心当作身体的功能，而为身体的一部分，并无独立的存在。这样的一个看法，必须要有一个自然化的宇宙发展观来终极说明，也必须承认物质不一定是物质，而心灵也不一定是心灵。两者本来同属一体，只是在人的意识中呈现为两个不同的层面，形成两套不同的语言或意义体系，必须在终极的经验中体现它们两者是合一的。我当时提出的论文已经具有这样的含义，我在出版的《心身同 一 性 多 面 观》（*Philosophical Aspects of the Mind-Body Problem*）的序言中也特别提出。这是一本基于会议论文组合出来的论文集，由我主编，于 1975 年由夏威夷大学出版社出版。

我当时思考如何建立心身的同一关系，而不只是统一关系。我偏向于双向的化约主义。心就身而言，是大脑的神经元；身就心而言，是意识的实际活动。心与身彼此相应，融合为一体。因为两者本身就是一体，在发展过程中，一个胚胎逐渐具有心的功能，而后有心的自觉。另一方面，任何心灵的活动都涉及大脑的思维，也就是大脑实际的内部的神经元的操作。我们认知一物，有其意义的一面，也有其所指对象的一面，显示出心身的一致，以及主客的一致与内外的一致。如果借助语言学家阿夫拉姆·诺姆·乔姆斯基（Avram Noam Chomsky，1928—　）的语言理论，语言分为三个层次，分别是深层次的语法学、中层次的语义学和表层次的语用学，三者是相生相成的关系。同样，心身之间有一个深层的同一体，即生命力，然后有一个具体化的身体存在，更有一个意识自觉的心灵的存在。三者也是相生相成的，构成一个动态的同一性。也许在一个直观的、强烈的经验中，会同时体验这三者的同一性，彼此互参，深入存在，而不只是一个功能上的统一性而已。这也是我对人的本体的认识，是和宇宙天地的独立创生极其相似的。

当然，对主张二元论的形上学家而言，我的这个观点似乎否定了人的灵魂的存在。其实，也只是一个语言和一个体系的表达的差别。人有身体，有心灵，有精神，必须在一个发展的过程中来理解，也就是我所谓的"本体化的理解"。当时我并没有把"本体"这个概念揭露出来，因为并没有涉及宇宙哲学，但我已经有强烈的宇宙自然发生的观点，并没有把宇宙看成只是物质的存在，而是把宇宙看成具有真理性、知识性、价值性（包含真善美等价值）的一个创造性的发展过程。同样，我们的身体与心灵也可以说永远在一个统一的整体动态的、发展的、创造的过程之中，其中精神也可以说是一个心灵自觉创造自身的活动而已。这样一个生命创造的自然哲学，不必依托身心二元论，正像身心二元论有其自身的独立体系。但两者的差别在于，在各种经验的体现中，自然的同一论似乎更强力地呈现出来，形成生活的一个直观。我记得在60年代后期，我到加州大学参加了乔姆斯基教授主办的"转形文法"（transformational grammar）高级研讨班，当时就想到语言的同构性和心灵的同构性相应的问题。

乔姆斯基的"转形文法"也让我更进一步去认识前后期维根斯坦哲学的关系，前期的维特根斯坦是以逻辑作为语言的内在规则，后期的维特根斯坦则以自然语言作为语言规则的实际基础，等于先行强调了一个语法的哲学，然后发展一个语义的哲学。而实际经验的语言应用，则为两者的基础。维特根斯坦并没有把这几个层次统一起来，而是进行了一个从早期到后期的演化。因此，借用乔姆斯基的层次论，启示了我对维特根斯坦哲学更深刻的认识。这也是我开设语言哲学课程的一个主题，从这个主题慢慢发展到对蒯因哲学的系统化的理解。在夏威夷大学第三年，我的课程在西方哲学中涵括了科学哲学、逻辑哲学与语言哲学，把当时哲学系带进一个现代西方哲学的前台。在中国哲学方面，除了讲授中国哲学史，我开始对中国逻辑自然的发展产生了重大兴趣，主要的目的在于深入认识中国哲学思维的逻辑结构究竟和西方有何不同。因此，我除了开设儒家哲学的研究课程，更深入地提出墨子逻辑的研究课题，得到美国科学基金会的支持。

在研究过程中，我注意到在五四运动之后，有几位出色的中国学者注解了《墨经》，并提出《墨经》中的逻辑思想为何物。我对《墨经》进行了深刻的考察，我观照的问题是求得正确的对存在事物的定义和界定不同的存在范畴与知识范畴，即《小取篇》所说的"夫辩者，将以明是非之分，审治乱之纪，明同异之处，察名实之理，处利害，决嫌疑。焉摹略万物之然，论求群言之比。以名举实，以辞抒意，以说出故，以类取，以类予。有诸己不非诸人，无诸己不求诸人"（见孙诒让《墨子间诂》，1893 年）。这很明显地界定了中国所谓的辩说逻辑。辩说逻辑的中心思想是，从"类"的认识形成对"故"的认识，然后从"故"的推理中认识到万物之"理"。如此来看，墨辩并不是纯粹的形式逻辑，而是对知识形成知识的一个认知与推理的方法论。这样一个方法论，的确与亚里士多德的逻辑哲学是相应的。但墨辩并没有把归纳和演绎绝对分开，而把它看成各种推理的，包括归纳与演绎的普遍推理的认知方法。

在墨辩中，我们可以找到亚里士多德的三大逻辑定理，基本上是对思维规范性的界定，与亚里士多德形式逻辑概念基本上是一致的。如说一切言说都是悖论，这句话其实也是悖论。这包含了自相矛盾的概念，但没有特别提出矛盾是如何一种现象。后者反而是韩非子提出来的，因为这中间有一个隐藏的问题：矛盾是否相互矛盾？这在《墨经》中并没有答案。但如果矛盾可以不相毁灭，则矛盾并非亚里士多德所说的矛盾。我从其中似乎看到一个基本的阴阳哲学的底架，允许矛盾可以成为彼此相容的阴阳关系，而不一定非是彼此毁灭的冲突关系。当时我也注意到公孙龙和荀子的重要性，对于思维的原理，我经历了独立思考，理解到公孙龙和荀子同为墨辩体系的辩论逻辑的一部分，甚至庄子也是。同时，我也肯定了易经哲学在解决矛盾概念方面所做的贡献。但关于这一点，一直要到我思考中国逻辑思想的根源问题，才更完整地提出。由于当时对中国逻辑的探讨逐渐理解到中西逻辑的基本差异，形成了我研究的主题，同时也开辟了我对易经哲学的关注，重新思考早期认识的易经思想。我在耶鲁大学讲学开课阶段，还特别提出中国逻辑思想以及易经哲学研究的专题研究课程。

在方法论上，我们必须允许一个动态的过程，认识其中所包含的不同层次，才能更好地掌握论说的原理与涉及的逻辑推理。我也特别关注这一过程当中涉及的一个文化结构转化的问题。所谓文化结构，不外乎心理结构和语言结构，两者所形成的意义的表述，必须透过分析来分辨主词、谓词、对象词与认知词，来确定一个语言的深层心理结构如何基于经验转化成为表层的语言活动。如此，每一个语句都可以分析出其内在的逻辑结构与文法与用法结构，来确定其意义之所在。这一个"转形文法"分析的方法，能够帮助我们理解新语句的形成，同时也体现了经过人们相互交流所形成的新语句的过程。如此人们可以创造新的语句，而如果没有这个结构就没有新的语句。同时它也能够表现语言意义的普遍性，保证了语言应用的普遍性。

我当时在大学教书的基本安排，是以一学期教一门西方哲学并教一门中国哲学为原则。中国哲学在我的计划中是从先秦讲到两汉，再从两汉讲到魏晋，然后讲到宋明、清代与近代。根据这样一个计划，我也可以从我认同的分析的重建方法重写中国哲学史。但很遗憾，这个计划被系中某些人事耽误，以致无法做到，可说不幸。我也由此理解到，在大学教学仍然有所谓的政治化的操作问题。我除了想讲授中国哲学史中的所有重要哲学家以及他们的关联，也想形成一个独立的、系统的对中国哲学的解说。另一方面，在西方哲学方面，我是以当代哲学作为起点，进而深入每一个讲授深刻领域的哲学家体系。这个计划，应该说没有受到任何压力。在几十年的教学中，我讲授了各种哲学问题，以及不同的哲学领域与体系，非常深刻地掌握了西方哲学发展的核心。在近十年来，我逐渐把更多时间放在中国哲学的发展问题上，深信中国哲学世界化对世界哲学的重要性。同时，由于我逐渐涉猎到诠释哲学，也建立了一套本体诠释哲学体系，可以用于中国哲学与西方哲学，以及两者的比较和互动，以达到一种会通。

这个会通应该是中西文化面临冲突矛盾所必须要做的解除工作。但我后来也理解到，在欧洲与美国，许多哲学学者认为哲学是西方的事，而非东方或中国的事，甚至引起了中国学术界怀疑中国哲学合法性的问题，这是很不幸的。因为过去一百年来的中西文化的交流，对哲学问题的关注，在中国因五四运动而受到重视。在西方，似乎没有人特别加以重视，以至于对中国哲学作为哲学无法做出肯定，甚至对"中国哲学"这个名词也没有一个一般性的理解。我在从事中国哲学与西方哲学同时教学的经验中，看到两者之间可以呼应的地方，有同中之异与异中之同，也有不同的起点和共同的目标。

因此，这种会通的工作是有理性和文化的基础的。只是需要哲学性的探讨与反思，来更从深层上认识人的存在的内涵的功能与价值。由于中西方在政治与经济领域实际上走上相互冲突的轨道，而缺乏哲学之光的指引，无法建立彼此的信念与信心与相互的理解。这是非常可悲的文化现象，因为在此现象中，中西文化不断冲突，而且会因为冲突而两者俱伤。中国哲学中的世界性也无法发挥出来，进而引起西方相向的回应。如果人类文明因此而断绝，那岂不是人的悲哀？因此，我极力主张中西会通，但必须在对中西两方面都有最深刻的认识和相互的理解才能做到。当然，这里面涉及中西方哲学经典的翻译问题。在中国哲学方面，陈荣捷教授做了重大的翻译工作。但如何进行诠释，仍然是中西汇通的关键。另一方面，中西哲学也不能不面对实际的文本，随时以文本作为基础，来加强彼此理解的重点，避免彼此误解的缺点。时下许多学者对中国哲学的一手资料十分重视，但对西方哲学基本的注疏却只是模糊的认知，这当然是不够的。也许，中国哲学界应该更自觉地提倡中西哲学汇通问题，强调两者文本相互了解和沟通的必要性。这样才能做到正确的诠释，并从诠释中取得洞见和灵感，发挥哲学的创造精神，创造出新的哲学理念，推进世界哲学的普遍有效性。

目前，经过数十年的倡导，诠释学已经在中国逐渐成为显学。但中国学者往往只注重一两本原典，而不能在西方哲学中看到西方哲学发展的方向与方法。因此，也无法更深刻地去诠释一个文本或发展一个诠释的方法与架构。所幸从"五四"以来，当代新儒家的发展具有开辟诠释新境的精神。其中，牟宗三和唐君毅就是两个最好的例子。受五四精神影响的熊十力、梁漱溟以及后来的方东美、冯友兰，也都贡献了一番心力。但必须要说，只有少数哲学家如方东美，能够看到中国哲学的本根，同时也看到中国哲学的未来，而对之具有理智的信心。对于理解他者，必须要有一个有基础的原意的重建或推测，才能更好地诠释一个文本。这也就是为什么我提出"本体"的概念，"本体"是有基础的意义与对象，来理解一个文本的语句，而不是只就其他语句来理解一个语句。但目前流行的恰好是一个以传统文本训诂与注疏为基础的诠释方法，取名为"经典的诠释"。其实这个概念本身就有问题，因为对经典的诠释，自然是经典的诠释，但就经典本身来诠释经典，不管是这个经典还是另一个经典，都不一定能够保证一个基础的、根源的、理解的、参与的诠释活动。这也说明了汇通之困难，一旦走入误区，就难以得到效果。

从作者的原意或文本的原义来诠释一个文本，这个原意或原义应该反射了作者对本体的创见，而不是注释的扒梳。这是本体诠释的一个基本道理。原典的重要性在于，作者透过他自身的有关本体的思考，或涉及本体的思考，创建了一个文本。因此，必须从诠释者本体的理解来进行对文本或文本作者的诠释，才能达到诠释的真正目标。诠释的最大用处就在于发挥原典的精神，而且是透过自我来发挥原典的精神，把我的生命力和理解融入到对文本的认识之中，也同时突显了文本所在的处境、环境以及文化背景。正是因为所在环境和文化背景不同，一个深刻的本体的诠释是需要的，因为它才能够帮助读者解决一些时代的问题，反映时代的需要。一个诠释者（非一般读者）在一个历史与环境的处境中认识到新的意义，这就是对一个文本作为生命体的意义载体最好的认识。因此，我们看到的问题是人们是否能够掌握这个真实的意义，来进行一个真实的理解工作，显示为诠释的活动。这也是人对自我的理解，对真理与真实的探索。而不只是历史性的，却更是本体性的，而为本体的一致。钱锺书于 1948 年出版的《谈艺录》所谓"东海西海，心理攸同"，可以说就是这个意义的发挥，同时也继承了先秦孟子和宋明理学与心学的基本精神。

更具体的例子是孔子的《论语》一书，对此书每一个时代的学者都有新的诠释。当然有的是相重复的，但也有不同的意义的认识和含义的推演。这都是因为本体性的理解，而非单纯的经典自身的理解。再就是宋明理学的例子，程颢提出的《识仁篇》和朱熹提出的《仁说》，都反映出对孔子原来的仁的新的认识。这是经典的诠释，还是对仁的本体进行反思的创新认识？程朱理学对孔子仁的诠释，并非经典的诠释，而是具有创造意义的本体性的真实理解。它又同时是对同一个文本的基本认识，是和孔子就他自身的仁学所说的"吾道一以贯之"有本体的一致性，而不是单纯的意义的重复。

从孔子到朱熹，我看到对儒家诸德概念的理解各有所重，但两者之间的理解和沟通却是一贯的，也是统一的。其中或许有基本的差异，但也有基本的一致，都属于儒家道德认知的整体之中。总言之，由于时代的变化，诠释是必需的。诠释必须保证同中有异，异中有同，但不能看作经典意义的重复，而是经典意义的发挥和创新。中西文化的沟通也是如此，目前还只是一个开始。如果我们对诠释的方法与诠释的起点不具有本体性的创新，就很难达到一个创新的诠释，适合一个时代的需要，同时也很难彰显一个概念或语句的内在含义与精神。这是要与时俱进的，而不只是一个单纯的经典实践与推广而已。

一个根本问题是作者的原意或文本的原义与诠释者对原意或原义的认识，以及诠释者对作者与文本的认识基于环境的不同有些什么关系？显然，一个作者或一个文本代表作者和他的时代，是作者对他的处境和价值观在一定情况之下结合起来的成果，有它客观的所指，有主观的意向，也有文本自身隐含的意义。面对一个作者或一个文本，不能就其表露的意义来决定文本，也无法推测作者的原意。因为所谓原意已经是一个复杂的概念，包括各方面的可能内容。一个一般的读者也许只就文本表面的描述进行理解，并不一定考虑文本内在可以显露的或导向的深层含义。这是要读者成为一个诠释者，深度理解之后的判断才能确定。

也许我们可以就三方面来做分析。第一，文本对诠释者的整体含义是什么？是否可以直觉地表现为诠释者的理解？第二，诠释者进行了对文本作者的认识与作者的时代或作者的处境是否可以有一个更深度的理解？这个理解也不一定反映作者的原意，却可以解释作者何以如此这般描述。第三，诠释者可以进行更深刻与广泛的理解，尤其相对某些目标或某些价值观，提出自己的认识，使这个认识和文本的深刻含义结合为一体而不相矛盾，反而能够突显出一个新的意见和看法。当这个文本是一个经典，显然有一个诠释经典或评论经典的历史观点。如何评价这个观点以及如何或是否能够超越这个观点，考验诠释者的诠释能力。这样一个文本既然是经典，必然有其一般被接受的看法。但这不一定是作者的原意或文本的原义，而可能是读者对作者原意或文本原义的表述而已。一个新的诠释者可以补充这个表述，也可以提出新的表述，使经典的意义落实到当前的时代与生活经验之中。伽达默尔提出"视野融合"的概念，强调原典所包含的意义和诠释者和读者提出的新的创见之间的融合。其实，倒不一定非是一种融合，因为有可能突显一个有意义的差异，使经典的原意有了新的生命，直接落实在现实中。本体诠释强调主客两方面的冲突协调，以达到一个最好的理解。但所谓经典诠释，则往往侧重经典呈现的原意或历史赋予它的意义，而无法把一个原典转化成为一个具有现代性的认识。关于本体诠释的重要性，或在于本体是变化中的实体，不管是主观的或是客观的，都在历史的发展中呈现其自身的特性。因之，本体的理解更能反映本体的真实，这和传统的训诂或解说是有相当大的差别的。司马迁所说的"究天人之际，通古今之变，成一家之言"，所谓"天人之际"是主客的问题，所谓"古今之变"是新旧的问题，而所谓"一家之言"则是一个本体诠释创新的成就。

我们讲儒家的传统，主要涉及四书五经，四书主要讲的是孔孟思想。孔子以他对人性的观察，来敦促人的一些基本德行的建立。孔子说："学而时习之不亦说乎。"这就包含了一个精神快乐的来源。孔子说："有朋自远方来不亦乐乎。"这就显示了一个待人之道，令人感受快乐，是接收这个现实的成果。人要不断地成长，逐渐知道礼义廉耻，这是一个主体经历的过程。

"人不知而不愠，不亦君子乎"，是做人的基本原则，是君子之道，通过不断自我反思，达到一个人的精神独立平衡的状态。这就是从人的本体出发的，从家庭到社会到国家的一个本体发生的过程，也是一个诠释实践的过程。

我思考易经作为从本到体、从内到外发生或实现存在的过程。基于这种理解，我在教学过程中强调易学对儒家的传承以及对道家的影响，儒家和道家的差异在于不同的生活环境和处境所产生的历史效果。儒家面对人的社会存在，强调人的心性发展。而道家面对自然，也强调人的无为而治，顺应自然的生活态度。两者都可以看成是易学本体体现的方式，因而可以分享一个共同的本体宇宙发生过程。东汉以后，印度佛学传入中国，必须与儒道建立沟通关系，自然也就发生了视野融合的问题，形成了印度佛教的中国化现象，从而导向中国佛学创新的发展，有了中国佛学的门派，如天台华严与禅。再进一步，对易学本体创新的过程，儒学更强调自我发展的重要性以及社会伦理的必要性，因而反对佛学，甚至道家。经过多重的视野融合，导向了宋明理学的发展，对传统儒学进行了一番更新。这是一个十分明显的本体创新的过程，也许我们也可以说，魏晋时代的新道家和唐代的重玄学也是一个本体创生发展的过程，只是本体的出发点或本有其特殊的处境和人文因素，导致新的思想的探索和表述，最后又不能不被纳入到宋明理学发展的大潮流之中。这些具体学派的发展，都是以前浪推后浪的本体进展的方式向前推行，而不是简单地重复，代表一个内在的生命在一个时代的潮流和环境中的生态。

我的中国哲学的"本体发展观"，是我在夏威夷大学教授中国哲学最早期十年的成果。后来，我想用这样一个本体的历史的发展方式，来说明现代传统中西方哲学与马克思主义的引入。虽然西方哲学与马克思主义具有它自己本身的根源，但在发展过程中，因历史与环境因素引进到中国，成为一个革新传统、重建价值的目标，其本体性的发展和介入，相较于佛学的传入，基本上有什么方法学上的差别呢？只是新的环境与时代是与魏晋隋唐时代大不相同而已。问题在于建立新的视野融合，因其本与体的差异，可能需要更多的适应与更深刻的理解。不但要对中国哲学的原典进行新的认识，同时也要对西方哲学以及马克思主义进行新的认识，以中国的历史与社会环境作为背景，以中国文化的潜在目标和生活的需要作为动力。也许只有如此，才能够把不同的传统融合为一体。这里我要强调的是，这些视野融合都必须以中国的原典作为本体，以及作为本体发展的制衡，加上适当的沉思和理解，作为创新的基础。这个过程也将是多姿多彩的，因为将面对不同变化中的情况以及西方和世界带来的张力。在我教书的过程中，讲授古典中国哲学，逐渐形成一个新的哲学发展观，对个别的哲学家都能够产生创新的认识，对宋明理学以及中国佛学则需要更多地思考，来达到视野融合的目标。我在最近两年特别看重对中国禅学的本体性的诠释，其实我发现中国禅学也反映出对中国道家与儒学，甚至易学本体性的诠释，其本质与方法都是一种本体性的创新，见之于六祖《坛经》以及六祖所启发的禅学五家。细节我在此暂时不提。

说到现代，我开过一门现代中国哲学课程，是从严复和康有为开始，一直到最近代。其中提到的诠释问题，往往是一种挑战。这个挑战有历史成分，有概念成分，也有本体认知的成分，引申的问题就比较众多，但选课的高年级学生却表现出高度的兴趣，提出各种各样的问题。这门课也引起我对中国哲学的世界化发生莫大的兴趣，整个中国哲学的历史在我看来是一个世界哲学发展的历史，是脱离不开世界的，而必须和现实的世界密切地结合在一起，唯有如此，中国哲学的智慧才能发出它的光辉，为人类的理想世界呈现一个价值的理想。我的基本出发点是以中国哲学的本体论作为基础，进行视野融合的探讨。基于这样的想法，我提出当代中国哲学的多元研究，并和牛津大学的尼克·邦宁（Nick Bunnin）编纂了一本英文的当代中国哲学著作，并受到重视。我在该书的最后一章特别强调了本体诠释产生的创新效果。首先，我强调认识一个作者对本体宇宙的理解，然后就历史的线索展开哲学思想的建设。同时认识到理性对理解客观世界与主体自我的重要性，强调动态的理解，说明知识的不断变迁以及价值的不断改良；强调潜在的联系，以补充表面上的关联。我进而形成了一套中国文化发展的整体模型，以面对任何西方或其他文化的哲学传统。我坚持对中国哲学起点的深入理解，以中国人的经验作为哲学的起源，来结合其他哲学和西方哲学的起源，把人看成基本的哲学思考者，也就是一个本体自觉不断发展的存在体。

我反对独断的权威主义，如果没有经过哲学的思考，任何权威都是建立在一片松散的沙土之上而难以持久。但是一个传统的哲学基础，是要我们人的自身思考来不断充实的。如果不好好阅读经典，我们就无法对我们的传统做出深刻的反思和创新的诠释。

还有一个重要概念是伽达默尔的"效果历史"，历史产生的影响作为过去的事件实际上并没有过去。这个认识可以用来建立对新的多样化的理解。伽达默尔受到海德格尔的影响，他对人的存在的基础，是接受海德格尔所说的人是一个"被抛出的存在"（Geworfenheit）。这样一个"被抛出的存在"，是没有根源，没有立身之地的。因此，海德格尔认为人存在在焦虑之中，感到烦躁和不安，甚至于痛苦和恐惧。早期海德格尔是无神论者，可能受到尼采的影响。但后来又受到道家老子的影响，想建立一个道德形上学而不成功，最后回到天主教的传统，肯定上帝的恩惠，作为人存在的基础，立场接近于尼采同时代的齐克果。伽达默尔并没有走上海德格尔上帝之路，反而以人的历史与文化发展作为人存在的依托，因而必须对人的文化传统，包括语言，有一个深刻的认识和理解。而这个理解，最好体现在文化和文明的对话之中，形成一个诠释的圆环，也就是经过对话建立双方视野的融合，向前推进产生生命的价值和意义。在这个过程中，历史是不断变化和创新的，是人的思想和经验不断充实和建构的。所谓"效果历史"，就是历史永远影响后来的实践的发展，不可能成为一个固定的过去，反而是现代的一个化身。

我们从"效果历史"中，不但可以了解到历史的进程，还可以理解我们自我逐渐形成的经验。这里我要指出，"效果历史"仍然脱离不了一个本体的概念，只是一个相对本体的概念，而非有深厚经验基础的宇宙本体概念。所谓相对本体的概念是指人的主体心性自我肯定地存在，但有其客观的相应的对象。问题在于这个对象是否为实体的经验，还是缺少价值内涵的存在感受。因此，主体的诠释就缺少一个对应的实体宇宙，为创造发展的永恒基源，也因此缺少一份知识的对象，作为主体实践的依持。在中国哲学中，"天人合一"的概念是建筑在主客体内外统一的基础上，也就是知行能够合一以推动生命的进程。

以上是我在教授中国哲学逐渐领悟出来的一套本体之学，用来说明诠释的基础。同时也是透过诠释显示了我对本体的体会，并把它看成中国哲学的基础，表现为易学中的天地人一体的精神。这样一个本体与诠释结合的概念，并以易经哲学为基础，不但说明了中国哲学的原始，也提供了一个哲学思考的方法。从 1979 年以后，我就开始用"本体诠释学"这个概念，并于 2003 年正式写入《中国哲学百科全书》（*Encyclopedia of Chinese Philosophy*，2003）。

关于我的"本体诠释学"，我常常被问及什么是"本体"？我用英文的"root / source"来形容"本之为本"。所谓"本"，既是根源，也是基础。所谓"体"，就是系统、体系与整体，是从本的动态发展而来，离不开本的存在的，是可以有多种形态的。不管是生物体或者是文化体，或者是精神的活动，人能够自觉其本体的存在，由于这个自觉，人的发展更具有方向性和规范性，成为哲学思想的基础，成为人类文明活动的枢纽，也是人类未来理想和道德实践的动力。

我在夏威夷大学所教授的课程可以分为本科生课程和研究生课程两部分。我曾经开了一门数学哲学的课程，但选的学生很少，完全比不上哈佛大学的学生状况。然后我发现我的科学哲学课程很受欢迎，因为选课的是教研单位的学生，为了到高中或学院教学而选修这门课程。夏威夷大学并无东岸大学的自然科学研究传统，因此研究生对古典西方的钻研并不流行，更多的学生反而喜欢更近代的西方哲学和传统的东方哲学，其中包含中国哲学与印度哲学。在这个意义上，"本体诠释学"对研究生有很大的吸引，因为它提供了一个整合不同文化哲学思想的工具，同时也是探究宇宙论、生命哲学、价值哲学的关联所必不可少的。我教科学哲学是以一个科学的方法论，建构一套物理学的形上学，用来说明天文物理中的基本现象和基本律则。我很重视理查德·德威特（Richard Dewitt）所写的《世界观：科学的历史与哲学》一书，我并将这本书推荐给台湾的一家出版社翻译成中文，我为此写了短序。此书把科学的变革与哲学的发展联系起来，诠释了亚里士多德的宇宙观、牛顿物理学和爱因斯坦的相对论，以及当代的量子物理学，并进一步说明生命起源的科学认识，以及进化论的发展，很符合我的"本体诠释学"的研究方法。但开设这门课我也固定地引入蒯因的"自然化知识论"及其逻辑思想，见之于他的最后两本哲学总结之书，《真理的追求》与《从刺激到科学》。

在夏威夷教书的长期过程中，我也获得教学相长的好处。我的哲学体系逐渐发展，但最后都会涉及本体论、形上学与知识论的关系，也涉及知识与价值的联系问题，也都能归纳在本体诠释学的体系之中。我认识到掌握科学的知识体系，构建系统性的理论才是哲学理论进步之所在。在科学哲学和形上学里面，我把蒯因的重要理论融入其中，逐渐形成一个有关存在的四个层次概念：从量子力学到一般物理学，再到相对论、时空论，再到量子哲学的基本存在，进而从物质发展生命，使人的存在成为可能，在人的存在中产生心灵和理性，也就产生了形上学和伦理学的哲学观点。

有关整体与部分的问题，我从易学中意识到存在的整体性以及整体中的多元部分性。世界作为一个整体，与其部分的关联是彼此涵摄的，正像一套语言体系，人脱离不开语句和语词，同样，语句和语词不能脱离整个语言的体系与文法及意义结构。我曾经写过一篇文章，看到语言本身所包含的意义空间，意义的每一部分都反映语言这个整体，因为它可以和其他意义空间联系在一起，既是包含，甚至也相互界定。我们用一首诗作为例子来说明。首先是一个整体，整体的意义不一定分明。如果我们细读诗中的诗句，整体的意义就浮现出来。但如何找寻整体的诗句，在没有标点符号的情况下，只有不断地上下左右地尝试分段，最后由于诗句本身的结构和声韵，整体的诗就呈现为一个意向分明的不同诗句的整体，传达着一个整体诗的含义。值得注意的是，混沌的整体由于心灵的思辨能力，整体中的内在秩序就呈现出来。这里就体现出心灵认知的作用，才能把整体诗的含义在他的阅读中形成一个明显的秩序。显然这个秩序既不能离开整体诗的潜在的混沌，也离不开解读诗句的心灵功能。

其实，不但诗句如此，古典的文言文也可以作为一个有用的例证。一首诗或一篇文章，它的整体意义是作者赋予的。但一个自然的整体世界，则是自然形成一个潜在的意义秩序。也许有人要问，是否我们应该假设一个自然世界的创作者即上帝。但我没有直接的经验来说明这一点，只能把上帝的概念等同于内在秩序的概念，形成一个本体的创造力。这个基本原则是可以肯定的，这个创造力也就是主客合一、内外相通的基础。但不可以因此引进一个额外的存在根源，根源即在整体之中，正像道不离人心一样。关于如何从部分里看出整体，这必须在经验中进行不断尝试，最后认识到真理中突出的结构，并以之来说明整体结构的基础，同时进行本体与部分的相互攻错，最后在相互理解的过程中完善整体和部分的密切结合。总言之，不断重读整体，不但看出整体中的部分，同时也看出部分反映出整体的结构和秩序，形成了一个内在有机相依的复杂结构，使我们获得对存在的本质进行了一个基本的认识。

我在写博士论文的时候，特别引用全体性（population，在前文中又称"群"）和样品的内在关系。归纳法就出于这样一种关系。归纳法涉及具体事物，更涉及事物的全体。其目的在于如何从个别的具体推论到事物的全体。必须要说的是，归纳法重视的是具体事物，而不是普遍的概念，是以量作为基础的推理活动。柏拉图能够用普遍的理念来解释具体事物，而把两者的关系看成一种抽象的参与。归纳推理并非参与，而是延伸；并不重视个别的差异，而是看重个别所属的群类。至于个别事物的差异，则必须有另外一个原则来说明，不能借助归纳来解释。因此，归纳的本是具体个别的存在，体则为群体类别的存在。要建立两者的关系，只有实际地发现一个个体是否属于一个与它相关的整体。这是一个经验的活动，而非抽象的思维。但有什么方法可以从个别的具体的事物推理到整体的群类，当然我们可以假设类群存在，只是我们没有发现而已。另一方面，也许并没有这样的类群，每个个体都是独立的个体，其差别性使它无法形成一个实际的全体。上一节我已经提到我的博士论文针对这个问题作出重要的解答，首先我们可以假设一个相应的整体的类群存在，然后在一个可信度可控制的范围内，从具体个例推演到整体的类群，我们可以不断探索这个类群的存在以作出结论。另一方面，如果并没有这样一个类群，则归纳的推理就是等同的推理，即部分就是全体，即个体就是类群，这样就解决了归纳推理的问题，同时也进入了本体诠释的推理原则和方法。在推理中不断地实现体的完整化和整体化的实际，同时也展现了一个从本到体、从体返本的循环认知过程，而不只是诠释的关系而已。就生命来说，从本到体是一个动态的发展过程，也是一个整体实现个体的整体化的过程，形成了一个认知真实的生命活动和心灵的投射。

易经的精神乃在于观象与测数。所谓观象就是直接地观察自然的现象和气象，形成一个具体的符号体系。每一个象都被认为包含一个存在或发生的原理，可以用自然数的关系来表达，这就是所谓易经的象数基础。在三方面重视宇宙的大象和变化的微象，从大象看出生命发展的大环境，从微象察知变化的性质与方向，在长期的观象基础上，逐渐发现自然运行的规则，表现为时间的节气与空间的"风水"（动静态属性），因而强调"数中有象，象中有数"。在象数的基础上，再直觉其含义，与人的活动联系起来，象数就成为语言的基础，象数中所呈现的规律视为自然之理。由于义理可以影响到人的行为、情绪和欲望，经过反思可以推测人的行为的是非善恶，而为道德规则形成的基础。所谓人伦的关系也不外是自然显示的可欲的规则。

如此，易经思想哲学的发展来自集体的经验，以及对经验不断地审视与探索，构成了中国哲学的宇宙论、生命论、伦理德性学以及有关的行为规范的认识，包括政治、经济与社会等方面的经验智慧。因此，我们可以说易经哲学是象数中有义理，而义理是"理中有义，义中有理"。象数不外义理，义理不外象数。可以投射到未来，以之形成了一个占卜的体系。透过占卜，来发挥了认知、诠释、判断与决策的人的能力。这是中国哲学的开始，也是中国哲学永久的源头活水。因为它是一个开放的，可以不断吸取的经验空间，掌握在我们自身感觉、直觉与思想之中。我提出易经之为中国哲学的源头活水，也具有历史意义。因为每一个时代深思的个人，都会就人生和社会的问题追溯到宇宙与自然的根源，以及人在宇宙与自然中的作用。这样就对中国哲学史的发展有一个初步的认识了，因此也对中国文化的基调有所理解。并非中国文化每样东西都必须联系到易经，但易经构成的知识网络和意义空间却实际地形成了中国文化的潜在背景。这样一个认识，过去很少人提出，我在教授中国哲学的过程中逐渐清楚地理解到，也让我更进一步细读《易经》这个经典，同时对《易经》的卦卜系统和《易传》的诠释系统，进行了一个现代哲学的诠释。

这个诠释我名为"本体的诠释"，上面已经多次提到。但正式写为学术论文，则是 1979 年以后的事。基于对易经哲学的这个认识，我也理解到宇宙变化无常却秩然有序，可说是一种宇宙自身管理的方式。所以我对易经哲学的应用进行推广，从管理哲学到沟通哲学以及其他有关的社会科学，都可以有一个易学的模型来进行探讨和诠释以及理论建设。关于象数之象这一块，我也特别重视中国文字与文学的发展，体现了一个动态和谐的美学。

中国文字的起源我们需要特别说明，它是以象形为基础的，从最早的象形到形声，然后发展到指事、会意和假借，都可以说是一种投射和引申。基于比类属事的原则，把形和声、事和意关联起来，构成一个网络化的符号体系，也使我们对事物的理解具有一种网络的联系性。因此，对新的事态的诠释或对一个文本与经典的理解，都具有这样一种内在的网络性。在语言的说明上能够做到头头是道、自圆其说，往往言有尽而意无尽。同时也可以说有一个本体存在的先天模糊性，因为一个字的含义固然有所指，但所指的往往是一种意象，而非概念分明的理念或者真相。六书中的转注与假借，可以说就是这种意义蕴含的所形成的造字原理，甚至成为推理的各种延伸，在墨经中称为"辟""侔""援""推"。

至于西方重视的知识论，在中国来说也必须从易学的符号哲学来进行了解。我对墨经的类比推理的重视就源于此。类比推理往往是具体的象的延伸，然后在象中发挥其可能的义理。这一种认知方式，从西方现代哲学来说是现象学的，但它不同于西方胡塞尔以来的现象学。其不同在对象的认识，有主观的义理存在，也允许象的变化，因此产生一种流动性的、启发性的、动态的意识之流，并从中去摸索所隐藏的或者所代表的形上学的含义。因此，中国的知识论往往是以符号论为开始，直接通向形上学。和西方说的知识论自然大不相同。我讲授儒家、道家和宋明理学，并不只是注重在其伦理学或政治学或本体学方面，而是就一个价值性的知识论加以发挥。也许可以这样说，西方的知识论是事实性的，而中国的知识论是价值性的；一个偏向客观，一个偏向主观。

最近十年我开设易经哲学与"本体诠释学"的研究讨论课程，在课程中我先行提出伽达默尔的"哲学诠释学"，然后再提出我的"本体诠释学"，两者相互连接，可以看出一个发展的线索，也看出"本体诠释学"相比"哲学诠释学"更具有哲学的规模。我一般是把伽达默尔的"哲学诠释学"和我的"本体诠释学"放在一起讨论，发挥两个传统之间、两个理论体系之间的对应关系。但也有不对应的地方，那就是在诠释学诠释的本体和形上学的基础上看见中西方的最大差异。"哲学诠释学"不能以亚里士多德作为基础，或以海德格尔作为基础，二者都无法显示易经哲学宇宙本体论的重要含义，包含创造性原理和持续的整合原理，显示主客观之间的动态相应关系。伽达默尔的"哲学诠释学"本质上是一套现象学，却不能建立现象学的本体学基础。这个基础只能在易经的自然主义的本体宇宙论中找到。最近我注意到，他的学生当代德国哲学家费格尔（Guenter Figal）基于康德的第三批判显示现象意识所可能涉及的存在本体，可说为伽达默尔进行了一个补充。我在 2000 年应邀与伽达默尔对话，我就指出这个需要补充的地方，当时伽达默尔只能以海德格尔回应，最后他又指出海德格尔的回归天主教哲学的上帝，作为另一个出口。以之与"本体诠释学"相较，显然"本体诠释学"在现象学与本体学之间，具有更清楚自然的关系。

我上面提出的"象数义理一体化"之说，就代表了这种清楚自然的关系。另一方面，伽达默尔的长处是对人文主体性的肯定，但我认为他在这一方面可能不及法国哲学家保罗·利科（Paul Ricoeur）那样清晰地说明主体性的判断能力。但他的发挥仍然是十分可取的，我认为是与中国哲学中的理气心性哲学相应的。这也启发了我后来发展的"主体十性"的自我认知，把中国宋明以来的心性之学纳入到"本体诠释学"的本体思考之中，成为主体的方面与自然宇宙相对应。总言之，从"哲学诠释学"到"本体诠释学"的发展，是一个更深层次的发展，一方面是跨文化、跨哲学的、跨体系的，但也是一个世界哲学发展的征兆和基础，具有创新建设和建构的意义。当然，现代西方诠释学还有许多分支，比如哈贝马斯（Jürgen Habermas，1929—　）的"交往理论"是一支，上述的保罗·利科提出的自我认同理论也是一支。

至于中国的诠释学的发展在我之后也有一些分支，包含坊间流行的传统"经典诠释学"，以及潘德荣的"德行诠释学"，各有所长。但真正能够代表中国哲学传统，并彰显中国哲学特性的诠释学仍然是"本体诠释学"。此一诠释学不但可以用于经典，也可以用于中国语言系统的形成，用于一般文本，并可以直接面对宇宙自然，并可以发展成为一套管理哲学、价值哲学、伦理哲学与知识哲学，其所包含的本体诠释圆环从本到体，从体到本，正像从象数到义理，从义理到象数一样。可以说早在德国哲学家施莱尔马赫（Friedrich Schleiermacher，1768—1834）之前几千年就已经提出了。

此处，我想加强提出最近我的研究课程特别涉及的保罗·利科的诠释学。他讲历史陈述、时间陈述，希望以此来建立一个整体的概念。他有两个概念我觉得很重要，一个是从历史叙述时间中所呈现出的人的同一性与人自身掌握的同一性是不同的。比如你理解一个学说，不但理解其著述与言谈，同时也理解其时代和时代的问题，以及所接受的传统，自然与哲学家本人有所不同。这种不同表现在哲学家本人是有一个自我的认识和意向，在他者则有时代和背景的自觉，一个具有更多的哲学性，一个具有更多的历史性。历史性和哲学性合一才成为一个更完整的理解，这就是伽达默尔所说的视野融合的另外一种状态。利科重视这种差异，因此提出两个不同的同一性，一个是"同样"（idem），一个是"自身"（ipse），见之于他所著的《作为一个他者的自身》（*Oneself as Another*，Yale University Press，1979）一书。

这里提一下当前研究哲学的问题，研究西方哲学，不能不熟悉西方的语言。除了英文，最好有德文、法文的基础，可以阅读德法文的重要著作。当前在国外大学研究中国哲学固然可以用中文，但要形成一个世界性的认知，也不能不借助西方的语言，尤其是英文来表达。有人提出中文中的中国哲学和英文中的中国哲学有什么不同。我的回答是，就理论来说，并没有什么不同。研究中国哲学必须以中国哲学的原典与文本为基础，但问题是这些原典和文本并没有标准的西文翻译，即使在英文中也不完全。更重要的是，用英文研究或传授中国哲学必须假设对中国哲学有一个深刻的理解和正确的概念表达。但什么是正确的呢？更何况我们进入到相互诠释的时代，从英文研究中国哲学，事实上代表了讲授者或著述者有他可以自信的正确的诠释和理解，来补充翻译之不足。此处我提出一个基本原则，任何英文对中国哲学的诠释，都必须以中国的文本为随时参与的对象，必须遵守对中国文本建立的训诂和考证成果，也必须经得起熟悉中国哲学文本的中国学者的严格审查和批判。但这并不妨碍诠释的逻辑性和创新性。

目前的现象是许多自以为懂得中国哲学的美国哲学学者，可能对一本经典或其部分做过仔细的阅读和研究，却不能会通其他经典，因此，所提出的哲学思想仍然是偏离了可以诠释的范围，更多代表了一种主观的意见。举例来说，有一位我以前的学生，中文根基并不十分扎实，却自以为是，不知谦虚，用英文翻译中国概念如孔子的"正名"思想，以之为一种名实的"安排"（arrangement），又把孔子之仁的概念解读为"authoritative"，具有仁是有发展自我的意义。这个解释显然产生误导，很难和中文的"仁"字之含义相配合。另一个例子是，翻译"中庸"为"聚焦于熟悉事"（focus on the familiar），与中庸所说"日用平常"大相径庭，离题很远，并且造成误导。迄今很少学者采用，可见一斑。从这个例证看来，研究中国哲学，不但要文字熟悉，也要思想亨通，才能在跨语言的表达中发挥新意，才不会"弥近理而大乱真"。

我对中国哲学的海外传播和发展，经过多年的磨炼，逐渐走出一条路来，可以说为英文中的中国哲学，其可以发展的特色是更能借助西方哲学的概念，从比较和整合的观点，来进行意义的说明和洞见的发挥。这将是一个长久持续的反思过程。由于中国哲学面对世界化的挑战，一个相关的思考者必须精益求精，不断自我磨炼。当然，如果现存的中文的著作有值得翻译成英文的，也应该逐渐翻译出来，呈现一个现代化的意识，事实上也构成一个诠释思考和表达方式的考验。我在台湾大学读书阶段学过法文和德文，在哈佛读博士阶段满足了语言的要求，但更重要的是在今后与德法哲学家交往的过程中，无论就学者背景或其著作而言，都帮助我更好地理解了欧洲的传统。

我记得在台湾大学教授法文课的是黎烈文教授，他曾经翻译过《红与黑》这样的文学作品。教授德文的是周学普教授，他翻译过歌德的《浮士德》。两位教授都很知名，因为他们对翻译文学做出贡献，而且翻译工作相当严谨。我注意到法文属于拉丁语系，而德文属于日耳曼语系，对这两种语言有所认识也能够使学者更容易掌握欧洲大部分国家的语言文化体系，因为欧洲大部分国家不是属于拉丁语系，就是属于日耳曼语系。知悉这两种语言，可说对我今后20年与欧洲哲学家的交流有莫大的帮助，尤其是我多次在德国讲学与开会，从语言理解文化和思想习惯，也就更容易掌握一个传统的方向和习惯。我与西方哲学的沟通，就建立在美英德法的学术与个人交往之中。与此相较，我并不熟悉斯拉夫语和古典的希腊文，我在俄罗斯和希腊的访问总觉得有一种隔阂，这是在德国、法国和英国不会发生的问题。但我也注意到现代欧洲的国家大多讲说英文，并用英文写作，对哲学文化的沟通提供了莫大的方便。北欧五个国家丹麦、挪威、瑞典、冰岛与芬兰，基本上都用英文沟通。在那些地方开会，可说完全没有隔阂，甚至于在以色列也是一样，也是以英文作为日常语言的。

我的教学生涯至今已经超过半个世纪了，可说有整整 60 年，不能说不长。这个过程也有阶段性，早期我只是每年到美国本土与国际学会开会，提出论文，然后有十年进行了几个美国本土与海外大学的访问和教学。我在上面提到的 1970 年到 1972 年在耶鲁大学教学，以及 1979 年到 1981 年在纽约皇后学院教学是最值得我记忆的。因为我在那两次教学中发挥了我的特长，同时对美国哲学家产生了一些影响，使他们对中国哲学发生兴趣。我讲授的课程除中国哲学外，就是比较哲学、道德哲学与形上学等专题，使我更深入地理解东岸大学的特征与具有的传统。在下一个 15 年内，我首先被邀请到日本国际基督教大学讲学，让我对日本的文化与日本人的心理有一个更深刻的认识。随后我利用休假在台湾大学讲学，培养了一些研究生，带动了他们对易经哲学、诠释哲学的深刻认识。可惜台湾这边人事问题比较复杂，我作为哲学系主任，必须面对一些现实的问题。但我推动了中国哲学现代化与比较哲学研究的方法，为台湾哲学界带来一份活力和生气。20世纪以后，我被邀请到英国牛津大学做客座教授，开设了当代中国哲学一课，以我和英国学者尼克·邦宁撰写的《当代中国哲学》（*Contemporary Chinese Philosophy*）一书为课本。这本书是我精心设计的，主要也是在帮助我自己梳理20世纪中国哲学的发展线索，涵盖了"五四"以来当代的中国哲学思想者严复、熊十力、梁漱溟、方东美、冯友兰、唐君毅、牟宗三、张东荪、金岳霖、张岱年、李泽厚等，但不包括任何政治人物。我到英国讲学两次，一次是牛津大学，一次是伦敦大学。我很喜欢牛津的学术环境以及它的小城风光，值得我回忆。1995年出席波士顿世界哲学会及国际中国哲学会，在会中接受俄罗斯科学院远东研究所授予我的荣誉博士以及对我1996年的赴俄邀请。在授予博士的致辞里面，授予者说明我对中国哲学的贡献，以及我对俄罗斯研究哲学的影响。1996年，我应邀去莫斯科出席俄罗斯科学院远东研究所的国际会议并安排到彼得堡参观两天。

在最近20年，我参与的国际和国内会议众多。我既然接受邀请，就必然提出一篇学术论文作为回应。在北京、台北、武汉等地，我也召集了几次国际中国哲学会议，发挥了传承与推广中国哲学的使命。如果我在夏威夷的教书时间总共是60年的话，我有10年的时间是在海外讲学，可说是我的整个学术生涯的一个写照。在中国，我多次讲学于北京大学、清华大学、中国人民大学、华东师范大学、上海交通大学、武汉大学、中山大学、深圳大学以及浸会大学，合起来时间也在5年左右。我不在夏威夷的时间总共约为15年。到海外讲学，往往旅途奔波，身体也受影响，但我的心情是愉快的。即使是在2018年春末我因过分劳顿而生了一场大病，迄今也未能完全恢复，但仍有"老骥伏枥，志在千里"的心情。我想我早已习惯于教书生涯，感受到教学与发表论述之乐。更重要的是，能够教育人才，为中国哲学世界化做出贡献，更是心甘情愿，不知老之将至。

在国外访问或者讲学，是很必要的。我自己的感受是，新的学术需要有更多的交流者，才能产生碰撞的火花，到达一个更高的层次，导向更深入的问题，启发更深刻的思想，所以海外讲学对我的哲学的发展是很必要的。从这个角度看，我到其他学校进行访问，既是一种交流，也是一种创新，即把自己更新的思想在另一个学术环境、文化语境中加以发挥，启发更多的学者，并得到相关的认同与提问，使我看到之前看不到的问题，最终形成跨语言、跨哲学，甚至跨文化的影响。这对促进人类的和平相处、共同发展是有极大好处的。当然，在从事这样讲学交流的工作，必须自己具备丰富的底蕴和智慧积聚以及专业知识。这也是一种深度的、广度的文化与生命对话，可以作为融通观点或区分立场的最好方式。中国哲学需要这样一种文化自觉和沟通的自信，必须知己知彼，把中国的哲学提升为世界哲学的精髓和推动人类价值融合的生命力。不但能够一以贯之，开拓新的层面，进行文明的提升，而且这也是我对自己讲学活动的一种期许和鼓励。这也是我的学术成长的一个过程，使它更具有针对性和体系性，也更能回应和影响这个时代。近一百年来，科学的进步有目共睹，但哲学的发展却难以觉察它的价值何在。我想中国哲学的发展，展现中国的宇宙智慧与道德理想，可以直接影响到社会的风气和维护人的存在的品质与尊严，是非常值得去开发与创新的，尤其能够补足科学之不足，促进科学真善美的应用，解决多方面的人类困境和问题。夏威夷大学可说提供了一个内在的环境，也具备了一个可以向外发展的能力。在中国哲学的发展问题上，可说大有可为。也许我所做的只是一个开端。

夏威夷大学创立于 1907 年，迄今已经有 116 年了。到今天不再保持原始的面貌，自我到夏威夷教书之后，校园建设了不少教学大楼合成一个新的校区。檀香山原居民不多，东方的移民以日本人和中国人为主，树立了一个种族和谐较好的榜样。二战之后，夏威夷于 1959 年成为美国第五十个州。我记得 1957 年，我经夏威夷檀香山到美国西部读书，曾经来到夏威夷大学校园观光，当时就感觉到环境很美。而那时夏威夷大学已经有了哲学系，但哲学系的成员不超过五个人。

从中国哲学的研究课题来说，早期我最突出的研究是中国逻辑和《易经》哲学。我研究中国逻辑，是从墨经开始，兼及公孙龙和佛学的禅学。我发现中国的逻辑思维固然和西方的有很多相近的地方，但也有很特殊的地方。前面我已经指出中国逻辑强调语言包含的意义之间的关系，形成了一套意义逻辑，而非外延的概念逻辑。虽然有悖论的"悖"的界定，却没有正式面对矛盾律的说明。而事实上说明"矛盾"的是韩非子所提出的具体形象，表示生物冲突而又共存。我后来假定这个中国的矛盾概念与西方的"矛盾"概念不同之处在中国人所言的矛盾可以转化成为阴阳互补，而西方的矛盾却不可如此转化而代表着一种相互毁灭。西方的矛盾导向对存在的否定，而中国的矛盾只是一个悖论。这也说明西方逻辑是抽象化的，中国的逻辑是具体化的，一切以经验为主，而非以概念的分析为主。这在公孙龙和荀子那里都是一样。我注意到这个现象，并引进具体的变化思想"阴阳之道"来加以说明。在《易经》哲学方面，我也看到了中西哲学的大差异，中国哲学强调内在动态的统一性，中国易经思想是和谐化的辩证法，而非西方的相互否定的冲突辩证法。这也显示中国对现实世界的重视，与西方重视超越的存在二元论完全不一样。

以上说的这两个特点则往往为研究中国哲学的学者所忽视，或未能给予清楚的解说。但两者都促进了我对中国本体论的宇宙论的认识，而一般中国的学者从开始就把"本体论"和西方的"存有论"混淆起来，至今犹然，这也是值得我们注意的。中国哲学是侧重实用和现实的，但很不幸，近代中国哲学学者却把哲学的实用转化成为谋取社会利益的手段，因而把《易经》导向一个死胡同，不能为他人所接受和理解。对《墨经》的重要性，更是普遍地漠视。这两个态度，都不利于中国哲学的世界发展。我们要有智慧看到中国哲学的特色与细节，也要有智慧认识到对于中国经典的冷漠和神秘化，不能发挥中国哲学的大用，这是令人忧虑的。近年来，有人质疑中国有没有哲学和逻辑，这是由于不认识中国哲学或只看到中国哲学的错误的理解和应用而产生的结果，值得我们深思。

《易经》在西方的理解，是传教士在 16 世纪末开始的。耶稣会传教士把有关《易经》的图形传给当时的西方哲学家莱布尼茨，莱布尼茨并不理解《易经》的哲学意义，而直接把《易经》的六十四卦转化为二元制的数学，并用它来作为发展一个普遍计算机的语言。当然这和易经本体宇宙论相差甚远，但至少在形式上保存了易经的系统性和符号性，也发挥了易经的推理性。西方哲学家对易经哲学的不理解，当然也避免了他们深思上帝存在论的缺点和问题。莱布尼茨若有所悟，他的"单子论"就有一种含义，把一元论变成多元论，呈现在一元论之中。但莱布尼茨对易学中的变化性、互生性、内在超越性、和谐性和形式上动态的美感性却没有深刻的体验。因此，对《易经》所包含的变化逻辑着重有无相生、从无到有、再从有到无、生生不已的过程并无深感。当然他发明的微积分却有人怀疑是否受到《易经》的影响，我认为是可能的。他之后的黑格尔阐述了一种自然辩证法，似乎也是受到《易经》和《道德经》的启示。这也可能是东西文化相互碰撞产生的结果。

从莱布尼茨翻译《易经》开始，二进制促进了计算机的发展。《易经》是以天地人为本的学问，涵盖宇宙论与生命论。在逻辑论上，则特别强调变化逻辑，不是从形式逻辑去推取结论，而是从存在的变化中掌握规则。这些规则也不完全表现在语言之中，而必须求之于一个形上学的存在元素及其关系的思考，显示出一个存在整体性的整体认知。因此他提出了所谓和谐状态的前理解。虽然他认为传统的逻辑三大定律并不完善，因之诉诸一个动态的过程分析，表现为一个微积分的模型。这也可以看成易学的象数论，却是建立在抽象的时空关系基础上，而不必受限于具体的变化象数中的意义的约束。从这个角度看，他的"单子论"仍然不能表达中国易学中的"变动不居、唯变所适"的终极理解。

比较西方学者对中国易学的理解，所欠缺的是直接观察宇宙所形成的变化默识，用符号体系来容纳主体自我的人的观感及其所产生的意义与价值。这是中国易学本体论的重要部分，正如客观的象数的或数理的表述一样重要。这也说明为什么我们要重视伏羲画卦，从一阴一阳之道逐渐体现一个连续的但是有层次的存在序列，其中包含了八卦与六十四卦以及可以延伸的可能性，也包含了一个从部分诠释全体、从全体诠释部分的意义结构，彰显了人的心性的活动。《易经》代表中国农业时代的开始，代表中国人对天地长期精心的理解，也隐藏着一个中国哲学的肇始，即体现宇宙发生与发展之道，经过反思与实践，更进一步体现了人的理气心性的存在活动。这是儒学的开始，也是道家的开始。除了对自然宇宙的真实有了一个动态的理解，也发挥了一个继往开来，察微知几，洞悉大体的占卜预测能力。其实所谓占卜，就是对现实的卦爻的描述进行一个心中整体化的理解，投射于未来也规范人的目标和行动。不但如此，由于经验的累积，人们也有了所谓吉凶祸福的认识，这都是实感的，也是实事求是的。因此，占卜的预测可以准确，也可以不准确，关键在于人们是否具有充足的理解与有涵盖性的诠释。

占卜如何从吉凶祸福的预测发展成为人对是非善恶的认识，这当然也是长期观察的结果。《易传系辞》说："积善之家，必有余庆，积不善之家，必有余殃。"如此可以理解为从长期行为的祸福来看，最后必然是为善才能多福，为恶必然遭殃。在这样一个过程中，善恶的认识也就逐渐巩固和清晰起来，可以说是一个反思与归纳及推理的结果。人的伦理关系和道德关系也可以从这个基础上建立起来了。同时人们可以面对各种困境，思考解除之道，而且能够未雨绸缪，可以进行修持的功夫。从这个简单的分析，我们可以看出来，儒学重视人事修养与生命发展，是践行易学最直接的成果，这也就是儒家之所以发生。如果我考虑到人的行为后果问题和对人的行为的价值比较问题，就是面对变化的宇宙，奉行自然的规则，力求遵从天地阴阳之道，甚至考虑占卜和占卜的符号体系的工具性，这就成为道家的智慧，也可以说是最原始道家的起点，仍然来自易学。

总之，《易经》包含着本体宇宙论的诉求，包含生命哲学求吉避凶的讲求，也包含着道德伦理学的构建和人的生命本体终极的本质的认知的追求。谈《易经》不能不谈本体，它是宇宙的基础，也是人生的动力。《易传》提出一阴一阳之道，从明暗、刚柔、动静等整体关系，来理解一个动态的生命发生与发展源头和过程，可说是简易明白的。但这个简易明白的经验之中，深藏着天地人相互关联的哲理，也包含着人可以发挥的德性与能力。对中国哲学以后的发展具有决定性的、指导性的、规范性的意义，与西方哲学中的希腊哲学与希伯来哲学可以说完全不一样。但我们却能做出基于意义的比较，这也成为我后期教学所经常面对的课题。

我在夏威夷大学早期的研究，就中国逻辑学的问题，我曾获得美国科学研究基金会的资助，对先秦的逻辑思想进行了整体的探讨。我还利用此一基金，进行了第一次去日本的考察。我原以为日本的汉学中有对中国逻辑的研究。事实上，在经过考察之后发现并非如此。同时又发现一个很重要的现象，即是日本的中国学的研究不但缺少对中国逻辑学的认识，也缺少对中国易学的深刻理解。我从东京大学到京都大学，都没有见到任何一位学术性的易学家。但我知道早期日本东京大学曾有一位研究易学的专家，但我已经把他的名字忘了。有趣的是，日本没有真正的易学哲学的研究者，但日本民间却非常崇信伏羲占卜之学。甚至有民间学校名为易经学校，教授卜卦和如何解卦。最有名的一家名为龙岛占卜集团，他们有自己的伏羲庙，把占卜当作营业的项目。这是后来我参加一次国际易经学会在东京开会时的发现，是和我这次做学术研究的项目直接相关的，我也发现日本自二战之后对中国的研究更集中在中国现代学者的思想方面。同时我也意外地发现，日本人想建立自己的哲学，但具体如何做并不清楚。在 1991 年，我第二次应邀到日本教学之时，却发现日本京都大学设立了一个日本哲学的讲座，这是在我1966 年的访问中不存在的。

回到我刚才说的有关中国逻辑学的研究，我的结论是：日本的汉学研究及中国哲学研究基本上是落后的，甚至是缺失的。但在日本的资料中，却看到欧洲出版物中有关研究中国逻辑的文献，最重要的人物是波兰的逻辑学家赫米耶莱夫斯基（Janusz Chmielewski）对公孙龙子"白马非马"的研究，后来又发现一些欧洲学者对墨辩与名家的学术研究，最出色的是英国的葛瑞汉（Angus Charles Graham，1919—1991）。我发现他正在从事《墨经》的翻译，为此我们还相约在三藩市见面直接探讨。但我对他的一些翻译并不满意，他也未能接受我的意见。因此，我决定自辟蹊径，利用我自己的逻辑背景，来进行对中国先秦名家的逻辑独立研究。为此，我写了几篇重要的论文，我发现最重要的是，必须对所谓逻辑要进行新的说明，不能单纯地只接受亚里士多德的形式逻辑框架。我看到的《墨经》是对人类理性知识范畴具有普遍性的解说，当然也包含了逻辑的概念，如同异问题、是非问题以及时空问题。《墨经》提出 7 种推理的方式，而不拘束在亚里士多德的形式逻辑之中。

所谓逻辑，对中国来说是一种辩论求是与求真的过程，对逻辑三大定律有不同的阐述。尤其在矛盾律方面，是透过辩论来理解的，而不是透过相互否定存在来理解的。关于这个问题，我一直到较后才获得一个新的认识，那就是中国的逻辑矛盾概念，是以中国的阴阳互补概念联系在一起。因此，可以说中国的逻辑思想是从易经哲学这个源头逐渐发展出来的，反映出中国语言的特色和中国对存在认识的特色。因此，中国逻辑并不能完全脱离中国哲学中的辩证思想和变化思想。这在最近我写的有关"易经与逻辑"一文中特别彰显出来。但 1966 年日本之行的结果是，我写了一篇重要论文，名为《中国哲学中的逻辑与语言》，把诸子百家有关逻辑思想不只限于名家，系统地表彰出来。此一长文，后来被荷兰的一位学者收录在他的《中国研究手册》（*Handbook of Chinese Studies*）之中。我最近写的《易经与中国逻辑》一文，则被收集在施普林格最新出版的《中国逻辑思想研究》一书之中，编者为两位逻辑学者，一中一欧，中国学者为清华大学的刘奋荣教授。回顾起来这方面的研究，我觉得我应该把我有关逻辑的论文集中在一块儿独立出版。但这需要时间来进行编辑整合的工作，目前还缺少这方面的时间。

1965 年，我就开设了中国逻辑的研究课程。同年，也开设了《易经》哲学的研究课程。这都是我的第一次，也是在西方哲学发展的环境下，中国哲学研究的新的起点。这两门课中，《易经》是更受欢迎的，而且在以后的开课中，是研究生喜欢的课程之一。由于此，我也指导了至少三位以《易经》为论题的博士论文，可能这在当代西方也是第一次。至于中国逻辑研究，虽然我发表了一些论文，也在我耶鲁讲学阶段吸引了一些美国研究生，但至今并没有学生写这方面的论文。

我在夏威夷大学的课程随着时间而逐渐扩展，我的计划是从中国先秦哲学开始，把中国哲学史的五个阶段的哲学思想做出相应的研究。但我并不是历史学家，我一时也没有重写中国哲学史的意愿。但我早就注意到，中国哲学史需要一个哲学的源泉，而不能像冯友兰那样，只从中国的社会制度发展来说明中国哲学的产生。我的易学源头论当时并未提出，是要到1985年回到中国在易学大会中提出的。我说的中国哲学史的五个阶段是先秦、两汉、隋唐、清民和现代。我虽然有意开设中国佛教哲学的课程，但我并没有这样做，而是集中在中国禅学的探讨。当时两汉和魏晋，我也没有特别加以强调，而把中国哲学的重点发展放在宋明理学的建立上面。因此，我除开设易学、禅学与当代中国哲学外，集中精力开设宋明理学，以朱熹和王阳明为最主要研究对象。宋明理学的朱熹与王阳明也就成为我经常开设的研究生课程的主题。至于清代的训诂汉学，除戴震外，我也未特殊探讨。

总的来说，我对中国哲学的发展过程，形成了一个非常完整的哲学思想体系。这也在我开设"中国哲学导论"课程中体现出来。为了帮助学生与学界更好地理解中国哲学，我提出中国哲学分析重建的方法问题，已如上述。同时，我也经常对西方哲学可比较的地方进行比较，同时进行一个融合的工程。这使我的课程具有特殊的创见性，也引起系外学生来选修我的课程。可惜的是，由于过分强调专题研究，并分心于西方哲学的探讨，以致我未能写成一本我想写出的有源头、有逻辑的中国哲学史。这是我感到遗憾的地方。另一方面，由于我教研的这种方式，多方面地涉及理论建设与理解沟通的问题，逐渐发展成为一套诠释的方法论与诠释哲学，在与伽达默尔交谈之后，我更倾向于具有中国特色的诠释哲学。其实我是想把中国哲学的优点用来解决和完善当代西方提出的哲学诠释学。这一个愿望总算在不断思考易经哲学的基础上得到充分的发展，这就是"本体诠释学"最原始的来源。"本体诠释学"是理论性的，不必把它当作哲学历史来了解，而是能够代表中国哲学发生与发展历史的一个理论的创作。迄今，仍然有很多学者不甚理解，喜欢谈所谓"中国诠释学"。但这些有关的讨论并没有系统性和根源性，而是代表某一中国学科如历史或文学或经学一些重新诠述，不知道如何可以代表中国哲学的诠释精神。

在夏威夷大学，作为美国哲学会（APA）东部分会的会员，我每年至少要到美国东岸开会一次。后来，美国西岸也举办美国哲学会的年会，我也固定参加。该会还有一个中西部的分会，多年来我只参加了一两次。最值得记忆的是 1965 年我到芝加哥参加中西部的年会，大会有两千多位学者，最后发现只有我一个中国人。可见那时中国哲学还未能进入美国哲学学会，而中国学者也似乎没有一人是真正的哲学专业者。在十年之后，我去美国东岸参加纽约的东部会议，看到少许的中国学者参加。其中有一位年长的学者，就是我上面提到的陈康先生。他已经从台湾地区退休来美教学，教学的学校是埃默里大学。后来我发现，这也是美国有名的哲学家哈茨霍恩教授教书的学校。哈茨霍恩教授是我在华盛顿的大学选过课的访问教授，是他把皮尔士和怀特海联系在一起，作为他的过程哲学与神学的一个基础。我看到陈康教授，我们热情地交谈，想不到在美国才和他有这样一种自然的熟悉。

夏威夷大学哲学系有其自身的哲学刊物，名为《东西方哲学》，是由哲学系第一位教授查尔斯·莫尔所创立和主编。该杂志创办于20 世纪 50 年代，是查尔斯·莫尔为配合国际东西方哲学家会议而办的，可以说是美国最早的一份中西比较哲学季刊，发表论文包含中国哲学与印度哲学，后来也包含佛教哲学、日本哲学和伊斯兰哲学。我在该杂志上发表了多篇论文。但不幸在我到夏威夷大学五年之后，莫尔教授突然过世了，由一位印度哲学专家也是同事杜伊奇

（Eliot Deutsch，1931—2020）接班编辑。由于该杂志大致偏向于印度哲学的发展，我觉得对中国哲学的发展必须要有自己的专业的杂志，我就有了意愿想建立一份以中国哲学为主体的中国哲学季刊。关于建立的过程，下节我会加以描述。同时，我也可以依照我的整体计划来发展中国哲学。这当然是一件不容易的事业，必须艰苦奋斗才能达到。

有如上述，夏威夷大学哲学系每五年召开一次东西方哲学家会议。1964年召开了第四届会议，我之前也提到过。由于我主持中国哲学的研究与发展，中国哲学专家的邀请就以我的提名为主，我当时邀请了方东美、唐君毅、谢幼伟、吴经熊（法学与禅宗）四人，年轻学者方面就是我和刘述先。这是一次重大的会议。五年之后，我们举行了第五届会议。来的中国哲学家少了谢幼伟，多了牟宗三。会议中曾经发生日本学者阿部正雄（Abe Masao，1915—2006）对方东美先生提出批评，方东美先生极为严肃地回答了批评，也同时对阿部正雄进行了一个解说。与会听众拍掌称好。也就是在这次会议中，我提出创建"国际中国哲学会"的主张，得到中国哲学家的首肯和支持。我当时也下了一个决心，要为中国哲学定名和定位。这是很重要的，因为在会议中，不但西方的学者，而且来自日本和印度的东方学者也往往把中国哲学与中国政治文化混为一谈。

哲学作为人类发展的认识层面的成果，代表了人对宇宙的认识、对生命的认识、对道德的认识。这种认识的努力，无非在追求一个更完满、更整体的真实世界，也就是西方哲学说的真理。中国哲学家所追求的"道"，本身同时包含真实、真理与对真实与真理的认知和理解，以此导向美好的人生与生命的理想。这是中国哲学的基本愿望，也是中国哲学智慧之所在。这个智慧更需要一个具体实践的行为，把天地之道经过反思与实践融化于人的心灵之中，实现人生的理想和终极价值。有人问中国宗教是否为哲学，也问中国哲学是否为宗教。我的回答是，两者并不等同。中国哲学重视知和行，在知行中体现信，而非从信中去取得真理或发展行为规范，所谓"因信称义"。但中国哲学的"信"却来自实际的体验，而非来自对一个超越的上帝的信仰。中国的天在历史上是人民所信仰的，但天是看得见的，虽然看不到天之心或天之帝。因此，不能用纯粹的、超越的上帝思想或超越意识作为哲学的真理以及知行的基础。

中国的哲学和宗教可以说是"因义称信"。人们必须对天地有所感通和理解，建立直接的体征关系，不然不足以成为信仰的对象。中国哲学直接讲授良知与义理以立信，而中国宗教，如道教或中国佛学，都是先讲授一个可以感知的基本存在原理，才再来演绎所信仰的对象，来加强对这个基本存在原理的认识。在中国禅学中强调悟的存在，不管是顿悟或渐悟，也都在直觉的真实中悟道而立信。因此，中国的宗教，不管是道教还是佛教，都不是外在超越的，而是内在超越纳入内在的体验的。中国哲学作为心灵的观感或信念，也反对宗教的权威，并深信个人的智慧或智能，这和西方的超越神或上帝的宗教与制度性的宗教大异其趣。

四、创办英文《中国哲学季刊》

　　自我进入夏威夷大学哲学系之后，我对中国哲学国际会议的发展希望以夏威夷大学为主体，发展有关哲学尤其有关中国哲学的国际会议。前面已经提出我在 1966 年主持召开的"国际心物合一问题"学术研讨会，成果颇为丰富。后来由于我讲授朱子哲学与阳明哲学，建议哲学系召开国际朱熹会议和国际阳明学哲学会议。1982年哲学系召开了国际朱熹会议。哲学系邀请了陈荣捷教授作为主持人，因为他翻译了朱熹《近思录》一书，我参与组委会，提供相关与会名单。我们从中国大陆邀请了冯友兰、任继愈、张立文等教授，北大博士生陈来作为冯友兰的学生也前来参加。这是一次盛会，也是第一次在国际上探讨朱子的会议，具有历史性的意义。会议讨论很热烈，我撰写了一篇有关朱子知识论的论文。关于此会的成果，可以说开拓了朱子的哲学研究，迄今整整 40 年，但对朱子的哲学仍未形成定论。其中一个问题是朱子与王阳明之间谁是儒学的正统。可惜当时牟宗三并未与会，他对朱子的批评也就缺如了。后来我理解到他的批评的要点，并做出我对他批评的批评，重新界定朱子有关心与理的基本问题，对朱子发展儒学传统的贡献加以肯定。朱熹会议之后，又在几年之内连续召开了国际王阳明会议、孔子《论语》哲学会议、道家与海德格尔会议以及有关法家与法治哲学讨论会议。

关于细节，我在此处就省略了。这些会议之后，哲学系经费受到限制，独自开办哲学会议的能力也受到限制。但在1988年，我以英文《中国哲学季刊》的名义和夏威夷大学和平研究院共同举办了一次"民主与正义"国际研讨会。与会的除中美学者外，还有澳大利亚学者，是我自己做的主题发言，为大家热烈讨论，最后出了一本论文集。再往后于2014年，英文《中国哲学季刊》与哲学系召开了一次中国经典之理解与诠释会议。作为会议主席，我邀请了欧美两地有关哲学诠释学的学者参与会议。我也邀请我在大陆的学生潘德荣教授来此与会。我在会上发表了我对本体诠释学的论文，得到积极的回应，会议成果发表于英文《中国哲学季刊》。

以上诸多会议都在我于1973年创办英文《中国哲学季刊》之后，此一重要刊物的创办，也是史无前例的，在学术界也引起了广泛的讨论与支持。由于此刊物首先在欧洲荷兰出版，后来又被邀请在英国牛津与美国波士顿同时出版，我认为对当时中国学术研究是有冲击力的，这也是有史以来第一次中国哲学以英文出版的形式在国际上发行，而且是由一位中国哲学学者主动发起、积极投入的学术事业，也可以说是一种突破。在此，我想简单地描述创办英文《中国哲学季刊》的心路历程与具体过程。前面我已经指出，我在1965年东西哲学家会议之后，鉴于中国哲学未有明确定义，而中国哲学学者除了大陆与台湾，西方可说绝无一人。为了联系学人，建立中国哲学意识，我印行了一份简单的刊物《中国哲学通讯》，完全由自己手工印刷。前面我曾提到香港学生彭子游在1970年开会之后，因留在夏威夷教太极拳，受我邀请成为我的助手。这份《中国哲学通讯》是不定期的，大约发行了一年之久，开始得到各地学者的回应，让我感受到一种鼓励，决定成立"国际中国哲学会"与英文《中国哲学季刊》。我为什么把两者都提出来呢？因为我知道一个季刊不能没有学会，一个学会也不能没有季刊，只有两者都有，才能够长久发展。但我面临的问题是哪一个为先，我最后决定先办季刊，后办学会，使学会有一个支持的基础与力量。但办季刊远比办学会困难得多，涉及多方面的问题，包括编辑委员会的问题和出版发行的问题，涉及经费的支持。但我秉着"仁者先难而后获"的孔子精神，依然以创办季刊为首要工作。

出版英文《中国哲学季刊》，最大的问题是对作品品质的要求的决定。我早就观察到中国哲学有一个泛义，往往与中国思想及文化活动混合在一起，所谓文史哲一家。但在近代，哲学应该有一个狭义的要求，也是对中国哲学现代化的要求，包括对概念的界定，对问题的说明，对方法的认定，对论证的提出，都是必要的。在先秦哲学和宋明哲学中，这种狭义的哲学也是存在的，而非西方所独有。但在现代中国，一般的学者，包括哲学系的学生却很难掌握这样一种狭义的概念。因此在中文里，哲学论文往往不像哲学论文，经不起理性的批判和逻辑的分析。因此，我对英文《中国哲学季刊》英文的撰稿有严格的规定，必须做到主题清晰，论点有新意，并引述论文之所以提出的前因后果。对有关前人的贡献必须先行认可，或提出批评。但这样的要求在当时是很难满足的，这当然不仅是英文文字的表达问题，而是实质思维方式与认知方式的问题。相形之下，我觉得直接要求西方学者学习和关怀中国哲学，以现代化的哲学思考方式来论述问题，会更为实际，但我必须付出引导和指点的时间与功夫。这也就是我当初创办英文《中国哲学季刊》可以信赖的地方。事实上，为了筹备第一期的发刊号，我说服了不少西方学者进行理解中国哲学，以现代哲学彰显的方式表达中国哲学的哲学内涵。我首先邀请哈佛大学教授中国思想史的史华慈教授，写一篇有关中国哲学的论文。他说他不知道如何入手，但我说明了哲学方法中分析与论证的重要性，他就很快理解了，并在我的要求下，撰写了有关中国哲学中有无"化约主义"的问题。他写得很好，是一篇可以作为模范的论文。我把它排为第一期首篇论文，其他论文也都以我的要求进行。可惜当时没有中国学者可以做到。我自己写了一篇有关禅学"悖论"的论文，收录为第一期的最后一篇。

其次，我面对如何出版英文《中国哲学季刊》的问题。我注意到欧洲荷兰里德尔（Reidel）出版社出版了英文的《印度哲学季刊》，于是我写信邀请该出版社同时出版英文《中国哲学季刊》。我等待出版社的回音，终于出版社来信，表示在慎重考虑之后，可以在一定条件之下考虑出版。我颇为兴奋，积极地和出版社沟通，最后形成的协议是，我要支持一半费用，并在出版社不能获得出版利益之际，会把刊物仍然交还给我。我几乎不假思索就基本同意了。那是 1972 年暑期的事，我忙于集稿，终于使英文《中国哲学季刊》于 1973 年 3 月出版了第一期。出版之后，投稿的学者渐多，加上我个人的特别邀请，一年出四期的英文《中国哲学季刊》终于顺利地完成了第一年的出版任务。我集聚了两年可用的稿件，经过我一一审订和与作者来回的讨论，也包含我对作者的明确要求和协助，稿件大致不成问题。于是我开始思考成立"国际中国哲学会"的问题，从一个长远的立场，鼓舞中国哲学发展的学术气氛，培养能够为中国哲学做出贡献的西方与东方学者。这当然必然是一个长久发展的过程，我觉得我很有耐心来推动。我成立"国际中国哲学会"，其具体目的，一方面是推广中国哲学的影响走向世界，另一方面是促进中国哲学的现代化，以分析重建为目标，建立一个从哲学立场独立考虑问题的观点和态度。对于这些要求，可以说也遭遇到问难，因为要参与的人很多，并非所有的参与者都是受过严格的哲学教育，因此不习惯这样一种期待。我也并不苛求，只想透过具体实践来建立楷模。

在 20 世纪 70 年代，人文学科的研究在美国逐渐兴旺起来，涉及中国的部分多半是中国的现代史。但我也注意到，研究的方向逐渐往中国传统历史发展。首先，西方汉学感到有兴趣的是宋代历史和明代历史，因为宋明两代中国文化的发展在中国思想史上突显出来。从《宋儒学案》到《明儒学案》，西方汉学家逐渐建立了他们的研究目标和兴趣，主要是想理解现代中国的思想背景，尤其是中华人民共和国社会主义的兴起，这激起了他们的好奇。

由于清代的历史包含思想史的内涵比较薄弱，只有训诂、考证和编纂类书，西方的汉学家也就自然地把注意力放在明儒的活动。这在哥伦比亚大学东亚研究中十分明显地显示出来。哥伦比亚第一位历史汉学家是狄培理（William Theodore de Bary，1919—2017）教授，他很重视宋明理学的研究，因为他对明儒做过研究。在明清儒家方面，开过好几次重要会议。有两次在意大利的科莫湖开会，另外一次是经过我的安排，到夏威夷大学开会，主题都和明儒有关。引起对宋明理学发生兴趣的一个关键人物就是上面我提到的陈荣捷教授。他特别重视朱熹的哲学，首先翻译了《近思录》，后来又翻译王阳明的《传习录》一书。他对朱子的仁说和朱门弟子的研究也是少有的。我和他认识很早，我在哈佛大学读书阶段，常常去哈佛燕京图书馆，不时碰到陈教授。他从达特茅斯学院来哈佛燕京图书馆找寻资料，做翻译中国哲学基本资料的工作。他的英文著作《中国哲学资料书》（*A Source Book In Chinese Philosophy*）在 1969 年出版，那时我已经在夏威夷大学教书，我立即采用他的资料书作为教材之一。我和陈老教授也经常交谈。有两次发生意见的不同。一次是关于周敦颐对"无极而太极"的理解，我认为是动态说明太极作为有无的统一体，不能接受他翻译成为因果关系的概念。另一个问题是有关朱熹为了决策去留所做的占卜的解说。争议点是"遁之家人"还是"遁之同人"，我主张"遁之家人"，但陈教授偏向于"遁之同人"，这都必须是基于对朱子处境的认识和卦的分析来决定的。我在此提出陈荣捷教授，主要在说明他对美国汉学界走向宋明理学施加了一个重大的影响，这是一个重大的贡献。从 20 世纪 70 年代到 80 年代，在美国宋明儒学的研究可说是蒸蒸日上。

以此为基础，中国哲学研究逐渐向更早的时代推进，但是在方法学上并没有新的发展。后来我提出周易哲学研究，以之作为中国哲学的源头活水，以及基本的思想架构，才算完成中国哲学发展的整体研究。这就是我创办英文《中国哲学季刊》的原因之一，为了中国哲学的整体发展与世界推广，也是为了与西方哲学进行可能的对话，促进人类文化与心灵的沟通。在夏威夷大学东西方哲学家会议里，我看到不同哲学传统的紧密对话以及集体探讨，感觉到中国哲学与印度哲学相比较，还没有得到国际性的认同。因此，西方学者看不出中国哲学能够做出的学术贡献。因此，创办一份纯粹的倡导中国哲学研究的哲学季刊就变得分外重要。我下定决心面对任何风险，也要把这个季刊建立起来，以作为中国人思想结晶的投射，与他者沟通，影响世界。

英文《中国哲学季刊》首先要有正式的观点提出，我在发刊词上特别强调，从哲学的观点讨论中国哲学，建立中国哲学，创造中国哲学。但是以中国哲学的历史作为基础，作为资料，进行我所了解的哲学的思考，也就是从存在、生命、知识与价值等观点来理解中国哲学传统的内涵，挖掘有关方面的智慧和洞见，借以理解中国人的思维逻辑观、本体存在观、天地宇宙观与万物生命观，并在这些观点的基础上面，进一步理解中国人对人性的认识以及对社会、国家与天下所持有的基本态度和要求，形成中国哲学中的政治哲学、伦理哲学、修养哲学、社会哲学与行为哲学，甚至包含中国哲学的美学、诗文学与艺术哲学。当然，我的出发点是整体主义的，我认为只有在整体主义的认识下，才能彰显中国哲学各方面的特色。整体主义并非一个单一的原始概念，而是一些彼此相关，甚至互相蕴含的基本概念与命题的组合，是代表中国哲学的基本认识，如太极、阴阳、五行、天道、性命、理气、心性等。我们必须要有对这些概念的基本认识，以及熟悉它们有关的基本文本与经典，才能思考个别的或一个门派的或一个时代的哲学问题及其内容。

因此，我创刊的要求就是我们应该去思考这些哲学的"前理解"，有一个目标性和问题性作为指引，来探讨中国哲学中所包含或呈现的哲学问题。有了这样一个认识，自然我们也能在哲学的层面上，和世界其他传统的哲学有一个可以沟通的层面。过去的学者熟读文本，用自己的天才发表观点，但不一定能与其他观点能够进行沟通，更无法与其他传统的哲学进行交流。这个传统的观点当然是应该放在一边，可名为特殊主义。但若要进行沟通，不把哲学看成只是文学或历史，就必须要有一个概念性的普遍存在感，以及一个依循逻辑的表露的方法，作为讨论与沟通之道。当然这也不妨碍传统沟通哲学的方式，如庄子对辩说的认识，但传统的方式也不能够违反一个时代需要广泛沟通和理解的哲学要求。传统学术中的经典诠释在后期的发展，逐渐形成一种方法，但那仍然不能代替一个整体的理解沟通与诠释思想的方法。我的这些认识，也许很多人并不十分理解，因为他们没有深入地进行哲学思考。所谓哲学思考，就在进行一个普遍性的、基础性的思想的探讨，以开发人的智慧，建立人和人之间的理性与智慧的沟通。不只是自我获益，也能够嘉惠他人，提升人类生存的境界，实现生命更完整的价值。

基于这样一个建立《中国哲学季刊》的目标，季刊的内涵将十分丰富，而且富有活力。甚至也不限于中国哲学的范围，而是以中国哲学为基础，涉及其他哲学传统，开创一个中国哲学的世界眼光。自 1973 年第一期出版，到 2023 年出版第五十期，整整五十个年头。这五十个年头，为中国哲学开辟了一条道路，也鼓励了其他有关中国哲学期刊的创立，并在与"国际中国哲学会"相互提携的过程中，中国哲学的现代化与世界化也就具有实质的与有效的意义，可说是成为中国文化复兴的主导力量。

我创办英文《中国哲学季刊》目标在于彰显中国哲学的特色和对世界哲学的贡献。西方不理解中国哲学，必须深刻地、细致地说明中国哲学的特色与重要性。为此，我更强调中国哲学与西方哲学的基本差异，以说明差异为首要工作。在差异的基础上，再说明中西哲学的共同点，同时就特殊个案，说明中西两者之间相互补充的可能性。过去中国学者喜好强调中西哲学的相同性，往往以中国哲学比附西方哲学，这是我十分不同意的。中西哲学间的问题，不是取同存异，而应该是取异存同，这样才能够彰显中国哲学的特色和重要影响。我这个想法也可以适用于西方人写中西哲学以强调西方哲学之异于中国哲学，使我能更好地认识西方哲学的特点。罗素《西方哲学史》就以这样一个方式，显示西方哲学的发展脉络，强调西方哲学发展中的差异性，而不着眼于西方哲学发展中的同一性。这让我们更好地认识到西方哲学丰富的内涵。

哲学发展包含于历史发展之中，讲历史主要谈及哲学史，因此把它看成哲学的观点、命题与方法，将中国哲学的一些问题视作在中国历史中发生，是具有中国代表性的一些传统，同时也不拘束于此，探讨特定时代的哲学认识，包括到具体认识的方面、特色及重点，与现阶段的不同，以及对哲学问题及理念进行的哲学探讨。当然可以借助传统所发展出来的成果，比如以历史传统中的哲学性去界定中国哲学的具体探索，其特质虽然曾于历史中显露，但一个具体的形式及重点却有其时代性，因此也是创造新观念与新理想的具体成就。最后，我强调中国哲学探讨的双重性：一方面是传统的发展形式，以及形成的不同学派，比如诸子百家；另一方面则具有历史性的哲学境遇，具有特殊的对哲学问题的关切，形成形而上学、本体论、宇宙论、知识论、伦理学、政治哲学以及美学等观点。总言之，我提出两重基本的方法：一重是以历史为基础的，或是以理论为基础的；另一重是以人为基础的，或是以问题为基础的。两重的基本方法可以交互使用，也就逐渐能够把中国哲学的特性彰显出来，成为可以探讨、批评和发展的资源和对象。

围绕传统和现代之差别，显然历史的观点是传统的，而理论观点则是现代的；就个人探讨是传统的，就问题探讨是现代的。不管传统与现代，我都强调一个整体性的认识，也就是要认识历史发展的整体性和认识问题形成的整体性。基于这个儒家的传统来说，我们必须有一个溯源的研究和儒家发展阶段的研究。但儒学基本概念的提出，其意义与价值以及其基础与方法，则必须进行独立的讨论。当然，作为哲学家，我们仍然有一个自己的哲学立场和观点或者方向与兴趣，而不可以只是历史的描述而已，也不可能离开自己的立场和观点，来进行理论分析与价值评估。这些要求可能在当时并不一定能够完全满足，因为当时的中国哲学研究还处在一个汉学的阶段，虽然讲求训诂与考证却没有一个主体性的哲学立场是无法进行的。因此，英文《中国哲学季刊》必须发展或者预设一个整套的中国哲学思维框架。而这个框架必须来自对中国哲学历史深刻的认识和对一般哲学基本的反思，这也说明中国哲学的发展离不开对哲学问题的一种自觉。事实上，这是对西方哲学存在的自觉。因为"他山之石，可以攻错"，这必须是季刊编辑的共识，也应该是现代学者或读者的共识。没有这样的假设，是无法来推动这份哲学季刊的建立的。

总而言之，英文《中国哲学季刊》的创立具有多重意义，是一个对中国传统思维方式的转化，预设了一套有关创始者、编者、作者与读者相互沟通的一个典范的建立，也就是从传统到现代典范的转化，要把传统当作资源，而不只是成果，再进行新的创造和新的发展。因此，必须强调与外在世界的互动与沟通，使它具备对现代的与当前的生活意识和表达方式，却有机地与传统联系在一起。正如长江黄河之水，其源头是不变的，但其走过的河流轨道，在历史上发挥了重大作用。现在我们要拓宽流水的河道，改善流水的品质，甚至引入新的水流，使原来的那条河流变得更为壮观，更有生命，而不是隐藏在传统的丛林之中。然后这条河流必须走入大海，也必须和世界的潮流相互冲激，并以自身的力量主导世界之海的波涛，也就是整体人类的发展方向与生活价值。这是我对中国哲学发展的一个期待，也是一个愿景。在这个愿景中，传统是取之不尽用之不竭的资源，仍然保持它不变的特质与规模，以及它的庄严。因此，我并不认为中国哲学的发展和传统经史子集的研究有任何矛盾，后者的研究是属于国学范围，更侧重经典的诠释，而中国哲学的研究则以经典为资源，展开本体的诠释。这是我当时一个新的发挥，却是我原始创办英文《中国哲学季刊》的初衷。如果我没有想通这些基本问题，是无法坚持这个哲学季刊的价值，使它持续地发展，以面对一个无限光明的未来。

中国哲学被规划为社会科学，但所谓社会科学，也脱不了哲学的问题。因此必然包含对哲学根本问题的持续探讨，成为社会科学的精神所在。近代中国的学术在不同的部门都已经建立了发展的典范，但作为精神部分的哲学应该永远是开放的。这也是哲学基本的含义，如此才能促进社会科学的进步和发展，提供科学发展的基础和方法。我想英文《中国哲学季刊》的创立，对中国社会科学的发展也是有重大意义的。因为社会科学涉及人的各种活动，不管是政治经济或社会或其他，都离不开一个终极的哲学眼光，作为其批判和评价的基础。当前，马克思主义也以社会哲学的立场进入社会科学，显然中国哲学的立场也能深入社会科学，甚至与马克思主义协同发展，开拓出新的成果。这是中国传统现代化的一个具体情况。

值得注意的是，如何使中国哲学能够更普遍地为中国一般知识读者所接受并产生影响？我之所以提出这个问题，是因为当代中国一般知识读者往往丧失了对传统的认识，也并无一种现代思维的意识。甚至有些专家也是如此。因此面对西方的哲学，反过来表示中国没有哲学或中国哲学不是哲学。这个争论已有多次在中国大陆出现。但有趣的比较是，英文《中国哲学季刊》发行到今天，没有西方学者反对中国有哲学，反而认为以认识中国哲学为对哲学的收获。尤其面对易经哲学、道家哲学与禅宗哲学，都有一种深度的哲学欣赏，然后再进行论辩或提出新意或新解。我常惊奇为何西方哲学读者比中国读者更受益于中国哲学。我的认识是，西方已经有一个明确的哲学传统，所以他们能够从中国哲学中看到这样一个哲学的精华，学习到中国哲学的智慧。从这个现象看来，我不能不说中国文化的推广必须看重中国哲学的推广，只有推广中国哲学，才能够引发西方人对中国文化的理解，最后也能更好地去认识中国哲学与中国文化所包含的崇高的人类价值和世界智慧，为人类解决各种生活与生命问题提供一个解决的方案和安顿的情绪。我最近一直强调中华文化的复兴，必须以中国哲学的发展为必要条件。文化的内容十分复杂，但要理解中国文化，却必须借助中国哲学的表达方式，使人们有所归属或有所选择。因此，英文《中国哲学季刊》的创办，不但有哲学的意义，更有文化的意义。

英文《中国哲学季刊》对美国、俄罗斯和德国都发挥了很大的作用。不仅让我接触到更多的西方学者，对他们的思维方式与心理习惯有更近距离的认识，我也积极地说明中国哲学有其自身的源头活水，提出对《易经》的哲学认识，改变他们对《易经》一书死板的印象，以为只是占卜之书。因莱布尼茨而显示出一个二元制的数学，显然这种认识是不够的，而且与中国的儒道家及以后的发展不能连贯起来。我主要传播的是中国哲学的开创性与其持续发展的活力，不像黑格尔所说的死水一潭。这些对中国哲学的误解，只能通过积极的、具体的理论成果来消除。因此，必须深入地说明和诠释中国哲学的重要理念与相关理论，一如我们说明西方哲学家的方式一样。

当然，有学者认为我是把中国哲学西方化了，其实并非西方化，而是"分析化"和"理论化"。这也是我说的对中国哲学现代重建的主要重点，必须发展一套哲学语言，来说明中国哲学对存在真实、知识真理与道德美感价值的认识。如果没有这套语言，我们就无法表达我们这个时代对中国哲学的理解。这也是中国哲学与汉学之不同，不是注解经文，而是诠释经文中的哲学理念。英文《中国哲学季刊》担当了这样一种使命，因此在选稿和审稿的过程中特别严格，而有时必须扮演一个启导者和提示者，甚至教化者。此一作用，逐渐形成一种风格，成为投稿者必须认识到的方法要求。正因为如此，英文《中国哲学季刊》能为中国哲学的世界化开辟了一条道路，更好地把中国哲学传统和中国人的智慧发扬光大。

半个世纪以来，这份英文《中国哲学季刊》生生不息，产生了十分重要的影响，尤其在对易学、儒学、道学、禅学与美学等方面。必须要说，在英文《中国哲学季刊》发表论文，逐渐成为学者在自己的教育单位中晋升的条件。每年我都被邀请为作者晋升的推荐人，说明其对中国哲学的贡献。

英文《中国哲学季刊》在创立之后，受到学界很好的评价。主要订购者是各地大学图书馆或国家图书馆，但在开始阶段，学刊运行的信息不一定能够在全球展开，只能一年一年地推动。因此，这样一份刊物，虽然它的质量受到肯定，但它的销售量却有它的限制。出版社的推广是十分有限的，每年的增长也是缓慢的。因此，我个人的支持是无法放松的，当然这对我也构成一种负担，因为我不知道什么时候会达到一个收支平衡的状态。虽然两年后我成立了"国际中国哲学会"，但这个学会需要慢慢地成长，最初的成员只在

50 人左右。虽然经过 40 余年的成长，作为学会的会员，会费仍然维持原始的低费。因此，"国际中国哲学会"也无法支持这样一份学术季刊，而必须靠出版社的投入。季刊出版到第八年，仍然无法达到收支平衡。出版社希望我另做打算，我也十分理解。因为我知道一份这样的季刊，没有一个成熟的学会或一个专业的基金来支持，是很难维护下去的。但我并没有丝毫放弃的意思，我决定把季刊收回，自行出版，自行发行。这样虽然可以节省一大笔印刷和出版的费用，却要把我所能有的时间都投入进去，还需要家人加以帮忙。那是一段非常辛苦的日子。我首先成立了一家出版社，名为"对话出版社"（Dialogue Publishing），取得合法出版的商业注册。然后动用专业的打字与排版公司，动员全家大小自行包装和邮寄，其中有无限的细节，都需要一个专业的出纳，并向当地政府缴税。在这样一个原始的安排下，用我个人之力，居然把英文《中国哲学季刊》继续出版下去。我身兼编辑者与出版人，必须看稿，必须联系，必须评审，几乎日夜无休。这样熬过几乎十年，季刊也已经发行到第二十期，仍然维持着既定的标准和品质，受到学界的广泛接受。虽然我的生活很辛苦，幸好健康并未发生问题。感谢家人的配合，并未提出抱怨，我因此也觉得安心了。再说，季刊逐渐达到收支平衡的状态，让我对未来也具有信心。我想提一下《中国哲学季刊》创办之后对我最重要的帮助者，我的夫人顾林玉博士，她有夏威夷大学哲学系中国哲学与比较哲学专业的哲学博士学位，对日本京都学派也有研究。1989 年以后就参与《中国哲学季刊》的发展工作，她从事校稿编辑、联络审稿与盲审，迄今已有三十多年，是一个非常敬业、中英文俱佳的学者。其他对《中国哲学季刊》发展有帮助的人有我的朋友和学生柯雄文、费乐仁、弗兰·杰西，等等。我欣喜地看到，在我的引导和大家的努力推动下，中国哲学一直扩展，最后涵盖了全部世界，产生了世界性的影响，为中国文化的传播和人类心灵的发展带来美好的转向，使人类走向一个丰富多彩又和而不同的世界，体现了人类生命和文化共同体的本质。

图1　2009年年初，与夫人顾林玉女士参观纽约市的现代艺术博物馆

在此关头，英国的最著名的文科出版公司黑井集团（Blackwell）主动来信表示愿意支持，也表示愿意和我建立合作关系，接受出版与发行事宜。我对此一突发的合作要求感到非常兴奋，但我仍然要仔细考察，建立对此出版公司的理解。经过一年半的来回探讨，最后形成一份合同，英文《中国哲学季刊》决定由黑井集团出版，我作为创始者，保有所有权和编辑权。我可以不为出版的经费烦恼了。这可以说是一个创建的过程，对我人生与学术的发展有深刻的意义。1994年第二十期英文《中国哲学季刊》就由英国的黑井集团出版了。但一份出版物毕竟不能完全依靠一个出版公司的发展情况。2019年，黑井公司被美国的约翰威立公司兼并，而约翰威立公司是以出版科学和医学刊物和书籍出名的，因此该公司兼并黑井集团之后，逐渐停止出版黑井集团的人文书刊。这个变化让我大为吃惊，我也了解到任何事业都无法脱离经济环境的变化。但对于英文《中国哲学季刊》有好几家出版公司愿意考虑继续出版，这个情形

比早期要好多了。我最后选择了荷兰的有近百年出版历史的博睿出版公司作为季刊的出版公司，经过协商，订立合同，由他们开始接替约翰威立公司出版英文《中国哲学季刊》。这已经是 2021 年的事了。

以上回顾出版英文《中国哲学季刊》的筚路蓝缕的过程，固然令人感慨创业的不易，也体察守成的困境，却启发了我对事业采取不断创新的心态。只要一个人有自己的意志和理想，他最终仍然可以解决问题，可以持续地向前发展。因为英文《中国哲学季刊》到今年已经是 50 周年了，季刊将出版一年 4 期庆祝 50 周年的学术论文，呈现这 50 年来季刊所做出的学术贡献。

图 2　2016 年 7 月，在牛津大学开会讨论中西哲学比较与庆祝
《中国哲学季刊》40 周年，会后，与会人员合影留念

英文《中国哲学季刊》永远要把中国哲学带到当下，并且面对未来，而并非只讨论过去。所谓未来，应该已经包含了过去，也体现在当下的活动与成果之中。关于中国哲学 50 年来所成就的论文发表，在网上都可以仔细查询。它的影响所及是无法估量的，因此也体现在当前西方世界中国哲学的教学和研究之中。在海外，近半个世纪以来有关中国哲学的著作出版物，都可以看到对英文《中国哲学季刊》的征引。英文《中国哲学季刊》也带动了其他有关中国哲学刊物的出版，使中国哲学成为当前世界哲学发展活动

中一个重要部分。

就现代的中国哲学而言，很多人反对孔子，认为孔子代表传统的封建和专制，孔子的学说不适合现代社会的需要。事实上这表现了对孔子的不够理解，也是对中国哲学不够理解。孔子是哲学家，他的话语都是经过思考而表现出来的一种理性的判断。孔子并没有明显地提出他思想的前解以及前提，但从我们对话语的哲学的分析来看，孔子的判断隐含着一个前解，是他对真实世界的一种认识。如果我们不理解语言包含的真实世界的含义，也就无法掌握一个判断的真实价值。孔子判断所隐藏的真实世界是要经过一个整体的思考与分析的前解来实现的，这就说明哲学思考的作用。哲学思考必须有一个整体的背景，有一个分析的推理，才能掌握一句经典中的含义所在。传统的学者直接认同一个语句判断的价值，而一个现代的学者却不能不经由一个哲学的思维方式来理解。至于同意不同意，或判断是真是伪，则是一个哲学标准的应用了，而不能不涉及一个预设的背景或前提的理论。

中国历史在"五四"以后，传统的背景理论被取消了，因此必须建立一个新的背景理论，来重新认识儒家如孔子和诸子百家的思想含义。中国的现代化有很大一部分是借助在近代西方化的理解之上，事实上是对西方化的重新认识。由于人们反对西方化，对现代化也就保持一种怀疑态度。如何建立一个合理也合乎人心的思想背景理论，应该是中国哲学发展的一个重要考虑。这也包含对西方哲学正确的认识，以区别中国文化在现代生活中所体现的价值与理想。这样才能脱离西方化的现代化，而逐渐建立一个属于中国人自身掌握的现代化意识。也只有如此，才能把中国哲学与传统中国思想分开，把有关真实的判断与传统的义理与信念分开，更与西方传统的现代意识分开。

在这样一个独立思考的要求下，中国哲学必须接受一个古老的族群经验，在现实生活中实现理解和解决问题。不然中国哲学永远是一个模糊的概念，而无法独立地运行。就此看来，中国哲学显然不是中国思想史，也不是西方哲学的一个形式的翻版，而是具有深层的历史含义与高远的哲学理念结合的思维方式。不管读者还是作者，都必须用自己的真实性，显示生命的真实性与客观真理的真实性。从效果历史上去重新认识传统，从现代走向未来并进行有效的逐步扩大，进而形成整体的思考，对人类未来景观的问题要加强说明。以上需要组合、整理并且总结中国思想的历史观，同时需要一个经常可以交流的学术社群，来进行自我的批判和意义的重建。这说明创办英文《中国哲学季刊》事实上是在发展一个中国哲学学术群体，建立一个共同的哲学思考习惯和方式。当然这并不表示每个人的意见必须一致，而是进入中国哲学研究所需要的一种意识要求。这个要求的紧迫性，代表了从传统走向现代而后未来的需求。

创办英文《中国哲学季刊》需要明确中国哲学和西方哲学的共同含义，但更需要突显中国哲学所包含的动态的生命精神和道德的实践。其中不仅有对智慧真理的追求，更有创造性的自然发展的活力，其呈现方式可以不一样，却不离开逻辑的、理性的思考形式。同时更能实现对外在世界的认识，以及对内心世界的体会，并将两者统合为一个整体的、有机的存在，也就是把心物结合为一体，但并不漠视主客的分辨与内外的差别。在一个统合的观照之下，把两者结合为一。此一结合也代表人的自我关注宇宙，而宇宙的存在则充实自我，把心身、心物的二元性统合在一个本体自我之中。最后实现人生的完美将爱同智慧等同起来。在爱中包含真理，在真理中也包含爱，是内外合一的，正像天人是合一的一样。再者，中国哲学需要整体地诠释，需要从本体的存在、自觉及实践去诠释、理解并认知人之所以为人，以及其内涵的知行一体的智慧。对真理有所把握，而不只是一般的思虑而已。

创建并持续不断加强自己的哲学体系，是慢慢建立并且需要锲而不舍坚持的发展过程。英文《中国哲学季刊》建刊已近50年，很快就要到半个世纪的时间，时间不算短，对中国哲学的创建和发展也进行了约半个世纪的努力，现在国内传统文化研究和国学研究已受到重视，这种努力需要传承。中国哲学的发展根本问题是现代化，但也需要具体地传承，传承中国哲学的信念、生命观、宇宙观和价值观等。这是古代的表达方式，有特定的语言表达方式。不仅是整体而重要的推广表达，更是文化推广的深化，使它成为具有世界性则是哲学表达方式的语言现代化的问题。诗词有时是最好的哲学语言，如何将它进行普遍文化的描述就是现代化。

现代化有科学理论的体系并需要抓住真理特征，这是现代化的重要意识。现代化强调差别性、沟通性、历史背景和现实主旨，需要体现现代意识。把传统语言用现代化来表达是翻译，更是重建的工作，需要恢复系统的表达方式，这是现代化应具备的含义。中国哲学的特性需要通过现代表达进行描述，在表达中掌握中国哲学的特质。过去的隐秘道理来源于习惯和感悟，现在则需要更明白地论述说出来。现代思维方式与过去不同，重点在于强调在真理性表述的基础上直接感悟真理，要让人们自然直接地接受。在沟通教化中逐渐成为思考内涵，内涵如果未经逻辑思维的整合就无法清晰明了。这是现代化的重要含义，不能任意地否决或漠视。

传统的表达方式、基本理念的形式以及基本理念的内涵，以上三方面都要考虑。内涵是内在创造的表达，中国哲学针对现实的问题需要进行发展，要符合现代人的意识，在表达方式上需要符合现代要求并具有世界意义，主要是需要具备现代性。但中国哲学的现代性的生成不能依赖于西方的概念，应该具备独特的表达方式，当然也是世界性的和人类性的表达，西方哲学也包含在内。现代性表达具有特殊性，需要满足所有人不同的情况，所以需要不同的表达，也要掌握符合西方的基本标准。理性思维现代化是整体目标，时代性、普遍性、适当性和逻辑性都是需要讲究的。现代化的目标要显示中国哲学的真理、智慧和生命力，使哲学传统、价值和灼见能够开花结果，并在新的现代世界里面发挥影响。虽然影响还未扩散到全世界范围，但中国哲学世界化的概念已经形成了，这是很好的一个开始。就意义而言，哲学的自信具有现代化意识的价值，不只是传承中国哲学，还要发扬传统并且传播，尤其在哲学的世界里去传播去影响世界。哲学通过哲学家的行为决策去影响和改变世界，在过程当中，西方哲学和其他哲学相互成长并产生新的哲学思维，可以积极讨论如何改善人类的境遇，走向至善的目标，这是哲学的最高目的。

中国哲学具有高度人类智慧的重要性，但目前却面临着断层和西方的挑战。这个断层包括现代化的问题。但我深信转化仍然可以成功，找到自身严谨的表达方式。英文《中国哲学季刊》历经 50 年的成长时段，总目标是重建中国哲学，再创造中国哲学，最终拥有中国哲学不断推广的自信。因为民族没有文化自信，就无法获得价值，无哲学自信则行之不远。哲学通过内在的活力去实现终极价值的信仰，自然避免了产生自我毁灭和自我消除的负面力量。中国哲学对科学与西方哲学开放，有能力促进人类走向一个持续发展的生命共同体。

中国哲学的"哲"是知道他人，"哲"是已有的，有其理论性、完整性、现实性、完美性和实践性。儒家的思想有完善自我和实现治理国家的目标，道家亦是如此。这是中国哲学的基本实践精神。在希腊，哲学主要是对外在客观事实的认识，并且趋向科学，犹太人和以色列人强调认知上帝，是外在超越的存在。2001 年 9 月德里达访问中国，认为哲学是希腊人的概念，中国并没有哲学，但没有哲学不是坏事。这种说法是非常误导的，不少人附和此一说法，造成很大的波动。从 20 世纪中国开始受西方教育，胡适之写了《中国哲学大纲》，冯友兰写了《中国哲学史》，仅仅运用了哲学名词，却没有深入地讨论中西哲学比较问题，因此不能发挥普及化的效果，也无法建立传承的动力。

在那个时代，中国还没有建立自己独立的哲学史观和独立的哲学概念。中国读者只能在中国经典中找到哲学理念，而没有一个哲学发展的标准，尚未发展一套哲学的理念和逻辑的论证来支持论述。但中国哲学重视经典，对经典的探讨是核心，未能体现哲学发展立场和发展成果的相互关系，也并未建立哲学的自信，无法彰显自身的特性。这是要到 90 年代才逐渐改善。这一现象，除了受到传统的影响，也是由于哲学学术界缺少一份开放的学术性刊物和一个国际性的哲学沟通团体。

中国哲学的自信需要尽早建立，其中包括如何进行哲学的传承、传播和创新。这三项工作都有各自的问题。哲学的传承并非不存在，但除了学校之外，没有更好的管道。至于传播，基本上是缺失的，因为没有形成一个传播的体系，让中国哲学的传播成为自然的发展。这当然就需要一个国际性的哲学研究团体的组织，同时能够不断地提出哲学的主题与动态的讨论。至于哲学的创新，则必须要在前两者的基础上发挥，不然就容易成为闭门造车，和时代脱节。在中国历史中，有学者私自讲学的传统。孔子就是最早的一个例子，也是最成功的一个例子。之后每代都有不入仕的学者在地方讲学。唐末更有书院的成立，在官学之外进行公开的讲学活动，对哲学的发展和创新显然具有重大的意义。宋代的朱熹与陆九渊都是成功的例子。但步入近代，由于哲学并非经学，必须依赖独立的思考和丰富的学问，以及洞察问题的能力，私人开办哲学讲学的例子并不多。明末清初以及更现代的书院的建立，也许可以看成私人讲学发展的轨迹。但纵观现代大陆的各种书院，私人的讲授更多的是中国传统的经学和朱子百家，而非纯正的哲学讲学。也许不是没有这样的兴趣，而是人们把哲学看成公共性的教学活动，必须建立在一定的哲学主张之上，而非只是教授一些传统的科目。在这种情况下，成立一个哲学的学会，定期开会、定期讲学，也就成为必要。这是我热心于建立"国际中国哲学会"的一个原因。当然，因为我在国外，这样一个学会必然是国际性的，也必然倾向于双语化的。这也是"国际中国哲学会"所发展出来的形态。再者，只有透过这样一个学术团体，才能建立对"中国哲学"一词含义的共识。至于如何扩展完善形成一个体系，是一个重大的问题。就纯粹哲学而言，在春秋战国时期诸子百家已有初步的表达，如何推广并完善化逐渐形成一个体系，是整体的重大问题。在具体哲学概念的表达和诠释上，比如对"本体"这个概念的探讨。哲学既非宗教，也非政治信念，虽然这两者可以彼此独立存在，但哲学是这两者的基础，这也是中国哲学建立学会可以进行沟通的问题。

五、创办国际中国哲学会 ~~~~~~~~~~~~

　　"国际中国哲学会"于 1975 年 5 月在夏威夷州注册成功，是一个非营利性质的学术团体，我是创会会长。随即在 8 月召开了第一次"国际中国哲学会议"，我较早就约定唐力权教授作为地区负责人，并基于《中国哲学通讯》提出了包括 30 余人的原始会员名单，也是会前较早活动的结果。会议的结构是简明的，会议章程规定有会长，有所在地的理事，也有地区负责人作为协调开会的职务，另有财政和出纳各一位。但学会早期并没有收任何会员费用，这是要到五年以后才进行的。实际开会的人数比想象中要多，预定的论文宣读也正常进行，是一次成功的聚会。我被大会一致认定为学会创会会长，任期不受限制。但事实上经过多次会议之后，我希望后继有人，乃提出两年开一次国际会议的主张，也邀请办会地区负责人为能够主持会议的知名学者。但如何物色新的负责人，在何处开会，仍然是我的工作。当时的会员们都希望我把"国际中国哲学会"从美国本土带到世界各地，尤其是欧洲。由于我的邀请，1991 年，德国慕尼黑大学的鲍尔教授就是第一位在欧洲举办会议的地区负责人。我的主张到 1991 年就基本实现了。

　　到 1993 年在北京大学开会，已经是"国际中国哲学会"的第八届了。中国哲学会的活动到此时也有 20 年的历史，发展也极为顺利。会员增加得很快，已超过两百人。学会仍然不收任何会员费用，但要求会员从事哲学教学或有哲学著作出版。"国际中国哲学会"不管是在美国国内或在国际开会，都有一个会议主题，征求合格论文。在会员大会的建议下，学会于 2000 年北京的行政会议上，我推荐了来自台湾的沈清松教授作为行政单位的负责人。同时，我也积极向欧美各地发展，推动开放政策，使中国哲学会在我担任八届会长之后，选出了第一位西方汉学家德国慕尼黑大学教授鲍吾刚（Wolfgang Bauer，1930—1997）作为第七届的学会会长，但仍然列名为地区负责人。鲍教授以撰写康有为《大同书》论文出名，他接受我的邀请之后，非常投入，我提出要求需要保障中国参会哲学学者的参会资金问题，他承诺解决 23 位学者从中国到德国的来回机票和食宿问题。鲍吾刚教授很快得到德国阿登纳（Adenauer）基金会与歌德基金会的支持，因而解决了所有的问题。既然能够解决基金支持的问题，就能够保证中国大陆 23 位学者去德国开会的旅费和生活费，当时还包含每人 500 马克的零用钱，因为生活花费多。在此一发展中，鲍吾刚教授和我在 1991 年于慕尼黑大学主办了非常成功的第七届"国际中国哲学会"，开会地点是慕尼黑大学的"应用政治研究中心"，靠近图青（Tutzing）湖，风景极为优美。开会人数接近两百人，会期一共三天，讨论非常热烈，会议非常成功，可说是欧洲有史以来第一次中西哲学的碰撞与对话。在闭幕之后，全会人士在图青湖中一座岛上的豪华中国餐馆聚餐，与会者都很兴奋。鲍吾刚教授并带头用口琴表演，说明了他快乐的心情。

在国外德国慕尼黑大学的鲍吾刚教授，是西方第一个研究康有为哲学的学者。他的中文根底不错。哲学跟汉语学是不同的概念，在黑格尔之后，西方欧洲德法两国有学者对中国文化环境文明进行过广泛的研究，包括历史和考证的研究，其中最关键的是文本的研究，有一百年的历史，甚至包含了中国最近代的历史变迁与社会主义发展。哲学家和中国的传教士有密切的关系，传教士来源于欧洲不同的国家，德国、意大利、法国、荷兰、比利时、英国和西班牙等国家都有。天主教会的各个地区都会派人员到中国传教，吸收教徒，并进行对中国文化的个别研究。他们也收集了不同地方文物和人文风俗的第一手材料，甚至进行对中国经典的翻译。因此他们成为最早的汉学学者，其中以理雅各（James Legge，1815—1897）和卫礼贤（Richard Wilhelm，1873—1930）最为著名，一直到今天还发挥影响。这两位传教士转化成为汉学学者，结合中国学者的帮助，对中国文化经典的翻译的确发挥了文化沟通的作用。同时也开辟了一个西方汉学的传统，引起了欧洲对中国研究的兴趣。西方的哲学家基本上凭借这些汉学的翻译，来概括地描述中国文化和中国传统。由于并无实际的体验，西方哲学家对中国的理解基本上没有深度也缺少广度，却造成了西方人对中国人和中国文化的一些错误的偏见。尤其在历史、政治与哲学思想等方面，形成一种固化的偏见。只有透过专业的哲学思想的讨论和论说，才能逐渐改变他们的认知结构和判断内容。从这个角度看，不但英文《中国哲学季刊》的刊行大有必要，"国际中国哲学会"的世界发展更是不可或缺的转化偏见和批判错觉的重要方式。我一直坚持哲学是文化启蒙的钥匙，中国必须发挥中国哲学的钥匙功能，才能净化和主导人类文化彼此正确沟通的管道，为中国历史、中国政治、中国经济、中国社会的理想价值发出响亮的声音。

　　鲍吾刚教授从慕尼黑大学来美国访问，特别询问了我的学校所在，通信要来看望我，我表达了欢迎。后来有些欧洲学者来探访，我都热心接待他们，与他们进行了诚恳有益的对话。我向鲍吾刚教授说明推广中国哲学的重要性，其核心在深入了解中国哲学的生命动力和理想目标，以及与西方哲学相互补充的认知方向。鲍吾刚教授同意我的看法，希望多年以后再回到德国举办更大型的中国哲学研究会议。他同意我的"哲学主导文化"的说法，对中国文化有基本的感情，在德国的汉学界是最早的启蒙人物。他当然和莱布尼茨不一样，莱布尼茨只是抽象地理解中国，鲍吾刚教授则有具体对中国文化的经验，自然比莱布尼茨更为务实。他带领的大批汉学学生已逐渐成为德国与欧洲有关国家汉学研究的生力军。在夏威夷我和鲍吾刚教授的交谈，使上面所说的"国际中国哲学会"在慕尼黑的会议不但成为可能，也有一种精神的气质，令人十分怀念。当时他才60岁左右，比我长五岁。以后我认识的德国汉学家都比我年轻，我对他们个别的成就不能不加以肯定。我常想这都是鲍吾刚教授教育的功劳。

1997年我被邀请去香港浸会大学做哲学讲座，当时学生只懂英语或广东话，我广东话说不好，只好用英文讲学。很幸运的是，这段时间正好是香港回归中国，在1997年7月1日的晚上，我和友人从九龙去了香港，主要想见证香港回归。12点一到，我注意到路上的警察立即取下英国皇家的标志，戴上中国的标志，感到特别兴奋。四周的氛围很热闹，九龙港上的船只来回穿梭，但我不知道哪一艘船是带着英国殖民主义离开中国的领土的。

1998年，柏林工业大学副校长阿贝尔（Guenter Abel）请我到该校担任讲座教授，讲授中国哲学的逻辑专题。我在柏林讲学9个月，除了进行柏林大学的讲座，我也到东柏林洪堡大学开会，利用时间我参观了柏林墙所在地。柏林墙早在1989年被拆除，但我仍然看到清楚的墙的遗迹，就在柏林墙所在地有不少地摊兜卖柏林墙的砖头。我一时兴起，便买了三块。后来有人说这些砖头已经成了收藏物，在当地都找不到了。由于讲学，我住在大学安排的一个校舍。在柏林大学讲学期间，也被邀请到其他德国大学讲学与访问。我有多次机会回到慕尼黑大学做演讲，与德国的哲学界与汉学界的学者建立了广泛的学术关系。

去柏林大学讲学之前，1995 年我曾被邀请去俄罗斯科学院远东研究所开会和进行访问。在去之前，我参加了那一年在波士顿举办的世界哲学会议。在会中，俄罗斯哲学代表团邀请我参加他们为我举行的一个酒会，主要为感谢多年来我创办的英文《中国哲学季刊》对他们的影响和贡献。因此决定授予我俄罗斯科学院远东研究所的荣誉博士学位。这是我没有想到的。在我接受荣誉博士之后，我也表达了我的感谢和期待。一位俄罗斯资深教授（名字暂忘）代表远东研究所正式邀请我于第二年访问俄罗斯，并在他们的远东研究所举办会议。我欣然表示同意。1996 年，我正式访问俄罗斯学院远东研究所。在该研究所开会演讲之后，到莫斯科大学做了一天访问。我也接受了他们安排到圣彼得堡旅游参观，看到金碧辉煌的凯瑟琳皇宫，惊讶俄罗斯人对黄金的爱好。但印象最深刻的是涅瓦河旁边街道的艺术家的地摊。在当时俄罗斯经济崩溃的情形下，一些美好的油画也便宜出售。我很高兴有这次俄罗斯之行，也看到俄罗斯一般人遭遇到的经济困境，在地下铁的出口处站满了一排想以物换物的普通老百姓。我记得有人抱着一只猫想换取一些生活用品。当时天气很寒冷，这些排队的老百姓在冷风中等待换物，脸上却没有任何表情。我记得一块美金可以换到一千卢布，并且一切东西都丧失了它的原始价值。这是苏维埃解体之后的真实情况。一个强国落到如此境地，令人感叹。

在 20 世纪后十年与 21 世纪前十年，为了学术工作，我来往欧洲较为频繁。2002 年在牛津大学讲学，也经常到巴黎和德国参加会议。有一次是到巴黎第七大学做演讲，当时没有见到法国知名哲学家弗朗索瓦·于连（François Jullien），但他的学生富尔特（Feuliete）教授接待了我。两年后，北京师范大学邀请我和于连在北师大举行对谈。他强调"意识"，我强调"整体意识"，我了解到他所掌握的庄子哲学精神。我于 2008 年去伦敦大学开会，特别强调儒家的仁爱精神。第二年我被邀请到伦敦大学国王学院主讲中国哲学专题，对先秦的儒学进行了深刻的反思，也说明老庄和孔孟的基本差异和关联。以后数年经常到欧洲开会，特别留意英国和欧洲大陆在哲学思想上的细腻差异。2012 年我再到牛津大学开会，和著名知识论者蒂莫西·威廉森（Timothy Williamson，1955— ）在牛津大学共同演讲，并于 2013 年 11 月在牛津大学倡导成立"国际新儒学学会"，想结合英国的伦理学传统和新儒家进行交流。后来因为经费不足，此一学会也就处于休止状态，未能发挥它融合中西的作用。

在论述"国际中国哲学会"的发展中，我列举早期开会的所在地。前面已经提到 1978 年第一届在美田大学举办。第二届 1979 年在美国南卡罗来纳州的查理士顿学院举办。为何连续两年开会，是因为第一届比预定时间晚了两年。第三届 1981 年在美国纽约州立大学石溪校区举办。第四届 1983 年在加拿大多伦多大学维多利亚学院举办。第五届 1987 年在美国加利福尼亚大学圣迭戈校区举办。第六届 1989 年在美国夏威夷大学希洛校区举办，当时火山爆发，我安排与会的两百多中外学者到火山公园欣赏火山爆发的壮观。第七届是 1991 年 8 月在德国慕尼黑大学举办，已如上述。我邀请了中国知名哲学学者参加了这次大会，鲍吾刚教授争取到德国歌德基金会 23 个名额，绝大部分给予北京的学者，包括汤一介、方克立等人。这是一次盛会，是在欧洲举行的第一次国际中国哲学会议，影响深远。

第八届会长是北大汤一介教授，1993 年在北大举行了第八届国际中国哲学会议。如此，这种两年举行国际会议，选取新会长，鼓励外国学者参与是我订下来最好的一个学术推广政策，运行到今天已有 40 多年，一直很顺利。但因为新冠疫情，2020 年的会到 2022 年才正式举办。会长杨国荣教授和他的团队却利用时间精心设计与发展，与会的中外学者超过六百人，空前地成功。而且这个会安排了 8 位主题演讲，我作为创始人的主题演讲安排在闭幕仪式的殿后。我的主题是"论天地之心与中国哲学的世界精神"，受到普遍的好评，让我感到一份由衷的欣慰，并对组织会的杨国荣教授与与会的同仁心存感谢。目前此会已度过将近 44 个年头，2024 年已决定将在加州大学河滨分校举行，由瑞丽（Lisa Raphals）教授主持，并可明确地展望今后十年的发展，不能不令人感到鼓舞。我深信，"国际中国哲学会"的发展，影响将遍及世界，可以说是中国学者参与中国哲学世界化发展的成功。

2003 年的会议是瑞典斯德哥尔摩大学的罗多弼（Torbjörn Lodén）教授以主席与组织者的身份主持的，2005 年的会议是由新南威尔士大学的赖蕴慧（Karyn Lai）主持，2007 年地点在武汉大学，由郭齐勇担任主席和组织者。2009 年回到台北，主席是黎建球。2011 年是在巴黎法国的高等科学院开的。2013 年回到了纽约，2015 年地点在香港中文大学，2017 年是在新加坡召开的。2011 年的中间可能有空档，记录不完备。在发展中，一开始由唐力权担任行政主席和执行主任，而后方克立教授将学会整合了一次，解决了一些利益冲突的问题。我推荐了台湾政治大学的沈青松教授出任执行委员会主席，使"中国哲学"能够顺利继续往前发展。2011 年我以会长名义接受法国巴黎高等学院幽兰·埃斯康德（Yoliane Escande）教授为办会会长，在巴黎开会。但会议中，法国学者出席人数不多，让我注意到德法两地学统不一样。显然，德国学者相当开放，而法国学者却相当保守。在翻译中国经典方面，德国学者远比法国学者积极。但何以如此，我一时也不十分理解。

2019 年在瑞士召开了第二十一届"国际中国哲学会议"。这样一个学会组织，是过去没有的，却是十分活跃的，为后来的许多学会所模仿。我一直主持学会会务，并负责物色可以在海外开会的新会长。2003 年到 2011 年，我任命过两任的会议主席。澳大利亚的赖蕴慧是 2005 年的会议主席，我却是学会主席。2007 年，我任命了武汉大学的郭齐勇为会议主席，我还是担任学会会长。2009 年，我任命黎建球为会长，在台湾地区办会。2011 年，我任命赖蕴慧为办会会长。2013 年，我任命余纪元为办会会长。2015 年，我任命信广来为办会会长。2017 年在新加坡开会，会长是李晨阳，我同意由行政委员会征求全体会员选出新会长。但主席需要说清楚，因为不是我任命的，而是选出来的。在这之前是我任命，比如刚才说的赖蕴慧、郭齐勇、黎建球和幽兰。1990 年在德国，按理是两年举办一次，1993 年在北大，1994 年在波士顿，1997 年在韩国，1999 年在中国台北。1997 年之后都是两年一届。1994 年写的是第九届，波士顿那一届还是显示我为主席，那一届是官网的第九届。波士顿那次会议实际上是在 1995 年开的，在德国慕尼黑开的会议则是在 1990 年开的。

会议的意义很重大，所以一再强调要很好地继承下去，首先有制度性的保证，其次要守护传统并且传承。在"国际中国哲学会"的成功发展的基础上，可以认为中国哲学走进了世界，并且能够与世界其他哲学家进行对话。对话是开始，然后能够深入理解交往，能够激发出人类文明的新境界，能够促进人类文明的进一步发展，去解决人们的各种生命或社会及世界上的各种问题。这是真正的目标。所以中国哲学的理想境界是建立共同的命题，能够结合不同的传统去发挥创新的价值。生命不必同一，文化也允许差异，文明应该为全人类服务去面向全人类，这样才能兼备理想价值与共同价值。同时允许呈现不同文明的特色，看到不同文明的相互学习、补充和友好竞争，这样在进化过程中形成了人类对于未来世界化的可能。这里说的竞争，并不是文明的冲突产生的分合离析，因为其实不需要将不同的文明关系视为一种冲突。所谓文明冲突之说，实际上是在谈论文化传统不同产生的利益冲突，首先是国家利益的冲突，或是统治者的利益集团的冲突，并非不同文明之间的冲突。因为不同的人民都想有安乐平和的生活，这是基本肯定，但有些族群有意识地去侵犯其他族群的成果，可视为游牧民族特征，哲学家罗素也看到了这个问题。

中国作为一个农业文明大国，从未侵略别人的土地或掳走他人的财富，所以在中国的历史上，从来没有发动过侵略别人的战争。如果有，则是为了保护一方人民，制止他族的侵扰，而从事抵抗的战争。近代中国受日本侵害，而不得不从事十四年的抗日战争。至于近代的抗美援朝，则是为了正义，为保护其他弱小民族的利益而作战。

我想回忆更多在纽约开展的中国哲学会的特殊情况。当时，我们在纽约的长岛纽约州立大学开会，有三位中国大陆来的学者与会，他们是汤一介、萧萐父、金春峰，可说是第一次大陆学者参加大会的国际中国哲学会议，我表示热烈的欢迎。但我也不能不说，1982年武汉大学的詹剑锋教授曾计划出席在查尔斯顿学院主办的第二届国际中国哲学会议，却因病临时未来，颇为可惜。到今天，"国际中国哲学会"已经走过四十多个年头，英文《中国哲学季刊》发行了五十个年头，是中国之外最具有权威性的两个研究中国哲学发展机构。英文《中国哲学季刊》先创刊，帮助了"国际中国哲学会"的成立，而"国际中国哲学会"的成立又为英文《中国哲学季刊》培育了人才，两者相得益彰，与我原始现代化和世界化中国哲学的目标，紧密相从。虽然我在2000年之后不再担当学会的行政职务，但我仍然积极参加学会组织的活动，不断地鼓励人才的更新、思想的创新以及和中西哲学家的紧密交流。看到学会的成长与发展，我心中是十分喜悦的。若就历史的贡献来说，我认为中华文化的复兴，不能没有中国哲学的积极发展作为主导。中华文化的积极发展也体现了中华民族的智慧，也是中华民族发展的一个重要前提。

在我关心的哲学问题中，我一直重视心物以及宇宙生命问题。我注意到当代许多西方哲学向不同的科学领域进军，对科学哲学除理论建设外，还涉及时空哲学、宇宙哲学与科学技术哲学，在生命哲学的基础上发展到脑神经科学的哲学与心理治疗哲学。思考者一方面探索实证的科学知识，另一方面又利用信息科学中的大数据与区块链来挖掘一些可能的心脑活动的规则，甚至提出相关的模型来模拟心灵的活动，借以发展超级人工智慧，把心灵完全生物技术化。其中一个重要问题是心物语言意义如何转化的问题。如果心的语言指向物的世界，物又如何形成脑的神经元，而在语言上表现为心的含义。这个问题在20世纪90年代大卫·戴维森（David Davidson）和删因名之为"非正常的心物一元论"（anomalous monism），其含义是心物本来应该是一元，却在语言的应用上或观念上形成心物二元。他们基本的预设是，心应该归源于物，而非物归源于心，和19世纪德国唯心论是绝对相反的。但要把心归源于物，只是就心的语言转化为物的语言来说是不充足的，还是需要一个实证的经验作为基础。但对这个实证的经验，也是十分难以取得的。

我个人的看法是，从生命的发生学上看，心脑形成于胚胎的细胞分裂，到一定程度就有感觉，知觉与意识也将陆续地出现。这应该是一个最基本的原理，看不出如何化解成为纯粹物质的定律。我一直强调，我们需要一个创造性的原理，从原始的存在，经过"物化"的阶段，而逐渐"心化"。这说明在宇宙本体中，生命的潜在与生命的发展是不可否认的现象，也可能代表一个根本的真理。因此表明这个宇宙是一个动态创新的宇宙，不是一成不变的宇宙，而变化就是从物到心，从简单到复杂。这仅是就个人而言。如果扩大成为类群的存在以及发展成为社会的存在，则是一个更为复杂的创造过程。因此，这种变化的创造性是不可否定的。20世纪的怀特海在他书中提出的"创造性原理"，仅就"多形成一"说明为创造或创新原理。我在我的著述中更补充"一形成多"的创造或创新原理。其实，如果我们思考中国哲学中的《易学本体论》，由一变多，由多变一都是基本的创造或创新原理。事实上，人们日用而不知，而哲学家们却没有给予充足的清楚确定的说明。因此，中国哲学的发展对我来说是极为重要的，是构成世界哲学的一个重要部分。

上面我讨论的重点是在说明当代哲学的重要问题是脑与心的关系问题，是西方科学中以及科学哲学中重要的问题。在1966年会议中，我就接触到这样的问题，到今天21世纪的20年代，这个问题又和信息科学与语言科学结合，形成了一个诠释理解的问题。我想近20年来，西方哲学作为分析哲学展现了一个诠释的自觉，而诠释的自觉也不能不在所接触的问题上，与中国哲学中有关天人沟通与人我沟通的问题联系在一起。也就是脱离不了中国哲学中的本体形上学和德性知识论的框架，见之于中国的易学传统与儒家的伦理学传统。我所认识到的最现代的西方哲学完全可以和我思考的古典中国形上学联系起来进行讨论。我甚至认为可以用来补救蒯因教授缺少更系统的本体哲学思想与人类社会生成的伦理哲学。当然，这是一个长期的发展，不是几篇单一的论文就能够突破人的观念和思想的习惯的。为了说明我的哲学的基本立场，我有时用创造的体验性与体验的创造性作为基本概念基础。这也是为中国哲学中的"天人合一"思想做出一个现代性的诠释。

我在1966年的心物问题所提出的论文，首先认定在现象上，心不同于脑，脑不同于心。心知有脑，脑却不知有心，必须用心来说明脑与心内在的一致。这也不等于说脑就是心，因为在语言或意识上仍然是有差异的。因此需要一番诠释，把脑和心结合为一体，符合语言和意识上的要求，也就是取得在意义上最后的同一性。我们必须认识到，心脑的语言各自成套，这两套语言也只能在创造性的经验基础上整合为一，但又必须允许各自有其自身的特性而不相等。心脑各自成为动态的系统。随着经验和处境而有所变化，哪些变化是心的变化，哪些变化是脑的变化，必须从一个分析的角度加以辨明。但从一个功能与语言表达所指来论述，两者却可以有一个特殊的同时性，我称之为"自觉的同一性"，表现在我用"我"这个字的所指上。心脑同属一体，同时界定一个生命的活动。从观察上看，两者从环境中受的影响也可以互相影响。因为两者所受的影响并非同一，正因为不同一，它的差异性影响到彼此的关联和反应。

一个人心脑必须同时健康，他才能够达到心身和生命一体的健康。此处，我又必须指出，心身所接触到的环境的影响，也可能是差别性的。脑可以受到当前物质环境的影响，而心则可以面对整个的宇宙和抽象的世界而有所反应。因此，心脑各自互为主体性，而人的主体性就必须考虑到心脑复杂合一性兼具动态性的关系。以上所说只是就个人生命存在的自我整体观点。至于个体与个体的沟通，所涉及的不同的心脑合一的辩证观点更是深一层的复杂，因此，这加深了我们面对理解自我、理解他人和理解世界的复杂性，也都需要透过一个整体的、直观的诠释来理解。我们不能不重视心灵自然产生的意义的能力，使人的理解的功能成为可能。这就更增加了诠释对话与文本诠释活动的重要性，不管是历史的还是当前的。我对本体与诠释的认识，因此呈现一个结构，而必须经过感觉与直觉、理智与分析才能够形成。这让我更能客观地理解康德的第一批判，但也因此产生了超越这个批判的诠释意识。这当然是后话，此处说明我的哲学思想发展的一个线索和契机。

以上有关心脑的讨论，是人的主体存在的主体论。主体的存在有内在的心，也有外在的脑。两者有存在的合一，也有功能上的差异。这就是主体性的一个特色。由于我提出的创造性原理，这个主体性不只是知觉、理解与诠释，还有意志、判断与行为的能力。这也是康德所肯定的人的心智的内容。但从现代科学来看，欲望与情感都被认为更属于有关身体的功能，而意志则属于心灵的功能。就人的主体性而言，心灵的结构和统一性是非常重要的，但不能不以身体与脑神经为生命的基础，也就是自我存在的基础。如此我们又回到人的存在的两个方式，一个内在的方式，一个外在的方式，亦即心的存在的方式和身体的存在方式，我们必须从外在的世界和内在的生命活力来说明人的整体性的两方面，也可以说是宏观与微观的两方面。两者如何融合为一体，享有一个同一的根源，可以说是本体诠释的最根本的问题。这也是我在今后哲学思考所特别关注的地方，在有关的研究课程中我都会提出。①

我在夏威夷大学开课，首先以先秦哲学为主，而在先秦哲学中，则突出了儒家、道家、名家与法家。由于我对中国哲学源头的研究，发现易经哲学作为中国哲学源头活水的重要性，于是，也开设易经哲学的课程。同时把易经哲学、儒家哲学和宋明理学作为研究生的讨论课程。但我注意到系中也有佛学哲学课程，但所谓佛学哲学课程，不是印度的原始佛学，就是日本的宗教佛学。我很想系统地讲授中国佛学，我用中国禅学作为切入点，并以禅学追求一个直观的存在本体作为终极目标。这门课出乎我意料地受到学生欢迎，我注意到学生欢迎这门课的原因是，禅学提供了一个可以认知的终极对象，即自觉成佛，提供一个可以修炼的实际方法过程，对现代人生活的规范与管理有重大的意义。至于儒家的伦理学，虽然从哲学上探讨了人性和德性，但一般学生已经习惯以人性为自私，以德性为老生常谈，因此不能激起强烈反响。在这方面，反而不如道家的哲学，强调人的自然本性和道的无为而无不为的属性。这门

---

① 关于这些基本思想的开始，请参考我的著作《科学知识与人类价值》《近代逻辑的意义内涵及与语言的关系》《中国现代化的哲学省思：从本体诠释学观点论中西文化的异同题》《权力的分配：正义与民主学术研讨会论文选集》。

课可以说是对现代社会的一种解放，因此得到普遍的关注。但我并不经常开道家哲学，却在易经哲学上进行了一个发挥，强调人天然的创造性和人与自然之间的内外在的关联，这也获得学生的注意。我提出易学、儒学与道学（老庄学）三者密切的关系，说明儒道均以易学为基础，一重格物致知，一重自然无为，这样就更好地把中国哲学需要的整体性理解传达给学生。同时也在这个基础上引进禅学，说明禅学是中国哲学的发展的一个基本方式。虽然其表达的方式反映印度的佛学，却与原始的印度佛学的思想不相一致。我教禅宗的基本文本是《大乘起信论》《六祖坛经》以及一些知名的禅学语录。

总言之，我的教学经验在中国哲学这一块逐渐形成一个整体的理论体系。虽然是以历史的发展作为基础，却以理论的建构作为目标。这样才能把中国哲学与中国哲学史分开，也能使中国哲学与同等独立的西方哲学进行有益的比较。涉及中国宗教的问题，我认为先秦诸家都不是宗教，先秦之前也没有宗教的经典。这当然不是说中国没有自然的宗教信仰，古代的对天和上帝的信仰是存在的，但这个信仰有一个特点，是知而信，信而行，知行是信的主要方式。但在西方，信仰往往是不知而信，不知而行。人们并不认识上帝，上帝也只是表示他是他自己，成为一种抽象的、超越的存在。显然，中国的史前宗教与后来的道教都不是从这样一个抽象和超越的观点，来信仰一个存在。事实上，我有一个假设的认知。在八千年前中国走向农业化之后，经过一个"观"与"感"的提炼过程，早期的信仰都知觉化和知识化了，不再有不知而信的情况。

西方基督教对耶和华上帝的表述是非中国的，上帝表示他就是他自己，并没有任何迹象认为他是可道可名的。而中国的道作为终极的真实，虽然是终极的不可道不可名，但一般事物却是可道可名的。道是一切事物的创生之源，由不可道的道产生可道的事件，并不表示道是超越的，而更表示道是内在于事物之中的。所以《道德经》说"道可道，非常道；名可名，非常名"，又说"道生一，一生二，二生三"，自然形成一套形上学的宇宙哲学的系统。虽然我们仍然要从一个兼及正观与反观的立场来认识道，但这却不是一种神秘的认知，而是具有辩证性的认识。《大乘起信论》提出"一心开二门"的命题，认为一颗心可以有其清净的一面，同时也可以有其烦恼的一面，因此，一心二门是指同一颗心既可以成为清净之门，也可以成为烦恼之门。但此一提法有一个玄意，即烦恼与清净同时存在，清净即烦恼，烦恼即清净，强调了一念之差的即时性。当然这颗心可以是动态的，人们修行就必须维持清净，不要堕入烦恼。这可以说是一个重要的诠释，也是具有禅学本体论意义的诠释。人能够自我超越，以维护先天的清净。此一立场，显然是和《六祖坛经》一致的，可以说是中国佛学最重要的特性。

《大乘起信论》的动态一元论，也反映了中国本体形上学的动态一元论。有与无，一与多，动与静，心与物，人与天，都是动态的合一，但可以随时落入一个相反的一面。最值得思考而具有挑战性的例子是正反面的矛盾，可以成为阴阳两面的融合。融合当然是正面的，而矛盾当然是负面的。但有时矛盾却不可避免，这也是事实。因此，一心二门的佛学的同一性，也并没有一种先天的保证，而必须要认识到易学的动态和谐辩证法的作用。

中国哲学有一个特殊的课题，即对禅学的认识。慧能后，中国禅学已演变为"一叶五花"，极其重视禅的实践。因此首先需要明确禅的性质，阐发中国哲学里的性、道和心，最终彰显中国哲学的基本精神。

禅是对终极真实的沉思，这个沉思（或可称为"定"，相当于佛学中的"三昧"，即"samadhi"）和一般的沉思不一样。一般的沉思具有对象性，是以对象为沉思对象。但"定"的沉思是尽可能地把自身的存在显明出来，不以对象去掩盖自身存在的显现。这是禅学的基本要求，原理是我在"思想"。对象虽然存在，但存在逻辑是不一定的，所以真实即使能够通过主客观来表达，实际的思维中依然存在客观，消除主观的思维方式最终具有科学性。禅学要超越、避免对象的思维，而非消除，将人跟物的关系视为一体，是存在的互通，也是彰显整体性的重要思考。佛教释迦牟尼遵行的思维方式注重真实，首先需要不断地超越对象和主体，印度语中的"netti"是否定逻辑，显示了存在的整体，其中没有妄见、偏见和错见，是很明显的。禅学在否定逻辑之外，却突显了存在即存在的逻辑。

禅宗突显了人和世界的"本性"（自性），呈现一种悟觉状态。作为无名状态，必须不断地排出杂念，包括幻觉和固定思维方式。中国禅宗思维往往以困惑的语言来表达，以本来面目去思考无法回避的问题，在语言上先打破陈旧的观点，进而消除语言和思维的障碍，最终超越心智的范畴。中国的传统顿悟，慧能说为"本来无一物，何处惹尘埃"。"本来无一物"从语言呈现出重要方法，通过显示真理，进而产生一种真理的表达，是存在论和逻辑论的吊诡。逻辑论是指概念的不通，考虑抽象且形而上的问题。所以中国哲学有深刻的辩证性，其中有关存在细腻的思考值得探讨。以上是两个例子。

中国佛学不同的宗派出现了不同的大师，各自代表一个终极理想和修持与达理想的方法。禅宗出现了慧能大师（638—713），天台出现了智顗大师（538—597），华严出现的是法藏大师（643—712），他们对佛教的发展有各自不同的判教。华严提出小、始、终、顿、原的五个存在境界。天台提出五时八教的说法，即华严、鹿苑、方等、般若、法华涅槃等五时；从教导众生之形式方法分为顿、渐、秘密、不定等四种类（化仪四教），又依适应众生根机而教导之教理内容，分为藏、通、别、圆等四种类（化法四教）。《大乘起信论》却更简单地提出一心开二门，蕴含两个存在的层次，即烦恼与清净。对于修行的信众来说，也许更容易践行。智顗比法藏早一百年，法藏与慧能几乎同时。《大乘起信论》于550年出现，相传为古印度马鸣著，南朝梁真谛译，仅一卷；唐代实叉难陀重译，作2卷；以真谛译本较流行，却比前三人更早。菩提达摩（382—536）和翻译《大乘起信论》的时间则更早。这三大中国佛教的彼此影响关系，似乎都可以集中在《大乘起信论》上，似乎都体现了"知而后信，信而后行"的佛学精神，是和西方宗教的"不知而信，不知而行"的情况有根本的差异。

那个年代的道家、佛学代表某种超越，却落实在生活当中，成为一个实践的宗教。这一点与儒家的本色不同。儒家并非宗教，却重视人的心灵的发展与精神的转化。这样的入世精神也把中国佛学导向为一个入世的宗教，一方面影响到宋明理学的发展，另一方面又为宋明理学所扬弃。宋明理学的成长当然不是偶然的，是受到中国佛学的影响而形成的，这也不能不承认。就我开设的所有中国哲学课程来说，我一直都从一个整体的观点和彼此相关的影响来突显中国哲学的特色，尤其在溯源于易学的本体学与本体的理解方面。

近代以来，中国哲学是以西方哲学为标准来建立的哲学，因为西方在中世纪以来把哲学视为神学，以神学的概念作为基础。所以，传教士到中国主要希望看到中国文化历史中有上帝的影响。最早的传教士利玛窦对此一问题特别关注，他认为中国儒家的经典中有上帝的概念，名为天或帝或上帝。但他又认为对上帝的信仰并不完善，因此要用天主教来取代儒学之教。他要以天主教为标准，重建中国古代的宗教，以符合天主教的教义。他因此反对道家、宋明理学和中国佛学。他特别反对宋明理学，因为理学家只讲天理，并不重视天，将天变成天理，已非上帝的存在。而上帝必须在尚书与诗经中发现。利玛窦以西方神学强加中国经典之中，是不合法的，因为毕竟中国的天或上帝和天主教的天主大不相同。首先，世俗中的天和上帝是属于天地之中的存在，而非超越自然存在的概念。其次，在儒家经典中，天与天道是密切联系的。天之所以受到崇拜，是因为天道。而天道也就是天理的基础概念，早期中国人重视的是天地之道，而非一位超越的上帝。天地之道是自然和人生的真理，是可以体察和理解的。不必具有天主教那种个人化的品质。中国人从经验上观察自然，重视的是实际的自然运行和应该遵循的生命之道。在儒家则表现为人的德性的行为，在道家则表现为合乎自然创化而不损害生命的终极的存在规律。当然，儒学也提到神圣的概念，它所表彰的是至德圣行，也指向变化不测的创造性，并没有把神圣人格化，成为一个超越个体的存在。

事实上，从三代以后，中国哲学就是"中国宗教"，而"中国宗教"就是中国哲学的实践。在六经之中，认识到易经讲述的易道，就是天地之道，包含了天道，而为天地之道的一部分。这乃是从经验观察和反思实践获得的结果。远古的造物神话，如盘古、女娲之说，也只是表示自然变化的一种方式，把天地阴阳二气的经验认识实际用来说明人类生命发展之道，以及因此而产生的文化创造之道。质言之，在《易经》文本中，肯定乾坤统合之道与太极，太极生乾坤，乾坤生八卦，八卦生万物。但太极并非指称人格化的上帝，而是代表一个终极的宇宙存在的创造力而已。此一创造力的创造过程，可以用卦爻的符号来表达，形成一套可以代表自然意义的符号体系，可以用于占卜，以启发人心对生活境遇的观感。同时也导向一个对宇宙本体可以不断进行诠释或理解的认知、反思与修身行为过程。

在明代传教士中，有天主教白晋（Joachim Bouvet，1656—1730）神父把易经卦爻的图像传到欧洲，当时的哲学家莱布尼茨并未把易经神秘化，虽然他把"太极"叫作上帝，那只是他一时的诠释理解而已，与白晋的本意并不相符。莱布尼茨甚至利用阴阳卦爻符号发展二进制数学，以创建一个无所不包的知识体系。这个想法反而更接近易学所具有的内在目的。当然在此种理解中，易学中的太极开启了另一种神学，即自然神学：自然即神，神即自然。但这个观点是基督教无法接受的。

莱布尼茨在 1703 年用法文写成《论中国人的自然神学》，认为中国有哲学，其终极的形上学即自然神学，而其表现的方式就是儒家孔子的仁学和伦理学。事实上，在 1687 年有比利时传教士柏应理（Philip Couplet，1623—1693）在巴黎出版了《中国哲学家孔子》（*Confucius Sinarum Philosophus*）一书，使中国哲学第一次受到西方人的重视。中国哲学的基本精神是孔子，发扬了仁的伦理学，结合了易学传入西方。孔子和易学的关系也隐约地建立起来。此一系统的德性思想是人能弘道，便能创造文明，实现人类社会和平之道。此一认识，我认为影响了欧洲的哲学家，使他们看到在亚里士多德形上学与天主教神学之外，有另一种天人合一的宇宙哲学与人性哲学，直接影响到德国的哲学家康德以及其他欧洲哲学家，尤其是法国与英国的哲学家，发生了启蒙的作用。

孔子的哲学主要是在人心的理性和意志的基础上，表达了人对宇宙的终极关怀，也强调了人所具有的自由意志。在这两方面都显示了儒学中的理性精神与反思精神，完全没有上帝。孔子提出人的意志自由，在于能够自我节制欲望，以平等待人，以他人为目的，而不以他人为手段。这就是孔子强调的"忠恕之道"："己所不欲，勿施于人""己欲达而达人，己欲立而立人"的道德精神。由于孔子深入易经，提出"人能弘道，非道弘人"的认识，把人看成宇宙创造力的继承者与发扬者，形成了一个天人一致的和谐形上学，把西方宗教的上帝化约于人的宇宙意识之中，而不必具有超越性的个性。这也是影响康德理性宗教的一个重要根源。除康德外，英国的洛克和休谟，美国的爱默生，都受到孔子哲学思想的影响，在18世纪，激发了西方的理性启蒙运动。但这一运动并没有正面地影响到传教士，相反地，他们也在挖掘中国哲学中的短板，尤其是在政治体制上，因此也透过传播掀起了对中国文化的批判。从18世纪到19世纪，就是中国哲学影响西方，然后受到西方批判和消除影响的一个历史过程。

最终批判中国哲学的西方哲学家是黑格尔，他不肯定孔子和老子的价值，因为他断章取义，无法得到全面的理解。而且就其受到道家影响的辩证法，来指责中国哲学缺少终极的思想，没有精神的境界，而只是生活传统秩序的一个维持而已。这是莫大的误解和误导，很难决定是否黑格尔真正理解中国哲学。事实上，就易传的易学系统而言，乾坤之道的创造性发展，也可以解释具有一种内在的超越性，却不必归纳于一个绝对的上帝。对于中国哲学的误解和中国哲学在西方的失落，黑格尔要有责任的。他的影响一直延续至今，不但使西方人缺少对中国哲学正确的概念，也影响20世纪的中国人对自身哲学传统源起和发展的评价，在中国哲学与西方哲学之间建筑了一堵墙，也挖出了一条沟，这是非常不幸的事。

基于以上，我们可以看到在西方，中国哲学被曲解为西方汉学的一部分，只当作博物馆的陈列品来研究的，而缺少生命的含义和理性的诉求。当我20世纪在美国求学期间，西方的汉学家只是关注中国的历史，就是中国的现代史，把中国的哲学只当作文学的作品来处理。西方也不理解中国是否有宗教，一般把儒家也当作宗教，影响到学者对儒学本质的认识。如果儒学也是宗教，它必然是另一种意义的宗教，也就是我说的它是"知而后信，知而后行"的生活要求与生命承诺，与西方"不知而信，不知而行，因信称义"的神学传统的宗教完全不一样，具有根本的差别。西方一个世纪以来，以对中国哲学精神的无知，来发扬中国哲学，可以想象它的困难。也是基于这个原因，我更积极地要求发展。20 世纪中叶的欧洲，对中国哲学的认识和理解的需要是真诚的。为何我如此说呢？

我注意到，西方在二战之后，体会到人生的痛苦和世界的无情，不能不进行一个更深刻的生命反思，也不能不重新审视人和自然的关系以及人和人的关系。从这个角度观察，我们可以理解 20 世纪实证主义兴起之后，存在主义与生态主义的兴起，因此不能不关怀中国的易学、儒学与道学。30 年代以后，西方的伦理学与形上学与生命哲学开始发生也就得到解释。我记得 20 世纪第五届"国际中国哲学会"在慕尼黑开会之后，我有机会在德国柏林大学讲学。从我的交往中，我就能够感觉到强烈的欧洲学者对中国哲学传统的积极兴趣。其实慕尼黑大学的会议就是我创办的"国际中国哲学会"所发起的年会，第一次在欧洲举行。会后，有欧洲学者和我一同开车到柏林，他告诉我，德国现在最流行的哲学兴趣是中国的道家，并形成了一个欧洲道家思想的潮流。当然我并不觉得惊奇，因为我早已知道海德格尔哲学就是想以道家作为基础。而因海德格尔理解不深，无法自然地引进道家。但他后期有关"四方域"（Fourfold, Das Geviert）的思想，显然来自老子。在 20 世纪 90 年代的最后十年，我到德国、法国、英国讲学与演讲十分频繁，好几次在法国南部山区开会，感受到德国法国学者对中国儒道哲学的由衷喜好。当然他们研究并不深入，但却能有自己的见解，让我为中国哲学在 20 世纪欧洲的再生感到鼓舞。

必须指出，中国哲学 20 世纪在欧洲的复兴，固然是一件振奋中国哲学家心灵之事，但中国哲学家的参与却并不明显存在，因此不能反映两个文化传统中哲学交流应有的活力。我之所以参与，是因为我已经发展了英文《中国哲学季刊》和建立了"国际中国哲学会"而受到重视，但一般的中国哲学学者就感受不到中国哲学在欧洲发展的实况，可能也不认为中国哲学的发展是从少数海外中国哲学学者引入的。事实上，由于我的季刊与学会的建树，对中国哲学的初步复兴仍然是一个中国哲学家，如我者的意志的影响。当然这也应该说是一个历史的必然，因为二战后的欧洲已经具备了引入中国哲学的基本心情和愿望。可惜这个潮流并没有更大地展开，我的学术影响也十分有限，不能深入到欧洲学术的各部门。更与早期中国哲学经传教士传入产生的影响显然不一样，我自己的感受是必须长期持续发展，才能收到更好的效果，而目前只是开始而已。

在这个开始中，人们必须认识到中国哲学和西方哲学都是哲学，都对终极问题有深刻的关怀。而中国哲学更具有一种世界精神和对未来发展的理想，而不能把哲学看成只是个人的事业。要使中国哲学不断深入世界哲学传统，而且要深入文化传统的各部门，甚至深入人心，进而改变西方文化中的霸权主义与独善其身的心理倾向。这两者可以说都是个别文化的发展，而非哲学的本质。我个人希望中国哲学能够把西方哲学净化为提升心性修养的生命力，而在实在的人生中具体实践，也要成为另一种知识的基础和生活的方式或工具，也就是把哲学变成一套智慧之学，统合东西方哲学的基本精神。

第五部分

故国——回归大陆教学时代

（1985 年至今）

一、从北京大学开课到阳新回乡

（一）北京大学哲学系授课两门

我于 1985 年回到中国，是由北大汤一介教授邀请我回中国开会，并在北京大学哲学系以客座身份教学。在 1985 年前一年，汤一介教授已经参加了在纽约我所主办的国际中国哲学会议。随后我又邀请他参加在加拿大蒙特路大学主办的第十七届世界哲学大会中的中国哲学圆桌会议。会后，我和他在哈佛大学东亚学院见面，交谈两天之久，建立了比较深刻的理解。我告诉他中国哲学必须在国际上建立起来，才能发挥它影响世界的作用。我创办"国际中国哲学会"的根本目的在于把中国哲学发展为世界哲学之主流，同时在这个过程中，使中国哲学具有一个现代化的面貌，但并不远离传统的中国哲学经典与精神。彼时，中国社会正走向改革开放。汤教授也具备了一种返本创新的愿望，与我的思想十分契合。他回国后在 1985 年就邀请我出席北京大学和武汉大学共同举办的"熊十力思想国际学术研讨会"。他还邀请我会后到北京大学担任客座教授，为北大哲学系师生讲授两门中西哲学课程。经过考虑，我欣然同意。但我对中国大陆的情况并不十分了解，而且我从 1949 年离开南京，未再回到大陆。对大陆的发展，以及对大陆学者的理解也都疏浅。但由于开会的地点是湖北黄冈，离我祖籍的家乡阳新县并不太远，我告诉他我想在会议之后访问我的"老家"。汤教授表示他会妥善安排，会后会有阳新的官员来接我回阳新，然后从阳新回到武汉，再回北京。我第一次回国的日程就如此安排了。对我来说，这不只是一次学术之行，也是一次回归故乡之行，内心十分兴奋，甚至充满盼望。

1985 年 12 月初，我从夏威夷飞到香港，然后从香港飞到北京。这也是我一生的第一次向中国北方飞行。在飞机上，我一直在向窗外张望，希望看到中国的大地和山川，尤其是长江与黄河。其实，当时我想到长江和黄河，心中就有一种特殊的感动，不知为何流下兴奋的眼泪。我终于看到了长江，想到了我的童年，却没有看到黄河，因为飞机不经过黄河。但黄河的影子却在我心中呈现，因为我发现自己仍爱中国这片故土。在成长的过程中，不知不觉地把故土的山川文物存放在自己的心中。高中与大学读到的中国历史与地理，也都变成了活生生的景象，展现在我的眼中。终于到了北京，汤教授把我安排在北大勺园一个单人房。外面天气虽然很冷，房间却洋溢着温暖。由于黄冈的会议还有一周时间，我有机会看到北京的风光和景点。其实，我所看到的还十分有限。由于天气寒冷，我也较少出门。但有好几次汤教授安排学校的公车陪我参观二环的白孔雀商场，使我理解政府的改革正在开始，凡是涉外的交易都用外汇券而非人民币。在这段时间，我也和我小时候见过的五姑杨家联系上，但我并没有先行告诉她我将来北京。因为时间短促，也来不及联系。到了北京之后，我终于打听到她的住处，我想我一个人晚饭后自行去看望她和她的家人，给她们一个惊喜。那一天晚餐后，我租了学校的一部车，找到了展览路的杨家。这已经不容易了，因为那时候中国住家的地址并不是街道门牌，而是一些小区的楼房。

我走进一个小区，在没有灯光的楼道爬上四楼，敲了敲五姑家的大门，但我不确信那就是她们的家，因为没有其他任何标志。等了好一阵，终于有人来开门，那一刻我感到特别激动，不知道开门的是不是我的五姑。门开了，一位年轻的女士问我找谁，我说了五姑的名字，也报了我自己的姓名。这又叫房间里的人包括开门的年轻女士大为兴奋起来，五姑走出来说："赶快进来。"从此我和五姑一家建立了联系的关系，当然有许多说不完的话，也认识了五姑的先生，也就是姨丈。还有五姑的两位女儿，开门的那位年轻女士就是其中之一，她们是我的表姐与表妹，已经开始工作了。访问儿时亲人成功之后，也觉得北京这个地方有一种温暖，也许就是这种亲情所带来的。在 12 月初到 12 月下旬这段时间内，我感到北京的天气开始变得很冷，和我在美国波士顿的温度不相上下。但有一天气候奇冷，汤一介教授安排了哲学系的陈来博士生陪我到长城去参观。他带来一件解放军的军大衣，穿上之后感到特别温暖。我们到了长城脚下，看到游客稀疏，只见一只骆驼在冷风中抖簌，心中十分不忍，但我仍然爬上了长城，想象当年的守兵在严寒中的辛苦，更使我思古之幽情不禁沉重起来。也许我也应该提一提 12 月 25 日勺园在晚间举办了一次圣诞晚会，令我颇为吃惊。因为我并没有想到会有西方节日的活动。当时我了解到这是为国际学生举办的，也有很多北大的学生前来参加。

"熊十力思想国际学术研讨会"在 1985 年 12 月底隆重召开，我想我是在十二月二十七八日和汤一介教授一起飞到武汉。在武汉大学哲学系做了一场演讲，三天之后就开车到黄冈去开国际会议了。我和汤一介教授住在同一房间，有更多时间彼此谈论，感觉到这段时间中国开始对儒学的复兴有了深刻的兴趣，因此纪念熊十力并非不可理解之事。与会的学者众多，可说是一个盛会。我作为主讲，论述了当代新儒家发展儒学必须满足的几个基本条件，特别强调自觉性、批判性、现代性和系统性等方面的要求。这种讨论的风气也很自然与热烈。海外学者虽然不多，但发言仍然是中肯的，也引起国内学者的兴趣。这是一次很成功的学术会议，为大陆接触新儒学和发展新儒学奠定了一个有用的基础。可以说开风气之先，也影响到以后各种会议的主题，但就当时国内学者们而言，他们最关心的还是儒家的问题。因为这个儒学的兴趣，导致北大"中国文化书院"的成立和发展，我也应邀加入"中国文化书院"的导师群。从黄冈会议之后回到北大，除了在哲学系上课，就是在"中国文化书院"做大型的演讲，当时称之为"中国文化热"。回到黄冈会议，我注意到一些年轻的学者，他们的风度和气象和我在电影中看到的中国革命青年一样，令我十分振奋。因为我想到中国大学生在五四时代的那种激扬慷慨以及对国家民族灾难的奋发精神，在后来是很少看到的。黄冈之会也的确带动了一批年轻人的豪情壮志，要建立一个文化的新的中国。可惜后来的会议中就较少有这样的气质了。

黄冈会议之后，有阳新县的统战单位开车来接我回阳新。从黄冈到阳新要经过浠水与咸宁。如今公路开车应该是半天时间就到了，可是在当时阳新接我的车却走了整整12个小时，中间还包含车胎出事必须修补的时间。我到阳新天色已晚，车子直奔桃花源宾馆，立刻有人带我进入餐厅。餐桌已坐满人，主人是阳新县的县委书记，是一位女士。她站起来欢迎我，请我马上开始用餐。她让我尝尝当地的鲫鱼汤，我觉得十分可口。其他菜系也符合我的口味，但我想，这毕竟是家乡的风味。我认识了餐桌上的官员，大家都很亲切，并没有把我当作外人。我心中终于感到我回到故乡了，也很亲切地和他们谈谈生活家常。但我也注意到我的家乡十分落后，这个宾馆并没有热水供应，整个晚上感到分外寒冷。第二天参观了阳新的旧城，十分拥挤和破烂，可能还比不上回忆中的重庆郊外。可见当时中国之落后。但十年以后，我再回到阳新故乡，一个新城已经形成规模，新的楼房，新的公路，新的桥梁，甚至于新的办公大楼等。我不能不惊讶中国在过去从一穷二白发展到一个新的乡镇和县城，人们的观念也有更新，我觉得中国已走上了现代化的路径。我也注意到这原初的现代化是快速的，但越到后来越涉及人事问题、知识能力问题以及动力和意志问题，逐渐失去了速度，也产生了新的问题。我感觉到现代化是开始易、后来难，到最后甚至无所进展或退步落后。这就需要另外一种力量来更新与推动，但那是一种什么力量呢？应该依然是人的领导性和人的意志的坚定性，而必须克服越来越多的困难，也必须随时加强教育和管理的能力，不容有任何间断。

我访问阳新两天之后就飞回武汉，然后飞北京，仍然住在原来的勺园。北大哲学系和文化书院都安排了我的讲座，在北京短短的两周内，几乎天天早出晚归，进行讲学与演讲。在北大哲学系正式上课，共两门课，一门是"中西哲学与文化"，一门是"易学和中国儒学"。听讲的都是北大博士生和年轻的教师，他们往往提出很好的问题，我和他们讨论十分热烈。至于"中国文化书院"的演讲，都是大型的讲座，经常是和已经退休的梁漱溟一起演讲。听众不只是学生，还有社会大众，有时到达千人，场面很是宏大。讲完之后听者提问，就写在纸条上，由助教收集交给我回答。但由于问题太多，不能一一回答，我只能选择一些好的提问进行整体的回答。这样一种讲学经验是以前没有的。也许在那个时代，众多青年学生都有强烈的求知欲与好奇心，因此能够提出很多相关和不相关的问题。在北大讲学一个月之后，我被邀请到上海参加复旦大学主办的一场学术会议。所讨论的问题涉及现代化与现代性，是在上海龙柏宾馆举行的。虽然当时上海的温度一般比北京高，但气候已经进入严冬，在上海也感到特别寒冷。有一个因素是长江以南，中国政府不提供暖气。在上海讲学一周以后，我乘飞机回到广州。接受广州中山大学的邀请，做了一次演讲，并同意帮助培养中山大学哲学系的博士生。在这之后我必须回到夏威夷，准备下一学期的课程。但我知道，我已经和中国的大学及学者建立了密切的关系，将会非常积极地再回中国讲学，希望能够培养下一代的中国哲学思想者。

我在北大上课期间，汤一介教授将我在"中国文化书院"上课的讲稿进行出版，书名为《中国文化的现代化与世界化》。首先提出中国文化的世界化问题。必须要说的是，归国后我已开始研究海外新儒家。南开大学方克立教授首先撰写《当代新儒家概述》，后来作为课题的倡导者和主要组织者，又主持编写《现代新儒学研究丛书》（1986 年）、《现代新儒家学案》（1995 年）、《现代新儒学与中国现代化》（1997 年）等三十多种、将近千万字的巨著，使现代新儒家在中国大陆迅速成为显学，在中国港台和海外地区也产生了较大的影响。

自从访问北京大学之后，我和北京大学哲学系的关系是绵延不断的，几乎每一个暑假都会到北京大学作为访问学者或作为暑期班的教学者。我有意愿在北大持续讲课，但我却不能离开夏威夷大学，必须维持夏威夷大学的终身教授职务来维持生活。在 2000 年，我利用休假并申请到美国政府的研究基金，即富布赖特资深教授基金。作为客座教授，在北大哲学系教学一年。我先后开设了两门课程，一门是"康德哲学与儒家哲学"，一门是"蒯因哲学与诠释哲学"。前者以讲授易经哲学为主体，后者以讲授诠释理论说明我的本体诠释学，包含"易经哲学"的成分，同时也包含伽达默尔哲学诠释学的基本观点以及蒯因哲学的分析精神。听课的学生十分踊跃，不限于北大哲学系的学生。可惜时间仍然嫌短，没有培养出出色的研究生。

我同时也在华东师范大学哲学系做讲座教授，不定期到上海讲学。哲学系报考了一位博士生选我为导师，他就是我日后指导论文的潘松同学。为何华东师大有这样培养学生的条件而北大反而没有，原因在于在更早的时期，即 1987 年我应华东师大冯契教授的邀请，在同年暑假从全国招收了 40 名学生。一个多月来，上午上课，下午讨论。讨论期间，冯契教授也参与讨论。此种气氛，影响了一大批年轻的研究生和外校来沪的学生。其中华东师大的潘德荣教授很投入我的课程，决定到德国进修，并选择诠释学研究为其主题。我对他十分鼓励，暑假后与他继续保持联系。他在同济大学学习一年德文之后，申请到德国鲁尔大学研读诠释学博士学位。数年之后，我到德国讲学。他来慕尼黑看我，讨论诠释学的课题。后来他获得博士学位，回到华东师大执教，也继续与我保持联系。所以，我招博士生也得到他的鼓励和帮助，解决了一些形式上的问题。潘松在华东师大研究近五年，毕业后到山东济南任教，后来又转到重庆任教，是我正式调教和指导的一位国内博士生。他有才能也很努力，后来又到夏威夷大学做访问学生。他兼治我的"本体诠释学"与蒯因的"分析哲学"。

我在中国大陆可说每年都应邀做短期演讲和开会，对一般学者反而有更多影响。我在客座北大之时，清华大学也邀请我作为公共管理学院的客座教授，因为他们知道我的有关易学的《管理学 C 理论》的论述。我也经常到北京其他院校演讲，如中国人民大学、北京师范大学等名校，接触面可说十分广阔，让我更深入地理解到当代中国哲学界研究中西哲学的情况，当然也认识了一大群中国学者，主要在北京，也有来自其他中国大城市的大学。我当时的感觉是中国哲学以及中西哲学的研究正起步向现代化发展，当然谈不上世界化的问题。在现代化的发展中，中国哲学大多还着眼于对经典的注释，概念的分析几乎为零。我不禁对此产生忧虑，不知如何更好地或更快地提升中国哲学研究的素质，彰显中国哲学的特色和相关的理念，进入世界哲学思考的主流之中。我对此一问题逐渐进入深思，在我哲学的思考中寻求一个答案。但我创办英文《中国哲学季刊》至少开拓了一条发展中国哲学的道路，逐渐把中国哲学带入世界的主流。

（二）阳新回乡看亲人

12 月从黄冈回北京之时经老家阳新县，也是汤一介先生安排。他认识民革中央主席贾亦斌先生，贾先生是阳新人，早年认识我的父亲。汤一介教授通过他安排我回老家。在黄冈会议之后，第二天早上 8 点钟就有阳新派来的人接我，并且来了我二弟的两个儿子家龙、家海。他们一直都在阳新老家，见了我就叫我大伯。他们告诉我，他们的父亲中豪在"文革"后期由于疾病死于公社。此事我早已在信中知道，心中也特别难过。这次回老家，就是想多了解老家的具体情形。我两岁之前父母曾把我带回老家看祖辈，但这个记忆已经非常依稀仿佛了。接我回家的车是阳新统战部的专车，从黄冈到阳新要经过浠水、咸阳两县，由于天气阴寒多雨，路上泥泞不堪，又正逢修路，交通很不顺畅。中间经过的细节和到阳新之后的接待都在上节中有所说明，就不再重复了。我要强调的是，第二天见到阳新县政府的官员，觉得他们都有建设阳新为一个新城的想法。

在早期阳新县建设新城、改造旧城的过程中，我看到几条新建的马路和天桥，同时县政府的人也告诉我县城改建的计划，想象中应该是很不错的。因为所选择的地点靠近一个美好的湖边，十分开阔。县政府也表示愿意向我捐赠湖边空地五亩，希望我为他们建立图书馆或为他们招商引资，尤其希望旅台的阳新同乡回来投资。我无法一时做出最后决定，只能表示尽力而为。这样第一天就过去了。后来我无法从台湾集聚资本和人力，就把五亩地的计划交还了县政府。

第二天主要是两个侄儿陪我去老家看看。所谓老家，就是阳新县龙港镇成家村的成家故居。到老家之前，先去参观了阳新旧城。

阳新旧城很落后，房子破旧，感觉到路上挑担子的和挑水的特别多，而且鸡鸭到处走动，街道上都是泥巴，房屋好像挤在一起。天上下雨，人与鸡鸭同行。我不知道这是不是一般农村的景象。

从阳新县城开车到乡下祖居需要半个小时，地点更接近江西。到后首先安排我到成氏祠堂（名为成家宗祠）敬拜祖先，我看到这座百年以上的祠堂非常陈旧，但建筑仍然很壮观，大门像一个牌坊，上面有我父亲的题字——"成家宗祠"四个字。我父亲曾经告诉我在抗战期间，老家乡间修理旧址，辗转托人到敌后大后方重庆请我父亲题字。那应该是 20 世纪 40 年代的事，我父亲为他们题了字。到我看到之时已经经过了半个世纪，当时的新祠堂也变得如此老旧。进入祠堂，拜见了早期的成家祖先，以及我的祖父炳南公的牌位。然后我注意到这个可以容纳一千多人的祠堂，墙壁上贴满了"文革"时代的标语。原来这个祠堂在国共战争的时候是李先念军事司令部所在。我见到时祠堂并没有进行任何清理，十分凌乱。但我几年之后再回到老家参访成家宗祠，祠堂已经焕然一新了。但那是十年前后的事了。那时阳新的新城已经修好，阳新外围的公路都是标准的国内城市之间的公路了。从武汉到阳新不过两个半小时，和早期需要五个小时大不一样。

离开祠堂十分钟就到了我家的祖居，侄儿告诉我这是一百多年前建的土木旧式房型，前面的墙虽然高大，却破落不堪。进入里面，有一个天井，天井过去是客厅，也是饭厅。两厢则是住屋。这些内部的建筑也都十分破烂，雨天还会漏雨，显然必须重新改建才能保持这个建筑。我当时就决定这样做。回到北京，我汇了十万元人民币给我两位侄儿，供他们建立祖居之用。我同时要求贾亦斌先生为我的故居题字，名为"古典文学家成惕轩先生故居"，以作为长期纪念我父亲的出生地。我又另款帮助两个侄儿建立他们在县城的住处。数年之后，我再回阳新，一个崭新的祖居呈现在眼前，而故居的名称也挂在大门上面。可见两位侄儿有很好的办事能力，使我心中颇为欢喜。

我从黄冈回到阳新，留下深刻的印象。除了到成家宗祠拜见祖先，我还到了新建的两个侄儿的家中。这里要追溯一段小历史。我二弟过世之后，家中长辈也几乎无人。两位侄儿在龙港老家艰苦度日，希望我能够帮助他们改变生活情况，尤其希望能够从龙港迁居到阳新的新县城。再一方面就是希望我帮他们把龙港故居修建或改建，免得坍塌。对这三件事我一直记在心头。我的父母心中也有数，但他们没有提出任何办法。主要是他们也体谅我的处境，知道我要维持一个家庭，可能没有余款来帮助他们。但我觉得我必须要真正地帮助他们改变生活，我可以想象二弟过世之后他的一家人艰苦潦倒。两位侄儿也同时向北京的五姨妈，就是我称为五姑的求援。五姨妈也特别重视亲情，她在北京到处奔走，最后得到中央帮助，阳新县政府同意在县城拨出两亩地，为两个侄儿和他们家人建立新居，并同意他们从乡村转移到县城。但这些费用则需要另行筹划。在这种了解之下，我决定出资为侄儿两家盖两栋大楼，让他们能够从老家迁居到县城，这样生活与工作也比较方便。

这些事情都在我数年之后再回到阳新之前已经做到了，因此当我再回到阳新，我怀着兴奋的心情去看已经迁居的两位侄儿的新居。他们的所在地就在赣湘鄂烈士公园附近。他们一家有一栋二层楼的房子，房后还有一些空地。我觉得这样的生存空间很好，他们也都在积极地准备找寻工作。很难得的是，在抗战期间他们从学校辍学，后来随父亲在人民公社劳动。他们受教育程度不高，但他们很发奋，中文的表述能力不亚于一个高中生或在学的大学生。侄儿家海尤其读书用功，人情世故也比较成熟，远远超过 20 岁的一般年轻人。显然他们很守旧，对家乡的习俗很在意，宗族观念很强。为我介绍成氏族人都是会把辈分关系提出来，这也让我体会到早期中国乡土社会的结构与风气如何。同在我第一次回老家的1985年年底相比，没有特殊的改变。我觉得阳新等地区对外并不开放，因而民风比较保守。一直到最近这十年，我才感觉到有所改变。

这一次故乡之行，填补了我儿时的一些回忆，对父母成长的故乡也有了实际的认识。我在国外一时无法筹款投资故土，因此没有接受阳新政府捐助的五亩地，把它归还于县政府，表示我能够做到的方面我一定帮助家乡。那时候心中并没有建立书院的想法，如果我办学成功，可能会想到这方面，或者直接在阳新县成立学院，以帮助落后的阳新教育。1998年，长江发泛，我刚好回到阳新看两位侄儿。县政府要我为他们捐款，我自己捐款，我也发起捐款，为阳新救济水灾尽了一番心力。当时阳新新城已经逐渐盖好，可以看出来阳新已经有了一份新的气象。必须要说，阳新的进步是与中国全面的进步同步的，是可以明显地感觉到的。从省级与县级公路的建设，到新的铁路通过，到新城大楼的建设，都可以看出一种新时代的活力。

我记得2005年前后回到阳新，眼前就出现一栋新式大楼。原来是一家新的宾馆，与早期的桃花源宾馆完全不一样了。至少在设备与服务上面，是和大城市不相上下的。所在的位置也特别之好，可以看到新城的建设，县城大道的两边建筑和其他城市的建筑一样。楼下可以做商店，楼上可以住屋。更令我吃惊的是，县政府的大楼很是宏伟，像是一个博物馆，设计得也不错。政府大楼之外，另有图书馆大楼、博物馆大楼，还有一座文物局大楼，这些都是比较豪华的现代建筑，挺立在新城的湖边，令人感觉到气象一新。这些发展是可以想象的，只是在感觉上实现得十分迅速。当时文物局的曹局长要带我参观他的文物局大楼，特别对我表示他们开辟了一个房间，专门收藏我父亲和我的著作，希望我能捐赠他们没有的文稿著作。对此我特别高兴，觉得多年来我提倡发展文化教育，有一项就是保持阳新传统的文风。阳新在历史上也出了不少人才，据说有 50 多位进士。但是到了近代，阳新出了一些将军。在文科方面，则人才稀落。我父亲被认为是民国以来阳新最杰出的文学家，他在阳新出名是因为他在全国出名，而且在抗战时代写出《民族气节》一书。抗战胜利后，又写出《还都颂》这样的经典文献，具有历史意义。在台湾，他出版《藏山阁》诗集，被评为对中国古典文学的研究与传承古典文学传统做出重大的贡献。

我很高兴阳新地方人士和政府都知道我父亲的贡献和文名，对纪念他的贡献是十分支持的。我后来提倡建设一个"惕轩书院"，来纪念 1989 年过世的父亲，但这需要地方人士的努力。我在北京的倡导反而导向了"北京中英书院"的成立，这是我没有想到的事。我依然希望"惕轩书院"在阳新故乡能够成立，为未来阳新的人才提供一个文化学习的典型场所。

二、创办国际易经学会与倡始国际儒学联合会

（一）国际易经学会及其发展背景

历史与文化资源的积淀往往可以作为哲学的起点，而且会呈现出不断回归的趋势，所以论及中国哲学诸子百家时，首先应该认识到中国哲学的根源。对这个问题，我曾提出易学是中国哲学的源头活水，它既是历史与文化的源头，又是思考的泉源，既在历史之前，也在历史之后，因为它是当前的现成的真实的存在现象。此一存在现象，可称之为"易"，也就是一个变化的真实世界。历史、文化与生活上的问题都可以从这个真实世界找寻答案，加上历史效果性的理解，使历史也具有现实意义。1963 年秋季，我到夏威夷大学开始授课，到第二年我就提出"易经哲学"的讲授，可说是美国哲学系讲授易学的开始。值得注意的是，我在夏威夷大学讲授"易经哲学"研究课程数十年，一直到今天，还没有看到美国其他任何一所大学开设"易经哲学"。《易经》只是被当作历史与考古两系研究的古典资料而已，并不涉及哲学。究其原因，哲学思考者仍然无法读懂《易经》。固然中文《易经》已为汉学家翻译成英文至少有六七个版本，但西方的哲学家仍然在摸索易经的哲学体系。

有鉴于此，我于 1979 年前后发展"国际易经学会"，并在 1987 年 7 月在夏威夷大学希洛校区举行了一次盛大的"国际易经学术会

议"。由于西方没有真正的易经哲学家，只能邀请易经文本的研究者与汉学家参加。对于这个会，我有一些美好的回忆。首先，与会单位包含美国大陆、中国大陆、中国台湾地区、新加坡、马来西亚、韩国等地区，参会的书面论文有40篇左右。会议讨论涉及易经哲学、国际关系与世界政治、管理哲学与历史哲学，范围不算不广。但核心问题并未突出，论文作者各自为政，也各自引起相关的讨论，一时也没建立共识，只是同意以后在欧美中日新马等地轮流举行会议。

此次会议的另一特色是，我安排一位美国年轻的女画家就我对六十四卦的直觉感受，引发她的想象力，作出一幅幅彩色的画面，并用油画加以表达。这对我是一种新的尝试，对她是一项新的挑战。绘画不是象数，而是精神与气象。因为我当时认为，我们可以用直觉去掌握一个卦的精神，表现为一个画面。如用艳阳天表示乾卦，用一个下冷霜的早上表示坤卦。我这个实验，当时画家颇有同感，但到开会之前我要求展示她的作品之时，她面有难色，原来她只画了六张油画，她说她对很多卦象无法掌握它的精神与气象，无法画出。我也不得不接受这个不成功的尝试。幸好也有几张现代画像，算是对易学的后现代的理解吧。此会开得十分成功，主要代表们都提出很好的论文。可惜当时没有找到一家出版社出版，却收到国际传播易学的重要效果。1981年之后，我参加了数次中国台湾、日本与韩国轮流举办的"国际易经会议"，对易经的发展进行了新的推动。"国际易经学会"也在1985年正式成立。1987年，我受邀请到山东大学主讲第二届中国易经会议，提出了《易经》是中国文化与哲学的源头活水的论文，听众反应分外热烈。中国哲学起源不同于西方，可以与西方进行对话或比较，《易经》的重要性很清楚，这也是强调中国哲学具有特性的理由。最后形成了易经在中国大陆的复兴。

从 20 世纪 80 年代后期到整个 90 年代，中国大陆易经研究此起彼应、应接不暇。而我也尽量利用时间充分参与，在广州、安阳、北京、武汉、重庆、郑州等地，在会中主讲易学的研究方法与易经哲学的重要意义，并积极发展了易经《管理 C 理论》的系统思考，促进中国大陆对管理哲学的重视。除此之外，我基于易经哲学研究成果参与的会议，可说不胜枚举。有一次在加拿大的温哥华，还有数次是在中国大陆与大陆的自然辩证法学会合办易经会议。尤其在易学管理上，形成较大的影响。从 1990 年开始，在 1994 年、1996 年、1999 年，我接受台湾周易学会会长吴秋文的邀请，大力发展易经哲学，最终到 2001 年在台南市召开了一次国际性的易学大会。我在大会上发表了重要的易经哲学论文"易学五慧"之说，后来称之为"五易说"。会议还有英美的易经学家参加，美国的知名易经考古学者夏含夷（Edward L. Shaughnessy）教授受我邀请到会，发表了一篇重要的易经帛书考证论文。英国的学者是一位物理学家，他的名字我已忘记，他把我的"本体诠释学"和易经哲学做了一番结合。

2020 年年底，我出版《首要道路：易经哲学》（*The Primary Way: Philosophy of Yijing*，Suny Press）一书，得到好评。可以说这是首先深入讨论易经哲学的最新著作，但这本书并非教科书，而是唯一以易经的历史与文化定位，以及其哲学内涵，进行现代哲学性的分析与综合。《易经》作为六经之首，远在三代以前就已经存在。《易传》就指出，易经符号系统是经过伏羲八卦而衍生出来。我从伏羲背景推测，易经符号体系出现于华夏民族农业化的新石器时代。在开始农业化的过程中，华夏族群逐渐离开畜牧时代，而以圈养羊类为生，作为农业屯垦的过渡。在草原上得以观天察地，测知天时，配合地利以发展农业。这也自然地说明了中国的农业文化始于天地人的有效结合而形成。在此过程中，同时认知自然中的阴阳二气在天文、地文与人文所形成的结构性关系，因而产生八卦之说，也就是注意到天地阴阳二气相互交融的关系。可以说明任何时空处境，以及具有的人事与人文意义。并据此发展了卜筮方法，以预期未来可能发生的有关天地人活动的事件。此一画卦与卜筮传统一直保存至今，是周易作为中国自然宇宙论与道德实践论的基本模型。

一些近代中国学者在中国史中无法说明中国历史的开始，对中国哲学的开始更是漠然无知。另外，对易经也形成了各种误解和错识。比如，胡适在手撰中国哲学史纲之时，只知以《道德经》作为中国哲学的起点，对早于《道德经》的《易经》却视若无睹。冯友兰以原始的社会制度作为中国哲学的始点，更不能说明中国何以有哲学，而且认为哲学从社会制度开始。这可以说是颠倒因果，不知道社会制度，包括政治制度都必须建筑在一个世界观和生命观之上。

总之，写中国哲学史不能忽视中国哲学如何发生这样一个根本前提。我提出《易经》的形成过程作为中国哲学的开始，而以易学作为中国哲学以及中国文化的源头活水。所以《易经》不仅是六经之首，也是六经之源，更是中国哲学之源。它不断作为参考的对象，提醒我们走创新的道路。《易经》本身既是哲学的见解，也是形而上学的知识体系，这涉及形而上学和知识之间的关联，而且它在历史上最早启发了中国哲学的分野，也作为中国哲学再复兴和再发展的根源。要特别强调的是，《易经》的根源与宇宙和生命有联系，所以需要从根源、起源和历史上去讨论。首先提出易学的观点，或表现方法，再去建立宇宙观和宇宙发展的哲学，这是很重要的。宇宙哲学是生命哲学，当初提出"宇宙发展哲学"的观点，就是将其作为源头活水。这是我在 1987 年在济南山东大学举办的"易经哲学大会"上做主题演讲时提出的，受到与会学者热烈的反应和认同，觉得是沙漠中的甘泉，令我非常感动。

我很高兴为中国哲学找到一个起点，也同时说明了易经研究的合法性，以及易经的基本价值，不应该以易经的误识和其他迷信视之。当然，这样一个中国哲学的起点，是和西方哲学的起点不一样。西方哲学家以希腊的泰勒斯作为开端，泰勒斯主张"万物皆从水来"，是一个科学的命题。这固然也能激动人心，却与现代科学的知识不一定完全契合。《易经》作为中国哲学的起点，却有天文、地文与人文的经验基础，具有永远推动中国哲学思想的能量。它是古老的，也是现实的，是过去的，也是未来的，它是创新的基础，也是寻求认识真理和智慧的基础。

成立"国际易经学会"，我将《周易》看成"传统三易"的最后发展，强调中国哲学的发展有一个根源的起点——伏羲氏，有具体的历史时间节点。《易传》中至少两次提及伏羲氏观天察地，在《系辞传下》第二章第一节中说："古者包牺氏之王天下也，仰则观象于天，俯则观法于地，观鸟兽之文与地之宜，近取诸身，远取诸物，于是始作八卦，以通神明之德，以类万物之情。"上篇里面说明观象，强调观察的作用，观是观照天地，来建立一个符号体系可以代表的东西，代表吉凶祸福。《系辞》不断强调这些问题，"观天察地"在第四章里再次提及："仰以观于天文，俯以察于地理，是故知幽明之故。原始反终，故知死生之说。精气为物，游魂为变，是故知鬼神之情状。"而且影响到人与天地相适应的精神境界："故不违。知周乎万物，而道济天下，故不过。旁行而不流，乐天知命，故不忧。安土敦乎仁，故能爱。"这是在强调观天下之变，观天下之际，观天地和日月，最终形成乾坤的概念。五行是在八卦之中理解的，所以并非迷信，而是宇宙性的概念认定。《易辞》下提到古者包牺氏论古代文明史，对古代历史的陈述有很强的历史感。

中国哲学的发展较早，伏羲是"羊文化"的创始者，所谓"羊文化"就是以圈养羊作为生活资料，进而过渡到农业时代。从历史考证来说，中国农业从东南亚传到中原北方是在将近一万年以前，在农业发展中发展取代了游牧时代，并且安居下来，这中间要有个过渡。因为游牧时代的人的生活方式是不可持续的，代表了征战、掠夺、侵略、占有、暴力和征服，人们必须要从原始生活里面解脱，所以农业化是基本的进化。达到农业化也要有过渡，需要有更多的时间来从事农业生产，如果找不到时间进行农业生产，就必须靠游牧的方式随水草而居来维生，如此而言无法发展农业。所以从游牧到畜牧的转变，是人类圈养动物成功的时代。这和旧石器时代以野生争斗谋生的时代不一样，从游牧到畜牧能够进行农业生产的动物，不是狗，也不是马，而是羊。羊能圈养，也能提供更多的生活资料。

羊提供的完善生活资料有羊奶或羊肉，以及穿着方面的羊皮。羊是群体动物，为人类提供了保护，羊群还保护人类的生活。等定居下来之后就可以从事农业生产，开垦土地，播种五谷。羊文化代表了以圈养羊为生的生活方式，可视为中国文化的开始，同时也是易学的开始。羊文化时代能够进行更多的历史考察，可以通过考古人类学去发现羊肉骨头，比如早期的定居的一些民族，如龙山文化和半坡文化等，就是三代之前的那些时代。

后来就演变成为不同的姓氏，羊的圈养者开始以羊为名，后来的姜太公的姓氏可能就追溯到养羊世家，其他族群的姓氏也可以以此类知。所以"羊文化"是可考的，我们可以假设伏羲氏是"羊文化"的代表。同时伏羲氏族在草原上能够仰观天文和俯察地理，能够很开阔地去观察和描述天地之象，进而理解天地之象的运作方式，最终建立起一套具有逻辑性、数理性，可以推演的符号系统。当今考古学家，如张光直等也表明他们在考古挖掘的过程中发现羊骨头的遗迹，可见于龙山文化及红山文化等。"羊"字也可以从一只羊到五只羊逐次堆叠成不同的羊的字类。羊自身能提供社会属性，可能是社会文化的开端，原始的居民会受到影响。因为羊肉味道很好，所以有羊大为"美"和可口为"善"的认识。古代华夏民族相信天地之命。知天命是一种自信，能够在信任天命之下安全地生活，这就是"仁"之所在与"义"之所在。"义"即代表族群的生活需要和平与合作，而非游牧时代的征战与斗争。羊群重视整体和亲子关系，被视为"孝道"，故也启发了"仁爱"的思想，也同时启发了知所先后的礼仪思想。如此理解，羊对人的关系的启发也是"羊文化"的精神意义所在。原始儒家的五个方面的德性在远古羊时代可能就已经体现，也因此说明中国文字中的美、善、义、祥等何以包含着"羊"字为字根。所以说黄帝时代仓颉造字，就将人们体验到的这种精神保存下来，演变成为羊或者羊之部首的内涵。这说明《易经》始于悠久的文明时代，是人和自然和平共处而非斗争的结果。

我从 1965 年开始，每两年开设"易经哲学"研究生课程，至今已近 30 次之多，对学生与学界都有很深广的启发。有博士生从硕士期间就开始翻译《易经》，在我理论指导下出版了一本德文版的《易经研究》，另一名学生用翻译来重新解释《易经》卦辞的含义。十年来，我也在英文《中国哲学季刊》刊登了易经哲学专题讨论，多次对易经哲学进行深刻的探讨，逐渐成为中国哲学最主要的课题，启发了有关"易经太极哲学"与"易经太极创化论"等重要课题。在杭州的中国艺术学院资深教授杨成寅先生主动和我联系，选择这方面的课题进行研究。他是研究艺术理论的知名学者，他从我的易学论述中找到了艺术哲学的根源。对我创用"太极哲学"一词感到启发，他邀请我到杭州中国艺术学院讲学半年。随后又邀请我到南京一个修养基地，由我口述我的"太极创化思想"。他基于我的口述写成《成中英太极创化论》一书，加上眉批，在浙江大学出版社郑重出版，后来又进行再版。他称我为"王船山之后最有创意的易学家"。

我提出此一段佳话，当然不能证明我的易学哲学的根本价值，但我认为启发杨教授的思想灵感，却是令我感动的，也说明了我的观点具有一定的影响力。我当时很想重译《易经》，但我不太愿意放弃创建的研究工作。至今想来，也未尝不觉得是一种损失。目前，《易经》的英译本有十种以上，的确还需要一本哲学性的注释。我想，目前我的理论工作也比较完善。如果还有时间，我也未尝不想进行一个具有本体诠释意义的《易经》卦爻辞翻译和诠解。①

易经体系形成之后，引发了儒家哲学与道家哲学。两者都是易经哲学的继承，一个是积极发展的继承，一个是接受与保有的继承。儒家首先强调天人合一，人继承天地之创造精神，可以创造文明，更应该格物修己，充分发挥生命的潜力。这就是孔子的仁学思想，见之于《论语》《大学》《中庸》《孟子》与《荀子》。老子主张顺应自然，对人的欲望和知识抱有怀疑。人的欲望和知识互为因果，彼此扩充，促进人的自私与恶行，偏离自然。因而老子主张顺应自然，无为而治，维护天地的清纯，使人类能够持续存在，不至衰败。儒道还有一点不同，儒家尊重易经的符号体系，重视占卜以修持自我、维护德行。老子《道德经》完全不提易经的符号体系，只讲阴阳之道，以保存一个简朴易行的生活方式。但两者在认识宇宙的生化本质方面并无不同，都属于易学的本体宇宙观体系，影响以后的中国哲学的发展。可说易经是太极，而儒道则是阴阳，儒是阳，道是阴。阴阳两仪生四象，以至产生万物万象。在中国哲学史上，儒道的交相影响，形成了诸子百家，也自然建立了一种对外来文化与思想转化的能力。两汉以后的中国佛学也就由此而形成。当前，西方哲学显然在儒道思想的转化中融入中国哲学的长河。

由于《易经》的哲学与文化影响过于广泛，也过于驳杂，学者

---

① 2020 年，我通过网上讲述，在北京中英书院开设了"新易学"一课，做了 12 次讲述，每次都在 3 小时左右。此稿尚在整理中，并未出版。

无法确定易学发挥的重大转化能力。更重要的是，现代学者往往并不理解《易经》的本体哲学，只停留在象数思维的层次，对易学的义理除宋明理学与心学有所发挥外，在近代却没有更深入的理解，反而有向后倒退的理解危机，把注意力大部分花在对文本的文字训诂和历史解释上面。在民间与海外，《易经》往往为不同人士用来探测个人祸福利害的牟利工具。在 20 世纪 80 年代我就感受到这样一种易经理解的危机，尤其在哲学思考方面，可说遗忘了《易经》这个哲学智慧的传统。有鉴于此，我决定正式创立"国际易经学会"，为《易经》所蕴含的哲学智慧开拓一条大路。在讲授与研究易学义理与哲学智慧之外，并不排除易学象数与数理的研究，但不主张神秘主义与难以理解的江湖术数。我特别看重《易传》的研究，并提出《易传》是孔子后期启发弟子在孔子晚年所完成的对易经哲学的哲学诠释。这个理解是根据孔子的后半生的行止与讲学而形成的，可以从《史记》的记录得到间接证明。孔子晚年好易，读易韦篇三绝，可见他对易的体会之深。《易传》代表他的易经哲学思想，也是本体诠释方法的一个应用。这是我经过分析而得来的结论，更能彰显易学的哲学重要性。"国际易经学会"成立之后，学会的活动和我自己参与易经会议的活动也就成为我学术生活的一部分。学会更能配合把易学纳入中国哲学的最重要的典籍之一，多年来在国内外学术上发挥了重大的影响。前面已经提及，不再复述。

"国际易经学会"的发展，是以发扬易经哲学为主要目标。但我注意到自我发展易经哲学之后，有很多地区的学术或非学术人士也办起易经学会和研究会。在美国如此，在中国更是如雨后春笋。北京大学哲学系的朱伯崑教授讲授易经哲学多年，有相关著作问世。我在 20 世纪 90 年代中期认识了他，鼓励他和我共同发起中国的"国际易经联合会"。经过多年的筹备，也得到韩国相关机构的支持，终于在 1996 年在北京正式成立了"国际易经联合会"，是仿照我倡立的"国际儒学联合会"的组织模式而形成的。同时，我又在台湾台南地区协助吴秋文成立"国际周易联合会"，同时参加他的各种活动。如此，我把周易哲学的传承与传播机构终于在多地建立起来。在那个年代，民间对易经兴趣高涨，掀起了"易学热"。我注意到，除了"国际易经学会"，其他易经学会离不开易经象数的发展，象数也就成为当前中国大陆及台湾民间关心的重点，而对易学的纯粹研究也只限于"国际易经学会"了。其实，我对易学的应用方面是十分关注的。我发展了易学的管理哲学，同时也强调易学在中医理论、沟通理论及政治实践数方面的作用。如果更深入地观察，我们也可以看到易学的各种概念早已深入到各项领域之中，现代人说的"观光"一词就来自易经的本文。

1985 年成立了"国际易学学会"，在 1987 年 12 月开展第一届"国际周易学术讨论会"。那次会议后，我受山东大学校长的委托，认证了刘大钧教授的周易中心的学术价值。会议很成功，我强调我的观点有三：第一，易学是中国哲学的源头活水；第二，《易经》属于中国也属于世界，属于现在也属于未来和过去；第三，易经哲学基于自然宇宙论进行合理的预测，做出合理的决策。我也强调《易经》是理论性的、实践性的，也是应用性的，这样就把易学的地位奠定下来。《易经》的重要性是不言而喻的，不但是一个符号体系，而且指向实体，显示人的生命的价值意愿，统合了宇宙观、生命观、伦理观与有关人的发展的决策观与实践观。

就《易经》的实用而言，我指出《易经》是预测学和决策学的基础，这也成为我发展"C 理论"和管理哲学的基础。关于此点，我下节再详细讨论。此处，略述当时开会的盛况。两百多人的会上有很多老式的学者和民间运用《易经》为生的民俗人士，他们对我讲演的主题反应十分热烈，认为《易经》的真义重现人间，而不再以《易经》为封建迷信和陋俗。他们在"文革"期间不敢提到易经，害怕被说为迷信。令我惊奇的是，这些民间学者事实上头脑并不迷信，很多人具有科学背景，但他们的易经信仰来自家传，是民间的一个传统。他们重视经文，重视祖传的一些象数之说，我认为直接可以追溯到汉代。他们熟悉阴阳五行以及易纬之说，我的解说为他们带来新的语言表达和新的问题思考。但我也知道，最终在民间最重要的还是《易经》的实用性，而此实用性在过去就是占卜未来，而在当代则是我首先指出是管理与决策，对中国经济的发展显然至为相关。这样就把《易经》从古代带到现代，与当代的生命与生活问题密切地联系起来。这个新的方向也是我期待当代易学研究者应该注意的。后来我注意易学和中国马克思主义建立非常密切的关系，一方面在管理和决策，另一方面在辩证法思考。

（二）国际儒学联合会的创立及其意义

五四以后，儒学的权威性受到质疑，而其社会的影响也逐渐衰微。随着时间的推移，与现代的儒学逐渐发展，首先有新儒家梁漱溟、熊十力等学者极力从儒学和文化的内涵重新表述儒学，把儒家哲学与儒学文化精神、与实际的儒家政治区分开来。五四反传统者批评儒学不民主、不科学，其实是就传统专制政体的批评，对儒家的理论并没有深刻的认识。从传统学术来说，儒学是经学的一部分。而经学的实践则是礼学，后来又以理学补充。目标都在于用传统的礼教规范百姓的行为，又假借天理来规范甚至压抑人们的正常欲望。因此，即使在戴东原时代，就有以理杀人的礼教措施。这一情形，本来早就应该加以检讨和批判，而且应该是从儒学自身的立场来检讨和批判，可惜儒家的反思精神不够彻底，直到现代中国文明与国家遭受到西方文明和列强的摧毁，自然引起了一场中国文化的改革运动。

五四的文化批判运动一方面针对时弊，批判封建思想；另一方面却有误导和过分的地方，所谓过犹不及。儒学的传统价值因而变成一个问题，对儒学的重新批判必须建立在对儒学的重新理解之上，也必须从一个现代的观点和西方文化理性的观点，来审视儒学的价值。这是儒学现代化的问题，这个现代化的问题到今天并没完全解决。但我们对儒学经典的理解，却有相当的进步，对儒学的哲学也有初步的认识。但有些儒学传统的弊病仍然保留在社会的行为方面，不但在伦理方面，也在认识方面。对儒学的起源和来龙去脉也并未深入讨论。中国文化仍然是以儒家为主流的文化，西方人看儒学是中国一般人的宗教信仰。儒学是不是宗教？代表什么样的信仰？这却是根本问题。无疑，儒学是东方文化的基础，以中国为中心影响到周边国家，如日本、韩国、越南等。显然，儒学也有世界化的一面，是长期历史形成的。究竟什么样的价值体系使儒学影响整个东南亚，其至远至欧洲，这是值得探讨的问题。

可以说，儒学的发展具有中华民族的文化代表性。儒学不只可以追溯到孔子及其学派，它在中国历史夏、商、周三代以前就已经形成其价值的影响，在个人方面表现为圣贤的人格，在政治邦国组织上面表现为圣贤之治，其精神在敬天爱人，修己正人，发展内在的德性，实现外在的德行，以安国惠民、协和万邦、化成天下为终极的人生理想。孔子继承此一精神，提出仁学，推广"亲亲，仁民，爱物"为做人的行为准则。孔子之后，从孔子弟子到孟荀等人，中间虽有传承的断绝，但到唐宋，儒学的精神又重新振兴。北宋五子的理学，到朱子与明代的王阳明，也许儒学的道统虽未能整全地保留下来，却传承了儒学的基本精神。不幸在元、清两代，中原为外族统治，儒学未能继续发展。到了近代，本来可以有一个民族自强的复兴，但在现代化与西方文化的冲击下，儒学的传统也面临着一种全面的瓦解。因此五四之后，有识之士力求儒学的恢复，认识到不能只在经学、理学和心学上下功夫，而必须另起途径，以哲学思维的方式来阐述儒学的内在各种理论，使其内涵的价值与时代的需要密切地结合起来。我想这就是当代新儒家所肩担的儒学复兴使命。

在这样一个历史理解背景下，当代新儒家的重要性也就不言而喻了。当代新儒家，如梁漱溟和熊十力，是 20 世纪 20 年代的人物。他们的发展固然有重大意义，但也遭遇到他们时代带来的种种灾难和困境。首先就有救亡的问题，中国儒学需要启蒙，而启蒙需要在一个平和安定的社会环境下进行。但是很不幸，中国现代史是中华民族遭受列强，尤其是日本不断侵略的历史。这些外族居心十分险恶，不愿意看到中国文化的复兴以及中国国家的强盛，因此，加速进行侵略中国的行动，使中国人不得不面临生存死亡的战争，而无暇进行一个多姿多彩的文化复兴运动。日本在 20 世纪 20 年代占领朝鲜之后，就积极谋取攻击与占领中国的战争行动。从 1931 年的"九一八事变"到 1937 年的"七七卢沟桥事变"，开始全面侵华。而五四时代一些优秀的中国儒家思想家，包含前面所说的梁漱溟与熊十力以及诸多中国知识分子，为了避免直接的伤害，都不得不随学校向中国西南迁移并进行抗战。此一抗日战争到 1945 年才结束，如果从 1919 年开始计算，中国文化的现代化发展可说整整被延误了26 年，损失不可不谓巨大。战后中国社会与国家又面临各种新的问题，包括内战，中国知识分子的文化工作更延后到 50 年代。五四时代的激情和愿景，也都有所挫伤。

我举出这些历史事实，就说明儒学的现代复兴是一个非常曲折艰难的路程。当然，我们也要指出在这个路程中，现代中国人在生活中应该同时体验到传统文化和现代文化的双重重要性，也许对儒学的重建也能产生积极的作用。这在第二代的当代新儒家中可以看出来。第二代新儒家牟宗三、唐君毅与徐复观都是从五四后期经过抗战与内战，进入新的时代，我的启蒙老师方东美先生也不例外。

他们的哲学著述大多在这个困难时期发展出来，而体现出儒家坚忍不拔的坚强意志与生命信仰。

我提到此点，是在说明五四之后的重建工作虽然受到耽误，但仍然继承下来，显示出"疾风知劲草"的风骨，反射了儒学的一个重要部分，即在实践中坚定意志、择善固执，这未尝不可说为儒学的一个重要传统。儒学复兴所欠缺的理论部分，当然还需要补足。理论与实践的统一也更需要加以说明，这应该就是当前儒学进一步发展的重要工作。这也是作为第三代的新儒者如我，所自觉到的一项重要挑战。

从西方文化的传统与眼光来看，儒学是有宗教信仰意义的。犹太人信仰犹太教，西方人信仰基督教，印度人信仰印度教，中东人信仰伊斯兰教，西方人自然把儒学看成儒教了。关于这一点，我已经加以说明。儒学是不是宗教的确是一个问题，而儒学是中国人的生活信仰，这也是一个事实。西方的宗教具有上帝存在的假设，中国的儒学在其经典中只提到"天"和"上帝"两个概念，但无论天或上帝，都是自然宇宙的一部分，并非超越天地的另外一种存在。因此也不会像西方宗教，如犹太教、基督教与伊斯兰教一样，区别两个世界，把上帝放在一个出世的天国中。中国古代的天和上帝，当然有终极性的存在意义，而上帝就是一个天地的统治者，并非超越天地，属于另一个存在世界。更有进者，上帝是天之帝，也行天之道，对中国人来说，规范道德秩序与价值的道，是天和上帝存在的基本面貌。

因此，从哲学或形上学的理解，道才是终极的存在。而所谓道，则如《易传》所说，不外是"一阴一阳之谓道"。因此，中国的儒家到孔子年代，大多提出道的重要性，以"知道"和"行道"为君子的生活目标，重点并不在信仰一个上帝。因此，中国的宗教信仰是以道为中心的，而不是以一个人格神上帝为中心的。此一认识区分了中国儒家的所谓宗教信仰和西方的宗教信仰。当然，汉代以后，中国发展了自己的道教，也引进了印度的佛教。作为他们的宗教信仰，比较接近西方，但也不完全等同。此处，我所强调的是儒家的复兴，并不在于一个宗教改革，而在于一个理性的再启蒙和政治道德的再发展。

　　基于以上的理解，我从大学时代重读四书，就感觉到儒学的复兴在正确地理解儒学之为儒学，当从一个哲学的观点来确定。那时我就认识到儒学重视"知而信"，而非如西方宗教之重视"信为首要，无论知与不知"。本来基督教从早期传统中就重视"信"，而不强调"知"。因此基督教强调所谓"因信称义"，事实上是以信仰的"义"代替可能客观的义。此一因信而产生爱与希望，是基督教乐观精神之所在。但有时候也会因盲信和偏信导向姑息或好战，这在历史上有太多的例子。在当前西方政治行为中，更是显著。我理解的儒学，重视格物致知，追求真知，以产生真信，表现为诚意正心，是与基督教的信条大不一样。基于此一认识，我认为儒学的复兴在于要求每个人反思自我，认识自己，并以仁者之心感受他者。然后秉知而行，以行为来表示信念或信心，这就要求一个人必须知行合一，同时也要求个人和群体建立共同的知解，发而为共同的善心。我在思考基督教和儒家组织行为的不同时，感受到基督教有一个共同的上帝，来形成一个传教的机构。而儒学则必须借助讲学的集会，基于个别的信仰与认知，来建立共同的信仰与信心。因此，儒学也应该有一个团体的组织，才能发挥传承与传播的作用。认识到这一点，我就理解到何以儒家的传统不能更好地发展，乃在于孔子当时并没有把他的学生群体集合起来，形成一个传承和传播的集团。这和基督教的发展完全不一样，明显对照的是基督教的地下集团逐渐扩大，最后必须为当政者如康士坦丁大帝所吸引，成为维护西罗马政权的一个工具。在中国，儒学学者最后也受到当政者的重视，成为改革政治的一个重要手段。但儒学学者成为政府的士大夫，丧失了其自身的学者身份，反而成为君主控制社会的工具。近代以来，个别儒者也有其独立的风格，并不完全受制于君权。

我出生于儒学家庭，从小就学习儒家经典。长大之后也特别关注儒学，以儒家自居。从大学时代，我重新深思儒学的哲学及其历史发展的特性。我一直认为，中国现代必须要积极复兴儒学，把儒学的优长之处发挥出来。不但能够改善中国社会，而且能够影响世界人类的价值取向，使人类走向一个共同发展的目标，彼此和谐相处，并非由于上帝，而是由于人自身的需要。基于这样一种基本的认识，我创设英文《中国哲学季刊》、"国际中国哲学会"和"国际易经学会"，也都有复兴儒学的意义。但我也注意到，世界上并没有一个国际性的儒学组织。我在夏威夷大学哲学系教学阶段，虽然想到了这个组织问题，但总觉得此一创设工程巨大，并非我个人能够承担，我心中期待有一个机会，把创设"国际儒学组织"这个理念提出来。后来我看到"世界哲学联盟"这个组织，就想到是否儒学也可以成为一个世界性的联盟。

1989 年 5 月，我向一个基金会申请到一万元美金，捐献给北京大学哲学系举办"国际宗教哲学会议"。会议在北京的香山饭店举行，三天，从 5 月 23 日到 5 月 26 日。开会的学者有美国和澳大利亚的专家，中国方面主要是北大的教授，包括汤一介、楼宇烈以及其他教授。由于是宗教会议，楼教授是主要负责人。会议开得非常成功，也很温馨，我写了一篇论文，讨论了儒家和宗教的问题。

在 1989 年 10 月 7 日到 10 日，中国孔子基金会在北京召开了"纪念孔子诞辰 2540 周年国际学术研究会"。这次会议我是属于少数从海外到北京参会的代表，也遇到了美国几个资深学者，如狄培理和陈荣捷等，还有一两位欧洲学者。中国学者有很多在楼下等待，因为他们无法进入会场。第二天上午，会议安排我和其他十位国外学者与江泽民总书记见面。完全想不到的是，在会议结束之后，我走出会场之时，有三位学者请求我停下来，说要和我谈谈，其中我认识的辛冠洁教授是一位资深学者，他握着我的手说："成教授，你还记得你写了一封信吗？"我当时不知他问的是什么，但突然我联想到在前年发出的一封中文信件给孔子基金会，而辛冠洁教授正是孔子基金会的秘书长。我稍作犹豫之后说："是啊是啊！我当然记得！但是你们从来没有回信给我。"辛教授笑着说："现在不就是回答了吗？"我说："好好好！"他要告诉我的是，要我回到美国后立刻草拟一份"国际儒学联合会"的章程，并等待11月他们安排航班邀请我专程到北京开会，同时请求我邀请一位台湾代表一同前来，讨论成立"国际儒学联合会"的事宜，并表示这是孔子基金会会长谷牧的意思。我当时就同意了，心中也很高兴，毕竟我的建议受到重视。在这个特殊的时机，出现了一个重要的意义，儒学仍然是具有国际性的中国文化价值观，中国人讲信修睦的一个基本信仰。有了这个儒学联合会就可以不用担心我们的优秀传统被无耻窃取了。

儒学在中国重新植根，并且拥有重新开花结果的未来，早期在香港唐君毅教授认为儒学像飘零的花朵是没有地方安身的，类似于游魂野鬼。现在中国能够接受成立"国际中国儒学联合会"值得欣喜，唐君毅曾经的说法已不复存在。

我回到夏威夷后，很快就收到孔子基金会的邀请，以及他们所安排的机票和行程。我同时邀请了台湾的董金裕教授也到北京，董金裕是"台湾孔孟学会"的秘书长，他应该可以代表台湾的儒学组织。我到北京之后，就直接住进长安街的民族饭店。我还邀请了香港大学中文系的赵令扬主任来参加，我很高兴看到他们，并向他们说明此次的原委。住进饭店之后第二天，北京下大雪，雪花很美，基金会特别安排我去北京香山赏雪。回到饭店才知道，韩国成均馆的馆长崔根德教授也受邀参加。共开了两天会，大家也好好叙旧了一番。

"国际儒学联合会"筹备会需要更大的支持，最后得到九个国家的支持。在美国这一块，就是我创办的"国际中国哲学会"作为代表参加。另有中国孔子基金会、中国香港人文科学学会、中国台湾中华孔孟学会、韩国成均馆大学、新加坡国立大学汉学研究中心、日本斯文会、德国阿登纳基金会的代表和中国香港、美国等单位的著名学者参加会议。为了筹备完善，筹备会开了四年的会，一直到1993年才正式举行大会宣告成立。在成立大会上，谷牧被选为会长，新加坡总理李光耀为荣誉会长，韩国崔根德为理事长，我则被选为副理事长。当然，这些名义代表一定的权威。虽然我是此会的倡议人和计划者，但我并不计较名义上的权威。我主要希望"国际儒学联合会"能代表中国文化和精神的面貌，并与世界各国进行对话和交流，建立国际学术的儒学研究，不仅使儒学成为世界文化的一个重要内核，而且能够在近代和现代人的生活中获得重要的地位，这也意味着儒家自身的发展和开拓。

我很早从事儒学研究，因为家庭是儒学之家，我父亲是一介书生，具有典型的儒家仁爱的情怀。父亲年轻的时候长江发大水，他写下《灾黎赋》，感动了很多人。父亲对四书五经很熟悉，但又不仅于此，在文学方面，尤其是六朝骈体文等方面都有所专修，对中国文字、文体、文化都有特殊的研究，对我有深刻影响。我的家庭是一个儒学家庭，父亲是文学家，更是儒学学者。早年在抗战期间，父亲就写了《尚书与古代政治》受到学者推荐，在抗战期间充满爱国热忱又写了《民族气节论》，当时引用了德国哲学家费希特（Fichte）的《告德意志同胞书》作为序言的一部分。

抗日战争胜利成功后，四川省参议会请我父亲写纪念抗战胜利的文章，我父亲写了《还都颂》一文，刻在重庆七星岗的抗日胜利纪念碑石碑上。受到我父亲潜移默化的影响，潜意识中就认同儒家，但对中国近代史理解之后，心中的确希望能够革新儒学，把儒学现代化和世界化，作为人类共同的理想价值。上文也提到我的母亲，她的气质和生活态度也都具有儒学的风格，后来她个人接受了基督教信仰，但没有改变她基本的儒学品质。

易学对孔学或儒学有特别的帮助，作为一个创见：儒学的基础首先在于易学，而后易学也启发了道学。这都涉及我对易学与儒家的看法，这里我再顺便提一下。早期我曾在台湾参加第一届国际汉学会议，我的论文题目是《孔子的时中思想》。论文举出《论语》中子贡问："师与商也孰贤？"孔子回答："师也过，商也不及。"曰："然则师愈与？"子曰："过犹不及。"（《论语·先进篇》）这句话对应《易传》中说的"黄中通理"，表示只有中道才能够显示天地之理，也才能够发挥人的德行。西方宗教如果有此一道德认识，也自然与易学与儒学相通。倡导一个国际性的儒学组织，必须掌握儒学的精华。我在上节曾提到儒家的仁学思想，再加上中庸之道，儒学作为一个实践的伦理学，是具有世界性的。德国孔汉思（Hans Küng，1928—2021）倡导全球伦理，以基督教的爱作为中心。这与儒家的仁学相配，但孔汉思并没有特别强调亚里士多德的"中道之说"，在时间上也就缺少了一个经验的标准。我倡导"国际儒学联合会"，固然有研讨儒学理论的愿望，但更十分关注儒学的实践问题。这个学会创设之后，设立部门，专门就儒学的应用性与实践性进行推广，很符合我的初衷。

在儒学理论中，我强调易学的基础和本体的基本概念。有了这些基本概念，对儒学的理解更为完整，也更有活力和创造力，因为我们可以从事创新的理解和诠释，建立与时代相融合的文化发展之路。我深信这也是"国际儒学联合会"应该发展的方向。

三、C理论与中国管理哲学建构

在建立"国际易经学会"与思考"国际儒学联合会"的过程中，我一直问自己易学与儒学到底在现代能够发挥什么作用。在传统中，易学与儒学加上道学都成功地发展成为具有系统性的哲学。从现代哲学眼光看，它们包含了本体论、宇宙论、知识论、伦理学与政治学等核心思想。但这些思想并不等同于西方的传统，只是相应西方的传统，突出其本质的特色。中国的本体论是生命本体论，宇宙论是自然宇宙论，知识论是诠释知识论，伦理学则是德性伦理学，政治哲学则是内圣外王的政治哲学。当然这些名词及其包含的内容都需要进行说明，此处只是点到为止。因为在我其他的著作中，早已有所说明。但更具体的问题是，这些哲学到底有些什么样的现代应用，而不只是个人或群体的实践而已。对这个问题，我在1979年就有所突破。我首先肯定了中国哲学不管哪一个分支都可以用在现代管理之中，也可用在当代沟通行为之中。我不注意到，中国哲学之道也可用于当代教育，形成一个整体的思想与行动统一方式，所谓"内外合一之道与知行合一之道"。如此，我们至少可以认识到中国传统哲学经过一个现代诠释与语言的疏导，可以用在现代社会生活的重要部门之中，主要是管理、沟通与教育。

我提出中国管理哲学，就是基于这样一个认识。认识的关键在把中国传统哲学思想看作当代的哲学思想，给予它一个当代性的含义，也就是说它可以在具有当代性的一些活动中发挥作用。我注意到当代人的生活，无论是个人生活还是群体生活，都离不开管理的活动。而所谓管理，乃是同一个主体的意志或领导，来计划与规范行为与行动，以达到一个预想的目标，产生一定的成果和效果。这种管理的想法，有别于传统的伦理思想。但两者如何区别呢？我做出下列的区分和定义：管理是外在的伦理，伦理是内在的管理；管理是群体的伦理，伦理是个人的管理。这样就把伦理和管理区分开来，同时又把它们之间的关系显露出来。我注意到现代的学生都能认识这样的说法，然后再来追问管理和伦理实际的内容。事实上，我是倾向于把伦理看成管理的一个重要部分，当然也可以把管理看成伦理的一个重要部分。如果以管理为主，形成一套管理哲学和管理体系，则它可以立即应用于现代企业、公共行政以及其他公共行为。现在的问题是如何去确定这样一个管理体系的实际内容，而又必须显示这些内容与传统的易学、儒学、道学等有密切的关系，也就是以传统哲学为本源，而后界定为具有现代性的功能。

要建立这样一个关系，我提出一个简明的中国管理的理念，即中国管理富有改进性兼创新性的特征，同时也具有中国儒学的特色和易学的特色，而凸显出中国文化的品位与我自己的洞见。我总括这些特色与洞见为一个"C"字。何为"C"？首先，"C"是中国（China）。"C"包含的内容是"创新性"（Creativity）、"中心性"（Centrality）、"易学"（Change）、"孔学"（Confucianism），以及"文化"（Culture）与"成就"（Cheng）。其中"Cheng"是我的名字，却具有成就的含义。这也就是中国文字的特色。因此，我基于易学与儒学发展的管理哲学也名为"C理论"。

我取名"C理论"还有一个缘由。当时流行的管理著作中有一本书名为《Z理论》，作者是加州大学的日裔教授威廉·大内

（William Ouchi，1943—　），意图提出以日本文化为基础的 Z 理论，是对美国所谓 A 理论提出批评。他认为日本的企业文化比美国企业文化扁平化，重视团队精神和集体角色，与美国的领导人决策、个别分工进行专业领导大不一样。他以 A、Z 对举，因为两者截然相反。我对此说法半信半疑，主要由于日本文化本身的特性和日本人的心理似乎与他说的这个文化气质不能完全配合。相对美国与日本，中国哲学的管理重视中庸之道与协和之道，我觉得更能接近管理的本质，兼有东西方的长处，也有自己的特色。因此命名为 C，在我看来，C 理论应该有 A 与 Z 的优点，而不必有其缺点。基于这样一个理想，我对 C 的认识就更为深刻了。

其实，英文字母"C"的含义本来就是很丰富的，不只包括以上的含义。在我理论的发展中，我列举出来下列几个特殊含义：

C1—Conception，Commitment，计划，决策。

C2—Constitution，Command，组织，主宰。

C3—Cooperation，Competition，合作，竞争。

C4—Creativity：Renovation and Innovation，改良，创新。

C5—Conformation，Communication，协调，沟通。

C6—Ceaselessness，生生不息。

C7—Cessation，静态重生。

C8—Consolidation，太极总成。

从易学的卦爻符号系统来说，这 8 个"C"构成一个太极体系，也就是一个上下互通的太极图系统。C8 是太极，C6、C7 是乾坤两仪，而 C5、C4、C3、C2、C1 则是循环图，构成一个相生相克体系。基于我的本体诠释学，理解此处的太极和乾坤应该不是问题。但何以 C1—C5 是相生的五行呢？首先，我把五个"C"看成五对一阴一阳。如 C1 是土，其计划是阴，而决策则是阳。以此类推，每一个 C 都有阴阳两面。C2 是金，分为组织与领导。领导是阴，组织是阳。C3 是水，水有静的合作，也有动的竞争。C4 是木，其中改良是阴，而创新是阳。C5 是火，其阴是协调，其阳是沟通。如此理解，则可以看到一幅五行的相生图：C1→C2→C3→C4→C5。读者应该用他的想象和理解来认识这一套经过诠释的太极管理系统。在这套管理系统中，显然五行是运作体系，是任何管理者不能不面对的管理要素。五行之后，我们可以考虑背景的阴阳作为一个潜在的力量的影响与作用。而在阴阳之后，更可以深入地考虑内在的活动力或驱动力，代表一个潜在的动机和目标，使五行的功能成为可能。如此理解，则"C 理论"的管理就是一套阴阳五行的太极哲学，用图形表示则呈现为一个从下而上的反向太极图，我称之为"管理太极图"。现在我把这个图表现如下：

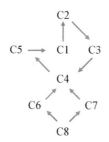

一个管理者如果理解中国易学中的太极本体自然宇宙论，能够掌握阴阳五行之说，就对以上的含义不难理解。尤其他如果能够理解到本体诠释的作用，用本体论来诠释现实的处境和关系，他也不难理解何以管理是太极创化的体系。就现实的关系而言，此处可以举例说 C1 是董事会，C2 是总经理，C3 是贸易部门，C4 是生产部门，C5 为人力资源部门。如此，它可以想象一个企业组织的基本关系为何，可以推演出其应该具有的功能与作用，以及这些功能之间的深刻关系。由于太极图是一个循环系统，因而可以看到管理是一个不断发展、不断优化、与时俱进的生态体系。有此理解，方能把一个企业办得成功。反过来看，一个成功的企业也都符合这样一个

具有生生循环的太极系统关系。此处，不拟仔细分析而保留给不同的研究课程，利用个案尽量发挥。这一个本体太极图，不但可以用于企业，也可以用于公共行政管理，甚至可以用于具有国际性和全球性的组织管理，此处也不拟详论。总而言之，这个本体管理太极图是易学管理哲学的基本模型，但它也可以结合中国哲学的诸子各家，来形成一个对管理发展的作用图。

首先，我们可以说 C1 是土，是道家，因为其重点在于沉思现象或真实，形成一个可以运作的体系。C2 是金，是法家，其目的在于发展一套可遵守的规则与规范。C3 是水，是兵家，代表管理中的策略管理，尤其是关于市场的对应和运作。C4 则是木，是墨家，代表生产管理，犹如墨家强调劳动和生产活动，也代表一个企业或组织能够提供的产品与服务。C5 是火，是儒家，面对人才培育和训练，以及人才运用与评估，充分发挥人事管理的要求。C6 是易经哲学"易"的发挥，也就是生生不已的可持续的管理。至于 C7，则是直接面对真实，做出真实判断的系统革新，犹如佛学中的禅学，拿得起放得下。最后 C8，是太极，总览 C1 到 C7，尤其直接创生 C6 和 C7，犹如阴阳之道的主体根源。这是中国易学的最高原理。就这"八个 C"的管理来看，我们把中国哲学中的重要智慧都统合在一个体系之中而相互发用，形成可用的智慧和不断创新的智慧。

哲学作为管理的最高原则是一种领导的智慧，我的著作《C 理论：中国管理哲学》详细地介绍了此一观点①，把管理的智慧表明

---

① 我的《C 理论：中国管理哲学》在中国大陆第一版是上海学林出版社 1992 年出版的，1999 年学林出版社推出修订本。第二版是北京中国人民大学出版社 2006 年出版的，第三版是东方出版社 2011 年出版的，第四版收集在《成中英文集》第八册，2016 年由中国人民大学出版社出版。每一版都有新的改进。该书的最原始版书名为《C 理论：易经管理哲学》，是台北东大出版社 1995 年出版的。

为创造与创新以及知行合一的实践行为。哲学是知，管理是行。哲学是目标，管理是过程。这里哲学指的是实现一个价值的目标，并就事业的构成进行行动的规划，表现为参与者的生活态度，也表现为一种当下即是的合理方法。在这个认识上，我们可以理解在近代西方和日本流行的管理方法。就西方来说，德明（William Deming，1900—1993）主张分红制度，主张品质管理，就是就客观的方法来思考管理问题。德鲁克（Peter Drucker，1909—2005）提出高效管理和目标管理，就是着重 C1 到 C4 过程的严密控制，用科学的方法和技术来争取最大的利益和最高的效益。日本企业家稻盛和夫（Inamori Kazuo，1932—　　）提出做人的态度在于勇敢诚实和建立良好的人际关系，以此作为一个成功企业的基本条件。他所强调的是管理者主观的这一面，是属于 C5 的这一面。这是中国儒家的一个传统，是把儒家用于管理和商业。日本人从明治维新时代的涩泽荣一（Shibusawa Eiichi，1840—1931）到 20 世纪的松下幸之助（Matsushita Kōnosuke，1894—1989）都是走的这条路线。我的"C理论"包含了主观与客观，从理论来说是最为完善的。但一个企业的成功却不需要做到理论上的完善，可以在一个实际操作的平面上发挥特长，不管是技术、产品或者人品。此处，我要指出最近两年来我对我的管理太极"C 理论"有新的认识。

"C 理论"早期重视 C1 到 C5 的循环应用，现在我把这个应用当作一个工具和技术来看待，是可以用 C6、C7 和 C8 来操纵的。我现在重视 C8 的应用，C8 应该总揽全局，随时认识主客的对立与可能的融合，建立一个界面，形成一个良性的主客合一的互动性，并用 C1 到 C5 作为实际的操作方法。其操作可以是相生相成，也可以是平衡相克，面对客观市场和处境随时调试。作为 C8，既可以是一个活动的主体态度，也可以是一个客观处境和现实。两者合一就能发挥即知即行即体即用的效果。当然，这样一个高度的管理方式可能更属于一个跨国公司的最高层，甚至于一个国家的最高决策层。它就是一个哲学的智慧，是建立在长久地对客观现实，包括市场与供应生产方面的深度认识甚至于参与，可以立于不败之地，有如孙子兵法所要求的不战而屈人之兵。在经济管理上，就是远可放、近可收。不以一时一地的利害为标准，也不必然追求利益的最大化。所要追求的是管理智慧的最大化，表现为整个管理机构持续不断地适应环境和提高能力。目前从这个角度来看，很多企业的管理只是为管理而管理，没有哲学智慧，当然也有哲学智慧没有发挥管理的作用的可能。因此，一个管理学家应该是一个哲学家，一个企业的领导人也应该是一个实践的哲学思考者，能够在管理事件上发挥存在的力量，以及哲学智慧转化的能力。管理的教育应该往这个方向发展，这也是我得到的一个基本结论，这样才能够培养出一批高层次的、有智慧的管理人和领导者。

深入哲学思考的另一方面需要自我管理。人的存在首先要保证自我的独立性，就要培养自我管理的能力。君子只有能够自我管理，才能管理他人。君子作为君主的基础需要管理好自己，所以管理者也要是君子。这就是孔子所强调的最基本的目的。人不断往上升也需要不断提升自我管理的能力。

在 20 世纪 80 年代，中国台湾作为新兴的经济体开始具有一定的发展规模，开发了加工区、保税区、工业园区等。① 开始引进西

① 在 20 世纪 70 年代我注意到，东南亚国家开始发展经济，一般的商业经营开始走向企业管理，当时都是引进美国的管理制度。东南亚地区包括中国台湾、新加坡、中国香港与韩国，极力适应美国的市场要求，发展美式管理制度，强调管理者对整个企业的规划与控制，应用西方管理五元素学说进行管理，追求与美国建立商业关系。所谓五元素是计划、组织、用人、领导、控制。至于企业能否自我发展以及如何发展，并没有任何认识。可以说所采取的是欧美国家所依赖的原始科学主义与机械主义，重点放在生产方面，尤其在工作的时间和工作量的考虑之上，对人的因素并不重视，重视的是大量生产，创造资本家的财富。

方的技术、新产品，或者与西方企业合作，去创造一些新的有益社会并促进经济发展和创造财富的行业。主要在高雄加工区和新竹工业园区，也包括台中、台北等地的加工园区，基本上包含了各种教育人群，根源在于思想的发展，在促进经济的发展方面扮演了很重要的角色。那个时代所谓"东亚四小龙"的发展就是以各种企业为主的经济发展，把加工、生产、组装、外销作为重要的企业活动。80年代是日本、韩国、中国台湾、中国香港和新加坡等地经济腾飞的重要节点，但也有其内在的缺点：主要是缺少一种原理性和根本性的指导思想，在市场中把一切都看作工具与手段。不但追求利益的最大化，也把经济作为市场的最大化，把人生的价值也商业化，甚至认为知识与科学只有经济的价值。如果不能产生经济方面的价值，则弃之如敝屣。大学教育偏向于技术教育和商业教育，造成科学精神和人文智慧与文化传统逐渐失落的危机。科学作为知识的方法很重要，就体系而言是技术发展的根源。但科学代表了什么，其根据在何处，对人产生了什么作用，这些都是需要思考的问题。

当时在台湾由联合报主持的高层论坛上阐述了现代管理的理念，从管理观点来探讨当前的管理问题的重要性，其中包括管理理念和实践的重要性。这个平台的重点虽然在于强调台湾经济发展的管理效益，对如何提升中国文化传统的现代化研究，以及对关注大学教育也有所提倡，却没有从一个哲学的观点来论述经济发展与文化发展同时推进的重要性，当然也没有重视知识与哲学的管理的认识。从现在回顾当时台湾被认为保存了中国文化，但那是由于继承了中国大陆文科教授到台湾地区在大学任教的成果。在台湾的经济发展中，不但原有的中国文化研究没有特别提升，而且有逐渐丧失其传统独立思考学风的倾向。当时就有国外学者称之为"文化沙漠"。我提到这个现象，主要说明中国文化在台湾地区可以打下更好的基础，但在70年代经济腾飞的阶段，这些原有的基础却逐渐失掉光彩，在泛商业化的气氛中，中国文化的根也就受到重大的挫伤了。一个文化凝聚一个族群，一个文化的失落也就代表一个族群认同感的失落。中国文化在台湾地区的失落，当然一大部分是由于政治化的原因，但教育与文化决策的管理缺少哲学的智慧和远见，也是一个重要原因。管理能够改善哲学教育并发挥哲学的社会意义与文化作用，也能通过哲学思考去拓深管理的功能。管理就是有效地控制，创立理性结构并使这个结构发挥最大的效益。不仅是企业管理、行政管理，就是文化管理与教育管理，小到个人，大到国家，甚至世界，都是需要深入思考和长远计划的。国家发展需要治理，治理作为制度性的管理机构本质上就有长期计划的要求，最终才能实现治国的目标。推而广之，发挥不同领域的影响，最后才能发挥平天下、和天下的作用，对世界和人类的和平与福祉做出积极的贡献。

美国哈佛大学成立管理学院教授管理，目的在教授管理者有关生产方面的制度与方法，最后提出 MBA 这个学位，作为管理教育的目标。MBA 并非学术学位，而是对实用管理能力的认可，把管理从计划、领导、生产、市场、人事、控制等方面总和出一个比较系统的实用知识体系，可以立刻建立工作体系与工作项目，在实际的工作范围中产生能量。MBA 学位在美国逐渐变得流行起来，也逐渐变得细致和精确起来。自 1963 年我离开哈佛到夏威夷教学，由于开始办理管理教育培训，我于 90 年代左右回到哈佛大学开会，特别去访问了哈佛大学的管理学院，认识了管理学院的洛奇（George Cabot Lodge II，1927—　）教授①，让我了解到哈佛大学的工商管理专业已经发展到重视个案分析与企业创业精神。当时我在夏威夷

---

① 洛奇教授家世显赫，个子很高，其父做过马萨诸塞州的参议员。他1995 年出版了一本书《相互依赖时代中的全球化管理》（*Managing Globalization in the Age of Interdependence*，Pfeiffer Publishing）。

大学管理学院兼教，参与管理博士班教授群，教授企业伦理，也提倡企业管理的教学，并带领了最早的企业管理博士生。在当时的哈佛大学，我注意到已经有了企业伦理一课的引入，也认识了教授企业伦理的伦恩·佩因（Lynn Paine）教授。她是哈佛大学哲学系毕业，专业伦理学，曾在台湾政治大学做过访问学者。这些发展在当时都很新鲜，使哈佛大学的工商管理专业具有前瞻性，超越了早期工商管理专业的品质，也更接近我心中的理想。我写《C 理论》一书是在 90 年代初，初版于 1991 年在台湾出版。90 年代我回到中国大陆，在华东师范大学讲学，大陆版的《C 理论》于 1992 年出版。由于这本书非常流行，在上海与北京又再版了订正版，分别在 2006 年、2010 年、2011 年与 2016 年由不同的出版社出版。最后一版是北京东方出版社出版的，第一次包含了管理太极图，但并没有现在我说的一些分析。我此处强调的重点是管理哲学理论是与时俱新的，美国学界并没有正式提出"管理哲学"这个概念，他们只是把伦理学和策略管理融合起来应用，其基本模式仍然是原初的西方管理五元素学说。

由于我对管理哲学深刻的认识，我也掌握了管理教育的现代要素。我想就我创造的管理哲学来进行管理教育的改革，或者尝试一个新的管理教育模式的发展。因此，我很想建立一个具有东西方兼容的管理学院。这就是我首先创办"东方高等文化研究院"的前期思考。

1985 年初期，我在夏威夷大学创立"远东高级研究学院"，主要目的是就当前中国所需要的文化发展做一个规划，初步规划为"哲学研究中心"和"管理研究中心"。这样思考的缘由在于文化的根本是哲学，这是根本学问，哲学是灵魂。真实的问题包括人的真实和宇宙的真实，只有发挥人的真实才能发挥人的整体性，最终实现人的价值，这也是很重要的考量。尤其是在中国近代，在五四以后或更早，中国人对真实性的追求尚未自觉，清朝改朝换代之后才建立了新的教学制度。

我注意到"C 理论"的理解需要对中国文化与哲学有深刻的认识，因此要发展中国管理哲学"C 理论"必须同时兼顾中国哲学的研究，尤其是有关易学、儒学、道学与兵学的研究。基本上我的"C 理论"涵括了所谓七家之言，因此必须对"诸子七家"（易学、道学、儒家、法家、兵家、墨家、禅学）有非常深刻的认识，才能掌握一个整体的认知与发展模型，来进行管理的规划，发挥哲学管理的作用。这样一种管理学的教育是前所未有的，它不但发展了管理哲学的智慧，同时也因为发展这个智慧把中国文化的精华推向了世界。这是我建立"远东高级文化研究学院"的目标。为了筹划这个学院，我也在夏威夷的学者圈发展了一些重要关系，主要是通过在管理学院演讲和哲学学院开会，以及开设易经课程等。我很早就结识了东西文化中心执行人高乃扬（Everett Kleinjans，1919—2012）博士，他是文化人类学家，出生在中国苏州。我认识他是因为我被聘请为"东西文化中心"传播研究所高级顾问，发表了几篇有关人际传播与沟通的哲学论文，并参与该研究所的一些研究计划、活动与会议。后来，高乃扬突然出现在我的易经哲学研究班中。因为他想学习易经，对我的易经哲学十分感兴趣。而且他在这个班上还写了一篇重要论文，提到易经是国际沟通理论哲学。这是符合我的易经哲学的基本概念的。我们之间观念很融洽，他也表示支持我办学的想法。另外一位热心支持我办学的教授是夏威夷大学政治系的查德威克（Richard Chadwick）教授，我在一次夏威夷大学和平学院开会时认识了他。我问他专业是什么，他说是"全球模型研究"（Global Modeling）。我说这个理论应该有一个哲学基础，而这个基础应该是一种《易经》的哲学。他听后很好奇，听我解释之后表示能够接受，而且愿意学习。从此我们变成很好的学术朋友，经常在学校共同午餐，讨论全球模型研究与《易经》哲学的结合。他提到国际政治学者拉斯韦尔（Harold Lasswell，1902—1978）在他的《权力与人格》（*Power and Personality*，1948）一书中提到现代化的八个方面，作为全球模型化的基本内涵。经过讨论，我发现这现代化的八个方面完全可以和易学的八个卦象相对应。其中，乾卦是力量（power），坤卦是关怀（affection），离卦是知识（knowledge），坎卦是技术（technique），巽卦是财富（wealth），兑卦是福泽（wellbeing），震卦是正义（rectitude），艮卦是尊重（respect）。他也大为惊喜，我们并就这个认识提出论文，在1989年国际中国哲学会上发表。查德威克教授也支持我的办学计划，并积极参与。最后我也找到两位其他学科的学者，一位是法律学院的兼职教授，也是律师奥登伯格（Ronald Odenburg，1935—2018），另外一位是管理学院的组织行为教授科特勒（Morton Cotlar，1928—2015），他也是管理学院管理学的主持人。我认识最后这两位都是因为开会的机缘，让他们知道我的办学理念与理想，因而他们对我的办学计划十分支持。有了这几位基本的学术朋友，我创办这个学院的理事会也就有了基础。这些学术成员没有一位是财经人士，他们也不善于募捐筹款。后来我决定先开始发展课程，从训练已有的管理人才开始我们的教育计划。我把我原来的住处空出来，成为学院的办公室，我自己搬到另租的一个寓所。但我们上课的地点却定在东西文化中心大楼以及夏威夷大学管理学院教室，当然这是需要个别安排的，并不需要全天候的租借。我心中想到长远的计划，希望筹款买下一栋大楼，把学院独立地建设起来。在这一方面，我不能说很成功。因为我毕竟不认识企业界的财主，平常又缺少这方面的交际。所以只好从大学为中心的合作中解决上课教室问题。

1979年，我暑期在台湾地区讲学，参加了多次有关台湾经济发展的会议。我也公开提出管理哲学的重要性，我想在提出"C理论"之前，先行批判当时流行的西方管理五元素理论。我特别想指出，西方说的计划不等于决策。计划与决策应该分开，作为管理的两个不同的功能。计划是发展的背景、资源和程序，而决策则涉及具体的工作项目以及工作的先后次序，需要对实际的情况有更深刻的理解。有计划之后才能决策，决策行为之后也可以修订计划。除计划与决策的分别外，我也特别关心控制与协调的差别。控制代表一个主体的意志权威，但不是每件事都能够用控制来管理，在涉及人事问题之时，就不能不考虑协调的问题。协调是争取符合外在行动者的同意，采取统一的或分工的工作而且不相抵制，以增加良好的合作效果。因此，控制与协调可以分开。有了这两项理解，我在《联合报》发表了一篇文章《一个新的管理理论的建立》，不但批评了西方理论，也建立了我自己的基本理论，并以此为特色发展成为"C 理论"的一个重要内容。在"C 理论"中，"计划"演变为"计划"和"决策"，用"土"来代表，名为 C1。"计划"是阴土，"决策"就是阳土。我也把"控制"与"协调"分开，但是出现一个问题，"控制"应该包含"组织"与"领导"，是用金来代表，名为 C2。"组织"就是阴金，"领导"就是阳金。在"协调"方面，应该包含"协调"和"沟通"，我用火来代表，名为 C5。但 C5 的火与 C3 的水相对，就此相对而言，C3 代表的是竞争和竞争中的合作。水火分别为阴阳，但 C3 和 C5 就是阴阳中的阴阳。协调往往是制度的安排，沟通则是人的彼此理解。当然这是在"C 理论"成立之后的一个认识，此处只是点出。

必须要说，"C 理论"是先对管理这个行为具有透彻的理解，然后才能够认识到它的重要功能与作用，最后体现在五行之中。但五行又来自阴阳动静的区别，最后根源于一个总体的存在本体。这个总体的存在本体是终极的存在性，是一切现象与功能发生的总来源，具有生生不已的创化力。这就必须要通过易学中的自然宇宙发生论来做出理解与诠释，可名之为"道"，可名之为"太极"，可名之为"自然",以诸子百家的理解来说明。因此,"C 理论"也可以说是包含诸子百家对真实世界的理解。此一理解,在终极上是一致的、共同的。只有共同的"意志"才能称为"本体",才能称为"道",才能称为"自然"。这是建立管理哲学的哲学背景。至于如何具体描述"C 理论",已如上述。

"C 理论"最初是在台湾地区的管理学会中讲述,引发不少个人与团体的兴趣。我也逐渐到一些企业团体进行较大规模的演讲。我记得曾到高雄多次开会,开会之后就给一些企业实体讲课,回答各种问题。我也建议那些大企业采取我的理论,作为一个企业文化与管理决策的基本原则,同时改善企业的文化品质。当初我也进行了一些有关诊断企业管理问题的方案,曾到几个大公司的工厂进行实际指导。后来又被台南的成功大学管理学院聘请为讲座教授,每周讲课两天,一周来回台北与台南一次。其实我并不特别喜欢这种实际的指导工作,但我对几个台湾南部的工厂基于我的理论提出如何节省能源,如何建立工厂内部工人的沟通等方面。有趣的是,当时台湾的经济发展是快速的,需要知识的指导,尤其需要理性的鼓励。但我也发现,很多台湾企业不一定能够做到,他们毕竟是从草根成长起来的,以勤劳、节俭为行为方针,很难认识到整体的布局和深度的计划与决策。但他们又非常重视利益,一般纠缠在成本与获利的问题之中,尤其重视利益的快速回收,很难形成大气候的现代企业。我的管理哲学也许是一个激励,对管理学界的发展有更好的影响。最好的例子就是台湾高雄中山大学管理学院受到我的影响。当时高雄的中山大学建校不久,管理学院是最主要的学科所在。学校从美国请来不少管理专业的学人,走的是美国路线。我的"C 理论"成形之后,对他们有一定的影响。但他们并不能够继续发展下去,因为他们缺少中国文化的传统。我在台湾地区讲学 9 个月之后,回到夏威夷,也在夏威夷管理学院做了一次"C 理论"的演讲。我不知道是否因为这次演讲，我在 1988 年受亚太美国管理周主持单位美国电话电报公司（AT&T）邀请，作为东亚管理当年论坛的主讲者，要到美国东部出席这个论坛。由于这个论坛是由美国电话电报公司承办的，我也就被邀请到该公司的主要办公基地新泽西州某地进行专题演讲，然后进行个别部门的交流和咨询。这次演讲的对象是该公司在新泽西的一两千名员工，包括工程师和管理部门的人员。邀请者首先说明我有什么重点建议都在会中提出来。对我来说这是一种挑战，我却欣然前往，把我的"C 理论"呈现在这样一种当代大企业的专业人士面前，接受他们的挑战。会后美国电话电报公司代表主办单位献给我一个金色奖状，这奖状现在仍然放在我的书架上。

我在演讲中提出美国电话电报公司和国际商业机器公司（IBM）竞争的关键在于，前者要以电话传播融合电脑计算，而后者则计划要以电脑计算融合电话传播。我问怎么能够决定他们的胜负？国际商业机器公司已经有了电脑，但我不知道他们对电子传播有什么样的认识。我所知道的是美国电话电报公司当时已经发展了另一种类型的电脑，是以 UNIX 操作系统做基础，不是以国际商业机器公司的 DOS 系统做基础。这就涉及一些理念的沟通和制度的协调问题。基于我以前在哈佛大学暑假工作的经验，任何一个现代技术涉及程序设计，最好能够体现简单、直接，而因简单、直接产生更多的效率与效果。基于我自己的研究，我发现国际商业机器公司的管理工作层次是 8 个，而美国电话电报公司的工作层次则是 9 个。如果从效率来看，美国电话电报公司的公司行为效率必然落后于国际商业机器公司。为了改进美国电话电报公司的行政效率，我建议简化它的沟通层次和管理层次，尽量使管理更为扁平化，能够达到工作速度快捷与沟通流畅的效果，有利于争取市场，并提早上市，捷足先登。这个认识的提出，当时也没有引起更多的注意。美国电话电报公司的员工还是更重视如何节能，而非如何节时。后来我知道，国际商业机器公司的 DOS 系统上市比 UNIX 系统上市早了一些时间，虽然早的时间并不很多，却立刻占领了市场和注意力，成为电脑程式的标准语言，用以推广到传播。研究证明，UNIX 系统事实上是更为简明的电脑语言，却不幸没有来得及上市，最后只能成为学术研究的一个对象而已。

有了这一次演讲的经验，我可以大力向管理学界进行发展，但我并没有选取这样的道路。因为我最后发现我的主要目标还在中国哲学的文化发展，而非技术发展。因为文化发展能够促进中国的文化复兴，突显中国文明在世界的地位。我的学术背景已经把我规划成为一个哲学的思考者，而我也安于斯，乐于斯。不管实用的发展可以有多么风光，我也不以为意。从这个经验的反思来看，我的"C 理论"或多或少为人所用，发挥了管理的效果。但我并不以此为意，因为我并不特殊强调"C 理论"发挥效果的利益，同时也未进行实地考察，建立一个量化的操作体系。在这一点上，我发现杜鲁克发展他的管理有效理论，也未走进企业的行列，而以学术研究终其一生。坊间提到的一些管理大师，大多是企业出身，如稻盛和夫或松下幸之助，都是从商业实践起家，发挥其管理智慧，只能限于商业，很难用于文化的发展。

若要明确简化管理哲学的作用和实际操作性，我认为必须对应中国的五家之说。道家精神强调静观宇宙及胸有成竹，土代表道家。就法家而言，强调以组织为中心，金代表法家，以主导为手段来发挥领导的权威并吸取他家的精华，融为一体。兵家的精神是水的精神，在于能够竞争、作战并取胜，同时也能够在竞争的基础上合作，最佳境界是不战而屈人之兵。国内之前对墨家不重视，墨家其实是很重要的学派，因为能发挥改造的精神，通过改造儒家进行社会管理。以兼爱等思想去改造既有的制度，比如主张非攻、非战、非鬼、非乐、非命等。墨家在创造方面也有创新能力，有云梯、冲车等发明。墨家哲学中的"天志"思想接近西方的上帝思想，在公共秩序方面也含有西方的宗教信仰精神。在《墨子》中除了兼爱，还有两个重要部分：一是工艺主义，主要是创造发明器物；二是墨家的继承者后墨，推动了语言逻辑的发展，体现在《墨辨》等文本中。

儒家强调群体性的和睦相处，因此强调分工合作，重视伦理，主张建立礼乐社会，是"火"之精神。墨家是"木"的精神，强调生长，兵家则是"水"的精神。将道家、法家、兵家、墨家、儒家结合在一起，总和五家的是《易经》。《易经》中的阴阳之道具有"超融"的精神。所谓"超融"，即是超越之后与被超越者融为一体。超融显现二与一的统一，主导系统的持续发展，显现为乾道的有与坤道的无，甚至从道家走向禅学，以空性为真实的基础和起点。在系统的运营中强调自然无为，空就是有。以此与禅学相通，以乾动为呼气，以禅思为吸气，一呼一吸就是"一阴一阳之谓道"。我提出中国哲学中的七本古典作为中国管理思想七书，即道家《道德经》、法家《韩非子》、兵家《孙子兵法》、墨家《墨子》、儒家《论语》、易学《易经》和禅学《六祖坛经》，以这七本书作为管理哲学的范本。

以上说明管理思想具有哲学基础，需要哲学的思考及创造去发挥管理的哲学内涵。但管理仍然有它独立的现代意义，是与现代人的伦理精神并行的，是我上面所说的一外一内所形成的个体与群体相互统一的整体系统，显现为一个群内在的互动与统一的关系。

我接触到台湾一些企业团体，他们需要培训学员，学习当代管理教育。因此，我就有了一个培训与教育的对象，从台湾招收培训的学生。开始我的课程是短期课程，从一周到两周，每天上课，结业后授予证书，不颁发学位，因为我们没有授予学位的认证。这样的课程也能为大家所接受，办了两三次之后感觉效果不错，要来远东学院受训的行业单位不断增加。从一般管理到各种专业管理，包含医院管理、旅游管理、艺术管理、中小企业管理等。上课的师资除上面所列举的教授外，也邀请了更多的夏威夷大学管理学院的教授，涵盖了所有的管理领域，可以说十分成功。学院也非常努力，申请到成为美国管理学院联合会的观察会员。一旦有了更完整的课程与经验，便可以申请作为会员，这对取得工商管理硕士学位的认证有非常大的帮助。但要进入这一关，也涉及资本的支持，需要更多的教授参与，逐渐形成一个能够授予获得完全认证的管理学位的教育组织。而且上课的时间也将改为正式的学期制，和大学本部的管理学院一样。

我在国际儒学联合会中提倡探讨经济管理和生态危机的自觉，以及发展伦理意识的重要性。同时强调中国文化的世界意识具有影响世界的潜力。我早在80年代开始，便强调中国哲学的世界化，提倡中国文化的世界意识，并争取世界哲学大会在中国召开。我看到国际儒学联合会做出的成果，特别心有所感，深信中国文化与儒学思想能够与世界各种文化传统建立沟通和彼此融合的关系。虽然2018年的世界哲学大会是由北京大学主办的，但多年来我在世界哲学大会对中国哲学的提倡是有一定的影响的。这个漫长的过程正是我一直关怀的中国文化与中国哲学的现代化和世界化的发展过程。从1987年到20世纪90年代，我提出了三个课题，即经济、生态与伦理，也逐一在三场国际儒学联合会的会议中得到一些基本的讨论，导向一定的文化自觉和现代自觉。这在2016年"中华之光"和2018年凤凰网"全球华人影响力代表人物"中得到肯定。而我的哲学思想则逐渐进入系统化总结的阶段，这是一个传承与创新的时代。我作为中华民族的一分子，面对这个开放的世界，内心最期待的是中国人能够和西方人平等相处，中国哲学能与世界各种哲学交相互惠。不但使中国文化能够得到复兴，也使世界文化因中国文化而走向一个更灿烂辉煌的人类和平共处的时代。

1985 年发生了很多的事情，主办"中国哲学与世界哲学研究会"并邀请汤一介先生，回国的目的地是北京，是北京大学接送的。那时从香港直飞北京，心情激动。作为一个中国人，从 14 岁离开故国，到 1985 年回到中国时，恰逢自己 50 岁的生日。我是怀着激动的心情回到祖国的。我从 29 岁开始在美国教学，当时已经 21 年。我特意坐在飞机靠窗的位子，为了看到祖国的山河。在看到宽广的长江之时，眼泪不由自主地流下来，14 岁离开祖国时也是坐飞机，但那时候并没有真正体会到自己出生的地方如何。因此 1985 年回到北京，再到黄冈开会，最后回到阳新老家，时间虽然很短，心情却很激动。前节也都有所表述。

作为主讲者，我在黄冈参加了熊十力诞辰百年国际学术会议，汤一介先生也出席了，当时有很多发言者，包括杜维明等人，提交了与熊十力相关的论文。后来在北京做了数场演讲，主要内容有两个方面：一是东西方哲学比较方面，二是中国管理哲学方面。以《易经》为本，还有一连串的讲座，在北京有北京师范大学、中国科学院、军事学院、外交学院，与中国文化有关的书院也邀请我做讲座，面对的有时是大众。在军事学院讲座，面对的是军职人员，听众达千人以上。几天后，我去拜望梁漱溟先生，他已是 93 岁的前辈了。他写了一幅字送我，我很感谢，这是一次难得的会面。

当时教书教了两个月后到南方去上海。复旦大学的朱维铮邀请我到复旦参加他主办的中国现代化会议，却在靠近机场的龙柏宾馆举行。从北京到上海我感染了严重的伤风，几乎说不出话来。这种情况过去曾发生过一次，是从夏威夷到加拿大多伦多开美国亚洲学会会议时发生的。朋友安排了车来接我，当时是 3 月中旬，从机场到宾馆走了一个小时，我也挨冻了一个小时。因为他的车没有暖气，我到酒店时已经说不出话来。朋友给我买了中药和西药同时服用，又泡了热水澡，到第二天才可以勉强地发言。这次在上海，也是冲热水吃中药和西药，但到大会发言时，却不如上次恢复得好。朱维铮教授后来请我到复旦做讲座，并建立了一种联系的关系。因王元化先生的关系，结识了冯契教授，他邀请我到华东师范大学担任客座教授，开班讲中西哲学精神。在这个班里有许多学生，包括杨国荣、潘德荣、陈卫平、童世骏、施延平等。

1986年元月下旬，中山大学冯达文教授邀请我到中山大学哲学系做讲座，在那里认识了不少中山大学的研究生，其中包括现在知名的黎红雷教授。在访问之后，我要经过深圳到香港。在深圳停留了一天，主要想认识一个新造成的城市。那时深圳已经有高楼大厦，但感觉建筑的质地比较简陋。我从深圳坐火车到香港机场，看到了深圳河。在这段旅行中，我常常回想我对那时候的上海外滩的印象。上海外滩大楼和街道都显得老旧，巷子里晾着衣服，人们都穿着白衬衫，但仍然感觉到一种亲切，那是古老中国给我的温暖记忆。如今中国城市摩天大楼鳞次栉比，灿烂一新，洋溢着现代化的形象，和我回忆中20世纪80年代的中国对比成趣，显示中国这30多年的进步有多么神速和成功。

从1985年开始回到国内到现在已有38年之久，我见证了中国飞速的进步和发展，也亲眼看到社会上滋生的各种问题。迄今我仍然相信，一个良好的管理制度能够解决至少一半的问题。国家管理就是国家的治理，涉及各方面的制度规划和建设。但归根结底，仍然涉及一个终极的原理与原则，我称之为"管理太极原则"。这一原则是鼓励创新与创造的，是要求面对现实问题做有效的解决，并要求与时俱进，对未来有一定的把握和理想，能够同时满足人民的需要和体现国家的意志，在全球化的实践中突显中华文化的优良品质，以及现代中国的精神价值。我心中想要建立的学院有：东西哲学学院、东西管理学院、东西生命医疗学院以及东西电子软件学院。当然，我只是纸上作业，并没有考虑到实际的建设工作的复杂性与困难性，主要涉及人事资源和建设费用的问题。最后我想，在名义上虽然有五个学院，实际上能够操作的就是文化学院、哲学学院与管理学院。但前两者必须支持第三者，因为我的初心是把哲学致用。因此，最关键者是东西管理学院。这样我就更容易去思考相关的问题。

儒家比道家要积极，强调自然，但也强调有为。发现人的潜力，更追寻其充分实现，同时帮助他人达到同等境地，在仁爱的情怀中为社会谋求正义。儒家强调积极的创生性和生命性，强调仁义礼智信，以"仁"作为基础可以追求对世界的知识进行多元文化的融合。在中国历史中，儒学成为文化的主流并非偶然。对人类多元文化的融通，也发自于自然。这是我理解的中国文化精神，是我从事各种文化活动和教育活动的基本精神所在。

五、海外新儒学与国内儒学的复兴

　　1985 年，我应邀回到北大讲学，两年之后我在日本开会受到刺激，觉得必须在中国创办一个国际性的儒学组织。这就是国际儒学联合会的来源。但我重视儒学，对我来说是一条自明的道路。我已经说明了我成长过程中的儒学家庭背景，但把儒学看成一套哲学却是到大学读书阶段形成的。可能在初中阶段，我已经对《四书》进行了深度的学习，甚至于背诵《中庸》《大学》两书。1948 年，我在浙江金华辍学时，就以读《四书》为主要功课，辅以英文。前节已经有所说明。到台湾考入台湾大学，第一学期语文的教科书就是《史记》，第二学期是《孟子》，正好补足我对《孟子》所缺少的深刻理解。上课的老师是胡适的学生毛子水教授。他是一位十分严谨而又细心的国学学者，很多年后我都和毛老师保持联系。之后三年，我在哲学系上课，对儒家有更完整的理解。最主要的是，接触到当代新儒家的著作。

　　我在大学二年级时读了熊十力的《新唯识论》，同时读了一本华严宗初祖杜顺撰写的《法界观门》一书，对中国佛学也有一些基本理解。面对熊十力的《新唯识论》，我感觉到最大的特点就是熊十力把佛学的唯识论引入到儒家的哲学中，用来说明宇宙的本体状态是新的意识的变化"刹那刹那"，将其看成是本心的作用。这是和印度的唯识理论不一样的。印度的唯识是把第八识阿赖耶识看成主体人的幻觉，必须回到寂静的性体和涅槃以求解脱。熊十力没有解脱的问题，他把第八识看成心体，是性体的自觉。这样就避免了印度的空寂主义，而更符合于中国的活动实在主义。对印度唯识者来说，这等于把宋明理学的心性引入到佛学之中。但对熊十力来说，他是把唯识的觉知引入到中国的心性之中。但可惜的是，他只是在本体论上把一个印度唯识的二元主义消解成为中国哲学中的心性哲学，显现主体性的能动性，并没有对这个觉知或心性进行更深入的理解，在知识论上没有突破。最后，他也因此认识到这样一种心性理论包含了易经对宇宙变化思想的理解，进而提出了易传的"翕辟成变"的思想，作为心的本体发用的所以然，因而提出"即体即用""体用不二"的思想。这些理解当然也是我经过长期思索而获得的。当时和同学好友刘述先讨论之时，仍然没有一个很清楚的"新唯识"的概念。但我也注意到，熊十力虽然用"本心"一词，把人导向孟子与象山与阳明，但他却未提到所谓"本"的概念，因此他的"即体即用"显得无本。这个"本"到底是什么呢？这个疑问在我心中盘旋，很长一段时间得不到结论。

熊十力用"本体"一词，也用"体用"一词，却未能说明本体为本的原因及理由。对我来说，在我自己的思想发展中是要到比较往后的时间才得到一个正面的回答，那就是这个"本"不应该"直指本心"，而应该指所有存在之本，包括宇宙万物与所有生物。因此，这个"本"应该兼含主体与客体，是客体与主体相对存在的根源。如此，我在知识论上也可以肯定"知物""知事""知人"与"知己"同时存在，把一个具有客观性的本体论与认识论树立起来。如此，"本"的终极意义是一个"主客合一"的本。在这个"主客合一"的本的基础上，才可能建立客观的本与主观的本，客观的理与主观的知两方面彼此相应与贯通，是人的认知能力发挥的作用。

我这些说法更详细的内容可参见我的《人的自我存在的十性论》①。在这篇文章中，我对存在的方式以及认知的方式做了不同的层次的分别，但又整个被包含在一个终极的本体思想之中。这个理解有理性反思的因素，也有经验观察的因素。因此，我对"本体"的说明是和熊十力的大为不同的。最大的不同是把客观科学认知也看成本体之体用，而不限于本心。同时我们也可以说，"即体即本即用"，而非只是"即体即用"。

我对熊十力的理解是逐步深入的。在黄冈会议上，我提出《新儒家的基本要求》一文，肯定新儒家继承先秦儒学和宋明理学，向现代学术发展。但对传统儒家却未充分地说明其精神，即以心学为核心，是当时我对新儒学的一种普遍性的批评。因为我觉得孟子讲心性，也讲义理，不应该只看成心学而已。我对孟子的理解在我的论文《孟子哲学》中也早有说明。熊十力引进唯识哲学，虽然称为"新唯识"，但对客观的义理并未十分强调，显然构成了一个主客不相应的存在状态，对易学的本体学也不深入。只引用了"翕辟成变"的说法，而未看到易学中统一主客的自然实在主义（natural realism）。大学之后，我再接触到牟宗三的哲学，对牟之倒向心学一面心中也有存疑。我对牟的理解，也是逐渐深化的。开始最不能接受的就是把朱熹排除在儒家学统之外，认为是别子为宗，等于间接地否定了中国哲学创造性的可能。再者，牟氏提出"无限良知"的说法，等于把客观的真理在形式上否定了。牟氏为了实现科学，又主张进行对良知的坎陷。这一点我也是不能接受的。我是第一个对他的"坎陷之说"提出质疑的人，因为就人的理性发展来说，同时建立道德良知与科学知识，是自然而且可能的，不是要等到良知的无限上纲才来压制良知而寻求科学真理。科学真理也不是一个被

---

① 载《理解之源：本体学与本体诠释学》，稿件尚在做更新的整合，将由商务印书馆出版。

动的行为，而是具有人类理性的主体性的。

也许牟宗三先生当时看到中国儒学只谈道德伦理而缺少科学认知这个现象，来进行一种曲解。这是说不通的。事实上从历史看，从先秦两汉到近代，中国学统并非没有经验观察者与科学思考者。在天文学、力学与光学以及医学等方面，都有杰出的人才，并做出卓越的贡献。这是可以在历史上查证的，也是英国学者李约瑟（Joseph Needham，1900—1995）的巨著《中国科学技术史》（*Science and Civilization in China*）所提出的历史事实。与熊十力不同的地方在于，牟氏直截了当地提出了一个"道德形上学"的架构，作为他良知说的基础，也更清楚地确定了儒学的心学的传统。我研究儒学本来就有意在经验上肯定儒学具有经验的实践性，是不和科学思考与精神相违背的。因为这也是人的本能所在，是人人可以冷暖自知的。王阳明讲"良知本体"为天地万物一体之仁，固然是从一个绝对主体的心灵来说，但他并没有否定客观世界的存在，如他说花开花落不一定为人所知。牟宗三的无限良知论也是对传统心学一个夸张。心学传统经刘宗周到黄宗羲等人，影响到后世。但刘宗周已经有一个突出的自觉，并不满足于主观唯心论，已经认清到客观事物的影响，间接地肯定了客观事物的独立存在。从历史观之，熊十力可能受到明代阳明哲学学派的影响，提出他的心学特色。但从哲学的发展来看，心学并非中国哲学唯一的传统。理学家如朱熹等的理气之说，也是建立一个真实认识论的基础。可惜熊氏和牟氏都没有思考到这一点。

我提出这一段当代儒家的发展中的心学特色，主要说明我在关注儒学的过程当中逐渐认识到客观世界及其真理性的重要。见之于我1972年出版的《人类价值与科学真理》一书，这也是我从事儒学重建的一个重要起点。关于这一点，以下我还会继续讨论，作为我从事儒学研究的具体内容之一。

1985 年我回到中国北京之后，注意到大陆学者方克立教授正在筹划新儒家研究计划。20 世纪 80 年代初期，他开创了新儒学的研究，正在发展"现代新儒学思潮研究"，这是国家哲学社会科学"七五""八五"规划重点课题。他先后选定当代新儒学代表，然后对每一位学者进行个别的探讨和研究，出版《现代新儒学研究丛书》。他以梁漱溟、熊十力、张君劢、冯友兰、马一浮、钱穆、贺麟、方东美、唐君毅、牟宗三、徐复观等人作为现代新儒家的代表人物，后来又补充当代儒学学者余英时、刘述先、成中英、杜维明，作为第三代现代新儒学的代表。丛书出版之后，在海内外形成较大的影响，主要把当代新儒学整合为一个整体的结构和门派。但就其内涵的儒学的不同来看，却很难看到一个统一的传承。不过，这不是缺点，而是优点，因为这正反映出现代新儒学的多元结构，也就是对传统儒学和宋明理学不同方面的回馈和反响。尤其在第三代，更出现了一些创新的种子。这对儒学的发展是有启发性的。

有人称当代新儒学为"台港新儒家"，那是主要对第二代和第三代而言的，因为第一代学者，如熊十力、方东美、冯友兰等基本上都在大陆发展成名，但他们后来对台港两地的学者都有深刻的影响。我对儒学的兴趣自然受到这个新儒学的启迪，但我更重视创新与重建，与上两代毕竟有很大的不同。尤其我所受的西方哲学教育十分深刻，从事的研究也更为现代和广泛，涉及西方哲学与比较哲学，这是我强调现代化与世界化的一个基本原因。我的论述从 1972 年到现今，已有 30 多本书问世，也有四卷本文集于 2006 年在武汉大学出版社出版，于 2017 年有十卷本文集在北京的人民大学出版社出版。最近将有《易学与宇宙观》《理解之源：本体学与本体诠释学》《中国古典政治哲学发微》等文稿陆续出版。我想以后构成另一个十卷本是可能的。这些都是中文著作。关于我的英文著作，也有非常多的稿件尚未能整理出书。但系统写成的英文出版著作包括我的博士论文，以及两本易学专论都出版了。在美国，我花在教书与开会上的时间极多，真正能够专心写书，都是要在百忙中挤出时间来进行的。

基于上述当代新儒学三代之说，第一代梁漱溟的名著《东西方文化及其哲学》（1921年）的出版较《新唯识论》（1932年文言本，1952年语体文删定本）为早。该书出版之后引起众多讨论，却没有形成一个学派。书的内容本身也缺少纯粹哲学论证。如从当代新儒家的哲学发展来说，熊十力是主导者。但从广义的儒学发展来说，梁漱溟提出东西哲学的比较是很重要的时代课题，有广泛的哲学与文化意义。但他的基本哲学立场是，人心有所谓意欲、直觉、情感、理智与理性等功能。人类生活有三个路向。一是透过理智认知现实，满足欲望。这是西方的路向，也是他说的第一路向。但人类的理智能力有限，不一定能够用科学解决所有的问题。因此有第二路向的文化，即中国文化，强调调和情感和理智，建立理性的自觉生活下去。但这并未解决人生的根本问题，人生的根本问题在消除意欲，回归清净无为的自觉理性。这就是印度人的文化路向。梁漱溟认为，西方人的路向是人类首先所选择的；其次必须从西方的路向转化到中国的调和路向，肯定直觉与情感的重要；最后解决人生的问题却必须走印度文化的路向，也就是佛学的路，回归空无寂灭。梁漱溟的这个说法并不透彻，也不清晰。主要是他用的名词没有加以统一的界定，而只是依照他有关的理解来用这些名词，常常造成现代读者理解的困难。他说的理智，相对情感而言，是属于生活态度的问题，就把理智和理性区别开来。理性是对直觉而言的，是属于认知的问题。至于理性和理智，在中文里，理智与情感是生活的境界，理性与直觉则是认知的方法。从认知方法来看，人类文化可以分享理性的知识，但生活的目标则可以表明为理智或情感或欲望。至于何种文化为理智型，何种文化为情感型，何种文化为欲念型，何种文化重知识理性，何种文化重直觉感受，何种文化重玄想思虑，这些都需要从客观的事实来说明。

由于梁漱溟在用词上不够严谨，造成很多混淆。他偏向于主张中国文化是情感自觉，却对中国文化中的理智和理性的境界不能说明。西方文化似乎偏向理性与理智，但西方人重视欲望，而并不反对直觉。印度人虽追求生命的解脱，却特别重视各种感觉经验，尤其在性方面。梁漱溟的这样一个文化路向框架，也留下一个中国文化主体性的问题，造成含混的结果。举例来说，后来李泽厚喜欢谈中国哲学是情主体。但事实上中国人不只是重情，也非常重理，尤其宋明以后，更是重理轻情，至少在哲学上如此。梁漱溟没有把哲学与文化的层次分开，有时候文化如此，哲学并非如此。这些重要的概念和意义的分析，熊十力远比梁漱溟更为精到。

现代新儒家的发展也许可以分为广义的和狭义的两个层次，上述熊十力应该代表狭义的现代新儒家，也就是哲学意义的新儒家，而梁漱溟只是文化意义上的或者广义的新儒家。在熊、梁之后，儒家的发展多半在哲学上用力，因为在文化上儒家被认为是已经落后，不能满足现代性的要求，但从哲学来看，儒学的哲学意义却是方兴未艾，只是宋明以后没有人仔细探讨而已。如何发挥儒学的哲学意涵，建立一个严谨的儒家哲学，符合现代人的需要，同时也能够掌握中国先秦儒家的哲学智慧，应该是这个时代的当务之急。从这个角度看，现代新儒家三代的发展，应该是有重大意义的。现代新儒家三代之中，第二代的牟宗三、唐君毅和徐复观可以说是儒家哲学精神的复活。除徐复观外，牟、唐两人都基本受过现代哲学的训练，所以能够进行哲学的分析和综合思考，甚至于创建新的理论，发挥儒家经典中的丰富含义。我尽管不同意他们的一些说法，但对他们的儒家哲学贡献是十分肯定的。和他们同时代的一些学者前辈，如冯友兰、贺麟、金岳霖等各有专业，并做出返本开新的研究，我也十分肯定。更需要特别提出的是我的启蒙老师方东美先生，他可以说是最早接受西方现象学和文化哲学的先进学者，具有独特的创意，提出原始儒家和原始道家的研究，并把当代的"科学哲学与人生现实"联系起来进行分析，又提出根本性的美学思想，给予美学一个本体论的面貌。他对西方哲学的素养也是第一流的，从柏拉图到黑格尔到胡塞尔，他都能深刻地展现他们的义理，成为他人生智慧的一部分。他对我个人的影响在于展现了一个包容万象的天地世界，肯定每一个美景的智慧。我的开放胸襟，接纳多种文化与哲学的挑战，也可以说是他启蒙的结果。我在掌握了希腊的古典哲学与欧洲现代哲学，尤其是德国与英国的传统之后，更倾向于对更现代的西方哲学发展进行探讨。对西方现代性的与后现代性的逻辑与哲学思想的探讨，在我的年代可能是近乎唯一的。但我理解西方哲学不是只为了理解西方哲学，而是有一个更深层的动机，就是融合中西，提升中国哲学的开放性与世界性。这是我年轻时代的初心。在这一点上，现代新儒学在我的探讨中是被赋予创新能力的。我的贡献的一部分就在于证明和实践这一点。

为了充分说明现代新儒家发展的背景，我想追溯五四时代的一些中西交流的事件。1919 年 5 月 4 日，北京大学学生发起游行，反对《巴黎和约》把作为战胜国的中国应该恢复的权益裁决给日本人，激发全国民众的游行示威，要"外争主权，内除国贼"。同年 4 月 30 日，美国哲学家杜威受胡适之邀到达上海，将在中国讲学一年。这显示即使在五四之前，中国知识界已经有高度的启蒙意识，积极邀请西方哲学家，甚至包含印度的哲学家来华演讲，提高人们对中国文化的认识。也许也有意做出一个文化走向的选择。

五四运动爆发，中国学界面临的不只是知识启蒙问题，也是拯救国家的问题。这两个问题如何关联，是发人深思的。显然，救亡有一定的时间紧迫性，需要直接参与。至于知识启蒙和文化启蒙，则需要长时间来思考和做选择。这两件事同时摆在眼前，对当时的青年是一项重大的挑战。顾炎武说"天下兴亡，匹夫有责"，他是假设当时的知识分子应该为国牺牲奋斗。在五四时代，知识分子已经是知识分子，自然不能不积极救国，参与行动。而文化启蒙之事也不应该因此而废弃，反而更需要尽自己之力做到改善之道。质言之，后来历史学者、文化学者认为启蒙与救国不能兼行，在某个意义上的确如此。因为文化建设需要实际参与，也需要社会投资。在国家生死存亡之秋，必须要用一切力量和资源来抵抗外侮。但我说的"兼而行之"是就哲学的思考而言的，往往一个哲学家可以受到危机与战争的刺激，而能提出更好的人生哲学。在德国，尼采和黑格尔都经历了国家的变化，也都在国家变化之中激发了哲学创新的灵感。

因此，从哲学思考的角度看，救亡与启蒙并非不可以兼而行之。事实上，抗日战争开始之后，现代新儒学也因熊十力、马一浮、方东美等学者在大后方重庆发挥了哲学的创造精神而成为中国抗日战争的一股力量。

杜威访问中国，在北京及其他城市大量演讲，由胡适之随场介绍，尽力说明杜威的实用哲学与教育哲学，使杜威的实用主义在中国留下广泛的影响。20 世纪 70 年代，香港中亚书院院长吴俊升（Tsuin-Chen Ou）来夏威夷大学哲学系访问。由于吴院长是教育学专家，希望我翻译杜威的中文演讲。但我最后推荐了夏威夷大学教育学院的教授克洛普顿（Robert W. Clopton）作为翻译者。两年后于 1973 年，《杜威中国演讲集》讲义就在夏威夷出版了。杜威的影响明显在中国的教育制度上发挥了现代化的作用，但杜威科学的实用主义却往往与美国庸俗的实用主义混为一谈。杜威又强调民主政治，不主张激进改革，是胡适自由主义的根源，对中国的知识界也有一些基本的影响。杜威演讲最大的缺点是他未能与中国传统的儒家政治哲学进行比较讨论，使这个重要课题一直延迟到今天。我也注意到杜威自身则受到中国易经哲学的启示，写了一本书名为《经验与自然》（*Experience and Nature*，1925），显然是他访问中国之后写的，讨论了自然中的变化之道。但他并没有受到易经哲学的实质影响。

杜威之后，有英国哲学家罗素来华。1920年10月12日，罗素乘"波多"号轮船抵达上海，开始了为期10个月的中国之行，有一部分时间和杜威访问时间重合。罗素显示了他的逻辑实证论哲学，直接地表示他和杜威的差别。他本来就不赞成实用主义，而是继承英国的经验主义和欧洲的理性分析哲学，更专注于哲学问题的分析。他也没有直接面对中国哲学，但他基于他的观察，写下《中国问题》（*Problem of China*，1922）。应该说罗素花了一些时间来了解中国的历史和当前的现实问题，他明确地理解中国当时的困境和面临的民族危机。他注意到中国的工业大多为列强所控制，而日本的压迫尤其强烈。中国本身的不统一状态也是令人担忧的。军阀的无知和百姓的穷困，更带来各种灾难。作为国家，没有主权的完整，可能很难推动任何实务改革。年轻人有热情，但教育并不普及，社会往往是一团混乱。罗素肯定中国传统的美德，肯定中国人具有的审美精神。他希望中国能够重建，最后说世界希望中国建立起来，恢复她的传统，掌握她的主权，发挥她的才能，推行现代教育，这样中国就可以做出对世界的贡献了。

罗素显然对中国有良好的愿望，作为哲学家，他的观察也是敏锐的。与杜威相比，他似乎更重视大型的改革，而杜威则主张一点一滴地改革。罗素对中国的认识可能没有杜威深刻。他也强调教育的重要性，却未能重视其他政治社会与文化上的众多问题。我不知道当时的中国听众有多少人能理解杜威的观察与判断，但由于杜威的实用主义十分明确地被提出来，人们可能更容易体会到杜威的改革精神，而把罗素看成只是问题的分析专家。罗素为了更好地影响中国知识界，在中国生活有两年之久。他的逻辑哲学对金岳霖等人显然发生了深厚的影响，也造成中国学者对中国传统，如《墨辩》进行了较多的研究。哲学史家冯友兰则受到罗素实在主义与逻辑分析方法的影响，在创建自己的心理学哲学系统时发挥了积极的影响。五四之后，中国哲学界也特别地请了德国哲学家冯特（Wilhelm Wundt，1832—1920）、法国的哲学家柏格森与印度诗人泰戈尔等人来访，最后只有泰戈尔在 1924 年访问中国。泰戈尔宣扬他的"森林哲学"，并没有引起太多的回响，因为这不是当时中国所需要的，但他的诗却为一些文学家所传译。

五四后现代新儒家突出的问题是唯识哲学能否代替中国的知识论，彰显中国传统易学中的变化认知，也突出了周易哲学的实际地位问题。这两方面的问题并没有得到面对和解决，与此相关的另一个问题是：西方哲学到底扮演什么样的角色，对中国哲学的发展有什么样的贡献？这个问题经过杜威和罗素的访问，应该是比较清楚地为学界所把握。但西方哲学如何和中国哲学的传统建立一个融合的关系，却仍然是一个重大的问题。梁漱溟并没有说得很清楚，因此这是一个悬案。即使到了第二代的牟宗三，也未能形成一个合理的整合，甚至于反而落入佛学中有关"有执"与"无执"的争论。说到这一点，我一个特殊的感想，那就是当代新儒家到第二代并没有摆脱佛学的纠缠，总想利用佛学来说明中国哲学的问题。牟宗三虽然号称深入康德哲学思考，并熟悉现代逻辑，却在形上学上受制于佛学的基本概念与范畴，把他的哲学看成对"有执"与"无执"的存有论的选择，并没有真正重视易经哲学的本体宇宙论，也未能发展一套以易学为基础的认识论和理解论。他曾写了一本书《认识心之批判》，书中所论证的大致是康德所论证的基本命题。他的认识心其实就是康德的理解理性，从感觉经验透过理解理性认知到时空的先验性以及物理知识（包括科学因果律）的普遍性，超越时空的变化，而形成抽象概念的客观必然命题，界定物体存在的一般特性。

康德第一批判有两个参考点：一个是亚里士多德的十个知识范畴，康德把它扩大为逻辑的十二个范畴；另一个是牛顿的物理学，从观察事物直接认知事物所遵从的物理规律，如运动三定律和万有引力，并经过预测与应用建立其有效性。康德的知识理性批判在于说明概念范畴有先验的客观存在性，预设了逻辑与数学的先验概念体系。康德的论证是从经验到先验，从先验到纯粹数理结构。一方面用数理结构说明具体客观知识的可能性，另一方面用经验观察透露数理的必然性。如此则显示一个非常严谨的数理化的宇宙论架构，符合笛卡尔的理性功能要求，而驳斥了休谟只重经验而忽视逻辑的感觉知识论。自然界的因果关系是数理规律中的前提与结论的关系，但在经验中则称为时空中的因果关系。康德由此观点推出所谓的"纯粹理性"，不只可以用来理解，而且可以用来作为建构、想象真实世界的一个工具。虽然不具客观性，却可以有康德所说的超验的（transcendental）必然性。康德对这个纯粹物理的世界并没有规定其必须有一个主体，而只是作为纯粹认知的对象而为不可知，被称为"物自身"（ding-an-sich）。至于人能够发挥理解与理性的功能，则假设为一个"超验的自我"（transcendental self）的可能性存在。

康德认为对物自身只能想象，不可认知，从人的理解理性来看，其"超验之用"却表明人作为对自己行为产生后果负责的主体，人的主体性比客观世界的主体性反为人所自觉。这个人的主体性是人的意志自由的前提，自由意志表现在人具有选择能力。人可以在行为上选恶或选善，这种选择的自由必须由自由意志来保障。自由意志因此就是人的主体性，是构成道德的基本条件，也是人作为有效行为的主体根源。它是人自身存在的目的和所以然。如此，康德就发展了他的"实践理性批判"。在纯粹理性批判中，康德提出了三个假设，即自由意志的假设、灵魂不朽的假设、上帝存在的假设。这三个假设是层层相扣的，对自由意志的经验事实，康德认为知识现象自有本体或假设了一个名为自由意志的存在。由于人的善恶必须要人自己负责任，人必须有一个实体的存在来承担这样的行为效果，而不受到死亡的间断，因此，人必须有不朽的灵魂。至于灵魂如何来，世界的终极存在如何可能，都必须要有一个保证，也"值得"（deserve）有一个保证。这一套玄想逻辑显然是纯粹理性想象建构的结果，并不能得到证明。因此，它只是属于理性范围之内的宗教信仰。

以上所述，一方面说明了康德哲学知识论的轮廓，另一方面说明知识论对"超验的存在"的依赖。这是康德二元论哲学的概括。我在上面提到知识与价值之间的关系问题时，也接受了康德这种二元结构，但我却更深一层地思考两者的关系是一个更深层的本源关系。此一本源分化为客观与主体，两者彼此相应并相互为用，构成人的世界。这是我对本体论、宇宙论与知识论关系的认识。在知识论上与康德稍有不同的是，我接受一个深度的归纳逻辑理论，认为所有客观性的知识都是逻辑推理所形成的后果。我只肯定一个终极的统一存在，即一个无限制的创造力，形成了主观与客观的对立机制，使世界成为可能，也达到一个世界为统一存在的基本认识。我提出这些主要就在说明我对康德的理解和我采取的批判与摄取的心得，而且最后能够用易学的符号体系加以说明。这也在上面的文字中有所交代。基于此处我对康德的理解，以及对牟宗三认识心的基本理解，我认为牟宗三提出的"道德的形而上学"不是他哲学的起点，而是他哲学问题的焦点所在。他认为他掌握了一个无限的道德主体，而并没有说明其缘由，然后又面临"坎陷"为客体的问题，而无法把两者的统一性清楚地说明。后学者研究牟宗三，往往对康德的理论并不熟悉，对于牟宗三对康德的理解是否正确无法判定，更遑论发现牟宗三哲学的问题所在了。熊十力并不理解康德，他只是想从唯识宗的唯识主体性来引申周易的"翕辟变化"之说，对易学的变化整体哲学并没有透露太多的理解。

今人如果要说明熊、牟之间的关系，以及说明牟宗三的哲学基础，不能不对他的认识心与他对康德的翻译有真正正确的理解和分析。目前，对牟宗三的理解还处在一个模糊不清的阶段。希望我的阐述对此问题的理解有所帮助。①

牟宗三有所谓"第三期新儒学"发展之说，他认为先秦儒家是第一期发展，而宋明理学是儒学的第二期发展，他所认同的当代新儒家是儒学的第三期发展。这个说法为杜维明所认同并传播，但人们并没有对这个说法做出正式的讨论。也许我们可以认同原始儒家和宋明理学为两个重大的发展时期，从第一期到第二期事实上是道佛兴起之后的儒学的再起。但如何说明第三期的发展呢？首先，必须认识到宋明以后儒学进入暗淡时期，然后有哲学大家把儒学复兴起来，产生一大群思想者的儒学活动。结合北宋与南宋重要的儒学学者，可以数出十人以上。明代中叶以前，阳明上下也可以数出将近十位学者，可以看成儒学的一个发展运动。但怎么描述第三期儒学呢？首先，从第二期到现代，儒学并没有真正断绝。清代重视考据与训诂，但对儒学还是具有一种保守。一直到明末清初，儒学人才也十分突出。因此，并没有一个儒学空档的阶段。五四时期遭遇到"打倒孔家店"的文化运动，实际上儒学并没有被消除，才有熊

---

① 清代唯识论甚嚣尘上，大乘佛学中的天台、华严、禅学、净土以及唯识等都是显学。熊十力的《新唯识论》以《周易》去重新解释唯识论，就读者来看，其实超越了《周易》没有知识论的说法，但熊十力并未写出量论，而牟宗三的《认识心批判》却不能算一部成熟的哲学著作，也未能提供如何说明易学宇宙论的线索。

十力等人应时而起。

如果所谓"第三期"儒学指的是现代新儒家，我看到当今真正的儒学大家并无几人，当然更没有构成一种风气。所谓当代新儒家，总共三代为八人而已。总的来说，所谓第三期儒学是有些夸大其词，远不如说新儒学的再发展更为恰当。我为此曾发表文章，说明儒学的"五个阶段说"[①]，认为先秦是一个阶段，汉唐是一个阶段，魏晋隋唐是一个阶段，宋明是一个阶段，清末民初是一个阶段。辛亥革命以来至于今，可说是一个新阶段的前期发展。也许配合以后的发展可以构成所谓第五期的哲学发展。我认为每个阶段都有每个阶段的儒学特色，而儒学精神从来没有断绝过。中国就是以儒学立国的国家。儒学一直到今天都是社会伦理支持的力量，同时也在社会中持续地传播，甚至于从国内走向国外。这已经不只是儒学的现代化问题，而且是儒学的世界化问题。儒学的发展是持续的，而非突出的。因此，虽然没有第三期发展的问题，却有儒学走向现代与走向世界的需要，也是中国哲学现代化与世界化的需要。我虽然回到国内不早于1985年，但我在1986年至1989年之间却有机会接近大陆的学者，因此对大陆儒学的发展也有比较深刻的理解。

牟宗三对中国哲学史的理解，并没有一个中心发展的思想，往往陷入历史格式主义，不能认识到中国哲学史中的灵活变化，看不出一个总体的历史哲学精神。我想最主要的原因是他对中国哲学深处的活力没有认识，这是和《易经》的本体宇宙观密切相关的，不能仅用儒学中的心学传统来说明，将心学作为儒学的主流。在我的理解中，原初的宇宙经验是变中有不变，不变中有变。能变者是气，不变者是理。变与不变合二为一体，所谓"变动不居，唯适所变"。这并非一个机械的规律，而是要从一个整体的开放的存在来

---

① 成中英：《第五阶段儒学的发展与新新儒学的定位》，《文史哲》2002年第5期。

考察。易学中提到的"易有太极"，可以说隐约地提示了这样一个原始的创造力的存在。太极不是主体性的上帝，也不是客体性的物质，而是主客合一的生命原质，我名之为"创造力"（Creativity）。

针对牟宗三的"三期儒家"之说，我写文章提出了"五期说"。所谓"五期"，是在先秦与宋明之间，强调两汉的儒学的重要性，又在宋明理学与现代儒学之间强调考证训诂儒学的重要性。如此，则第五期的儒学建立在人的"本源自觉（先秦）""政治教化（两汉）""理气互动（宋明）""文本征订（清民）"等反思认识之上，所要追求的是系统直觉、多元一体、心物合一、德智贯通等方面的理解儒学和信仰儒学，最好能达到一个理解与信仰充分配合的整体思想。应该说是不偏不倚，惟精惟一，从用中道，实现中庸所说的"致广大而尽精微，极高明而道中庸"。一个儒者则是追求一个知通万物而道济天下的理想，自然趋向一个所谓内圣外王的主客相应的生活境界。当然，这个理想和这个境界也是具有创造性的，可以面对各种变化，也必须适应各种环境。今天的世界不同于过去的世界，有其自身的问题，自然的宇宙也有其周期性的变化，受人类文化影响的生态反馈，因此我们也不能够用一种绝对论的立场来看待，而要允许创造性地发展，随机适应，维护可持续性的发展。我这个"五期"说的认识，使人更能重视儒学及其背景的潜力，也允许外在文化系统的挑战，把人所具有的潜力以及它能够发挥的责任感发挥到最高点。我认为这也是现代新儒家所必须认识到的历史处境以及它未来发展的生命意义和时代使命。

牟宗三的"三期说"之外，另有李泽厚的"四期说"①。李泽厚其实同意我的前三期的说法，却对清代训诂之学不做肯定。因为他没有看到训诂考证所涵摄的儒学意义。孔子自谓："我非生而知之

---

① 李泽厚：《说儒学四期》，上海译文出版社 2012 年版。

者，好古，敏以求之者也。"（《论语·述而》）又说："述而不作，信而好古，窃比于我老彭。"（《论语·述而》）他必然相信古史的真实性，也重视客观的事实，从事实中肯定人的学习能力和客观认知。所以导向《大学》所说的"格物致知"，以其作为诚意正心修身的起点和基础。后来儒家的发展也许更凸显出道德感情与实践精神。但重知以求智的理性精神，仍然是儒家一个重大的传统，见之于荀子。后来朱熹和王阳明基本上也都肯定了儒家的求智精神和知行合一的修身方法。明代后期，心学后生却罔顾真知实学，只求一时观感，大谈"现成良知"，事实上，已经偏离了古典儒学的重知主义，汉代经学也逐步为纬学所侵蚀。

进入清代，传统学者固然受到清朝统治者的压抑，不能发挥儒学精神，却利用环境，从事儒学经典的整理与注疏，发展了一套考证训诂之学。其目的在寻求真实，无可厚非。如果学者能够从考证文献进入到发展儒道，也是顺理成章之事。戴震提出"识字"而后"通道"，"由字以通其词，由词以通其道"（《七经小记·训诂篇》），很难表达训诂与发扬儒学的关联。由此可见，清代的考证训诂之学也可以是儒家所重视的方法学的一部分，与以后儒学的发展是有密切关系的。这也见之于明末三大家的写作风格，重实学不尚空谈，如王船山、黄宗羲、颜渊等人所表述。因此，我说的第四期可以说是存在的。有了这四期的成果，我们才能谈到第五期的精华发展，体现一个多元一体的儒学的体系的可能。李泽厚直接从前三期跳到第四期，对历史发展曲折的哲学含义并未能细致地把握。但他做出未来儒学的整体多元发展的愿景，却是我可以接受的，他对第三期儒学发展的批评我也能接受。

事实上，他的批评是极为诚恳的。同时也点出来一个重大的问题，即是儒学的实践不可能恢复到古典的形式，而往往只是空洞杂乱，可说并无儒学的任何价值。何以故？李泽厚并没有直接回答，但从他列举各种学术的发展来看，中国社会已经进入一个非实践的个人主义、自由主义或后现代主义的处境。纯粹儒学的道德实践事实上是不可能的，因此只能是虚伪的、空洞的。这当然是现代性的问题。我在更早的文章里面讨论过中国哲学的现代化问题，也讨论过现代性与后现代性问题。儒家要求一个整体的人在一个整体的社会当中，体现他的道德世界而维护社会的和谐与秩序。在古代政治与法律、伦理与宗教彼此统合的情况下，儒家的道德不但需要，而且必要。但进入现代社会，由于西方科学知识与科学主义的影响，所有的社会组织与关系都丧失其传统的意义而成为法律和权力统治的对象。个人只能有维护公共道德的责任，而并没有必须把自己道德完美化的义务。

事实上，所谓道德完美化在现代化中很难有一个传统的意义，而必须相对于政治制度和社会价值来确定。五四运动打倒儒家，就是这样一个变革的开始，是历史现代化的结果。

现代化与西方化有密切的关系，但我们说的现代化应该是一个更为普遍的名词，不等于西方化，因为西方化也是现代化的一部分。它所代表的是公共理性的权威和个人权利的独立性的肯定。李泽厚也因此借题发挥，把西方现代各种理论进入中国的影响和意义加以阐述，对马克思主义的经济学以及后现代主义的个人空虚主义大加发挥。他的重点有两方面。一方面是政治统治是其根本意义，因为并没有一个理想的代表性，儒学的理想主义也不复存在。因此他要告别革命，因为革命与改革已无现代意义了。另一方面他认为，儒家的做人风格仍有现实的人生意义，可以和马克思主义相辅而行，发挥他"西体中用"的想法。李泽厚这样的推断却有很多问题，我在此不拟细加讨论，只想指出儒学的基本发展是自然人发挥其本质的品质所使然，并非全然是环境的影响所致。因此作为人，仍然可以从儒学中获得一种终极的安顿和寄托。这是先秦儒学所强调的。至于政治儒学所面临的国家制度问题，显然不会走向虚无主义，而必须与其他国家平行竞争，以实现一个理想的社会组织，而马克思主义也不一定是一成不变的。马克思主义中国化，甚至于儒学化，其目的就是在适应中国社会的历史性和文化性。但由于科学的昌盛和带来的好处，发展现代科学可以说是一个合理的影响，也是一个健康生活基本的保障。因此，在古典儒学人性向善学说的基础上大力发展科学，以改进人类生活，也是极为自然之事。至于面对国际竞争，积极发展经济与工业，积极筹划公平制度，马克思主义的参与精神和行动精神也可以成为中国文化发展的一大因素。因此，我主张的"中西马"的三结合应该比李泽厚的单纯的"儒马"融合要更为实际和实用。这就是我主张的第五个阶段可以做的工作。至于杜威的实用主义是否与中国儒学的实践精神相匹配，我对此并无任何赞许。事实上，我认为杜威的实用主义只是工具性的，很容易流入以人为工具的生活态度。我反而觉得康德的责任伦理学与儒家的德性伦理学能够有更好的配合和融合，一主内一主外，正是仁义互通的一个方式。当然，李泽厚并没有看到这一点，对安乐哲的认同也无真正的根据和理由。

1985 年回国之后面临最大的挑战是实际理解中国传统如何现代化以及世界化的问题，但我发现问题更是现代化的问题，而不是世界化的问题。国内有许多学者把现代化看成西方化，反对西方化就自然涉及对现代化的质疑。当然，没有人会反对中国的科技发展和工业，但对生活的方式、价值的认识和管理的方法却不一定非学习西方不可。传统的中国方式可能也需要改进，使其合乎科学合理化的要求。但这里所谓的科学合理化也不是单纯的科学，而是强调效率、健康、简明，重视时间，重视社会道德，遵从公共秩序。其实这些都是有关生活的道德和生活的美感的改进问题。西方人的方法可以作为参考，但合乎中国人需要的规则还是要自我建立起来。这才是一个非西方化的现代化的意义。这些规则也可以看成一种理性化的具体内容，现代化就是更理性的生活，有利于个人、社会与国家的发展。这些细节也需要深入地讨论，因为它们可以从一些基本原则引申出来，而这些基本原则都可以在中国文化传统中找到而为其精华。文化的精华是要去积极发掘的，正像文化的糟粕部分需要积极地去铲除一样。

有了这样一种中国文化现代化的理念，也许我们可以发现中国文化的基本原理是和西方现代化的基本原理一样，都可以看成人类理性改进生活、充实生活的基本价值。由于西方文化的现代化有其偏向科学主义的趋势，中国文化的现代化显然更趋向人文，而且更能体现人性的整体愿望，不局限于某一阶层或某一个人。因此，中国现代化更加开放和包容，更能适合于人类全体。因此从现代化可以推演到世界化的需要和可能，一个世界化的文化必然是更多人类追求和安详的文化体系，能够给予人更多的精神自由和生命价值，包含生活的平稳和幸福。对这个课题的探讨，在 20 世纪 90 年代的中国并没有提出来。但当时中国已经面对美国所提出的全球化的命题。作为西方的概念，全球化是以西方发达国家经济贸易合作为主题的。而发展中国家也愿意加入，希望能获得一份利益，但必须提供廉价的劳力。中国争取加入美国主导的世贸组织也抱着这样的观点，固然中国因此成为西方资本的工厂，但逐渐富有起来。可是西方的劳动市场反而反对，这是西方劳动力的观点。但美国企业获取的利益，却成为西方遏制中国发展的手段。

因此，这样一种世界化是大有问题的。我提到的世界化并不在于全球经济化，而在于全球人文化，以促进人类各方面的沟通和合作为目标，以期达到一个全球化的世界和谐的人类生命共同体。现在美式的经济全球化达到了它自身的目的，却没有解决人类和平共存的问题，反而造成了中美利害矛盾的对立关系。中国企业从世贸组织得到发展的机会，其成功却是省吃省用的大众劳力逐步集成的，当然也有中国政府的明智决策，向西方学习和吸收知识和技术，走向独立的经济发展系统。从这二十多年来的西方全球化的趋势看来，中国也提出来一个文化与经济共同发展的全球化模式，见之于"一带一路"的计划，其目的在于发展经济的同时也发展文化交流，这可以体现我所说的中国文化的世界化，不同于西方提出的全球化。

上面提到的现代化和世界化，涉及一个人的本体的问题。人为什么要从个体走向社会，人的社会为什么要现代化和世界化，必然是因为现代化涉及人的需要和人的生命的动力。此处也让我想起李泽厚提到人的本体为情，他说的"情"是比较广泛的，可能也包含"理"的概念在内。如果如此，我宁可用"情理"两字加以表达，也就是人的存在与生活合乎情理，不能只是合乎"情"而已，不能只是从经验的考察而来。这是一个人基本的反思的自觉。但李泽厚在他的生命晚期只强调了"情"的重要，而很少涉及"理"的发挥。从儒家来看，人的德性是情也是理，不能只是情。如果情是情绪和情感，作为心理状态，更容易与人的生理欲望结合在一起。因此说人的"情本体"很可能融入到欲念之中，而非超越欲念，力求公平和公正。当然我们也可以把情当作生命之本，但这个生命之本的情一定包含着理的自觉和意志的决策能力。这在康德和朱熹都很明显地表露出来。在西方哲学中，有以"感受"（feeling）为基础的，如怀特海，但感受不等于中国的情。西方也有以"欲望"为基础的，如弗洛伊德。但我不知道李泽厚偏向于哪一派西方哲学和心理学。就中国哲学的实际而论，他的"情本体"说法是不能自圆其说的，更非建立中国文化本体所能采纳。

为了中国社会的现代化以及中国文化的世界化，我提出的易学的管理哲学是针对现代化的，而我提出的诠释体系却是针对世界化的。中国要在世界上发展，必须要自立而立人，自达而达人。自立之道需要管理哲学自我管理，必须有一套完善的管理哲学思想，既有本体论的基础，也有知识论的方法，更有道德哲学的修养功夫。在立人与达人方面，则需要理解他者，与他者沟通，认识到他者的多样性，同时也能够建立自我和他者的共识以及终极的共同生命目标。这是诠释他者必须考虑到的重要方面。

一个族群可以超越自身的历史，也可以从自身的历史中获得正面的教训，而不是为自身的历史套牢，重复历史中人类的痛苦与悲剧。诠释的目的是理解一个文化传统的实际走向和它包含的理想方向，此一理想方向和人性的本体密切相连，也需要人与人之间、国与国之间彼此的相互鼓励与激励。

我深信人类的文化体系虽为多样，却可以彼此学习，相互补充，甚至走向相互包容，也可以看成彼此发展的资源和协助。一个民族的价值观当然是主观的，而与其他民族的价值观是相对的，但它是人类价值总体的一个部分，也是用理性的眼光来观察世界。中国文化的发展观基本上采取这样的态度，可以从梁漱溟的《东西方文化与哲学》一书里面看到一些端倪。但近代中国实际的发展，往往缺少与西方的沟通，或不重视与西方的沟通，因而导向西方的疑虑，则是可能的。当然，更重要的是西方已经是发达国家，它们要维持既得利益，以自我为中心，必须打击其他后来的发展者，也许更接近真实。如何打破这样的心理状态，更需要中国文化的宽厚精神与仁道主义。因此强调中国文化的世界化也具有时代的重大意义。另一方面，不幸的是，中国社会的现代化也形成一个问题，和西方现代化面临的问题可能大同小异，那就是人的道德价值的失落，而以科学的技术作为一切问题解决的手段。这一态度等于放弃了人的自我管理和自我开放的精神。这个通病使我看到人类面临的问题，我以之为人类的隐忧。如果人类只是自私自利，一切"向钱看"，不关怀生命，不重视生命整体性的品质，请问人类还有何等存在的价值？

从以上的分析可以看出，我的儒学五个阶段发展可说是有重大历史意义的，也构成一个现代儒学发展的实际工程。此一工程，不但整合了以前四期，也能结合新儒学的三代思想，追求一个儒学的精华的系统观，并就实际的个人和社会目的来逐步实现。这样才是儒学的复兴，以及因此而产生的中华文化复兴与中华民族的复兴。

儒学中的内圣外王之道在宋代张载有深刻的表明，他说："为天地立心，为生民立命，为往圣继绝学，为万世开太平。""为天地立心"是内圣，"为生命立命"是外王，"为往圣继绝学"是内圣，"为万世开太平"是外王。张载四句教是他对儒学研究的心得，倒不一定是自觉的对内圣外王的发挥。这又说明所谓内圣外王，一直在近代也有它实际的含义。一个人追求知识，希望行为有目标，能够实现价值，这是内圣的想法。至于如何利用环境，创造改善社会的条件，提高社会生活的品质，包含满足人们的基本需要和进行人的品格的提升，这都可以是很具体的事件。当然这不一定会妨碍个人的自由或个人独立的行事风格。因此所谓内圣外王，可以有一个普遍性的意义，就是充实自己能耐，建立影响力量。这本来就是生活的基本目标，并无本质上的问题。如果理解圣为内在完美，王为外在完美，为人所崇敬，以此作为生活目标也是很自然之事了。其实这就是经学，就是理学，也是心学。

古代与现代的差别在于形式，如果能够找到一个现代的形式来表达一个古代的智慧，这个表达仍然是具有说服力与影响力的。儒学的不断进展，固然一方面是面对新的处境和环境给予一个儒学的含义，另一方面却是寻找一个符合时代的形式来表达这个含义，使它为人所知，为人所理解，为人所接受。

儒学从孔子的仁义之说开始，后来认识到易传宇宙论的重要，因此必须把仁义的宇宙论意义彰显出来。这就是汉代董仲舒、王通等人所推动的汉代儒学，使它根植于易学的宇宙本体论。两汉之后，道学与佛学兴起，却逐渐受到儒学的洗礼，在形式与时间上有了很大的调整，终于发展成为中国道学与中国佛学，包含面对真实的禅学。道学与佛学受到儒学的诠释，就能自然地融入儒学之中，经过唐代的重新整理，直接发展成为宋明的理学。理学包含心学，但都以易学为终极的真实对象。不是易经的文本，而是易之所指。第四阶段的儒学，在面对如何接受和理解融合西方格致之学与理解之学，以此使儒学逐渐走向世界化时，保留儒学的精神，使儒学具有现代化的、世界化的形式。这是我说的儒学的创新的转化，其中有儒学的美学的转化、儒学道德学的转化以及儒学知识论的转化。中国是开放的文化整体，面临着西方文化的输入。科学和有关的技术依然有思想层面的冲突，类似于当时佛学传入中国，关键是要建立自己的哲学观和宇宙观，然后我们可以应对印度佛学，也是取经之后的再行转化，最后建立自己的哲学体系和信仰，适应自身文化的需要。

我肯定中国哲学独立的思考，之所以阐明中国哲学，是因为希望看到中国文化和民族的复兴。文化复兴和民族复兴不能只靠强国强兵，也不能只靠富国富民。这两种都很重要，但并非充分条件，必须在这两者的基础上面发扬哲学和文化。哲学与文化之间，我偏向于以哲学为主体，以文化为哲学的载体。当然，我也不否定文化可以孕育哲学，但是一个哲学不能不像一个婴儿一样诞生出来，慢慢自觉地发挥主动的力量，否则文化永远只是处在一个被动和潜在的状态，不能体现它自觉的主体性。有了哲学的主体，加上文化的孕育力量，则哲学推广文化，文化支撑哲学，层层相应，不断精进，生长其中的民族就可以生生不已，而且自强不息，永远立于不败之地。这就是我所谓的复兴。当然我说的哲学指的是一个文化中的主流思想，如易儒道。

现代新儒家是中国现代文化中的新生儿，它能否茁壮，不能只看一两代，而是要看长远的接班循环。因此，我们认识第一代、第二代甚至第三代的现代新儒学，只是在培养一个好的环境，让哲学的根基更为发展，产生良好的文化影响，必然惠及经济与科学。其实我并不质疑现代新儒家作为一个文化核心，并不妨碍哲学的种子可以多方面地开花结果。当然它都必须具有文化的胎记，即使是抽象的逻辑思想、实证的科学理论，或从西方接引过来的新理念、新观点，只要能够有利于中国哲学的发展，能够丰富中国的文化，而不是消沉或削弱中国哲学的传统，都可以成为中国文化复兴的一个发展力量或支持力量。从这个角度看，我也能接受儒释道三家并存的基本思想。我更强调中国哲学家对西方哲学的突出了解，不但可以用他山之石以攻错，而且能够激发中国哲学的创造力，融合西方和超越西方。这是我看到的中国哲学复兴之道，也是中国文化民族复兴之道。1985年研讨熊十力会议的重要性对我来说乃在于重新认识熊十力知其所长，见其所短，引发进一步的发展，而不可独断而封闭。我对第二期当代新儒家的发展也是抱着这样一种态度，对新兴的马克思主义研究抱有同样的态度，期待新的发展带来更好的中华文化和民族的复兴，使中华文化的传统对世界做出贡献，解决人类和平繁荣共存的问题。

1985年我回国之时，正是中华人民共和国励精图治的开始。当时学界逐渐开放，对世界的新事物，尤其对西方的学术特别感兴趣。中外学者也对中国文哲史的研究十分关注，一个中心的理念就是现代化。虽然学者对现代化的认识并不深刻，但能开始讨论是非常好的现象。我也提出现代性问题，把现代化看成对现代性的一个发挥。现代性则是人类文明从古典思想走向前现代性的一个新阶段，代表理性的逐渐启蒙。现代性之后有后现代性，后现代性之后有后—后现代性。但前现代性与后现代性之间则有前—后现代性。这些历史现代性的特征，由人类文明和文化的发展来确定，也与人的心性发展离不开关系。当然，这样的认识必然假设一套历史哲学，也必然假设人类文明和人类文化发展所必须遵循的一些客观与主观规则。这种规则不是物理学上的定律，却是和人的存在及其发展有密切的关系，必须在对历史深刻的反思和对人生的认识之上，才可能说得较为清楚。我并未提供一种精确的人类发展的历史哲学。事实上，这样一种哲学是不可能存在的。而且人类的历史发展也只是符合一些规律和规则的形态，而无法精确地量化。但从文化比较学来看，文化是一个生命体。一个人的生命发展过程，影响一个群体的发展过程，一个群体的发展过程也影响一个人的发展过程。个体与群体所遵从的外在性并不等同，却相关，这是要历史学家或思想史家来说明的。

我在描述现代性的基础上也谈到世界性的问题，同时也提倡在中国哲学现代化基础上的世界化，而不只是把一个中国古董推向一个古董市场。在北大讲学期间，我出版了《中国哲学的现代化与世界化》一书，是当时中国文化书院的汤一介先生特别要求与安排的。

在 1985 年回到北大讲学期间，汤一介先生所代表的中国文化书院掀起了中国文化热，是非常激励人心的。我作为导师，很高兴到不同院校进行演讲。当时梁漱溟先生仍在，精神矍铄，我和他有几次共同演讲。对他坚持的哲学主张，虽不同意，却很敬佩。后来我专程去拜访他，他送了我一幅字。但不幸由于搬家而丢失了，殊为可惜。

我注意到在 1985 年后，改革开放带来新风气，但也为社会败类提供了腐化和犯罪的机会。哲学家不是社会批评家，难以对社会的腐化现象提出具体的批评。但哲学家指出社会批评的重要性，促进人类的道德良心，显然是可以做到的。当然更重要的是，哲学家必须积极地从事文化价值的维护和重建，如孔子所说哲学家使人们能够自觉地发挥德性，重视社会的伦理关系，使人们产生自我尊重，行己有耻，则社会腐败的风气可以得到匡正。儒学强调"利义之辨"，认识利义之价值不同是一回事，重视义而摒弃利则是实践道德理性的基本要求。我们当前的社会非常需要哲学家对道德价值的阐述和倡导，而中国哲学的现代化必须理解为用理性处理各种迷失和错解，建立一个合乎道德与正义的正常社会价值观是何等重要。

孔子谈及治国之道：一是庶之，二是富之，三是教之。中国现代化的发展模式是先使一些人富起来，但如果富起来而没有好的教育，则对国家的富强和复兴并无实际的贡献。其实在富之与教之之间，教之也许比富之更为重要。只有教之才能持续地富，才能把富传递到全体，使国家走向富强之道。孔子说"富之而后教之"，也许有他的哲学深意。他认为人如果能够正常生活，自然而然地恢复人性的本善，那么所谓"教之"也就顺理成章了。中华民族是一个积极向上、孜孜不倦、勤奋的民族，孔子对人的信心就是对华夏民族的信心。孔子强调制度变革的重要性，认为礼制也是可以变革的。这表示人有天生的求善心理，改革就是求善，就是去恶，在这样一个背景下，我们就可以理解东南亚地区的经济发展和民智的提升。日韩也提供一些良好的例子。中国走上改革之道到今天的成功，并非偶然。这也不能不感谢中国文化中的哲学思想的提携启发作用。改革开放面向世界，用平等互惠和共商共赢的精神逐渐充实自己。中国是世界性的大国，不仅仅要追求中华民族的发展，还要关注世界的发展，这也是内存于儒家思想的。尤其在 2011 年以后，中国共产党领导人强调继承和发扬中国优秀传统文化，提倡文化自信，都可看作儒家哲学影响中国文化的最好例子。

在观察的基础上，我反思中国哲学及文化的价值。虽然中国经济发展的成果累累，但也不应无视这个阶段出现的负面事物，而要求一个更深的改革。我从小习惯于反思，在反思中找到错误的所在，也在反思中认识到改正的方向。生命所提出的问题就是我反思的结果，在反思中看到中国传统的优点，就在于中国哲学传统求真求善，从易学到诸子百家，突出了儒家与道家并非偶然，而是基于人生自我改造发展的认识，并由此建立一个基本的创造性的本体宇宙观，体现人的生命力和道德精神，更能帮助人类走向美好的未来。

时代需要新的哲学，也需要社会的文明精神。古典希腊的哲学传统是古希腊社会所需要的成熟精神，在近代，从笛卡尔开始，经过斯宾诺莎和莱布尼茨，然后到康德的批判理性主义与黑格尔的整体绝对精神，是西方现代化走向成熟的资本主义社会的驱动力和指标。这也可以说是西方哲学造就西方现代文化的最好例子。但这样一个社会是不是最好的社会，而造成它的存在的西方哲学是不是一个最好的哲学，却是值得去讨论的。19世纪以来，西方追求霸权，最后导向两次世界战争，这又说明西方哲学中的一些危险因素。它会造成文化的某种突出发展，甚至形成一种破坏人类和平繁荣的力量。因此，我们在说明哲学对文化的重要性之时，也要评价哲学本身的价值，哲学要能够真正地符合文化的需要。

我见证了中国20世纪90年代到21世纪的发展，尤其在经济的成功发展过程中体会到开放和改革对创造经济的重要。但中国早就走的是社会主义道路，自然有其历史的渊源，它与儒家的精神也是相互配合的。儒家强调仁义的重要，作为仁，就是整体和大众，而在一个群体社会中必须建立的公平原则，所以仁义很能配合中国社会主流的发展。但儒家也强调个人修养的重要性，以个人的发展来实现全体的发展，可视为一种发展的最好手段。如果社会主义的发展没有具有公心的领导者，则社会不可能有一个共同利益制度的建立，最后走向私心自用，把社会导向贫穷与落后。因此，作为领导者的人格的品质，必然要有道德的自觉和坚强的德性的修持，才能维护其为公创造的精神。

中国在改革开放40多年的发展中，逐渐形成一个现代国家，对世界的贡献也十分突出，取得了它应有的影响力和地位。这就更需要中国做全面性的发展和复兴，除政治、经济、军事外，哲学的智慧和信心一点也不能少。中国哲学同时必须具有知己知彼的精神，不但要理解自己的文化特色和长处，也要更进一步掌握西方文化重要的关键点。作为一个中国的企业家，如果不能善用中国的哲学传统，也就未必能够开拓中国的市场，更无法推广到世界他处，形成一个独立自主的跨国公司，发展自己的品牌。当然我这些叙述必须从我的哲学著作中去探讨，探讨的目的仍然是应用于现实。中国的现实一日千变，就以深圳的发展来看，一两个月就有新的面貌。因此必须配合新的政策、新的眼光、新的机会、新的可能性来尽力发挥公司的企业精神，最后必须落实在企业的基本功能之上。中国人应该自觉地参与并改善这个世界，这当然面临种种困境和挑战，需要去克服，如果能够实现将是对人类的重大贡献。但此一努力并非为了占有。道家及孔子的精神是"生而不有，为而不恃，长而不宰"，这就是一个内外在相互超越的精神状态。回归中国文化的哲学起点和原点，回归天地精神，就能体现生生不息的创造精神。这是易经哲学、儒学和道学的内核。从1985年回来这三十多年中，我的确认识到中国现代的状态，以及对现代化和回归文化原点的同时需要。我参加过许多会议，做了许多演讲，参与过许多文化活动，更特别感受到新儒学的创建需要找出从故国到世界的转折点。就我个人的体验而言，我创办国际儒学联合会是有一个世界文化和世界哲学的理想。

我在20世纪初被邀请到加州参加一次基督教有关生活信仰的会议。我发现在加州旧金山市以南的山区中有基督教的修士集团。他们继承中世纪的基督教苦行僧的传统，同时也开放地学习中国禅学的沉思传统，以充实与改进基督教只知祈祷不知其他的精神生活。中国禅学的"定思"（meditation by concentration or Samadhi）传统，不仅在加州流行，在欧洲也十分流行。可见西方人也能够客观地学习中国文化，而且能够加以应用。同样，为了丰富中国自身的传统，作为学者，也可以引用西方之长者以补自身之短者。总体而言，当代中国文化应该深刻理解西方传统哲学，以充实和激发自身的潜力。对学术而言，这也是消除文化冲突的一个基本方式。我曾组织会议并邀请亨廷顿，但他没有与会，不知道他是否为了避免对他理论的批评而不愿意参加。我的会议是在英文《中国哲学季刊》和夏威夷大学哲学研究所的名义下联合召开的，主题是"东西方的民主和正义"，旨在强调正义和民主同等重要，不再强调文明的冲突，是文明的融合与合作最终构造一个生命的共同体。我的思想强调和谐，2002 年由上海文艺出版社出版《创造和谐》一书，就强调和谐的辩证法，去处理世界化和现代化的问题。2017 年我的学生黄田园编写了我的易经战略思想，以我和他的名义出版了《〈易经〉文明观：从易学到国际政治新思维》（东方出版社）一书，也进一步地说明了我主张的和谐化辩证法和世界战略思想。

1991 年，《C 理论》在台湾出版，后来也在上海出版，最初是由大百科全书出版社出版，而后改为由东方出版社出版。在华东师范大学进行了为期一月的讲座，出版的书有《文化、伦理与管理——中国现代化的哲学省思》和《易学本体论》。

我关注中国文化和哲学的发展，当然也期待中国的经济取得更大的成功，中国综合国力有所提升。这也涉及我的"五力"理论的说法。美国政治学家约瑟夫·奈（Joseph Nye）倡导美国"软实力"的作用，配合美国"硬实力"来主导 21 世纪的世界。后来更提出"巧实力"（smart power）的运用。我在夏威夷的一个论坛上认识他，和他进行了有益的讨论。我提出来除了美国三个力量，中国还看重"道德力"和"自然力",和前面三力构成五力。我认为后两者和前三者一样重要,也许更为重要。后来北京大学在 2018 年暑期邀请我和约瑟夫·奈在北大进行对话,引起更多人的重视。总的来说,历史的发展是自然的发展,却是在上述五力之中相互角力、对撞、平衡和结合的过程中实现的。这也是现代化和世界化必须面对的方向和实质问题。中国把中国现代化的成功归之于马克思主义的中国化,但这个马克思主义的中国化也是中国哲学智慧积极实现的成果。中国要面对西方的挑战,维护中国的主权和领土,不能没有结合传统与现代的战略思想。这也是结合中外古今思想的一个自然结果。其中的关键在回归本源、整合资源、适应环境、开拓未来。我强调认识中国古老《易经》的哲学,就在坚持不断创造、不断生发的积极主动思想。

1987 年在山东大学召开的国际周易学术讨论会有三百多人参加,刘大钧邀请我作为主讲。我明确说明我自身感受到的《易经》的力量,认知《易经》的宇宙观和生命观,以之为变化之学,也是天地精神之学,更是生生不已的生命之学。在历史上,我看到日本脱亚入欧,固然一时取得霸权,却造成日本内外不协调的心理负担。中华民族的复兴是内外一贯的,不能放弃自我的文化去建立一个虚假的人格,而是要与天地同在的,创发宇宙内在生命力。这是我对天人合一的体验和感受。历史并未过去,天地历久常新。所谓阴阳变化,都是生机和创造的机制,因此也是再造与复兴的枢纽。易学的这种天地之道,已深入中国人的心灵,显现在天人合一和道心合一的哲学意识与智慧之中。天人合一就是道心合一,首先体现在《尚书》的回忆中,再度出现在《易经》的思考中,最终被孔子自觉地肯定为"仁智合一"以及孟子提出的"仁义合一",强调了人类之间的平等对待与和平互惠,更提出"己所不欲,勿施于人""己欲立而立人,己欲达而达人"的至善格言。

言及中国哲学的开始，就要说到易学的开始和发展，要认识到儒学和道家哲学是易学发展的两种形式。这一点过去较少提及，但必须把要点说出来。今人习惯"诸子百家"的说法，认为儒道并行，甚至认为道家发展早于儒家。其实儒道都必须以《易经》为起点，而儒与道之间，则儒的提出应该更早于道。这是因为中国哲学的起点是《易经》。易学建立之后引申出儒家的思维方式，然后激发出道家的思维方式。中国哲学是易儒道的哲学，这是其核心所在。此一核心，用老子的话来说是"虚而不屈，动而愈出"，并不是说看不见就不存在，而看不见的物却含有丰富的生命力，更有无穷的生命空间。现代科学提出看不见的物质叫作暗物质、暗能量，而整个宇宙所具有的实际能量也只是暗物质、暗能量的十分之一而已。宇宙的奥秘在生生不已。大爆炸理论作为宇宙的科学理论体系，必须假设大爆炸之前宇宙是一个黑洞。黑洞具有两面性，一面是能量的消失，另一面是能量的汇聚，并不是能量消失不见宇宙就变成了空洞，事实上宇宙具有生生不息的能量。这种存在体现了中国哲学所谓的"有无相生"和"生生不息"，进一步说明了宇宙"太极而无极"的深刻关系，并以此来显现宇宙发生的原理。

　　从《易传》到宋明理学，董仲舒、张载、二程、朱熹等都显示了创新的宇宙观，这个宇宙具有生命力。谈及如何建立易儒道三位一体的关系，首先必须肯定"易"是本源具有创造力，能超越于无而成为有，并达到生生不息的状态。宇宙处在变化莫测的状态中，汉代郑玄有"三易"之说，至我提出"五易"之说才渐趋明晰和完整。关于这一点，我在前面已经论述。

　　宇宙的本质是"一阴一阳之谓道"，价值论是美善，主要以羊大为美，以万物平等互惠的发展为仁义之道。这是中华民族的宇宙共识。在语言体系形成之前，就以阴阳符号为沟通方式而形成符号体系，二进位的应用也成为可能。易传所谓"太极生两仪，两仪生四象，四象生八卦"，就呈现出一个不断兴起和发展的宇宙现实。老子说的"一生二，二生三，三生万物"，与易传的宇宙发生论相互呼应。作为华夏民族最根本的本体宇宙观，此一符号体系有非常现实的作用，可以用来观测未来，做出决策。这种应用历久而不衰，一直保留到现在。与一个真实世界的认识，可以通过这个易道符号体系来实现。而对人的自我理解，正如孔子在马王堆帛书《要篇》所说，乃在符号决策中观其"德义"。这表明人在一个处境中就能够建立其内在的认识和信念，作为行为的指标。儒家结合内外的精神于此表露无遗。一部卜筮之书也就变成一部"知道"之书，以此显示宇宙的生态和自我适应的状态。这当然和道家主张回归自然，清静而无为是不同调的，却不妨碍两者来自同一个根源《易经》。

西方有基督教文明，中国宇宙论中的精神的广度、高度和深度其实不亚于基督教。我们首先要对中国文化有所肯定。西方的基督教学者曾经批评过中国文化是无神论，认为有神论要比中国文化的无神论高明。但我们必须说，首先神的存在与证明就是个问题，因为没有根据。中国文化采取一个开阔的宇宙观，是仁爱万物为行为的准则，同时也显示出"天人合一"的本体宇宙观，把精神和神性体现在一个创造不已的活动之中。《易传》中说："夫大人者，与天地合其德，与日月合其明，与四时合其序，与鬼神合其吉凶。先天而天弗违，后天而奉天时。"这种大公无私的人性情怀是重要的体验，将天地人视为一体。这也说明了中国在历史上从不进行侵略战争，因为儒家的伦理强调"己所不欲，勿施于人"，更何况"天人合一"也蕴含着人和人之间的平等互惠。

关于中国历史的年代问题，我曾经提出"三重证据法"的说法，比王国维所提出的"两重证据法"还多一重。王国维主张地下文物和地上记录，两者交叉才能把握历史的真实性。但是二者要有协调，地上地下的资料不能冲突，还要受到检视及科学论证。要有一些假设性的论点去说明地上地下文物存在以及二者黏合的意义性，这是第三重证据的要点。简言之，第三重证据在利用"充足理由原理"（Principle of Sufficient Reason），以此来说明时间和存在的前因后果。举例来说，我们发掘出商代的甲骨文资料，我们也看到后来史学家提出的甲骨文记录。但甲骨文作为文字，必然有一个开始点。甲骨文本身的成熟程度，更需要一个发展的过程。因此，假设甲骨文开始于史前世纪的黄帝，也是合理的推演，更何况后面有黄帝时代仓颉造字的传说。再如前人怀疑炎黄尧舜禹的存在，甚至认为禹只是一个大虫。这都是不知道应用三重证据来理解历史，而用一种最原始的表象联想来推测禹的存在。这是很不合理的。总之，对于古代历史，我们要从实际记录中做出最佳的假设，然后进行理论建设，再力求经验求证。总之，我们不应该把传说中的历史故事看成神话，而是要从神话中找寻历史的真实。中国的哲学发展不能受到历史的限制，而是要对历史和社会进行智慧的理解和诠释。

总结：归国后学术影响综论

2016 年 12 月，我荣获中国中央电视台主持的第五届"中华之光——传播中华文化年度人物"年度人物奖。[①] 2018 年 12 月，凤凰网给我颁发了 2017 年海外影响力最佳奖[②]。从我 1985 年回国，在国内与海外的确做了一些推动中国哲学与文化现代化和世界化的工作。在海外的影响可以说是世界性的，因为我在 1973 年创立了英文《中国哲学季刊》，发行于全世界，迄今已经有半个世纪之久。而我创办的国际中国哲学会则吸引了美洲、大洋洲、欧洲和亚洲各地区名校的学者会员，提升了对中国哲学的认识。更重要的是，界定了"中国哲学"（Chinese philosophy）这个概念，使它突出于中国思想史与文化史之上，突显了中国文化的特色和其历史上的成就以及未来的潜力。至于后来创办国际易经学会，则突显了中国哲学的根源，使国内外学者有一个比较清晰的源头概念，确认与回答了过去模糊不定的中国哲学的来源问题，也为《易经》的哲学研究铺成了

[①] 颁奖辞：东方智慧，全球视野。中西兼治，古今互诠，成为第三代新儒家代表人物。创刊办会，传播中国声音，助力中华文明走向世界；潜心阔步，追求和合之道，拓展世界哲学包容空间。激扬文字，妙义探微，哲人风范，一代鸿儒。

[②] 见凤凰网《〈中国有范儿〉对话成中英：我在西方教哲学》，2018 - 12 - 13。

一条新路，即"本体诠释"的理解。至于国际儒学联合会的成立，是我回应这个时代儒家归向和定位的问题，也解除了中国儒学为他国所利用的危机，并取得一个世界性的中国历史发言权的地位。这些活动都发生在到我回到国内 30 年之间，这个时段也见证了现代中国最成功的突飞猛进。能贡献这些微薄之力，我这个海外赤子多少感到温馨。这些创设性的活动和我从事哲学的研究也许有其内在的关系，更与我早期在抗日战争中的成长过程有密切的关系。我属于的时代是中国受到最多欺凌的时代，从欧洲列强压迫中国到日本侵略中国，心中激发的悲愤和不平，我从小就深深体会。因此，一有机会能够为中国的发展做出贡献，我是自然而然地行动起来。因为我认为凡是西方人做的，中国人也能够做到。

我记得在华盛顿念书时代，我发现一般中国人不愿意在班上问问题，一方面是表达能力不佳，另一方面是心理上没有自信或者想不出问题。我当时就决定要克服这些困难，首先我要尽量听懂上课的教授讲些什么，有些什么不清楚或不完整的地方，甚至有些概念上的难解之处，就让它们在心中形成问题，就我的能力表达出来，要求教授回答。西方学生喜欢问问题，但不是每个问题都很恰当。但教学相长，任何相关问题都可以在课堂中提出。我接受这个挑战，只要有问题我就提出，而且一定要把问题问得恰到好处。这样一个态度形成习惯之后，我几乎每课必问。后来在美国或在欧洲开会，我也经常提出相关问题，增加讨论的气氛。我教课时和进行公开演讲时，都尽量要求和鼓励学生或听众提问。这样就把哲学的研究变得活跃起来，不再只是闭门式地写论文或权威式地发表论文。哲学就是公开的讨论，彼此的对话，平等的审视，相互的受益，这也可说是哲学思考的实践，是把哲学真正用在生活当中的一个重要前奏。我所谓的"知行合一"，其中"知"就需要一番新的考验，有了这番考验才能够安心地去行，而不只是盲目地去行。而所行也不止于行，也必须再引申到知。知而后明，则行而后达。

我在美国求学 5 年，教学与研究迄今已整整 60 年，从 1963 年到 2023 年。我基本上在夏威夷大学哲学系教课，除教授大学部学生外，也培养硕博士研究生。我的专业集中在西方当代哲学，如逻辑哲学、语言哲学、知识论、伦理学、科学哲学，后来也开设有关莱布尼茨、康德、黑格尔、海德格尔和伽达默尔的课程。在中国哲学方面，则把重心放在古典中国儒家哲学、易经哲学、中国禅宗哲学、宋明理学朱子王阳明，以及当代新儒学的发展。但我为了完整性，也曾开设过道家哲学和墨经哲学。在最近十年，我更开设了希腊哲学以及中西比较哲学，特别讲授西方的诠释哲学，并发展我自己的本体诠释哲学。在这 60 年中，我参与了众多的学术会议，其中一部分是在美国国内，另一部分则在欧洲和英国，有时也到澳大利亚、韩国与日本开会。从早期的知识论和形上学论题，逐渐进入中西比较哲学与中国儒家哲学及易经哲学的专业讨论。我的教学可能在 20 世纪 90 年代有一个转向，从中西哲学的比较到更关注中国哲学创造性的发展。事实上，我开始重视中国哲学的重建，从早期我说的分析地重建，到后来的诠释地重建。我也思考过中国哲学史和西方哲学史的问题，但我觉得在哲学与哲学史之间，哲学对我更为重要。但我把哲学史永远看成哲学发展的一个历史前提，却不是理论前提。历史中的哲学可以是理论的，它的作用也是面向理论的，而不导向历史的命题。

此处，我简单做一个分辨。如果我们把哲学史中的哲学系统和概念作为某一哲学家的成就，而不进行对此一系统或一概念理论的分析，指出其理论的成就或理论的缺陷，并进一步提出可能的补救方法。这是纯粹历史叙述的手段，是很多当代中国哲学学者走的路，也许可名之为"经典诠释与考证"，却不能彰显哲学中真实存在的意义及其优劣所在。以此作为衡量当代中国大陆知名的哲学学者的研究，看得出来大多属于哲学史的解释和注解工作。严格地说，不应该和哲学思考混为一谈，其成就也非哲学自身的成就，而是哲学史探讨的成就。举例来说，现代新儒家熊十力、方东美、牟宗三、唐君毅以及冯友兰，都有创新的哲学思考，也都有哲学史的研究成就。但这些学人之后，年轻的一辈就很少有这样兼哲学创新与哲学史组合和分析的人才。其特点明显是以哲学史为主，并没有提出特别有意义的哲学命题。当然其中也有例外，我在此不做具体探究了。

1975 年，我创立国际中国哲学会，每年年会是和美国哲学学会同时举行，每两年召开一次国际会议。采取与不同国家与地区的知名大学进行合作的方式，不但把中国哲学带到不同地区与国家，同时也吸收了不同地区与国家的学者作为学会会员，鼓舞他们接受和学习中国哲学，对以后的发展具有很大的意义。第一届学会在康涅狄格州美田大学举行，当时与会者 30 人左右，但到第二届在乔治亚州的查理斯学院举办时，参与学者就已经超过 100 人了。这也说明中国哲学对当时美国学者产生潜在的吸引力。以后每两年举行一次，分别在加州大学圣地亚哥分校、夏威夷大学希洛校区，然后走出美洲，首先在德国的慕尼黑大学举行了第七届中国哲学会。该会得到德国阿德那基金会的支持，会期有 5 天之久。我从中国大陆邀请了 23 位资深学者和年轻学者参加，对中国哲学的发展有一定的冲击力。第八届会议在北京大学召开，与会学者包含大陆的老中青三代学者，对中国哲学意识有很大的提升。北京会议后，下一届是在台湾的政治大学，邀请了 30 多位大陆学者出席参加。这可能是两岸哲学学者最大的一次聚会。台湾地区会议之后，回到美国波士顿大学开会。后来又到韩国首尔的东国大学开会，再到瑞典首都斯德哥尔摩大学开会。北欧之会有它的特色，因为大会安排了北欧四国之行。从瑞典到丹麦到挪威再到芬兰，使与会的学者见识到北欧国家发展的状态。在芬兰，我看到一个露天广场讲台，其建筑是非常独特的。我相信北欧的许多学者第一次看到如此众多的中国学者，更加深他们对中国哲学研究的兴趣，并能把中国哲学和当前的生态哲学结合在一起。

2020 年，学会到瑞士首都开会，对瑞士走出汉学发展中国哲学起了重大的作用。2022 年 7 月在上海开会，开会人数到达 600 之多，不亚于一个世界哲学会议。我深信这是三年疫情之后一个中国哲学发展的高潮，主题也非常符合我的期待，即"从中国哲学到世界哲学"。当然，这个题目还需要发挥。因为所谓世界哲学，究竟具有什么样的本质和时代内涵，以及与中国哲学的内外在关系，是值得我们探讨的。我期待在今后 5 年内有更大的成就，让中国哲学成为世界哲学的主流。我很早就提倡中国哲学的现代化和世界化，现在国际中国哲学会已把中国哲学在世界上建立起来。但这并不意味西方哲学传统缺失其巨大的活动力和生命力，如何使其和中国哲学建立深刻的关联，必须依赖中国哲学家的持续的努力，以及对西方传统的关注和两者比较的深度发挥，融合中西哲学的基本范畴，在哲学的天地中发挥重大的创造力。

我在上海会议中的闭幕仪式上演讲，提出中国哲学具有的"天地之心"与"世界精神"，应该是整体人类突破自身传统，寻求共同之善的一个理想追求。2023 年英文《中国哲学季刊》庆祝 50 周年的创办历史，许多世界知名的哲学学者也都表示要撰文庆贺。他们并非中国哲学专业，可能也不真正理解中国哲学的现代课题。但他们对中国哲学的愿景和他们自身哲学传统的关联是有清楚的认知的，如此看来，中国哲学的世界化并非空谈，而能够具体地呈现出灿烂的果实。

我想发挥一下我创办英文《中国哲学季刊》与国际中国哲学会的目标与宗旨。我来自一个传统的中国家庭，受到儒家传统文化的熏陶。到我进入读书年龄，却又感受到新文化的自由价值观，对中国文化的价值反而有一种欣赏。当然这可说是透过后五四时代对中国文化的新评估而来。从"五四"的文学中看到中国传统文化中的各种陋习，社会上家庭与个人都受到传统礼教的束缚和意识形态的影响。社会人士往往依赖传统的权威生活下去，习惯的行为也掩藏着一个虚伪的人格，而丧失了求真、求新的活力，不追求其本质为何，道理何在。我进入大学，对这种中国社会人格的双重性有一种自然的厌恶。但作为抽象的中国，我又特别地维护，有时候连我自己也觉得奇怪。但我有一个解释，正因为我对整体的中国人有一个高贵尊严的向往，因此对个别的中国人就有一种批判性的审察，也能更深刻地看到中国人的现实的当前的各种缺陷。这也引申了我对中国哲学的另一种兴趣，即中国何以未能彰显中国哲学和历史上中国人的人格志气与道德勇气。中国文化的危机也在于个别的中国人对整体的中国文化的价值失去记忆与信心，而中国文化的生机则在于个别的中国人不忘记一个中国历史文化集体所表现的深层价值和道德理想。我在中国近代史中看到许多前辈学者积极力图改革自新，感到鼓舞。但要创造自新，更需要持续的反省能力和学习功夫，必须认识真相，必须克服困难，必须勇于尝试，必须坚定信心，必须深入分析、不断融合。这些认识，也是我自己对抽象整体和具体个人之间的矛盾的一种解除方法。

我决心创办英文《中国哲学季刊》，就面临到这些内在的心灵难题，必须一再克服，才终于抵于成。我创办英文《中国哲学季刊》，是建筑在对中国文化与哲学本质具有莫大的信心，也对中国哲学能为世界服务具有莫大的信心。我的信心分为三层。一是中国哲学能够实现人之为人的基本价值。二是中国哲学和西方哲学的差别只是传统认知诠释上的差别，而非终极价值上的差别。在终极价值上，中西哲学是互通和互补的。三是中国哲学思考必须尽量发挥，应该为世界所认知，并且取得认同，形成一个中西共同的善的理想，消弭战争，促进人类世界的和谐与和平。

1984年，我已邀请了汤一介和萧萐父出席国际哲学联合会。1985年我回中国大陆，首先感受到的就是中华文化学习复兴的势头已经开始，并参与了北大中国文化书院举办的教学活动。就改革开放早期而言，我强调中国哲学的独立性，并强调研究中国哲学的现代化方法，同时推动了中国哲学与中国文化的现代化发展。再进一步，我开始倡导易经哲学的研究。在1987年，在山东大学举办的国际易经学会，把《易经》当作哲学的研究对象，并提出《易经》是中国哲学的起点与基础，从经验观察和理念诠释来说明《易经》发展的过程，说明《易经》并非基于巫术，而是从一个广大的经验观察中构建一个宇宙创生的过程。我强调易学的本体概念乃是建立在经验观察的基础上，而非脱离现实的先验象数体系。而传统所谓象数也是从经验观察形成的理性建构，离不开具体的经验基础。这也说明《易经》发展预测的卜筮体系的原因。卜筮在描述未来的现象，是基于已有的经验知识所做出的决策。因此，易经符号体系的义理也并非先验，而是包含着对未来经验的展望。但要认识到这一点，就必须进行诠释的工作，对《易经》做出新的理解，也可以说是对易的诠释再做出诠释，形成一个抽象的符号意义体系。象数和义理不能分开认知，而必须在其相互引发的基础上认知，象和数不能分开，正如义和理不能分开一样，都统合在一个整体的经验反思之中，最后形成了"易有太极"的概念。

在《义理象数一体论》一文中，我曾提出《易经》属于中国，更属于世界，强调《易经》的本源性和世界性，把《易经》推向古老的史前时代，和中国的农业化的开始联系在一起。我甚至也构想了那一时代的文化特色，称之为"羊文化"时代，也就是从畜牧时代过渡到农耕时代所经历的羊文化时代。羊之为用在它能够在物质与精神层面都做出重大的贡献。羊的圈养从伏羲开始，使人得到观察自然的自由，同时也开启人类遵循天地变化的心理态度和行为模式。由于此，更建立了人的自觉。从现象观察中区分阴阳和五行的现象和功能，并从中看到理解与认识自然宇宙真相的可能，自然地也创造了自我认知的自觉，更有利于发展生产技术和生活品质，形成人整体的或个别的认识。我们可以把《易经》看成中国哲学的形上学基础和哲学智慧发展的源泉，对儒道哲学思想的形成显然产生了决定性的影响。

《易经》符号的创设和中国农业文化实践联系在一起是我的创意和洞见，我知道古代学者并没有提出这样的命题。至于把《易经》看成哲学，这则是我另一个洞见。把《易经》看成哲学的意义是，《易经》的符号体系所依附或包含的义理是与其象数一体的，同时也说明了象数与义理之间的互通关系。对于象数和义理的说明，必须归之于孔子的创见，见之于孔子所撰写的《易传》。过去古代学者对《易传》的发生并没有深刻的认识和说明，我在深刻理解经文和《易传》之后，立刻感受到《易传》是对经文的一个诠释，也就是在《易传》的本体宇宙哲学中，《易经》中的符号体系才具有它应有的义理和象数。因此我说《易传》是孔子对《易经》本文和其结构的诠释创造，这个诠释创造之所以成为可能，是因为孔子深读易经一书，熟悉古代农业社会而后产生的一种文化认识。同时也是一种哲学认识。其中，从象到数，从义到理，从象数到义理，都可以做出十分有逻辑性的也有充分理由的诠释和理解，并呈现了一个对宇宙变化真实的形象。这是我对"新易学"思考的基本内涵。从孔子以后《易经》之"象数"笼罩了整个两汉时期，到现代依然发挥作用。细节涉及未经验证的演算，但是不可能脱离义理，两者是内在相关的。这需要更细致的解说。象是形象，数是关系，义是意义，理是原理。从基本的层面而言，象数相关，义理相关，象数又和义理相关，彼此对应，融通成为一组可以解说的命题。基于孔子前半生的遭遇，他在后半生重新认识了占卜的重要性，并以之为预测的基础。孔子将"易"的占卜进行了改造，形成易理。由此找到了占卜传统的可能性结果，以之为自然宇宙信息的符号体系。

基于此，易学应是宇宙符号体系之学，必须从经验中选取相关的信息和图像，作为占卜结果预算的参考对象。卦象体系就是宇宙图像，但宇宙图像和现实的结合，就产生了相应的意义以及对未来的假设。因此占卜可以经过检验，得到印证。就看我们如何诠释这个占卜体系了。必须指出，对于认识的形成是直觉的观察并具有实践的意义。此一认识十分重要，也许在理论前提方面还未能够形式化。经过现代逻辑和数据系统的分析，我们可以自觉地把一些先设的条件说出来。在更早的时代，人们相信天命，对经验的发现都看成天子所命，而无需再经过经验的检验和诠释，因此就以之为先验的命题。传统对"河图洛书"的说法也基于此。但从我的"新易学"的观点，易学的图书也是需要再度从经验检查的，也必须考虑其可能的理性诠释。如此才能为所谓"先验"赋予一个经验的内涵，并给予易学的符号体系一个合理的形上学基础。

另一方面，占卜作为易学的应用有其合理性，这不代表凡事都要占卜，而是说占卜在需要之时发生了指导行为的作用。指导行为则要考量人的积极性和对环境认识的潜力与自觉，对报吉的卦爻辞去面对和计划未来，对报凶的卦爻辞则去磨砺自己。这都需要调动自身的力量或判断力，是代表个人意志和目标的行为。这样的认识，只有在长期的发展中才成为可能，这是《易经》的魅力所在。在历史上开始极早，经过长期的试错，最终成为可用的卦爻符号理解体系和决策系统。检视易学的发展，我们说中国文化有近万年的历史也不为过。

我在 20 世纪 80 年代后期及 90 年代前期大力提倡易学，使学界和民间都提升了对《易经》的认识，而不局限在传统的民俗用途。我想这也应该是我回到国内的一个重要贡献。在易经哲学研究方面，多年来我发表了不少英文论文。在中文方面，2006 年出版了《易学本体论》一书，此书在 2020 年扩充内容，再行出版为增订本。我对易学的现代应用重点放在管理哲学方面。此一新应用在管理学术与企业界产生了普遍和重大的影响，尤其在企业的发展之中，前面已经指出。我发展了易经的管理学，名为"C 理论"。至于国际儒学联合会的形成和发展，其作用在于整合了儒学的多面发展。但美中不足的是，尚不能直接地影响欧美的社会和大学研究学术。总言之，从 1987 年到 2007 年十年内，我看到儒学界的三个重大的变化：一是开始重视儒学的形上学问题，也对中国哲学中的知识传统有新的认识；二是发展了易学的管理学与企业精神，提出了易学的企业文化伦理和企业的创新；三是对儒学与政治哲学与科学有了更多比较的研究。

儒学本来是中国社会的核心价值，但进入现代对儒学的关心比不上对儒学的批判。我在 1985 年回到北京，参加儒学会议，就感到当代的学者对儒学大都持保留态度。1985 年以后，国家倾向于改革开放，对儒学也有重新评价的意思，却没有想到儒学的国际声望和社会的影响力。1987 年，在筑波大学会议中，日本人提倡组织儒学联盟运动。我注意到此一运动背后的野心，因而积极地争取中国文化的主权和儒学以中国为中心进行发展的重要性。总算中国政府接受了我的这个建议，把儒学的发展权拿回到国内，并肯定儒学作为中国文化现代化和世界化的一个动力。当时为政者也很明智，很快积极筹划成立国际儒学联合会，把儒学这个重大的历史传统作为中国的一个价值体系和精神资源表彰出来。当然这只是第一步，因为儒学的现代化和中国马克思主义的发展有一个深度的文化关系。如何厘清这个关系和整合这个关系，是中国当代哲学必须思考的问题。在 2011 年后的发展中，儒学和中国的文化产业逐渐受到国家重视，应该是一个好的现象。毕竟中国的现代化应该是中国传统的现代化，而不是摒弃传统。

2011 年在国际儒学联合会成立 18 周年纪念会上，习近平主席宣告中国共产党继承中国文化传统，对易学、儒学、道学的文化价值与生命智慧保持维护与发扬的态度。而且他是从官方立场来宣告这样一个态度，也是一个政策，这是一个明智的决定，令我特别高兴，也解开了我心中的谜团。那就是政治和文化毕竟还是有分别的，政治应该鼓励优秀传统文化的发展，才能更好地达到治国和安定社会的功效。一个国家也是一个文化团体，必然有其立国的精神。历史上儒学发挥了改良社会的精神，在汉代和宋代尤其明显。清代是必须进行社会改革的时代，但清政府颟顸无能，不但不早做改革的措施，可以说是对社会不负责任，甚至到了国家最危急的时候，仍然没有提出重大的改革措施。在改革中，历史的传统才能更新。没有这种改革，传统往往变成历史的负担和社会进步的阻碍。2011 年的文化继承宣告，并未排除法家，除儒家外也没有强调其他诸家。但我感觉到的基本态度是对诸子百家优秀传统的包涵性，这也是一个重要的洞见。

在这个基础上，习近平总书记提出建立文化自信等概念也就顺理成章了。作为当代中国人，不能没有对中国文化的历史意识和自信，也不能没有对中国历史的兴衰的基本认识。汲取失败的经验，继承成功的智慧，对中国的现代化和世界化来说也就有了双重的哲学基础了。

客观地说，儒学的文化生命力并未断绝，在近代处于潜伏状态，需要逐渐开发，可以提炼出自我管理与国家管理的智慧，也可以提炼出如何影响他国的正确态度。当然这都需要经过一个现代化的反思，必须以其他国家的个别例证来作为参考。我记得国际儒学联合会正式成立在 1993 年，那时正是邓小平提出经济改革的时期。大量自主化的国有企业和个人企业都需要学习管理的技能，尤其需要一套管理的哲学作为发展企业的基础。我提出易学的 C 理论，可说是针对文化复兴所开拓出来的理论工具，却建筑在诸子百家理论的实践之上，并以历史的具体案例作为标准。我在那一时期也应清华大学公共管理学院的邀请，开设了公共管理与管理哲学两门课程。同时在公共管理学院研究中心编写了一些中国历史中成功或失败的案例，可惜我无法完成当时的全面计划。在我回到夏威夷之前，交由该中心自行处理。

中国政治历史中的改革以及改革的理想，从三代中都可以找到一些十分典型的例证。《尚书》中《虞书》的《尧典》《舜典》《大禹谟》《皋陶谟》，《夏书》的《甘誓》，《商书》的《汤誓》《汤诰》《伊训》《盘庚》，《周书》的《洪范》《大诰》《酒诰》《召诰》《无逸》，都代表当时为政者改革的理想。春秋时代在周礼崩溃的过程中，诸侯国都在进行各种改革。事实上，必须改革以求生存。孔子的儒学可以说是全面性地改革哲学和改革理想，不但赋予古代的制度以新义，而且从直接经验中提出人性必须自觉修持德性的改革主张。道家则重视自然，其改革的主张甚至更为极端，要把人从理智和智巧的束缚中解放出来，走向自然无为。墨家则强调天下一家，兼相爱交相利，有一些乌托邦的思想。法家则更为实际，强调君主个人立法，法律前人人平等，一切赏罚以行为效能为判断。孔子晚年更提出理想的道德社会和圣人之礼。他作《春秋》一书，一褒一贬，使乱臣贼子惧。他也启发了弟子注解《春秋》写成三传，表彰改革思想，尤以《公羊传》为最。

《公羊传》中提出一个历史发展的理想过程，从据乱世到升平世，再到太平世，也就是从战乱进入小康，然后进入大同。这个三段式的发展，使人们对未来抱有理想，为改革者提供了一条发展的道路。国际儒学联合会理论上代表了现代中国文化中儒学的定位和内涵的使命，把儒学变成了一个动态的学问，不只在认知社会发展方面，而且在推动社会改革发挥了重大影响。一个附带的效果是中国中小企业的发展，尤其在长江三角洲方面，儒学对经济发展与管理都发挥了极大的作用。这种儒学用于现代企业的驱动和改革，被描述为"儒商精神"。中国现代企业的发展中，尤其是涉及个人的私有企业，都能够在儒商精神的影响下获得重大的成功。这里必须要说的是，我提出的"C理论"不但包含了儒商精神，更包含了易学精神。事实上在企业的推广中，易的重要性也许更为重要。儒商也是因为易的重要性而发挥动力，因此我提出"易商"的概念，举出中国近代史中"晋商"与"浙商"的成功都有易学的精神，能够随机变化而不离发展的原则，重视和谐而不放弃精益求精的坚持，更对新的事物有充分的注意。

我提倡儒学，仍然把它看成中国哲学的一个重要部分，只有中国哲学的全面发展，才能更好地自然地彰显儒学的价值。我在海外极力推动中国哲学学科的建立，经过近50年的努力，中国哲学在欧美也的确成为一个主要的学术科目，重要的欧美大学哲学系都有这样的课程。中国哲学的发展不但带动了儒学的研究，也带动了西方对诸子百家的研究，以及先秦以后中国哲学发展的研究，包括对现代的中国儒学以及有关的道家哲学，甚至中国禅学的研究。但明显比较欠缺的是中国马克思主义哲学，及其与传统中国哲学的关系的研究。关于后两者的问题的研究，在国内还没有形成气候，我想这仍然是在一个方兴未艾的阶段。

20世纪30年代以后，西方近代哲学有了科学哲学的发展方向，包括分析哲学和逻辑哲学的发展，同时还有后现代主义和存在哲学的发展，代表欧洲战后的对人类生命的反思，尤其以海德格尔为代表。我们需要了解这些西方文化的发展状态，我在讲学时也经常提起。在北大，我开过蒯因和伽达默尔哲学研究课程，把现代哲学的问题提出来，以及如何与中国哲学相关。我提出来对西方诠释学的理解以及发展一个中西通用的本体诠释学的必要，因此我主张中西哲学相互诠释，以建立中西哲学在理论上可以沟通的部分。其次我认为，蒯因的一些逻辑分析命题和伽达默尔对人的存在的知见，对中西两方都很实用。正如易学的本体宇宙观和儒家的德性伦理观，也能为西方哲学所受用。此一观点，经过我本体诠释学的发展，基本上应该已成为通识。当然，在我的倡导的观点之外，也有不同的其他观点，但是我总觉得不够系统化，也不能够聚焦于重要的问题，需要更深刻地发展。

2017 年，我在人民大学出版社出版了十卷本《成中英文集》，其中包含了我对本体诠释学的阐述，以及对儒家现代化的理论建构，希望我的观点能够发挥影响，对中国哲学的再发展和再创造能起到促进的作用。

总结我在国内教学的影响，可说体现在四个方向。其中易经哲学、管理哲学、儒家哲学和现代西方哲学的影响是广阔而多面的，并且从 1985 年到现在都始终在持续，并逐步整合起来，希望能够继续发挥作用并有丰硕的收获。就我主观的自我评价来说，我确定《易经》的历史地位和哲学定位应该是一个重要的学术发展。我重新发掘《易经》的内涵，并给予其哲学的诠释，确定《易经》为中国哲学和中国文化的源头活水。这是一个非常独特的认知，等于改写了中国哲学史和中国哲学的基本性质，是一个整体性的文化与哲学认知，对《易经》文本的解读也有深刻的意义。这自然是一个重大的学术贡献。

过去 35 年来，我深入中国院校做了难以胜数的演讲和发言。2019 年还有 6 个院校邀请我提出一系列的哲学演讲，但疫情已经开始，无法应命，只能回到夏威夷大学用网络和年轻的学者进行论述，但影响的冲击力也就无形减弱。在这段时期，我也注意到一些年轻哲学学者认知的热情有所消解，这可以说是在进步的发展中一个不幸的转折，但我仍然希望我所推动的哲学发展的动力能够逐渐恢复，使再生的一代有所皈依，并能够积极发挥才华，继续我个人所开辟的和向往的中国哲学复兴伟业。当然一代有一代的发展和影响。从1985年到2019年这30多年里，我承担了我自己的思想责任，也建立了我自己的历史使命。所遗憾者是我做的并不算多，最近几年本来有愿望可出一本《中国哲学简史》和《世界哲学发展史》，但我的大部分时间却必须用来先行完成我的两部英文的易经哲学著作，以及一部《理解之源：本体学与本体诠释学》，以及我的这本学术自传。我每天工作8小时，但由于身体过于劳累，不幸遭遇到心梗的袭击，我不得不放下工作，休养身体。如今，身体有所恢复，但工作效率远不如前。我仍然坚持自己的计划，先行完成两部英文易经哲学书稿，然后撰写学术自传的工作，不敢一日懈怠下来。

再总结回到中国大陆共37年的访学和教学，与大陆学者有非常亲切与广泛的交往，涵盖了老中青三代。老一代有胡适之先生，他是我在台湾大学时代见到的，到大陆之后则认识梁漱溟先生、季羡林先生、贺麟先生、洪谦先生等人，可以说是最早的一代。追溯到五四后的发展。中生代国内当时最好的哲学思想者，早期如汤一介先生、王元化先生、任继愈先生，晚期如方克立先生、赵吉惠先生与张立文先生。赵吉惠先生与我交往颇深，他热情好学，对出土资料特别熟悉，曾与我约定编纂一套有关儒学的出土资料读本。但他不幸早逝，这个计划也就流产了。关于新生的一代，则有郭齐勇、陈来、杨国荣、蔡方鹿以及更年轻一些的刘伟见、蔡芳贵等人，另有刘大钧、张顺江等人另成一格。我和他们相识，在大多数的情况下我和他们都有一些学术交流。如果把台湾和香港认识的一些当代儒学学者，如牟宗三、唐君毅、徐复观等人，也归入那个时代的认识者，我相信我可以对那个时代的学术风潮及其转变做出更为细致的说明。但我在此地却没有时间进行这样的工作。2002年，我出版了英文版《中国当代哲学》（*Contemporary Chinese Philosophy*）一书，对我认识的老中青哲学家有所概述和评价，受到中外学者的关注。

我经常思考现代中国哲学发展的情况如何，潜力何在。由于国内比较欠缺开放的哲学评价风气，一篇发表的哲学论文较少受到公开的讨论。事实上，发表论文的机制也比较欠缺透明的评价过程。因此很难确定一篇论文对哲学的发展有什么样重要的贡献。要理解国内哲学发展的状态，也许只能从老中青三代整体的比较来叙述。我回中国接触到的老一辈学者都具有一种批判传统，开辟新道路的壮志豪情，因此更能提出思想的结晶成果。这也可能是现代新儒学几个大家的共同特征，他们提出的都是有关中国哲学特色的基本命题，形成一家之言并自成体系。我对他们表示最大的敬意，也依循着哲学思考的途径，创建有关中国哲学的基本认识以及其基本价值，并以之与西方哲学媲美作为参考。

当代新儒家也影响了90后中国大陆哲学的发展，有很多年轻的学子有意识或无意识地认同或探讨当代新儒家的哲学体系。他们当然也提出来一些新的观点，如生活哲学、实用哲学等。更多的哲学学人则走回传统做学问的基本方式，钻研一个时代或一个哲学家的历史背景，或疏导其哲学观点或著作，逐渐呈现出一种诠释的方式，名之为"经典诠释"。所谓"经典诠释"，究其实际就是考证资料，做出有关的概念或观点的说明，一切以文本的解释为基础。当然这也假设了对作者著作"原义"的认识。所谓"原义"，也尽可能在文字训诂中寻找，并不着眼于整体哲学思考的系统要求。当然对哲学中的根本问题，如本体问题、存在问题、知识问题、价值问题等，并无自觉地分析和探讨。因此他们的成就是另一种成就，是探讨哲学史中学者的经典历史意义，而非哲学的系统概念。这些中生代的哲学学者可以说都是中国哲学历史专家，其成就是有关中国哲学历史的，专注过去，并不强调未来，更为重视历史事实，却避免深入抽象哲学问题的思辨。

这一代中生代学者代表他们所处的一个安定的时代，以做出四平八稳的论文为满足。我对他们的长处是欣赏和鼓励的，对他们漠视同时代和前人的成果，不能深入参考现代西方哲学的成就，就感觉到有种无奈。对于更年轻的一代，也就是中生代的学生辈。由于受到社会风气影响，不能沉下心来做学问，因之少有杰出的人才。这是我感到忧虑的。现在老一辈哲学家已经凋零，中生代的哲学家已经当家，成为全国名校哲学系的中坚。虽然他们的哲学风格与老一辈不一样，但他们的资质却是优秀的，有的更有一番奋斗的历史背景。但年轻一代的培养和发展却看不到突出的特色和发展的方向，似乎更呈现在中国哲学史的细节之中，重复古老的命题，而一时看不到新的气象。中生代的学者大半是我的学生辈，我也把他们当作朋友和同仁。但他们的学生我只能从他们发表的文字来理解，因此我对他们的评价可能有所隔阂。但我的确希望他们能够青出于蓝而胜于蓝，对于现代哲学界的一些哲学先辈有所继承，也能够开发新境，参与到世界哲学发展中。

我对中国哲学界的认识来自我和老中辈的交往，也有少数年轻辈能够有机会作为我的学生，还有一批年轻学者受我著作的影响，主动问学于我。中生代中，我最熟悉的是陈来和郭齐勇两位，他们都是 1985 年前后涌现出的优秀年轻学人。当时陈来已获得博士，郭齐勇也在撰写博士论文中。他们分别是北大汤一介的学生与武大萧萐父的学生，但陈来的博士论文导师是冯友兰先生。陈来和郭齐勇的成就在他们这一代是非常杰出的，可谓"名师出高徒"。与他们先后同时的是华东师范大学的杨国荣教授，杨国荣教授才华横溢，非常出名，对存在主义和形上学都提出了自己的见解，具有探索精神。另有潘德荣教授，他与杨国荣教授同为华东师大冯契教授的门生。他们也都上过我的比较哲学课程。潘德荣受我的影响去从事诠释学的研究，并到德国波鸿大学读博士。学成回国，把德国的诠释学翻译介绍到了国内。他并在我本体诠释学的影响下，积极发展他所谓的"德性诠释学"。直接受我影响的学生有两位。一位是华东师范大学博士生潘松，他的有关蒯因哲学的论文是我指导。另外一位学生是人民大学国学院的李元骏，他写有关汉代的象数易学，受到我的指导。还有一位向我执弟子礼的北京市社会科学院的刘伟见。他是一位从小就读十三经，并多年来在中国系统讲授十三经的具有深厚传统学问修养的学者。他在阳明学的知识论与功夫论的结合上有自己独特的学术贡献，区别于对阳明学只在概念层面的研究现状，将阳明心学修养融合了知识与功夫，形成了一套儒家传习的体系。他的易学研究也自成体系，首开解易经以大象入手，将六十四卦考证为简便易解的 64 个模型之风。2021 年他协助并促进我在国内为时半年的新易学讲座，目前他正在整理我的新易学书稿。近些年，刘伟见协助我主持北京中英书院的工作，2022 年以来，他与我轮流主持与评议了北京中英书院的名家学术公益讲座。我在中国讲学，不固定在一个学校，也不固定在一个时间。当时也没有特别想培育几个好的研究生，现在想来颇为惋惜。没有系统地参与一个哲学博士培养计划，事实上也是困难。因为我在美国教书，工作地点已经固定，也有自己的职责，无法分身。现在我已退休，可以回到中国，全面投入培养学生，虽然不知老之将至，但能够付出的精力就有限了。

年轻学者中，陈来专研朱熹，兼及阳明与王船山。对中国哲学史有深入的探讨，可说是一位哲学史家。郭齐勇则会心于新儒家熊十力，以他为博士研究专题。他也是一位中国哲学史家，编写了十卷本中国哲学通史系列。北大有一位逻辑教授名陈波，他也是我早期认识的年轻学者。他写过蒯因哲学的导论，后来专研逻辑吊诡问题。他专心攻克当代逻辑学家克里普克（Saul Kripke，1940—　），受到重视，他颇为自负。我鼓励他研究中国逻辑，但他只对荀子有兴趣。年轻的一辈还有从英国留学教书而后回国的姚新中，他是我在 2004 年在牛津大学做客座教授讲学时期认识的。那时我和家人住在牛津大学的"羊津学院"（Hertford）。姚新中早期编写儒家词典，请我撰稿。我同意为他写了宋明理学部分，但我一直没有见到他本人。我在牛津大学讲学时，他也在牛津大学做研究。认识我家人后，我经常请他到我的住处吃饭。他专研伦理学和政治哲学，我们可以谈的话题特别多。后来他就职伦敦大学国王学院，主持中国研究中心，特别请我为他开课。十年前他回到国内，担任人民大学哲学院院长，邀请我继续在人大哲学系讲座。他有较强的英国伦理学背景，可说是一个既有学问，又有眼光的当代哲学思考者。

我还有一些相关的回忆。我对北大张学智教授的明代思想史研究，王中江教授对出土道家文献资料有深刻的印象。五年前，我邀请北京研讨道家"恒先"概念的学者来夏威夷开会，才知道王中江对道家出土资料的研究成果。夏威夷之会是人民大学曹峰教授建议召开的，因为他专研"恒先"这个概念有很长一段时间。我邀请他们开会，也邀请了清华的廖名春教授等参与。最后把他们研究的成果在英文《中国哲学季刊》上发表，得到很好的回响。

其他年轻学者，包括陈卫平、童世骏也都很杰出。我在广东中山大学讲学期间，指导了一个博士生是黎红雷。他秉承我的管理哲学精神，发挥了儒家的管理哲学，后来更把儒学与儒商结合在一起，影响到广东等地的中小企业，很有成果。至于同一时代的早期学生，南京大学的樊和平，致力于伦理学的研究，也极有成就。后来他研究黑格尔哲学，为他发展的道德伦理学建立了一个精神哲学的基础。

在易学方面，我认识山东大学刘大钧教授甚早。他请我参加了1987年的国际周易学术讨论会，上面已经提起。后来也邀请我到山东大学讲学，并聘为荣誉教授。他办"周易研究中心"，出版《周易研究》双月刊（原为季刊）。与我交流最多，在易学研究上颇有成就。在近五年的发展中，我必须提出深圳大学的刘洪一教授。他写了一本具有寓言形式的跨文化传统的哲学智慧书，名为《两界书》。"两界"的含义颇为丰富，有时候善恶对比，有时候智慧互补。对个人人生以及集体的发展颇有启发力，尤其他结合希伯来的信仰智慧与中国传统的生命智慧，产生一种特殊的吸引力。后来我到深圳大学与他交往，对他个人的哲学思考能力颇为佩服，也让我更进一步地认识到当代中国有好几位希伯来文化研究专家。除了刘洪一教授，还有人民大学的杨慧林教授，以及在以色列国立大学特拉维夫大学教授犹太教律法的张平教授。这些都是我分别独立认识的。杨慧林教授深入研究基督教神学，张平教授年龄较轻，却对中世纪的犹太教拉比传统颇有研究，并从事翻译希伯来教的中世纪文典。二人都让我十分惊讶而又佩服中国人的多才多能，不只在自然科学，也在人文科学中，有人能够出类拔萃。有此等研究才华的学者，如果在中国哲学的领域中发展与创新，中国哲学的复兴也不是问题。但仍然回到我前面说的一句话，必须建立参考前人成果并标示来源，而进而发挥体制、集腋成裘、精益求精；不然，还是一盘闪亮的玉石，不能形成和继承长期的矿源。

总的来说，中国哲学的学术发展尚在进行过程之中，节奏会越来越快。但中国学界必须认知学者的贡献和影响何在，形成学术标准和学术定位。但另一方面，中国学术界仍然缺少东西两方的对话。这就需要一些学术团体和单位的鼓励。

因此我想就中国儒学的管理智慧，来和约瑟夫·奈的软实力理论进行一个对话。北大校方最后同意了这个安排。2018 年 10 月 21—22 日，我和约瑟夫·奈进行了两天的对话和讨论。参与的听众也十分踊跃。我提出我的"五力"理论来对应他的"三力"理论。但我也表示作为中国人，我们可以接受现代化的"三力"建设，因此，加上传统的儒学与道家，则成为"五力理论"。另一方面，我们可以看到双方各自的缺陷。美国缺少我的两力，而中国也未能完整地发展约瑟夫·奈说的三力。因此，中美的关系可能仍然是势均力敌，最后的胜算依赖于对于对方的吸收。这样一个结论，我想对学者和听众是具有启发性的，也使大家认识到中国传统儒道的当代意义何在。

1985 年回国后，我的哲学思想受到考验，但依然持续发展，30 年内作为当代新儒家哲学，具有特殊的继承性和开发性。这与中国的文化传统息息相关。在 1985 年回国之初，中国步入改革开放的时代。但此一政策有时显得模糊不定，有回转与反弹的可能，因此需要更深刻的安立之道。1989 年，中国政府接受了我在较早提出的成立国际儒学联合会的建议。此一联合会的成立，能够带来国际的新观感，也显示出中国社会具有灵活的历史传统精神，有放眼天下的视野眼光。这对国家建设是具有促进作用的。在这段时期，中国发展了社会主义市场经济和劳力就业市场，参加了世贸组织以及举办了世界奥运大会，都是此一精神的表露。因此，国际儒学联合会的成立是具有重大历史和时代意义的，代表中国能够成功地进入到国际社会。

我身居时代中心，在海外发展新儒学，结识一些同道。上承五四以来的现代新儒学与现代哲学，下开新一代的中国哲学研究。对已有的中国学术成就也能够看到其问题所在，如有关冯友兰的哲学史，英文翻译版比中文版更容易阅读，因为他的中文版引用原文，解释甚少，而翻译成英文版本身就是解释，这等于把解释的权利移交给翻译者了。中国大陆后期的儒学大多具有这个特点，显示出自身反思与诠释能力的薄弱，因而也就缺少有关的创见。冯友兰熟练地运用"理""气"之说，但对理气也没有更深入地发挥。他没有面对根本问题，只是抽象地提出"天地境界"与"生命精神"，对天之为天解释分别为不同天的含义：一是物质之天，二是主宰之天，三是命运之天，四是自然之天，五是义理之天。但这五种意义的关联是什么呢，却没有得到适当的说明。我觉得整体的体验很重要，其中的差别意识应该有所说明，同时还要指出天与西方的不同，也未提出相关的问题加以解决。

我坚持中国哲学应该认识易学作为其根本与泉源。如此理解儒家与道家，更兼及佛学与禅宗，最后也包含西学与科学，建立创造性的本体哲学和开拓性的宇宙观，以之来参与世界经济与社会，政治与文化的共同发展。不但可以提升中国哲学的现代性与世界性，同时也可以强化西方哲学的方法性和工具性，为我所用。这是一个更好地参与世界发展的方法，是更高层次的参与方法。

1997年，我在《中国哲学史》季刊上发表《本体与实践——牟宗三先生与康德哲学》一文，第一次对牟先生提出批评意见。牟先生提出道德心的无限性，以之为人存在之本体。但这种本体概念有两个缺陷：一是它未能包含客观世界的存在，而客观世界有其客观的本体。这两个本体是一还是二，成为一个根本问题。牟先生显然以客观的本体是自我主体的本体开发出来，这个开发必须采取一个"坎陷"的方法。事实上，说到"坎陷"，牟先生也未能做出详尽的说明，或者他以之等同于黑格尔的绝对精神的自我否定。因此他的道德的形上学就是黑格尔的"精神现象学"的翻版而已，并无特殊的优越性，学者对黑格尔的批评也适用于牟宗三。必须要说，一个真实意义的终极存在应该是同时是主体的也是客体的，道德的主观性和知识的客观性应该是同时存在的，而不是非此即彼、非彼即此。在这一点上，他缺乏易学的整体性眼光，也没有对道德形上学进行更深刻的定义。康德强调人的意志自由，从意志自由中产生道德的决策。但这个可能性或者可取性对康德而言，实际上包含了对上帝存在的假设。但在中国哲学中，一个本体的存在并不是对上帝的假设，而是必须直觉认识到的整体存在的创造力和生命力。

牟先生潜在地依持黑格尔，明显地采取康德哲学作为他思想的基本模型。但对两者的本体思想并未完全整合，而他的体系也自然悬置在一个空洞散漫的模糊抽象之中。牟宗三标榜道德的形上学，却缺乏一个逻辑的论证和诠释的认知。这是和康德完全不相应的地方。康德认为一个悬置的形上学不可能，但他却清楚地分析我们认知客观存在和自我的过程，以此诠释了世界存在的可能。牟宗三也没有回答康德有关"物自身"的问题，因为他不能把道德心当作认识宇宙的认识心。事实上在他的认识心理论中，并没有解决道德心的问题。这和康德在第一批判和第二批判中分别纯粹理性和实践理性的作用大不一样的。康德对人的理解，甚至也不限于第一批判和第二批判。康德认为人有自由的心灵，可以跳出认知与道德的范畴，去直接感受纯粹的经验世界，所呈现的意象与感受就是美。美兼具主体与客体，统一主体与客体。从这个意义上说，美和自由才是一切存在的本体。当然，牟宗三并没有这样的认识，他甚至也没有谈到美学的问题。知识与道德的范畴性都包含在语言之中，超越这些范畴，事实上也等于超越了语言。因此，美可以是难以用语言表达的一种纯粹经验。

自我本体与道德实践有密切的关系，道德行为必须有主体自我判断，而判断的理由不能只限于直觉或自然，必须涉及反思与知识，也必须依靠理性的思考。人类个体可以假设具有同等的反思与知识能力，同时也有同等的直觉和自然的动机。要彼此沟通就必须借助反思和认知，来进行整体的直觉，因此更符合一种自然性的表达。这也说明实践的重要性，因为实践可以经过判断，被说为具有共同动机或共同目标。自然的认同也彰显人类心灵与理性的一致，因此实践可以是共同的实践，也可以是个别实践的共同经验，具有彼此认同的基本能力，也可以说代表一种具体性的主体行为，或可称之为"主体相互间性的统合性"（integration among subjectivities and their relationships）。这也说明人的存在所依持的本体性可以是统一的，也是能够实现统一的。

牟先生囿于康德的思想模型，可能是受到当初熊十力希望找到中国自身知识论的原因的影响。但西方的知识论不可能是佛学的唯识论，而更是人的心性的发展。认识论中并无虚幻性和空无性，而只有认知真实性和对象性的实际经验。因此，对他的分析理解，也必须包含对真实对象的理解。牟先生避免了唯识论，却未能真正地掌握知识论，作为建构本体论的必要基础。

我到北京讲学，把我对本体论的思考提出。我不主张纯粹的客观本体，也不主张纯粹的主观本体。而所谓本体必然是主客合一的本体。这是我思考本体的基本方向，后来我提出人的存在十性论，强调主客合一，以及主体超融的思想，才对本体之为主客合一的本体有了更清楚的说明。这也帮助我对本体诠释学进行了更好的说明，因为诠释的可能是主体视野和客体意义的统一。任何一个诠释都具有创造本体的能量，同时它也是分解本体，呈现本体的方法。万物在变化之中，本体的活动和形象也在变化之中，基于本体对事件和文本的理解与诠释也在变化之中。我们对世界和自我的认识因此必须与时俱进，随时体现为新的存在，具有新的意义，也具有充分的创造力和充分的自由度。

2006年回到北京，我在北大做资深客座教授，并教授课程，费用由美国富布莱特基金支持。当时我特别关心当代中国哲学的发展前景，对儒学更有一个整体的社会实践计划，确信它能激活与复兴中国文化的各方面。计划中我把儒学和宗教区分开来，但确信儒学与道学之间的密切关系。我认为儒学发展易学中的人和人，以及个人和自己的关系，而道家则着重人与宇宙自然的关系，两者不相冲突，两者也都未建立一个有关人的文化的整体发展模型。因而我产生了一个以易的本体作为基础，说明整个中国哲学发展的基本想法。因此，历史上的中国哲学是那个时代具体生活情境所体现出来的人的生活世界和人与自然的生态关系。其基本目标都在实现人的潜力和完成人的生命价值，既有环境的多样性，也有历史的一致性。我特别想说明的是，中国文化中的哲学不受制于宗教，也非仰赖于科学与技术，更不以意识形态的控制为圭臬。我想对第三代新儒学的发展做一些系统化的整合工作，同时突显中国哲学深层的创发力和生命力。

如果儒家的理想状态符合现在自然的趋向，而生活的美感有时代和社会基础，儒家的文化体系必然产生两种社会形态：一是有效的生产活动经济，二是激励人心的政治组织活动。在这两种活动之上建立法律与道德的社会秩序，必能鼓舞人心，推动人力，走向一个合理开放、公平自由的社会状态，也就能够发挥一种世界性的示范作用，对促进人类的终极和谐和繁荣也就水到渠成了。牟宗三先生遵从康德，而康德对人类永久和平的设计基本上是儒学的，因为他对欧洲诸国的要求就是讲信修睦，不做阴谋，彼此沟通，允许多元文明的发展和相互支持与彼此惠益。当然，康德的理想到今天也没有实现。我们只能责怪人类还没有创造一个更好的现实环境，作为建立人类和平共存的基础与起点。

前面已说过我对当时哲学的老中青三代都很重视，希望看到一个不断扩展的创造之路，把中国哲学的美感、真实感、价值感以及道德感与和谐感充分地发挥出来。我感到中国可能进入一个新的启蒙时代，这个新的启蒙时代应该包含了西方文化所经历的几种意义：一是文艺复兴；二是宗教改革；三是理性启蒙；四是生产革命；五是世界文化自由沟通。这样一个时代应该不亚于中国的先秦诸子时代和希腊的古典哲学时代，但我却逐渐发现我太过分天真和理想化了。中国哲学的发展和中华文化的复兴，还必须面对更多的挑战。因为仍然有许多现实的问题不断干扰哲学发展的过程，这些现实问题涉及国内各方面的改革问题，更涉及世界族群不协调，国际关系不畅通，无法建立相对持久的和平的基本框架。有些问题甚至不在我的理解之中，我当时深信文化传统是可以相互沟通的，而且文化是人类和平的资源。1993年亨廷顿发表《文明冲突论》，我也写了长文强调"文化和谐"的理论，认为文化冲突中包含着利益冲突和国家主权冲突，因而能够产生战争。把文化交流沟通独立于经济利益和国家权威之外，并用于改善国与国的政治与经济关系这不仅是可能的，也是值得去争取的。

不幸的是，事实上文化的交流往往必须借助国家和政府的推动，而国与国的利益关系则往往把文化问题变质为政治对立问题，因此无法保证文化交流的畅通和自由，最后甚至把文化看成政治的工具，引申出人与人的不信任。这在中美的关系发展中特别鲜明。亨廷顿是政治现实主义者，与我作为文化理想主义者的立场是截然相反的。但他的文化冲突理论最后却成为司空见惯的世界格局的实际规划，他把美国和西方的文化看成普遍性，以区别别有特色的东方文化。他又把西方文化看成独特的文化典型，超越于其他文化形态之上，反证西方文化的超越性。这两种论证都是造成文化冲突的必然原因。我的文化和谐理论预设的开放性和人性的本善性，也就无法发挥其文化影响的作用了。当然我仍然相信人类存在的本质是善的追求，但历史的发展却显示人们以现实的利益和一己的生存欲望为终极目标，把人性的本体性也湮没了。当代新儒学在面对人类不同历史传统的多样性时，不能说服人类具有同样的原善潜力，也只能在人类文化多元性的发展中尽力维护人的本体的真实性，盼望人的本体自然性与价值理想性能够逐渐发挥作用，期待并努力使儒学的择善固执终究能改变人类的命运。

现代中国儒学的发展细节十分繁杂，古今的探讨也大有人在。《易经》方面甚至也克服了历史上的民间兴趣，强调生活的实用，却也是现代性的庸俗应用。江浙与广东一带，许多私人工商企业都以儒学文化作为号召，收到利益的效果。在儿童教育方面，讲究传统的理学很流行，更多的学者关注道德沦丧的社会风气。实际上，这些道德沦丧的个案和集体案件日出不穷，打开电视和微信，多是这方面的一些报道。在这一点上，儒学的道德建设还需要进一步发挥。但总的来说，我认为我们对儒学的终极的认识，必须有一个本体论和宇宙论的基础，才能够从人的生态中检验人的适应与发展状态，然后在基本教育实践中加以认知和改进。在教育本身，儒学的目的是完善人的品格，发展人的才能，以服务社会福利人群，也在于建立一个充满活力和自信的中国，来维护中国人的尊严与文化的价值观，促进世界的和平与繁荣。从这个儒学的发展来看，儒学作为哲学，在建立自我的本体精神，也在帮助他者建立理解和诠释的能力。人必须知己知彼，才能够发挥更好的沟通与互动作用。

现代中国人不但要理解现代中国的需要，也要理解其他文化体系的各种特质和偏向，其中包含对中国人的偏见和无知。要致力于消除他者对中国文化的偏见和无知，尊重中国人对世界做出贡献的愿望和努力。这都是现代中国人可以发展的方向，是传统哲学所没有发挥的地方，因此也就是现代儒家必须关注的新的时代问题。武汉大学邓晓芒教授对康德哲学的推动值得一提。他从康德公共理性的观点出发，对儒学中的保守主义与主观主义做出有意义的批评。

这可以说是一个新的思潮。儒学中的亲亲哲学与孝道主义有其特殊的文化和人生意义，是文化立法可以兼顾的。因为所谓法律，不应该离开文化与人性，重要的是如何拿捏其分寸，无过无不及。这点是邓晓芒的同侪郭齐勇教授特别强调的，我也十分同意。我认为两者并不矛盾，法律应该是通则，但亲亲伦理则允许其自身的作用，可以作为法律的补充和救济，或成为法律可以普遍认定的特例。从这些具体的问题中，我们可以看到一个批判性儒家哲学是需要的。我提倡的新儒学也应该是批判性的，儒学吸收历史的教训和西方制度的优点，却不能不保存自己的优点和精神。我想这样一种儒学的复兴是合理的，也是可取的，应该是儒学的新思，是同时与历史发展与马克思主义的思想相互融通的。

回顾在中国大陆近40年的教学经历，我感受到也肯定现代中国思潮的三大方向和三类成就。一是现代新儒家的发展，二是中国哲学史的发展。前者强调创新和哲学理论的结论，几乎所有对新儒家都有一些突出的哲学论述和命题，作为可以遵循的或可以应用的方法与理念。后者大多致力于对中国哲学史的整体的或阶段性的发展陈述，以突显中国哲学的基本特色。这个传统可以以胡适之和冯友兰为开创者，虽然冯友兰也可以有部分新儒家的认同。最近来看，突显这一传统的大陆学者应是陈来教授，其次就是郭齐勇教授。陈来教授有很好的哲学史训练，受惠于冯友兰。他从研究朱子开始，兼及王阳明研究和王船山研究，都着重在发掘他们哲学的真义，并借以说明他们的哲学研究方法和目标。当然也并非没有哲学理论的兴趣，他对"仁学本体"的思考虽然是基于朱熹的哲学进行发挥，却突显了我所强调的本体思想。第三类哲学的潮流就是马克思主义的研究。马克思主义的研究本来就是中国政治所关切的指导思想，比如很多大学设立了"马克思主义研究中心"，这种发展是有实际的重要性的，因为它重视中国现实的发展情境，以建立一个理想的社会为目标，来凸显中国社会主义的特色。这三个潮流目前是同时并存的，它们之间似乎也没有什么特别突显的冲突部分。只是从成果来看，第二个潮流可能最为流行。因为大陆的大学哲学系研究中国哲学基本从事哲学史的经典诠释，很少进行理论性的本体诠释。现代新儒学知名的就是原来的新儒学三代，而所谓第四代及第五代并不特别突出，但也不能否定在个别的大学里也出现了一些有才华的哲学思考者。刘伟见算是我见过的少有的具有儒家实践功夫的学者。也是极少数能在国外讲述儒家的学者。无疑山东大学是一个这样的平台，其他平台也可以在北京、上海或广州找到。也许要发展现代儒学，所需要的能量是很大的，不但要精通诸子百家，更要熟悉西方传统，可以说现代新儒家担当了儒学世界化的使命。

至于第三个潮流，目前最大的问题应该是如何把马克思主义和中国的传统组合起来，对今后中国哲学的发展能够产生一些积极的、创造性的影响。尤其在有关哲学理论和儒学的现代化方面，可以协同新儒家，发挥一些对中国传统和西方传统具有建设性的批评，促进中西传统的相互沟通，尤其在政治哲学涉及民主、自由、平等、公正、开明与开放等方面。

要平实地把中国哲学的精神结合起来，表达一个整体的直接体验是非常重要的。为此，我强调诠释学的研究是有其根本理由的。事实上，现代西方从存在主义走向哲学诠释学并非偶然，因为这涉及一个整体经验的体验和理解的问题。海德格尔重新思考人的存在，而伽达默尔则关注西方文化传统的主体意义，因而强调对历史文献和文本的重新理解。理解不同于认知，而是整体的认知，这属于认知的一部分。所谓整体的认知，涉及文本和作者，也涉及读者和读者的历史背景。因此，一个整体对历史传统或人的存在的认知，仍然需要一种整合，这就是伽达默尔所说的"诠释的理解"。我把诠释的理解所包含的范围更加扩大，不但有文化层次的理解，也涉及自然层次的理解，而科学的知识也包含其中。科学的知识开始于经验观察，具有一定的规律性，但科学的知识往往只是有限的物理现象，而我们体验的人的存在和文化却不一定都是物理性的现象，必须和物理现象结合在一起，形成一个新的意义的整合观点，方能更好地理解人的整体性与生态性。因此我提出"自然本体"和"人类本体"的融合，构成我所谓的"终极本体"的概念。我建立的"本体诠释学"，与伽达默尔的"哲学诠释学"有很大差别。他的所谓"哲学诠释学"，只是作者和读者意义或视野的融合，而我所说的"本体诠释学"，则涵盖对宇宙的终极理解和对人存在的终极理解，以及宇宙与人存在的相互关系与层次类别的理解。

此一经验，更应该反映在我们一般的生活之中，而不只是包含在一些历史的经典文本之中。我要求的不只是经验的整合，也要求读者或听者发自内心的真诚愿望与实际体验，代表人生命存在的基本精神。孟子说"反身而诚"，《易传》说"修辞立其诚"，都显示一种对终极的、真实的理解的要求，然后从此理解中展现一种概念的明晰化，这就是《中庸》所说的"诚则明矣，明则诚矣"。诚明的合一就代表这样一种终极的意义的统一，也代表一种整体存在的终极形象。这样的功夫不在于历史哲学史的阐述，也不在于策略性的规划，而是在于人的心灵深刻的反思和自觉，也许更显现在黑格尔的《精神现象学》的绝对精神之中，也投现在一个活生生的生活世界之内。

在建立中国现代哲学的过程中，如何结合西方哲学的体验，在中国还很少受到关注。现代的西方哲学包含最尖端的物理科学理论，如量子磁场理论和基本粒子理论，也包含极为抽象的数学研究和逻辑思考。两者都在蒯因哲学中体现出来。但在中国对此等感受未必十分明白，更未能掌握其细节。蒯因的哲学超越了传统的美国哲学以及 19 世纪以来的逻辑实证论，他以西方近代哲学从建立符号体系开始，进而发展数学与逻辑的统一系统，以之来解决所谓存在的问题，同时也建立一个"自然化的知识论"世界。他的看法是有创见性的，是对欧洲数理传统与英国经验传统进行根本性的融合，表现为他极为深刻的语言哲学思考。他的语言哲学是基于逻辑结构的分析而形成的潜在的一套意义符号，可以经过逻辑的分析，表现为逻辑的词句。而所谓意义，则等同于一个语言的命题而必须具有真假的真理词。当然，他把客观世界和主观世界分开，彰显一个相应客观世界而形成的主体意义世界，以语句为意义的单元。因此，任何语句可以还原为逻辑的形式，可以很清晰地看为具有真理值的命题。其实，由于逻辑理论所需要的逻辑运作符号，可以定义为逻辑的运作关系，甚至可消解于一个无此非彼的逻辑符号之中。

蒯因哲学有其十分着重的存有论命题，提出了"一切有"和"部分有"两个逻辑表述，因此能够提出一个存有论的对"存在的承诺原理"（Principle of Ontological Commitment）。以此原理，我们不但能够判断一个语句的真假值，而且能够显示一个存在的范畴、种类或个体。他用此来说明我们的日常语言是和科学语言相通的，只是在语言的用法上面有"永恒句"（eternal sentence）或"偶发句"（occasion sentence）的差别，表示真理值的确定与追求，是从时间的超越不超越方面来决定。但蒯因有他自己的局限，他想把一切都看成科学客观化的命题，但从心灵状态的理解，却无法跳出二元分离的困境。另外一点要指出的，如果一个最原始的逻辑符号是"非有无此"（Sheffer stroke），也就是"不全是即真"。此一逻辑符号的哲学含义并不见探讨，但它能让人联想到中国道家"无生有"的命题。

蒯因之前，哈佛大学哲学系有怀特海教授强调上帝和世界的对立统合，他一方面强调"有上帝就有世界，有世界就有上帝"，另一方面又强调"有上帝就无世界，有世界就无上帝"。一则世界与上帝并存，二则世界与上帝不可并存，显然像亨利·谢弗所说的"不全是即真"的逻辑符号。他的上帝相当于中国哲学的太极，也就是我说的终极本体。这个本体又是与世界相互循环的。但由于他没有生命发生的概念，他的《过程与实在》一书的哲学，先行假设了一个柏拉图主义世界。他把世界和一个假设的上帝的相互循环看成某一种创造性原理，可以说是一种外在化的创造性哲学。这和我认识到的中国哲学内在化的本体创造理论刚好相反，因此无法形成一个真实的本体世界。怀特海的哲学因此是一个二元论的世界，他的创生性原理可以参考，却需要加以补充。因此他的哲学和中国的易经哲学虽然可以比较，却没有更深刻的相同性，反而不如蒯因的哲学更为接近中国的易学。

中国大陆新一代的发展令人对其未来有所期待，目前第三代的当代新儒家哲学思考事实上只剩下我一个人在孤军奋斗。另一位从事思想史研究的第三代学者是杜维明。我和杜维明虽然认识很早，而且对儒学和中国哲学的一些问题抱有同样的兴趣，他实际上更看重儒学历史中的宗教传统，想从社会和宗教的观点来说明儒家的性向。但他确有中国哲学思考的兴趣，并在早期对《中庸》的宇宙观提出整体的洞见。然而他毕竟偏向于当代西方社会学家宗教理论和心理理论，对儒学的精神面貌徘徊在超越与内在之间。虽然从印度哲学中借用了精神人文的概念，却并没有形成更为系统的认识。我和他并未建立开放的对话关系，因为我的有关儒学的哲学论点和他的宗教论点有很大的分野，其实也是对宗教概念的分野，和西方学说引入中国的分野。

作为华夏民族大家庭的一分子，我无法想象中华民族分裂的最后结局。这对我来说是极为恐怖的景象，我对中华民族的向心力、创造力和生命力是有信心的，并相信她能从分裂中整合出来。更重要的是，一个族群不应该落入到分裂之中，而必须认同原始的统一性，以发挥群体性的求生能力和创生能力。因此，我特别强调易学时代中华民族凝聚成为一体的意识自觉。此一自觉，导向了中国历史中的理想时代。从伏羲、黄帝到尧舜，我们可以看到中国统一精神的生命性和理想性。此一时代导向另外一个文明更为丰盛的夏商周三代，我们有什么理由相信这样一个长远的凝聚的历史会导向分裂和混乱呢？

早期我的朋友刘述先同我一致，有对中国哲学进行整合的雄心壮志。基于方东美教授的影响，此一对中国原始精神的推动和发展，当然不妨碍我们对宋明理学进行诠释的整合。但不久以后，刘述先受到牟宗三先生的影响，认同牟先生"道德的形上学"和"坎陷"思想的理念，对朱子的解释也基本同意牟宗山先生的看法，把心学和理学分为两橛，这是令人难以理解的。

作为哲学的一个理念和精神，中国哲学可以被看成具有内在的整体的生命力，而且能够生生不息地发展创新。但这个生命力是理还是气还是理气统一的太极，却是可以深究。显然生命力可以兼具理和气，两者相互依存，形成一个阴阳互动的整体。这样就更好地说明了易学中的太极创化论的影响，以宇宙万物的创生为理气互动、有无相生、阴阳互补的结果。如此朱子的理学也就更有说服性，更可以看成继承了易学的创造精神。即使在朱子哲学中，理气存在并非统一体，但朱子肯定理生气，气生理，也可以说是对理气二元论的一种克服。这当然就避免了对朱子理解的困难。此一困难，是朱子自身一时的理解所引起的。他认为理只是一个"无情意、无计度、无造作"之物（《朱子语类·理气上》），又说"若理，则只是个净洁空阔底世界，无形迹"（《朱子文集·卷五十八》）。这样的描述是以一个心灵的灵明状态为对象，和生机益然的物质世界不相匹配，前者是一个静止的存在状态，而后者则是一个动态的变化世界。但从易经的宇宙本体论来说，两者可以同时并存并相互为用，因此两者的统一性也不是问题。但朱子并没有这样一个认识，反而以两者相互为外在，同时也未能说明宇宙万物遵循的规则性，可称之为理的。

如此理解，也许我们可以说朱子对"理"的理解并不透彻。但这也不是朱子个人单一的问题，早期中国哲学的"理"根据说文解字是所谓"玉之纹理"，应属于物质存在的一个属性。后来"理"字又被用作规则，如说道理，如说理则，相当于科学中所说的律则性。这是客观理解的理，并非主观的境界，而是客观事物的一个属性而已。如此，则所谓理，可以内在于气，是气必须遵循的道理。气与理不但没有矛盾，而是具体的相关，成为说明存在的基本结构。至于心灵的灵明境界，或一个存在的超越的灵明境界，则可以看成理气合一的一种精神表现，因之不构成存在的问题。朱熹的理气哲学也就十分容易理解了，而且能够顺理成章地说明万物发展的秩序和轨迹。这是我对朱熹形上学基本的认识。

依此认识，我们可以推演出理和气一样，能够成为万物生发的动力。韩国李退溪显然也看到这点，所以他能够说出"气发"和"理发"两种可能，用以说明人的情欲发生（气发），也说明道德情感的发生（理发），构成了他的"四七理论"。好友刘述先应该有鉴于此，但他却跟从牟宗三先生的"理只存有，不活动"的观点，对于解决朱子的问题并无实质的突破。陈来研究朱子，说明朱子的理气不相离，是一个正确的认知，但他没有解释何以朱子把理说为"无造作""无形迹"，误导了牟宗三。我在此处特别指出朱子把宇宙与人的心灵状态对立起来，是误解理气关系的原因。至于何以把宇宙和心灵对立起来，朱子又可能受到佛道的影响，以心灵的清净无为为理的境界，不同于自然万物之理的存在，这是一种错觉。

我在一次尼山儒学大会上，发表过一篇主题演讲，题目是《牟宗三哲学的历史性与时代性，从本体诠释观点评论道德形上学——

兼论中国哲学的再创造》，这是大会特殊要求我对牟宗三先生做出评价，我的批评的意见有如上述。我借这篇主题发言，希望开创第三代儒学的新方向和新境界。主要强调认识中国哲学之源乃是《易传》和《易经》的诠释，也是对《易经》所关注的宇宙发生论的诠释。我理解牟宗三先生提出道德的形上学的苦心，他不同意西方从宗教信仰立场解决哲学问题，因此他肯定中国哲学所包含的超宗教性，并肯定道德的自由和发展是中国哲学的特色和中国文化的精华所在。但他这是以果为因，真正的原因是我所说的本体宇宙的创化论。有此认识，方可要求个人存在对宇宙本体性的发挥，其中自然体现人的伦理性和道德性，因为这是人个体存在和集体存在必须要实践的生命本质。第一代新儒家熊十力为了脱离唯识主观哲学，反而能看到中国哲学的自然主义的精神，因此提出"翕辟成变"的客观主义的整体直觉。牟宗三对此一本体自觉关注不深，乃直接从宋明心学去掌握人的道德品质。这也可说是无形受到孟子、陆象山和王阳明的影响，但他忘记这三位哲学家也都肯定易学的自然主义，以天地万物为人存在的基础，因此看到"天人合一"的创造性和人类自身存在所具有的内在道德性。此一道德性是以自然宇宙性为基础，正如自然宇宙性是以实现人的道德性为潜在的目标一样。

就我个人的感受而言，我从小亲近自然，很能体会《易传》里面所说的"大人者，与天地合其德，与日月合其明，与四时合其序，与鬼神合其吉凶"的活动精神。这样我不但认识到中国哲学的开始点和基础，也同时认识到一个深沉的天人合一的基本直觉。我甚至认为庄子作为道家，是体现《易传》自然合一精神的楷模，比老子更能具体地表彰出来。庄子说"天地与我并存"，那是一个主客合一的认识。人不但有主体性，也有天地所赋予的创造力。因此，人的主体性和宇宙的客体性是紧密存在一起的。这就是一个"终极存在本体"的体现，是说明万物所以存在和发展的基本原理。

人对自己的认知是极为重要的，在反思中可以见到人的主体性，可以看到主体性与客体性之间的互动关系，是理与心之间的人性的关系。性更接近客观的天，而心则更能很好地表现为意。对天意和天命的认识，就是以性为中介。《中庸》说"天命之谓性"，所谓天命就是理或天理。理可内在为人的性，也可自觉化为人的心。如此就可以看到人的内在的存在状态和外在的存在条件是一体之两面。《中庸》所谓"合外内之道"，指的就是性理与心性各自的合一以及彼此整体的合一。认识此点是重要的，因为孟子之后，象山和阳明都倾向于"心即理"的说法，而忘怀孟子采取的"性即理"的观点。正因为性即理，人性本善，也能够在心的活动中以及通过心的活动来实现生命之理与生命之性。这一个认识是十分重要的，因为这是对熊十力与牟宗三以"心即理"为儒学正宗的偏向做出一个校正。

牟宗三先生著作甚丰，他知名的著作《中国哲学的特质》《现象与物自身》《心体与性体》《圆善论》《中国哲学十九讲》我也经常浏览，对他的洞见感到敬佩。牟先生有自觉，也有对他人的觉知，但他对他人对于他的觉知和批评却毫无回应。他自视很高，对前人的批评也十分中肯。但奇怪的是，他对自己理论的缺陷一无所知，因此无法自我校正。这可能是第一代第二代新儒家的思考特色，虽然能够自圆其说，却不能想象他者批判的可能以及新的分析与综合的可能。以上是我对他的评述，可惜在他生前我没有机会向他请教有关他的哲学问题。我特别感兴趣的是，他对我的评述的回应如何，也许会呈现他更为深层的想法。在目前就对朱熹的理解而言，他未能看到朱熹也是中国哲学主流的一部分。从理论来说，更是中国哲学具有创意和综合性的一个表彰。因此更好地说明中国哲学可以有多面的发展，也可以有不同的诠释，但都在中国哲学发展的主流之中。其次，我们必须讲求系统的思想和客观的评价，把此等态度看成新儒学发展的重要方向。我希望从我这一代开始，现代新儒学一方面可以提出创新的理论，另一方面也必须面对不同的批评，来进行自我的改进。

牟宗三提出"无执"和"有执"两种形上学，令人难以理解。如果"有执"是有所执着，而"无执"是无所执着，请问谁是执着者？《道德经》讲"无生有"，难道不可以看成对"有"的执着吗？佛学主张"一切皆空"，"空"难道不可以是一种执着吗？有执与无执是相对说的，无相对有是无执，有相对无是有执。以此，无执与有执可以同时存在，但这又说明什么呢？我想牟宗三主要在认为"道德的无限性"有是无执，而对道德的"坎陷"则是一种有执。如此则无执和有执可以同时存在，无执不一定高于有执，正如有执不一定高于无执，只是两种不同的功能，也许可以作为诠释本体的作用。对一个存在体的存在可能具有某种说明性，却不能解释所有的品质差别和存在属性的增减，尤其涉及良知的坎陷问题。儒家认为人的自然存在有良知的本善，并非后天的执着，也并非先天的无执。良知不能代替一切，坎陷良知也不一定带来一切。由于无执与有执涉及否定的概念，是自然变化，形成异同，或形成异同的同一性，呈现了一种逻辑命题变化的可能。这也是黑格尔矛盾辩证法的一个特色。

牟宗三有意重建中国哲学，他想利用康德解决生命存在的形而上的基础问题。因此他认为"物自体"可以被认识到，其实这是他对人的存在作为道德律的载体的一种假设而已。但如何认识此一"物自体"？它显示儒道与佛各有对"物自体"的不同认识。但怎么证明它们是同一个"物自体"呢？显然必须假设一个共同的认识"物自体"的方式，或证明不同认识的方式，来达到同一个认识的结果。事实上我们做不到这一点，因为儒道佛各有其认知终极存在的方式，而它们彼此之间并没有更深一层的统一。《道德经》说

"道可道，非常道；名可名，非常名"，能说出来的就不再是所指。儒家以万物皆备于我，反思自我而诚，才能认识终极的真。佛教认为物自身乃是涅槃。三家各自有说法，又怎么证明三家说的是同一个东西呢？三家都有"有执"的地方，也有"无执"的地方，因此"有执"与"无执"无法成为三家的分别点。

最后牟宗三以德国唯心主义的模型来概括宋明理学，认为朱子是别子为宗的，阳明是一线单传。这令人不能信服，因为中国的传统从孔子，或说更早从《易经》《易传》到孔子，都有一贯性和分化性。到了宋代，道体本身有不同的认识。朱熹从太极图、从整体来了解宇宙的结构，把《易传》中的本体宇宙论发扬出来。张载从太虚和太和两个终极状态来考虑变动不居的宇宙。二程强调"理"，但也没有否定"气"，而是把理气统一作为宇宙发展的机制，与周敦颐"无极而太极"和张载强调"气"相应，以及"气之理"也有相应。说朱子是"别子为宗"，这也无法说通。朱子苦参"中和"，以致知在格物，德行在用敬，两者双行，实具一理，也具一气。两者统合而行，如何是"别子为宗"？

牟宗三对中国哲学的沟通与未来，没有描绘出清楚的形象。把西方哲学定在康德，对后来的黑格尔与海德格尔并无深刻的解释，更对20世纪中的分析哲学与科学理性未能理会，是无法体现中国哲学的开放性和世界性的，更无法为中国哲学未来的发展提供蓝图。作为第三代的现代新儒家，我提出"本体诠释学"的方法，并界定"本体诠释学"的概念，把存有和理性分开，但又把理解和实践合一，也就把本体的认识溯源到对根本的宇宙生命本体的观察。不但肯定宇宙内在的创造力，也为人的存在找到一个起点，为哲学的发展找到一个根据。

我叫"本体学"为"学"，而非为"论"。因为对本体的认识必须经过实际的体验，学以知之，思以成之，而且需要实践的体验，从体验中直观宇宙的整体。孔子认为"学而不思"或"思而不学"都不可取，必须学思兼用，然后才可以"知行合一"。人的存在是本体的存在，对本体的反思与认知是一种诠释，因而我们可以建立"本体诠释学"的理由在此，能自觉其存在，也同时认知宇宙的存在，两者合二为一。不但得到"本体诠释"的理解，而且成就"本体诠释"的实践。本体是一个终极存在的概念，宇宙在本体中，人也在本体中。本体是宇宙性的，也是人类性的。宇宙并不自觉其本体，但人自觉其本体，也能为宇宙自觉其本体。但毕竟人属于宇宙，因此两者是彼此涵摄，相互展开的。既为宇宙诠释的"本体化"，也是本体宇宙的"诠释化"。西方提出上帝为终极的存在，却无法证明上帝的存在，也无法自觉上帝的存在自觉。如果用上帝诠释一切，必然陷入到一个诠释的怀疑主义困境之中。

"本体诠释"需要首先从主体的方面来了解世界，主体是独立自主的自觉的本体，与宇宙自然的本体相应，两者可以用阴阳之道去加以说明其统一性。所以我肯定中国哲学的原始的易儒道三位一体，从而学以思之、思以知之、知以行之。在不断思考的诠释中，也在不断实践的行为中，来充实和深刻认识一个自我的终极本体性及其真实性，并因此更好地理解中国哲学的历史发展及其内涵的本体意义。

我在1980年年初掌握了"本体诠释学"的思考理路，虽然那时我已知伽达默尔的哲学诠释学，但我看到我和伽达默尔的不同，其最大的不同是我给"本体诠释学"一个宇宙理论的基础，而伽达默尔只从现象学发挥相对的诠释，因此我并没有依赖伽达默尔来说明我的"本体诠释学"。后来有学生探讨我的本体的含义，以及"本体诠释学"与伽达默尔"哲学诠释学"的关联和比较，我才想更进一步理解伽达默尔诠释学的形而上学基础为何。其次，我很注意理解和知识的关联，以理解为具有整体性的知识，而所谓知识，则往往是不完整的理解。我想这个差别可以从康德的《纯粹理性批判》书中看到端倪。我研究中国哲学中的知识论，注意到中国哲学家对知识有一种默认或默知的认识，而且把它看成是自然而自觉的发生，甚至把它看成一种主体的境界。我并不采取这个说法，而是从逻辑分析和语言分析，掌握知识的客观形象。这种默知的传统也是一种内在的诠释，是对中西哲学中本体性的整体的一些真实性的理解。这样一种默识是普遍存在的，它已经是一种对本体认识的前提，也是一种实践行为的内在动机，不需要陷入西方的特殊目标的知识论，或佛学的唯识论。唯识哲学解释人生各种问题，以求无执于有。中国哲学强调宇宙论的前提，同时也强调实践德性的后果，把知识德性化了，把默识的诠释意识明朗化与自觉化，更能认清中国哲学有关知识与行为的关系问题。这也是我提出"本体诠释学"的一个理由。

本体意识是知识与道德之源，因此也是德性伦理学的基础。德性来自本体，因此本体学中有伦理学的潜在前提，是天人合一存在的内在结构，因此在本体论的诠释基础上，对本体的存在产生了"理、气、心、性"的哲学结构，同时也是对中国哲学发展的肯定。人的存在具有多重性，包含理、气、心、性、志等层面，必须经过实际的生命过程和自我本体理解，才能进一步为这些心性的重要概念定位，再自觉到主体的意志的存在。这种对本体有关主题的认识是必要的，如此才能把主体的客观性与自然的客观性结合起来，形成一个更深刻的自我理解。由于哲学意识是整体贯通的，我们可以进而认识到本体伦理学、本体知识论、本体现象学、本体管理学、本体价值论以及本体美学与本体艺术创造学。这些本体性的思考都是本而体、体而用的思考，只有把体用归纳于本体之中，才能发挥生生不已的宇宙创造过程，见之于人类文明的不断更新与创新。人们对本体的认知自然会产生对本体根源涉及的文化自信或哲学自信，这在任何一个传统都是如此。

中国强调生命的不断自我超越和实践的创造，以及对世界美好化的追求，理想实现生命的共同体，从本体存在的深处建立一个文明世界及和谐人生。这或许是现代儒学或当代新儒家对现代中国哲学传统所赋予的认知与期待。

第
六
部
分

世界——追求中国文化发扬时代

（1963 年至今）

一、面对中国哲学的现代化与世界化

（一）文化、哲学与宗教

中国古代文化有古代的宗教。所谓宗教，就是对人类存在的根源以及其依赖与持续生存的外在能力的信仰。由于此一能力十分伟大，可称之为"神"或某种神秘的"灵"。神创造万物和人类，在冥冥中影响万物存在的方式和人存在的遭遇及生死。人们只能在信仰神的方式下生活下去，并对此一外在力量敬拜以求福祉。此乃原始人类的宗教信仰。古代中国人也必然有此原始的宗教，但中华文化并没有停留在一个原始的宗教状态之中，而是逐渐透过经验和思想改变其宗教的信仰为观察与认知的对象，并同时发挥自身的理性与意志，来解说此一信仰并将之转化为可以理解的自然与生命现象，甚至形成一套创世纪的史前神话。这些神话作为追忆，被写成战国时代的《山海经》及更后来的《楚帛书》。从这两本书的传说来看，华夏民族是由早期的不同族群逐渐融合而成的，而融合的力量来自东方族群以帝俊作为首领，以及西方族群以帝喾作为首领。后来西方的族群取得胜利，司马迁写《五帝本纪》，采取了他能够接受的五帝世谱，提出以黄帝为首，颛顼次之，帝喾更次之，然后尧、舜等五帝。其实除了东、西两大族群，南方尚有神农氏，应比黄帝更早，因为神农氏又名炎帝，是火种的发明人，后来又从事农业和医药的发展。但纳入黄帝版图则是较后的事。五帝之前，另有三皇之说，其中包含伏羲氏、燧人氏和神农氏（炎帝）。那应该是属于早期的东方族群。但这样一个历史发展图像，是和西方神话体系不同的。在中国方面，我们看到原始的民族逐渐走入文明教化，由分散而形成统一的氏族大集团。但希腊的神话中的神却永远是神，是和人基本上分离的，更不可能演化为人。在希伯来的传统中，耶和华作为上帝甚至最后变成不可知，只可信。神与人变成两个绝然隔离的世界，而不是逐渐融合为一。中国历史的演化方式不一样，因此当我们用"宗教"一词，东西方的含义是不一样的。西方的上帝和神原始就是超越于人的，而在中国，原始的历史变成神话，其内涵还是历史。因此，后来的学者能够把神话转化成为历史。而所谓宗教，包含对天地与巫师的信仰，也就逐渐成为可以解说的天人关系了。《左传》所说的颛顼"绝天地通"①，事实上是排除了人民对于神祇的信仰，只允许巫师卜卦问神。但到了周代，卜卦问神也是人文之事。而卜卦显示的吉凶祸福都是人们解说和论述的结果，是根据一套符号体系规则而理解的。而人们所信仰的天就

---

① 昭王问于观射父曰："《周书》所谓重、黎实使天地不通者，何也？若无然，民将能登天乎？"

对曰："非此之谓也。古者民神不杂。民之精爽不携贰者，而又能齐肃衷正，其智能上下比义，其圣能光远宣朗，其明能光照，其聪能听彻，如是则明神降之，在男曰觋，在女曰巫。是使制神之处位次主，而为之牲器时服，而后使先圣之后之有光烈，而能知山川之号、高祖之主、宗庙之事、昭穆之世、齐敬之勤、礼节之宜、威仪之则、容貌之崇、忠信之质、禋洁之服，而敬恭明神者，以为之祝。使名姓之后，能知四时之生、牺牲之物、玉帛之类、采服之仪、彝器之量、次主之度、屏摄之位、坛场之所、上下之神、氏姓之出，而心率旧典者为之宗。于是乎有天地神民类物之官，是谓五官，各司其序，不相乱也。民是以能有忠信，神是以能有明德，民神异业，敬而不渎，故神降之嘉生，民以物享，祸灾不至，求用不匮。""及少皞之衰也，九黎乱德，民神杂糅，不可方物。夫人作享，家为巫史，无有要质。民匮于祀，而不知其福。烝享无度，民神同位。民渎齐盟，无有严威。神狎民则，不蠲其为。嘉生不降，无物以享。祸灾荐臻，莫尽其气。颛顼受之，乃命南正重司天以属神，命火正黎司地以属民，使复旧常，无相侵渎，是谓绝地天通。"

逐渐转化为人们可以理解的生活的遭遇和极限，可名之为"命"或"天命"。孔子甚至说"五十而知天命"。所谓"知"，就是理解，而不是盲目地信仰。

从历史上说，夏殷时代的人们信鬼神，夏殷或为中国古代宗教信仰最为发展的时代。太史公说："夏尚质，殷尚鬼，周尚文。"（《史记·高祖本纪》）从这句话就可以看到中国古代宗教有一个发展的过程，从夏到周，宗教从实质走向仪式。宗教当然肯定对神鬼存在的认识，而这些鬼神事实上都是人的化身。如果说中国古代有一个超越的上帝，这个上帝就应该是"天"。但"天"实质上并非超越，因为人们可以仰天观之，闭目思之，好像就在眼前。因此，人们可以和天相通，并没有一个假设的不可逾越的隔离。因此，人们可以与天相通，甚至以天地为父母。墨子认为天有天志，而人们是能够知道天志的。而且要与天一样，名之为"尚同"。但值得注意的是，中国文化中的天仍然没有独立的位格或人格，而是我们心中的一个理念而已。在感觉和想象中，天不远人，人不远天。人能够向天学习，服从天志。在孟子看来，"人能知性，知性而后知天"，这可以说是对人与天的关系最重要的描述，是把天看成内在于人的，而不是外在于世界的，更不是超越于世界的。

在墨子看来，"天"的宗教尚自然之天自有其内在的意。他的"尚同"思想就是要人们遵从天的意志。天的意志究竟是什么呢？每个人都可以去揣测，也可以用各种方式来确认。虽然并不保证人们认识的内容一致，但是人们可以服从巫师的规范，而在行为上不至于凌乱。然而后来巫师权威衰落，民众的行为逐渐陷入混乱，由此产生的社会问题可想而知。一直到颛顼时代才重新整顿，恢复巫师制度，取缔人民私下随意和天地相通。也许我们可以把这些受命于皇权的巫师看成古代天神宗教的代表，其权威来自皇权，并非来自一个独立的天神。这也使古代的巫教受到皇权的节制，形成一定的形式，为人民所遵从。

从"绝天地通"的记载看，古代宗教自由信神之教逐渐发展成为君主规范的巫师之教。夏代从禹开始，禹是颛顼的后代，所以夏代的宗教应该是比较合乎君主规范的一种巫教。参照易经卜筮的发展。夏商两代巫师必然结合卜筮之术，以测知未来，可说是恢复与天地之道相通的一个手段。而卜筮也必然被看成天的意志的表现，因此可以作为行为的指导。周兴以后，这个巫师与卜筮制度仍然保持。历史中说文王囚居羑里，整合易卦。或说周文王将《易经》的八卦演绎成 64 卦和 384 爻，并作卦辞、爻辞，形成《周易》。此一行为的重要性，在于为古代天地之符号体系赋予了自然与人文的含义，不一定再有原始的神秘意义，也因此把古代的宗教进行了一个转化，就是古代巫教的人文化。后人卜筮，根据 64 卦的卦爻辞来说明一个事件发展的可能意义，并非神明的作用，而是人的智力的应用。从历史的经验中依照一定规则来预测未来，不应该被看成宗教的信仰。后来孔子撰写《易传》，重新诠释八卦体系的来源，所赖以诠释的规则也都具有反映自然规则的形象。从这些规则中诠释每一个卦爻辞，也不能说是宗教的行为。当然人们可以深信易学体系具有的神圣性，并创造了"河图洛书"的传说，这也只是增加了易学传统的神秘性而已，并不必然预设一个神灵或上帝的存在。

孔子以后，易学是儒学的重要部分，正像《易传》是《易经》的重要部分一样，是人的理性和知性可以去理解的，不必依靠任何神灵体系。因此，儒学的发展建筑在五经基础上，其中包含易经，并不涉及所谓的"怪力乱神"。也因此，孔子时代的儒学已经不是古代宗教了，而是孔子经过周代人文的启蒙和自己的理解与诠释所形成的一种生命本体伦理学。其中以易学的"易"为宇宙"本体"，人对易学的理解能力为人的"本体"，并认识到这两个本体的一致性。从而发挥人性的本体性，以及宇宙自然的本体性，来从事生命的活动，进行人际交往，以发挥生命之潜能或潜德，体现与完成生命的价值目标，促进人类社会的繁荣和人类文明的进步。在这个意义上，儒学是伦理道德的学问，也透视出宇宙存在的真理，使人的生命有所寄托。在这个意义上，儒学可以从孔子伦理学发展到宋明的理学与心学。如果称之为宗教，可说是漠视了儒学作为哲学的理性历程，等于把一个幼儿等同于一个成年的大人。这是与事实不合的，也把两者的心境和意识混为一谈，极端不合逻辑，也不尊重易学"三易"及"五易"的道理，更有悖于《大学》"日新又新"的生命观和历史观。

我的结论是，现代人说的儒学是三代以后，即先秦宋明以后的儒学，代表了中国人的智慧和中国人的文化发展的精华。说它是普遍意义的哲学，而非一般意义的宗教是极为重要的。"宗教"一词的英文是"religion"，即使在现在的用法中也有重视其中的神性和神学理论的含义。在实际的西方和世界宗教中，宗教都有一个神祇的存在，而不只是在肯定一个终极的存在状态和永远关怀。宗教强调的是解救生命，救赎生命，必须强调一个超越生命的非人类性而又类似人类性的存在根源，要求信仰者以此一存在体为尊，不能强调自己的独立性和终极的主体性。所谓人的终极关怀，是人关怀人之最后对神祇的依托，而非关怀人之独立存在于宇宙大化之中。

儒学有其终极关怀，也对天地抱有敬畏之心，但人的生死却并未被看成一个上帝所造而最后又属于这个上帝。人是天地之心，其精神早在天地之中，故其精神能与天地同在，无始无终，永在不息的创化之中。当然我认为这是一种哲学，而非宗教。

我必须指出，在一般的宗教世界中，宗教的信仰是不可以违反的。西方基督教经过一千多年才进行了一次宗教改革，改革中最重要的信仰得到一种更新，形成一个新的神学或上帝的哲学。即使如此，上帝的概念仍然可以重新思考，甚至于批评和扬弃。如在 18 世纪的启蒙哲学中，中国哲学从头都认为可以进行审问与讨论，认为必须要自我学习和反思，来取得自身的发展，成为一个有德性与智慧的人，甚至可以做到"仁智合一"，"内圣外王合一"。此一生命的成就不是单纯的信仰问题，而是人的生命德性的发展问题，是以人性的发展为主的，而不是以外在的对象为引导的。不管是儒家之道或道家之道，都必须自我体验，是人之自觉的规范，而非上帝的命令。所谓天命，如孟子所说，并非有一个天在进行规定，而是求诸人的内在的感受，心性的自觉。所以他说："尽其心者，知其性也。知其性，则知天矣。"（《孟子·尽心上》）这是一个哲学的态度，而非宗教的信仰。在中国哲学中，哲学和宗教的分别是具有根源性的。中国思想最早的巫道以及后来的天命之说，到春秋时期已经为中国哲学的天道哲学或道理哲学所替代。哲学从原始宗教的胚胎中脱颖而出，而不是西方所说的宗教了。因此，当代有些儒家学者仍然把儒家说成具有宗教性，这不但对中国宗教和儒学的发展没有更深刻地认识，同时对中国哲学内在性格也没有领悟。

"五四"以后，第一代的当代新儒家很清楚地掌握了宗教与哲学的认识，以至也把中国哲学的哲学性和古代时期儒学的宗教性分得很清楚。大陆第四代新儒学仍然继承了第二代新儒学的一些特征，与第三代新儒学只就其相同于己者讨论，忽视第三代不同于己者的特殊发展。此举有门户之见，对学术的公平性或有所失。

（二）中国哲学的史前突出性

现代学者经常谈到中国哲学的特殊品质，引用五经来加以说明。五经是孔子整合出来的，已经具有一定的规范性和选择性。但其实质所描述的是已经存在的文化现实，而非对未来理想的追求。换言之，五经成为文化的哲学，也就是属于当时华夏族群已经形成的对存在的认识和对价值的概念，以及在这样的认识和概念基础上实施为具体的规范和制度。就《易经》而言，《易经》是对占卜的事实和基于一个被接受的宇宙观所采行的行为规范。它包含了文化，而文化就成为哲学思想的具体实践，为个人或群体生活的一部分。同样，《尚书》记录了尧舜禹三代所采行的生活方式和组织行为，反映一个被接受和组织化的哲学观点。当然有些篇章只是记录一个理想的要求，但这些要求是当时的当权者提出的，所以他们的实施也可说是极为必然的。至于《礼记》方面，无论是"周礼"或是"仪礼"，都是已经成形的文化行为方式，并非空谈。有关《诗经》，我们看到的是实际的诗歌，是反映三代人们的情感和观感。如果《乐经》没有丧失，《乐经》也代表具体古典时代乐器的谱曲。这些乐器和谱曲都是基于实况而制作的，并非空想。

我们可以总结一下，六经所反映的是实际化的哲学观点，而非只是哲学观点。换言之，它是文化和价值，是人的哲学思维的具体化和制度化。章学诚说："六经皆史也，六经皆先王之政典。"（《文史通义》）章太炎也接受这个观点、"六经皆史"，意思是说六经都是历史。这句话，真是拨云雾见青天。但他们也许并不理解这个命题的深刻含义，此处我指出它真的含义是五经或六经是古代已经实施或完成的具体文化建树，是中国哲学的"知行合一"的成果。不同于柏拉图所说的"理型世界"。它代表的是人的创造活动有如天地创生万物一样。

因此，中国哲学不是空讲抽象的理想，而是要具体地实践，在实践中体现人所包含的存在的创造力。后世没有继起的圣贤来保持和持续创造包含性的文化制度设施，或实现前人所创造的理想制度，学者们只好推演古代制度的理想方案，如问如何成为圣人或贤人或君子，在《中庸》和《礼记》中就可以看到这样的论述。这些学者就是孔子所说的"述而不作，信而好古"（《论语·述而》），"好古敏求"（《论语·述而》）的儒家。

从这里可以看出，儒家的特点是重视"知行合一"的。创造具体的历史，然后从具体历史中发扬理想的创造精神。儒家是把文化看成哲学的成果，从文化来推演哲学，其目的在于重造文化。这一观点和西方完全不一样，西方所代表的哲学是追求抽象的理想，使其落实为具体的文化，但并不保证它能够成为历史。哲学也因此具有一定的理想性和规范性，与文化现实有一定的距离。哲学只是"爱智慧"，而不是体现智慧或重造智慧。在这方面，儒家和印度哲学也不一样。印度哲学强调千变万化的未来，并以此来满足自己的想象力，而并不追求具体存在的创造活动。从中国哲学的观点来看，一个阴阳五行的宇宙观，已经被纳入到具体的文化制度和生活世界之中，是已经存在的具体行为，可称之为文化的实践和创造。从这个角度研究哲学，也就是追求后来王阳明所说的"知行合一"的创造行动。

以上这样一个哲学观点，可以表示为哲学是不言说的文化及具体的行为措施，哲学则是"知行合一"中尚未实现的文化建构。哲学与文化的内在关系也如此可见，我们又为何说中国没有哲学呢？又如何认识哲学的具体性和规范性呢？把中国《易传》的形上学和宇宙论提出来，实际上已经是采取了对此一真实世界认识的基本概念。而人的生活就在这些基本概念中存在与实现。如此也可以说中华民族是一个具有哲学智慧的民族，它的哲学智慧体现在中国文化的创建之中。因此，所谓"六经皆史"，不只是说六经是真实的历史，而是说中国的哲学智慧和价值在很早的年代就体现在华夏民族的生活规范和文化制度之中，其发展则在继续存在的制度和措施，并进一步加以改进完善，使之能够体现人们当前所体现的真实世界。

在人们当前的经验基础上，不但不应忘记历史带来的规范经验，而且应该产生新的规范经验以及改进以往的文化制度等，因此哲学永远是创造的，永远是走向具体的建构的目标的。认识这点很重要，因为中国文化是历史也是哲学，是经验也是理想，是现实也是价值。基于中国人的哲学概念是更开放对未来的设想，以及可能的世界性的文化建制，中国哲学具有的世界性与未来性也就分外清楚。中国哲学中并没有西方哲学那种后宗教性，并以宗教与哲学相互矛盾，在苏格拉底的对话中，哲学就成为一种解放，一种对未来的期盼，一种理性的玄想，一种超越的判断。在中国哲学中，人们可以完成自己的创造理想，因此不具有西方哲学中的乌托邦的特性。事实上，严格的宗教需要一个教主，来进行信徒的信条教诲。这就假设一个教主必须先想通各种哲学问题，才能建立一种宗教，也使某些人接受而成为教徒。

东汉时代，张道陵提出《老子想尔注》，因而建立了道教。同一个时代，另有于吉提出《太平经》。到魏晋时代又有《太上感应篇》和《黄庭经》出现，唐代则有《阴符经》出现。有了这些经典，道教的发展也就逐渐成为严格意义的宗教了。有此了解，我们可以说中国哲学并非宗教，易经之后的《道德经》只是哲学著作，有一定的道的观点的超越性含义。道教成为宗教，也可说是把道家转化为宗教，是以哲学的道家为基础，发挥了宗教的影响力和号召力。但这都在道家哲学之后的事。儒家并没有变成严格意义的宗教，只有一般意义的可信仰的真理性和价值性，它是否具有一定严格意义的宗教含义呢？我的回答是，儒家并非儒家宗教，因为没有宗教性的组织和教条。但它可以满足人的发展的需要和个人的创造精神，同时也可以成为人的行为的规范，能够实现一个文化的生活世界，但这并不等于它具有本质的宗教含义和宗教本质。这一点是应该分辨的。

过去的许多学者，如任继愈，非说儒学为宗教不可，这是说不通的，表示对宗教的分辨并没有严谨的认识，这是一种错误。现代从事儒学研究的学者，必须有这样严格意义宗教的要求，才能发挥儒学的真正的精神，不必受任何不必要形式的拘束，进而具有开放性和世界性，有利于人类文化与生活方式整体的发展和实施。

（三）对文化基因的理解

"基因"一词是由丹麦植物学家、植物生理学家和遗传学家威廉·约翰森（Wilhelm Johannsen，1857—1927）于 1909 年提出。它的灵感来自古希腊语"γόνος"（gonos），意味着后代和繁殖。实际上，1865 年生物学家孟德尔研究植物的遗传学，注意到植物传种有一定的规律，由此形成遗传基因的概念。达尔文于 1859 年提出进化论，似乎并未涉及基因的概念。达尔文注意的是动物受环境影响而产生一些可见的属性与生活方式的改变，如颜色、形状、大小等习性对环境的适应。但基因研究乃是基于物种自身遗传和交配引起的物种自身的改变，着重对物种自身变化的认识，而非环境变化的认识。当然后来学者也注意到环境的变化可以产生基因的变化，因而影响到遗传的变化，由此产生了所谓"基因突变"的说法。1959年，狄·弗里斯（H. de Vris）首先提出"突变"一词。这些概念对 19 世纪西方伦理学的发展有重大影响，最重要的影响是基因和突变的产品，它的一切行为都可以从基因的结构和突变的背景来加以说明。

但我们必须注意，在这个说明的发展中，已经有一个方法论上的转换，这可以说是一种逻辑上的错误。基因说明生理上的行为和遗传的规律，并没有任何伦理学和道德学的含义。伦理与道德上的是非善恶是有关人的心性意志和行为的属性的，而非有关细胞或细胞组织的属性。如何从细胞的属性转移到心性的属性，是需要深度说明的。可是这方面的说明并不清楚，因此后来哲学家主张人性的自私是因为基因的关系，甚至假设有所谓"自私的基因"，就不知道所说何指了。

道金斯（Richard Dawkins，1941—）在 1976 年写《自私的基因》一书，把基因当作人来处理，是难以理解的。我们怎么决定基因的自私或不自私呢？我们怎么决定人的善恶？难道孟子说的"人之本善"与荀子说的"人之本恶"是指基因吗？伦理学上，这些价值的因素难道都是基因的作为吗？对这些问题，我想我们应该深入思考，认识到方法学上诠释的问题以及何以有这些诠释的转换。诠释的转换也可以说是范式的转换，是对存在层次不同认识层次的转换，但为何又有这样的转换呢？什么是真正人的存在的本质？道德属性有没有一个真实世界的基础呢？它与基因的生理现象又有什么关系呢？这些问题都必须给予严谨的回答，才能建立一个比较完善的人的概念，这对中国哲学，甚至于对其他哲学都具有极为重大的意义。

　　我对"利己"基因和"利他"基因的看法是：人的物质结构是以"保存自我"（self-preservation）为目标的。人们可以从人的求生的方法来看待，一个人在自然环境极端恶劣的情况下会尽量谋取生存，如《鲁滨逊漂流记》所描述的。一个人在孤岛上，他必须想尽办法求生存。在这种求生存的情况下，并没有其他情感的干涉。因此，对其他生物也都看成求生的工具，不惜杀害以求得自己的生存。但我们可以想象，如果鲁滨逊忽然发现他的兄弟也在孤岛上谋取生存，即使生存的物资特别稀少，我想鲁滨逊也不会伤害他的兄弟，而是尽量地同兄弟合作谋取共同生存，即使谋取两个人的生存也很困难。我们可以想象鲁滨逊也不一定要杀害他的兄弟以求生存，而是会想尽各种方法谋取两人最大的生存，甚至保存一个人的生存，以求回到文明世界。我这里的意思是：当人们即使成为最小的群体，也不会以彼此杀害作为求生利己的方法，重点是必须成为群体，产生一种群体的精神，使个人"利己"的欲望转化成为有利于群体生存的愿望。至于能不能做到并不重要，而是群体的精神产生了一种"利群"的心理。在"利群"的心理下,"利己"与"利他"兼顾,甚至也可能因为"利他"而牺牲自我。这种"利群"的心理或精神,是以群体发生的条件为前提的。所谓"群体发生",意思是两个个体相处,在一般的情况下,能够因为彼此接近、彼此沟通、彼此照顾而产生一种大于个别的"利己"心理的心理。

此一心理,自然是很复杂的,和环境有关系的,更主要的是和群体有关系。它是两个个体生命彼此呼应的一种现象。当然这种现象不一定百分之百地发生,在一般情况之下八九不离十地发生。个体接近的程度和时间、空间以及生命的亲密度有密切关系,尤其在亲子关系上,更为明显地表现出来。我很少看到有父母伤害子女的,而往往是以"利他"之心克服"利己"之心。即使在动物中也是如此,因此俗语说"虎毒不食子"。我们注意到其他生物也是一样,如果有动物毁灭自己的亲子,则必然是出于一种特殊的维护自己物种的本能。

以上对"利己"和"利他"的说明,可以简化为下列原则:个别的生物体或细胞都有自我保存的"利己"基因,然而一旦"群体关系"发生,尤其是紧密的群体关系发生,个体的利己性就成为群体的利他性。这在人的存在尤其如此,人是能够从自我出发,扩大自我为群体的。因此,群体关系的人际关系才成为可能。从夫妇到父母子女,再到兄弟姊妹,再到亲属与亲情关系,再到朋友与社会关系,都成为一个群体扩充,表现为一种群的力量。"群"就是"利他性",群形成的背景和关系及相关的心理因素,可以把"利己性"陶冶成为完全的"利他性",甚至成为牺牲自我的仁爱精神或者殉道精神,所表现的不是个体的"利己",也不是纯粹的"利他",而是复杂的"利他"与"利己"的相互结合和不断提升的大公精神和大爱精神。这样一种大公或大爱精神,代表了人类物质基因的纵向与横向扩展,是一种人类心灵力量的发掘和精神力量的提升。

这在儒学的"德性主义"中很明显地表达出来，所有的伦理学所要表达的就是这种最起码的群体精神。但伦理学可以基于"利他性"无限展开，完全以群体精神为起点，来说明人的道德属性，把人的"利他性"推向高峰，构成一个最高的道德原理。我特别提到群体精神不只是"利他"，也是在"利他"中"利己"，因此并不违反人的"利己基因"的开始点，也成为人性发展的一条基本道路，我名之为"道德精神"，将其发挥的作用名为"道德感情"，其终极的目标可称为"道德自由"。

儒家哲学从开始就重视人的存在所包含的群性。孔子所说的"仁"就代表一个群，至少在两个人之间，人能够超越他自己，而感受到群的作用和力量。这个群的作用和力量可名之为"仁"，是个别的人对一般的人，甚至于对所有存在的人，所产生的一种协同心，一种同类心，甚至产生一种"相互属于心"。这样一种心理结构，是自然而凭直觉产生的。从我们个人的经验来看，人在一个友善的环境中看到另外一个人，就自然觉得他和我可以有一种沟通关系。这是在社交场合里面最自然不过的事，但一个社交场合已经包含各种关系，都是群的关系，无论是过去的还是现在的，无论是间接的还是直接的，都至少假设没有敌意，没有恶意，也没有明显的威胁，仍然呈现一种善意和交往的可能。至于具体的个别感受，要看个别的情况和环境来说明。我们可以想象，最早建立这样一种没有恶意的关系，不是一件容易的事。而人的"利己"的基因则是保护自己不受伤害，利己之心就能够转化成为利他之心。这就是所谓"善意"（goodwill），也就是儒家所谓的"仁"。"仁"可以无限扩大，使个人与群体的冲突消失于无形。因此，孔子说"天下归仁"（《论语·颜渊》）。

我注意到现代西方社会重视"利己"，因而强调"个人主义"，而中国文化传统重视"利他",因而强调"群体主义"。当然,利他性与利己性都有各自的自然性,因而自由意志的选择和教育会造成实际的差异。

(四)君子文化的理想

子谓子夏曰:"女为君子儒,无为小人儒。"(《论语·雍也》)"儒"是孔子心目中的文化人,它的原意应该和《易经》的需卦连接。需卦是天上有水,降而为雨,润育万物,故天上之水是人们所期待的生命之水,尤其在大旱无雨的时节。同样,有一种人称之为儒,正如天上之水是人们所期待的领导者,能够解决人的生活中的生存问题,因为它能提供滋养万物的生活之道。这样的领导者是仁爱的化身,他的一举一动都代表一种生活的价值,为民众所敬仰。因此,孔子说:"君子尊贤容众,嘉善而矜不能。"(《论语·子张》)而且君子的行为以德为基础,君子能够节制自己的欲望,管理自己的行为,因此是德行的化身,能够为他人着想,使自己的行为合乎规范,显然是以仁作为自我实践的目标。虽然孔子没有直接论述君子是仁者,但他描述仁者能克己复礼,一切以合乎时宜为准绳,并由此重视自我的修持,影响大众,使天下归仁。这就是君子最根本的德性。有了仁就能够讲求义,他说:"君子义以为质,礼以行之,孙以出之,信以成之,君子哉。"(《论语·卫灵公》)以此可见,君子具有仁德以及基于仁所实现的其他德性,需要人在社会当中发挥德性的影响,把社会从一个只求利己的小人态度,转化为兼及利他与利己的道德理性,甚至牺牲自我的君子情怀。

在这个意义上,君子就是仁者,也是智者与勇者。孔子说:"仁者不忧,知者不惑,勇者不惧。"(《论语·宪问》)可以看出所谓君子,是综合各种德性与智慧形成的人格模态。与君子的反面人物"小人"对照起来,凸显出君子之难能可贵,是德性修养的一个整体的成果。社会的好坏就在于是君子多还是小人多。孔子认为君子"以文会友，以友辅仁"，可见仁与君子是与"群"的存在和发展息息相关的。

作为一种人格模态和精神的心态，君子突出的就是实现自己的德性潜力，而扬弃小人的利己态度。君子与小人因此可以对立起来理解，因此，孔子说："君子周而不比，小人比而不周。"（《论语·为政》）"君子和而不同，小人同而不和。"（《论语·子路》）君子有很强的自尊心，因此有强烈的耻辱感。不像小人，既不自尊，又厚颜无耻，对自己的缺乏德性毫无感觉，也不在意，因此往往谎话说尽，坏事做尽。君子对自己的缺失非常在意，努力改进，恢复有德性的生活与行为方式。孔子说"君子耻其言而过其行"（《论语·宪问》），因此要"先行其言，而后从之"（《论语·为政》），避免言过其实，而不能达到德行的目标。因此和小人的对比也反映在"君子怀德，小人怀土"（《论语·里仁》），小人只是想不犯错就很好，而不直接积极地追求德性的发展。

我们要问孔子君子如何成为君子？需要经过深入的分析和反思才能回答这个问题。首先，人在出生时是正直的，但也可能有其他缺陷，这就涉及基因遗传的问题。基因的影响使人的行为容易产生误差，譬如说有人脾气偏向暴急，有人则偏向于麻木，不一定自然表现为美好的中道。一般来看，大多数人是以利己为目标的，开始就是一个真小人，生来可能就并非慷慨大度，或者生来就自然地以保全自己为主。但人们也可以了解慷慨大度以及利人的好处，人们也能发现爱人就能为人所爱。这是一般所谓的平民精神，即他没有把他的缺失当作自己的选择，而是自觉地管制自己的缺失。有这样的认识，就可以进一步考虑一个平民即一般人如何变成君子。

关于这一点，孔子在论语里面有这样一个提示，孔子说："人不知而不愠，不亦君子乎？"（《论语·学而》）能够做到这一点，就已经有了君子的大度，以自己的精神充实为独立的生活目标。有了这样一种大度的开放胸襟，懂得控制情感欲望，也就更容易将自己的处世做人的能力转化为德行。不但避免落入小人之道，更能懂得反思自我，改造自我。在《论语》里面，孔子一开始就提到"有朋自远方来，不亦乐乎""学而时习之，不亦说乎"（《论语·学而》），这两点就是修持德行之道的方法。这两句开头语代表了一种开放的态度，重视友情，因为可以从朋友中学习。重视学而时习之，也就能够在反复的学习过程中，把外在的一些生活秩序基于需要转化为内在的一种行为方向和行为模式，也就是说君子可以从生活里学习开始，学习君子的人格。以此为基础，君子就能够更进一步地自我管理，更进一步地提升他人，更进一步地以利他为优先，以服务人民为满足自己的人格发展。因此也就产生更多有关如何培养文化的人格或人格的文化，再经过多次的重复，也就慢慢能够进入德的世界。

《中庸》和《大学》都讲究修德与从政，显然作为君子，这种文化的学习有一种积极的意识追求。所以孔子说"志于道，据于德，依于仁，游于艺"（《论语·述而》）。每一项都是对自己文化的提升，也就是创造一个人格的文化，成就自己人生的境界。有了这些最起码的文化学习，也就能够逐渐实现道德文化。文化中包含道德，道德也就能够发挥作用。不但能够改变自己的生活方式，也能够把外在的规范转化为内在的德性。总言之，作为君子，必须先行学习文化，然后在行动中实现道德的规范，一个普通人甚至小人也能成为一个君子。孔子说"文质彬彬，然后君子"（《论语·雍也》），孔子又说"文、行、忠、信"（《论语·述而》）。一个文质彬彬的君子，就是兼文行与忠信为一体的。显然，孔子认为一个人必须以学习文化为主体，进而学习文化所包含的道德价值。

孔子对人的基本观察从其可以成就的观点提出几个阶层，最高的当然是充分发展人的本质与精华的圣贤，他心目中的圣贤是像尧、舜、大禹等人物，把人的存在变成仁的存在，无时不体现生命整体的本质和理想，像天地一样，既能刚健自强，又能厚德载物，更有好生的德性，能够继承天地之创造精神，为所有的人带来求善的动力，有一个天地人格的理想，温良敦厚，启人心智，追求善的实现而锲而不舍。在五伦关系上，应该是一个好父亲，好配偶，好兄长，好友朋，好君主。在行为上，谨言慎行，有过不惮改。有这样的标准人物，则可以领袖群伦，安定人心，用《中庸》的话来说，能够"赞天地之化育，尽人之性，尽己之性，尽物之性，也尽天地之性"。这样一种圣贤人物，是人的极致，具有所有的德性，而能实践之，推广之，完善之。

有了上述一个圣贤的理想，所谓君子，可以说将圣贤作为理想目标，能够躬行圣贤之道，鞠躬尽瘁，死而后已。在实际的形象中，他更是文质彬彬，仁智兼顾，凡事以礼行之。当然，作为君子，他可以上达于圣人，下达于群众，可教化他人。最好的君子典型，我认为就是孔子自身，以及孔子认同的颜回。其他弟子各有所长，但没有像孔子与颜回那样整体完善，永远永恒地实践行善去恶。但君子与圣人可能有一个重大的不同，那就是君子更重视美感经验，讲究"文行合一"及"知行合一"的美感，包含人际交往的美感和家庭发展的美感，以及治理国家的美感，应该是一个更为现实的君主之才，在生活中表现为"随心所欲而不逾矩"（《论语·为政》）。这也可说是孔子自身的写照。

在实际社会中，孔子更强调君子的谦谦之德，接近《诗经》中君子的理想："有匪君子，如切如磋，如琢如磨。有匪君子，充耳琇莹，会弁如星。有匪君子，如金如锡，如圭如璧。"（《诗经·淇奥》）"仲山甫之德，柔嘉维则。令仪令色，小心翼翼。古训是式，威仪是力。天子是若，明命使赋。"（《诗经·烝民》）

儒家的君子文化来自中国的易经哲学，在我个人对易经哲学的理解中，人一方面在自然宇宙中有其地位，但人必须发挥他的德性，才能够建立和维持这个地位。所谓德性，就是自身的独立自主，发挥人性，建立理性，使人能够在自然中生存和繁荣下去。人性经过自我的反思和学习，才能发挥存在的能量和创造文化的文明。事实上，在人对宇宙的理解中，人为天地所生，具有天地的才性和创造力，因而能够知识万物，与天地万物交往流通，塑造自己的生活环境，并逐渐形成自己生活的方式，包括发展语言、艺术、技术、科学，在自然环境中有自己文明的衣食住行，同时也能够和自己的同类建立良好的关系，共同发展共同生存。当然这需要一个发展的过程，也就是实际的人类历史经过的过程，其中并非处处都得到成功，也并非事事都具有理性的价值。相反地，人必须经过各种磨炼，甚至犯上各种错误，才能学习到生活的智慧。因此历史中充满了人类的无知和幼稚的行为，以及残酷的暴力争夺，这都代表人类作为个别的存在，必须经过痛苦的教训和对错误的改进，才能得到一种进步，实现群体之善。每一个进步都要付出很大的代价，也教训人类必须审察自己，约束自己的欲望，更进一步发展人的和平理性以及善良的爱心，来建设人类共生共荣的生活世界，并保证人的和善之性，也就是仁心和责任感的不断成长和发挥。

回顾人类过去近万年的历史，我们看到人类的文明进步，也看到人类的智力成长，包括工业和科学文明的建设，当然也看到人类的群体社会组合由原始的公社发展到现在的国家。每一次进步固然是一种成就，但它也带来新的问题。这些问题的发生有可能消除人类已有的成就，把人类推向原始的历史。这就是说人类只要犯一个大错，就必须回到原点重新开始。所以人类在一定的时间段落中要求进步，来达到一定的成功的临界点，如果有这个所谓的临界点的话。这个临界点就是人类从已有的成就进化到更高一个层次的组织和文明，消除破坏文明的各种因素，向上提升以达到一个最高的境界。就中国文明来说，这样一个发展并非不可能。《易经》所揭露的本体宇宙论，建立了一个人类发展的模型，肯定人类存在的基因，是人性善的开始。但在经验的发展中，可以走向善的反面，即所谓恶。如何保持善而不陷入恶，是人类必须共同认知的生命之道。《易传》说"积善之家，必有余庆；积恶之家，必有余殃"（《周易·文言传》），显示的问题就是如何积聚善而消除恶。易学的回答就是儒家精神的提出，要积极地修持自我，而且使善性不会转换为恶性，不但成功于一时，而且能够持续已久，不但限于个人，而且逐渐扩大包含人的整体。这就是孔子仁爱之说的精华。

儒学是对易学对人的要求的回答。这也使人更相应于自然宇宙的两种不同属性的整合要求，既要求人刚健自强，这是阳性，也要求人厚德载物，这是阴性。而阴阳互补之道是原始太极的原理，人必须兼顾太极的两个功能，把阴阳的属性结合在一起，形成不同德性，来应对不同的环境，建立善性，消除恶性。个人的成功就是圣贤，群体的成功就是大同世界。只有在个人成功的前提下，才能有群体的成功。也只有在群体成功的理想下，才能完成个人的成功。两者是动态的统一，相互推进的。这样就构成儒家理想的人格，因为君子就是文质彬彬，把文和质结合在一起。文就是阴，质就是阳，阴阳互补，文质相融，形成圣贤的底色。圣贤爱民，周知万物，仁济天下，天下和平，这就是儒家的君子文化的主要内容。作为个别的人，君子有他各种不同的属性和功能，也有他行为的风格，因此形成了孔子对君子的认识，在《论语》中显示得特别生动。

但我们不能忘记《易经》的本体宇宙观也影响到道家，天地万物流动不居，生生不息。作为宇宙生命的一分子，人悠游其中，自然有一份原始的生命自由和逍遥自在，有如天上的飞鸟，水中的游鱼，享有一种自然的美感和生命的情调。至于要不要结社群居，就看物种自身的造化和喜好，并非必须一个样子。然而万物是平等的，自由的，并不因为小而无声，做而无用，相反，小而弱也有小而弱的自得其乐，甚至也能与天地相交往。庄子在濠上观鱼，看到鱼的游乐，不禁叹说："鲦鱼出游从容，是鱼之乐也。"虽然惠施从一个逻辑的态度反驳庄子说，"子非鱼，安知鱼之乐"，而庄子回答说："子非我，安知我不知鱼之乐。"（《庄子·秋水》）从惠施立场，惠施不必知庄子知鱼之乐，但庄子也不必知鱼之乐。但庄子回答很简单，你问我何以知鱼之乐，是已经假设我知道鱼之乐，不然也不必如此提问了。

当然庄子并没有回答他如何知道鱼之乐的。但就我们对生命现象的观察和具体生物的生活经验，一些生活的情况是直接为我们所知道的，是把我的经验推广到其他类似的情况。这种直觉的认知，既是一种类比推理，也是一种直接反应，所反应的是我和鱼之间共同享有的普遍感受。当然，鱼不一定知道人的感受。但动物中也有能够感受人的情感喜乐的，如犬如马，可见生物的感受是可以相通的，这是因为一个情景是可以分享的。任何情景可以代表一种情感，可以为有深刻能力的动物所感受，甚至也能用不同方式表达出来。我提出庄子这个例子主要说明，人类和自然之间有密切的关系。所谓自然，是指自然中的生物和自然中的不同生命，有一种生命的共感和同情，甚至如王阳明所说，"草木犹有生意者也，见瓦石之毁坏而必有顾惜之心焉，是其仁之与瓦石而为一体也"（《大学问》）。即使没有生命的石头，其生存状态的改变也会引起人类的情绪。一块美好的石头遭受到冲击而破碎，难道我们不可以想象人是那块遭受冲击的石头，难道不能感受到冲击和破裂带来的痛苦吗？这样一种生命内在和外在分享情境和情感的现象，说明人之为人也能感受到天地变化的喜怒哀乐，一如经历到日月的阴晴圆缺一样。

庄子把这样一种情状说为"道通为一"（《齐物论》），也就是生命之道是相通的，人类不应该只限制在人的活动之中，而必须去体察天地间万物的喜怒哀乐，如此才能成为一个自然宇宙中的生命体。因此，人的生命必须保持这样一种开放，一种敏感，一种自然，不要把时间都专注在人事问题的纷争之中，而能够随时享受自然的生命活力，也能够为自然投射一份人的生命的情感。如此说来，人不只是能够弘道明道，也能够体道乐道忧道，同时保存心胸的开朗，不必斤斤计较于人类的利害得失，无法疏解自己的心灵，要让自己的心灵遨游于天地之间，与万物为友。庄子这样一种具有平等精神的自然人的理想，见之于他的内篇著作的《齐物论》和《逍遥游》。

　　无疑，庄子的自然生命哲学来自老子对道的体会。在《道德经》中，老子用道来说明易，道也是阴阳互通的，万物都是"负阴而抱阳"的存在，人的本质就是道。人们不必参与政治，过分地投入社会，尤其不可以纵情声色欲望，而忘记人类心灵中的道体。老子的哲学偏向于静态和易学偏向于动态形成对比，但老子的静态是由易学的动态而来。但他看到静态，也就是阴柔的好处，不必像儒家那样投入社会与政治，甚至孜孜求利，丧失了生活的原味。因此他主张"致虚极，守静笃"《道德经·十六》，同时要从一个无为而治的观点出发来处理所有人间的事物，不必像儒家这样忧国忧民，劳财伤神，不得其果。老子的哲学偏向于消极，正好与儒家的积极精神对立。庄子是理解老子的，他也欣赏老子的自然哲学，但他并不愿意人的生活过于宁静，甚至蓄意地追求小国寡民，不相往来。他希望生活具有生命的活力，记得与自然万物交往，甚至以一种博大平等的精神与万物融合为一，怡然自得。既然人也是万物中的一部分，因此崇尚道体也不能离开人的社会与政治活动。除了描述人和自然万物的交流关系，人也显示他能够参与人群的创造力发展，创造文明并讲求知识与适当的欲望的满足。

在庄子著作的七篇之中，除了上面提到的《逍遥游》与《齐物论》，其他五篇都是有关人如何参与人的活动，保存人的文明生活，因此讲究生活的艺术。如他在《庄子·养生主》庖丁解牛的故事中显示生活的潇洒和顺应自然。在其他篇章里，庄子也在进行对人生行动的规划。在《人间世》一文里面，庄子主张人之出世"虚以待物"，要荡尽心里的杂念，在心斋坐忘中提炼自己，自然能够达到不受伤害的目的。再者，人具有内在之德，是天地之道的结晶。道呈现为万物万念，但德却是忘情和忘形，因此人才能够专注内心的德力，而不必计较于形象和才华，生命也因此更为丰满，也更能接近于道而不必受制于世间的庸俗之见。这是《德充符》中的思想。庄子也提出真人的理想，在《大宗师》里面特别指出要无我无己，超然于物外，把生死看为一体，不值得烦忧。再说，人有精神的存在，不会因此而消灭，反而能够回归自然，与天地同游。最后，庄子在《应帝王》一篇中显示人可以有不同的存在境界，可强可弱，不定一格。但若要为政，也必须无为而治，虚怀若谷，同时可以说是顺势而应民情，对自己也无伤害。最后有关壶子的故事，说明人有隐藏自己的才能，不能让他人看透，才能胜物而不伤物。

基于以上对庄子的分析，可见庄子有入世的豪情，却保持着老子的深邃无为精神，也就是藏道于心，不露形色而行，这样才能够发挥应世治民的功能，不求表彰，成物而不居功，更不眷念任何权力与位置，超然于物外，仍然有一份潇洒和自由。如果我们把庄子这种入世精神与儒家对应，就可以看出庄子是更保持一种道德自然，然后顺应自然，参与世事与人类社会活动，进出自若，既有益于社会，又能维护自我的本真。这就是庄子心目中的君子人物。他说："人之君子，天之小人。"（《庄子·大宗师》）也就是说，人就是一个小天，有天之真，而不失人之能，既动且静，既柔且刚，内有自然，外能参与，就是内道而外辱。这就是庄子所谓的君子。

我很欣赏庄子这种君子之道，作为他道家之精华，结合了儒家之精神，不像老子完全超脱世间，也不像孔子以仁为己任，死而后已。庄子的自然精神转化世俗的世界，发挥了天地的创造转化的精神。这样一个君子理想，正是一个纷扰混乱的社会所需要的。社会的进化与发展有待于人，人若没有道的才华，则无法进行义的转化。但人若过分参与，把物人化，也可能扭曲人生，使世事变得紧张，更加难以化解。再说，参与世事不求回报，也是一种君子的心态，一切顺其自然，不必非要达到成功的目的，建立英雄的功业，而牺牲一般生活日常的平和。总而言之，儒学加道学形成恰当的内外融合，就成为一个理想的文化君子。这也是我们这个时代所需要的一个典型。如果缺少这样一种君子和文化，人类社会要么清静无为，一无所成，要么熙熙攘攘，徒增紧张。因此只有像孔子加庄子这种内外融合的君子，才能为社会带来一种祥和安好的气象，使人真正地感到悠游自在，自得其乐。

我在这里讲的君子分析具有内道外儒的形象，但如果再更深入地探讨，老子之后有庄子，孔子之后有易传，道义的融合才能产生君子的文化和君子的人物。西方没有道的哲学，也没有易的哲学，很难想象西方能够产生像在中国社会中产生的君子人物。事实上，我们也没有看到这样形象的西方人。同样在印度，佛家可以退隐到深林，修习超越生死的涅槃佛学以归于寂灭，也看不到中国文化中的君子人物，而多见好辩沉思的印度修行者。因为印度也没有《道德经》和《易经》，只有讲求成佛的佛经，自然也看不到中国文化中的君子人物。

我在此谈君子文化，纯粹就人类的文化和人的气质而言，可能是从具有一种美感的角度在进行论述。对于未来的世界，也许我们需要各种不同形态的文化人格。但我个人觉得中国的君子文化和君子仍是最具有美感的，而一个未来的和谐世界至少要懂得如何欣赏君子文化和君子人物，才能实现一个君子世界的理想，即大公无私，天下为公。我期待这样一个世界的出现。

（五）中国哲学简史：面对中国哲学的现代化和世界化

由于中国文化传统中并没有突出的哲学与哲学概念①，因此在历史上并没有出现哲学史这样的著作，但这个"哲学"概念是潜在于中国的哲学思考之中。所谓哲学思考，就是对思维方式、存在、真实、现象、知识、真理以及价值等问题的终极思考，也可以说是对终极的根本的思维方式及终极的根本的存在与真实的思考，与对终极的根本的知识及价值的思考。因此，界定哲学就是提出一个终极的根本的观点，来思考有关存在真实知识与价值终极的根本问题。存在、知识与价值既是问题的对象，也是理解问题的终极范畴。基于这个界定，苏格拉底提出"爱智学"的概念。哲学就是一种爱智学，也就是说对以上所说的问题的直接探讨，得到任何可以信赖的结论，并视之为智慧。人生在世，其存在的意义就在于获得智慧。人的存在有了智慧，生命才有意义，行为才有价值，不能看成盲动或只是本能地生活，像其他动物一样。中国思想很突出人的

———————

① 这里用的"哲学"一词，是以希腊与西方思想中的哲学（philosophy）为对象的。但由于我提出中国思想中也有"哲学"这个概念和理解，却没有形成固定的思考对象，因此在中国思想发展的过程中没有成为研究的主体。这个潜在的中国哲学概念，分散地呈现在最早的道与本体的思想中。但在文字上却表现为经典之书，而这些经典包含了对天地宇宙之道的认识，对人与天和天地之道关系的认识，对人自身的认知，对人的知性和德性的认识，以及对善行与伦理的认识，甚至对社会、政治、民生与人之本性对生死的认识。这样一个潜在的中国哲学思想，是直接面对哲学的问题提出的。但对哲学之为哲学作为一个独立的探索与认知对象，却并未理解地表达出来。从一个归纳的观点来说，中国古代哲学表现为"天道性命"等基本概念及其体验的基本描述，总结为中国思想中内在的哲学。但此一内在的哲学却没有语言化，成为有意识的和自觉的概念对象来进行讨论。

宇宙地位，主张天地生人，人能表彰宇宙存在的意义、道理和价值，这就是"人能弘道，非道弘人"（《论语·卫灵公》）的根本意义。因此中国思想重视人的价值和自觉，可以说就是一种有关人的哲学。《尚书·皋陶谟》中有"知人则哲"，所谓"哲"，可以解释为智慧，可见中国古代早有"智慧"这个概念，而且有"知人就是智慧"这个说法。但所谓"知"以及如何"知人"，古代文献并没有深入探讨，却明显地提出这一个"知人则哲"的命题，对这个命题的含义加以探讨，就是哲学，而且具有重要的价值。中国的智慧是直觉的，未把注意力放在理解或说明当前的存在现实和感受到的自觉的自我探索上面，因此未能形成抽象的普遍概念的"认知"方法与知识。

从这个意义来说，中国哲学的开始是面对宇宙真实的，也预设了自我的认知真理的能力。虽然对"真理"这个概念未能做出独立的探讨和抽象的描述，却把真理看成真的事物的存在。从客观的观察来说，中国早期的语言是直接指向具体思维的，而具体思维则被认为是真实的事物。至于语言的概念化功能，并没有得到自觉。语言只作为表实或表象的工具，尚未自觉地作为表意或表思的载体。由于对语言所表露出来的涉及心灵活动的命题不自觉，因而未能主动地做出概念说明和意义分析，只是把它看成存在之物来对待。因此可以看成一种存在的真理，并确定其为实际的经验所引起。后人加以引用，当作自觉的意义来探索。由此观之，古代中国语言传统所包含的命题，包括青铜器上的赞辞或名言，虽有哲学的意义或属性，却没有归纳为哲学的命题，只是由于哲学的概念的普遍性并没有建立起来。但这并不能否定中国古代思维中有哲学的思考内涵，虽然没有哲学之名。

如就先秦诸子百家的著作来分析，我们显然可以看到他们已经有了自觉的智慧概念，可以用"智言"两字来代表。这样的"智言"就是中国古代的哲学，只是它表达的方式不一样，其自觉的范围未统一，却归纳在不同的范畴概念之中，如刘向、刘歆编撰的《七略·诸子略》中把诸子思想分为"九流十家"，即儒、道、阴阳、法、名、墨、纵横、杂、农、小说十家，除掉小说家，就称为"九流"。东汉班固的《汉书·艺文志》也重复了这样一个分类。但在这一个分类中，显然杂、农、小说诸家不具有明显的现代意义的哲学含义。因此，更为谨慎的分类是由庄子《天下篇》提出的"墨翟、墨经、宋钘、尹文、彭蒙、田骈、慎到、关尹、老聃、庄周以及缙绅之士，可以归纳为墨学、刑名学、老学、庄学与儒学等五学"。西汉司马谈《论六家要旨》提出阴阳家、儒、道、名、法、道德等六家，则比较接近哲学的含义了。事实上，我们可以就这六家来说，阴阳和道德是基本的天人本体学，儒学则是伦理学，道则是自然宇宙学，名就是逻辑名言学，法就是法律学，都可以看成哲学的主要论题。从这个历史的检讨看，传统学说从个别的思想家逐渐产生了整体学问的概念，最后逼近"哲学"这个总的概括，再经过新的理解与诠释，我们就看到一个完整的中国哲学中包含了逻辑哲学、宇宙哲学、伦理学和法律学，明显欠缺的是知识学和知识论。但知识的概念可以说是包含于不同的哲学分类中，而使不同的学问探讨转化为不同的哲学领域。

汉代以后，对于抽象的人生道理与宇宙真理的探讨，可以分别看成道学、仁学、理学、心学、知学与生命学，总称之为"哲学"。有此诠释，就把古代的智慧分类转化为现代的哲学分类了。这样一种转化，预设了一个新的理解方案和一个新的理解诠释方法，能够把古代的学问转化为现代学问的相关内涵，以供进一步的认知、分析与融合。如此我们就可以把中国古代的学问的一些部分纳入哲学史的范围，提炼出哲学的观点和哲学的思考内容与成果，作为进一步发展的基础与资源。

基于以上分析，一个现代的中国哲学史的概念就建立起来了。我不是专业的哲学史家，开始并没有任何想写中国哲学史的意思。但是深入不同时期的中国哲学研究之后，我觉得中国哲学史是一个重要的项目。我的研究重点放在中国哲学的开始这一块，并关心中国哲学各种转向的缘由和性质，尤其关心当前中国哲学的发展和未来的形态。因此就不能不关心中国哲学史的问题，因为从中国哲学的原始点到现在，一定有一个发展的线索。这个线索一方面和中国哲学的原始精神相关联，同时也和时代的因素脱离不了关系。时代的精神反映在哲学家自身，哲学家则可以有他自己的关心之处和重视的问题，仍然具有很大幅度的发展空间和选择余地。因此一个时代哲学的发生，应该反映多种因素以及它们相互影响所形成的问题，而为一个哲学的心灵所认识，并影响其思想的回应和心性的探索，表现为一个新的哲学面貌。这样一种心灵的回应和探索所取得的认识与理解，可称之为对哲学问题的提出与回应。此一提出与回应有其创新性，但不一定令后人满意。甚至在同一个时代，不同的人也可以对同一问题提出不同的回应，自然形成哲学思想的多元化，因而丰富哲学史的内涵。

　　因此，一位哲学史家必须非常客观地认识各种因素，从哲学反映真实的事实提出问题和回答问题，从形式语言上来进行评估。评估的标准可以是比较性的，也可以是纯粹理论性的。这样我们必须假设哲学史家是客观的，而且有对哲学发展充分的深度理解，也对哲学的范畴和范围有根本的理解，并能公正做出判断，无论从逻辑还是事实都可以做出有效的论证。如此看来，哲学的发展是一种综合的创造，涵盖时空、人物、文化的基本认识。所以哲学史家必须充分掌握这些因素，如此才能做出恰当的历史评估以及哲学评价。这样一个评估和评价，可能需要较长的时间来获得证实。因此，一个时代的哲学史只是见证一个时期哲学的成果。而哲学史本身也是可以发展的，我们可以假想不同的哲学史的历史，而每一个哲学史都能够认识哲学成果，这些成果就成为重要的哲学内涵。我们思索哲学的发展，经过比较，并非不可以做出适当的评价。正像同一个时代的哲学家通过对话和交往，可以做出哲学的共识，我们也可以有不同的哲学意见，尤其是有关一个哲学思想的来源问题，以及所采取的观点和建立的思考方法。

从这个角度看，我们完全可以就哲学的起点，及其面临的问题，以及经历的观点与方法，来理解一个哲学史发展的进程。这不是照着讲，也不是跟着讲，而是跳出个别观点和方法，进行总体的论述，可名为总体讲。如何建立这个整体呢？庄子有这样的说法："得其环中，以应无穷。"（《齐物论》）这是把万物都看成在一个圆环之中，圆环的中心点仍然与圆环在同一平面。如果把这个中心点拔高到一定的高度，可以观察全局，我们就可以总体地认识已经有的哲学发展现状。对人的存在与世界万物的存在就有一个整体的认识。在中国哲学中，这个认识不是单纯的形上学，而是基于一个起点发展成为现实存在的本体学。因为在一个制高点的中心位置，所观察到的是哲学思想的流动，必然有其根源，也必然有其过程与成果。因此总体观的基础就在本体学，有本体学而后有形上学，然后有知识论和理解论，来说明在本体基础上知识和理解如何可能。再进一步，就必然涉及伦理学与道德学的问题，这是对人存在的基本认识所必须考虑的。进而涉及价值哲学与政治哲学，价值哲学尤其重要，它显示人对存在认识的评价态度。对人而言，世界万物都有其价值，作为其存在的理由。因此我们必须考虑到真善美及其相互关系，来理解人的存在和人存在的重要性。有了这样一个基础的总体认识，我们就可以更好地去掌握一个哲学史的发展方向和基本格调了。

我想从这样一个总体观点来考虑中国哲学的发展，必须先从大局说起，然后再顾及细节。在这个意义上，我理解一个比较简易的哲学史可称为简史，主要在说明其发展的途径和方向，以及其由来的根源和持续发展的力量。有了简史，就可以有一个重视细节的通史。当然，简史并不能够代替通史。但我这里提到的简史是涵盖哲学发展的哲学理由和历史因素的，本身就是一套哲学，也可以说是哲学发展的哲学，用在中国哲学就是，中国哲学的发展的哲学，是对中国哲学有深入的体会和洞见所形成的一个具有时空向度的思想空间，却展现在一定的时间段落之中，犹如从高空中看到的长江与黄河。我们从高空中会发现长江与黄河的起源之处，以及其持续不断的动能来自一个本体的形而上的生化循环。我们也可以看到长江与黄河如何汇聚不同的支流，形成一个大的潮流流向大海。这个比喻用来说明中国哲学史的发展是生动活泼的，长江与黄河不但汇聚支流，还能够形成湖泊，灌溉所经过的土地。在长江与黄河的流动中，我们看到流动的方向，也看到巨大支流汇入所形成的激荡和波涛，甚至改变了流向。但主流必然是主流，最后仍然坚持一个方向流向大海。基于这个比喻，我们可以看到中国哲学如何形成一个中国文化的主流，以及所产生的各种分野和汇合，创造出不同的景观。这样一个观点，也说明中国哲学重视实践的重要。所谓实践，就是实际地创造出新的成果，显现为新的分类和新的汇合，来作为一个问题解决的目标。这是因为任何哲学问题的提出，都有一个内在的或潜在的根源或一个发展的目标。而这个根源和目标都要经过一个发展的过程来实现，此处所谓的发展，就涉及哲学的实践和哲学家的真实的体验和理解，并因此改变世界，创造出新的格局，同时在解决旧的问题基础上提出新的问题，继续向前推进，克服问题带来的危机，并创造出解决问题的新的方法。

所谓方法，就是如何转换我们对存在的认识，来帮助我们更好地掌握存在与价值，有利于生存的发展和生命的自我实现。这也是一个人类实践其价值的过程。我们观察西方哲学的发展，生命意义问题的提出带来新的思维方法。思维方法开拓了哲学的论述，但又产生新的理论或实践问题，必须寻求新的方法。新方法再带来新理论，新理论又产生新的问题而导向新的方法的发展。这就构成西方哲学中的典范变化。最好的例子就是从休谟的怀疑主义到康德的批判哲学。这是新方法解决哲学问题，克服哲学危机的一个最好例子。但这个方法克服问题，又必须创造新的方法的现象，下面还会谈到。在这里我想说明，中国哲学的发展也是循着理论和方法的变化发展下去。我把伏羲画卦看成中国哲学的起点，伏羲画卦首先解决了如何理解宇宙的问题。易经符号体系的卜筮发明，也解决了如何理解未来的问题，等于克服了相应的生存危机。也许在这一点上，中国哲学的实践性比西方哲学更自觉。方法不但带来理论，也要求实践，就是能把理论的成果实际用于人生，为实际生活克服困难或带来新的认知。这就是中国哲学中行与用的问题，是在本体与知识的问题之下发生的。不能解决这个问题，生命就有危机。因此我们必须要重新思考，寻找新的方法，来解决生命问题带来的危机。我们可以把这看成一个不断发展的过程，也就是从起点到危机到解决方法，到理论建设与理解的达到，再到人的相应的实践活动与对理论的实际应用。整个过程构成我所说的由本而体、由体而知、由知而行、由行而用的整个本体过程。这个本体知用行的结构，既是就一个哲学问题的发展和解决来说的，又是哲学整体发展中的一个变化。这个变化往往形成一种文化，同时也反映一个时代的文化。这就构成了哲学的时代性发展的现象，其影响甚至会改变我们的生存与生活方式。虽然这个改变也会带来新的问题和危机，但只要有一个本体知用行的思想架构，则任何危机都是可以最后解决的，但并不保证更新的危机出现，推动哲学史的进程。

就中国哲学的实际发展而言，从春秋最早期的易学思想到孔子的《易传》，是一个重要的方法论与宇宙论的发展。伏羲画卦和卜筮预测可说是最早期的本体之知的用与行。但在春秋时代，因历史事件的发展形成了诸子百家的哲学。这些哲学是对当时时代危机的理论回应，同时也具有高度的实践性。进入战国时代，新的一代哲学思想者在上一代哲学典范的基础上，发展了新的哲学理论。其中包含孟子扩大孔子的伦理政治思想，荀子提出新的哲学理念，并批评了孟子。庄子继承老子，创新了对道的认识，进行了本体论的创新。孙膑则继承了孙武的兵法，而且创造了新的兵阵，成为当时的兵家代表。其次就是墨辩的发展。为了要解决正确理解墨子的思想而产生了语言和逻辑的分析，超越了儒家的正名思想，并引发了名家思想。法家则在融合管仲、儒家、道家和墨家的基础上建立了法的理论，具有高度的现实性和实践性。显然法家的思想影响到历史的进程。战国诸子可说一方面解决了春秋诸子的问题，一方面又提出了新的问题，也形成了新的危机，对现实与时代的影响更为密切。秦国统一列国，也并非偶然。一方面是解决了时代的问题，另一方面又产生了更重大的危机，导致汉代的建立，但汉代并没有解决人民与国家的问题。一方面建立了儒家的主流化，另一方面则基于易学象数的流行，面临新的政治危机。从西汉到东汉的发展，从东汉到三国的发展，最后从三国到魏晋的发展，都可以看到危机导向问题，而问题的解决的方法未能巩固政权，因而陷入一种混乱分离的局面。到了隋唐时期才得到相对的安定，其中玄学的发展与佛学的传入不能说未发挥消除危机、解决问题的作用。这自然体现了方法性和实践性的重要性。

　　总而言之，我基本的哲学动力观是人的生命包含了时间转化能力，而且不能不面对变动不居的生存空间和生命过程。由于心灵的自然存在，所谓哲学的思维就是如何认识生存与生命的危机问题，在理论与实际上进行探求解决问题的方法，理解问题存在的源起和背景，形成新的理论，因而解决问题，也改变存在于生活的方式。当然，在这个过程中，人的思维不会停止，人必须随时面对变动不居的世界、社会和自我，不断认识新的危机问题，寻求新的方法，从理论上理解问题，解决问题，同时在生活实践中解除问题带来的危机。这个过程是周而复始的，看不到尽头。哲学的思考也将是无止境的，与人的生命与生活同在。这个说明自然是一种简洁的概括，同时也呈现一个发展的头绪，显示认识起点与过程、问题与方法的重要性，也同时显示理论和实践的必要性。

我以上的认识不但说明了哲学的可能，也说明了哲学的功能，把哲学和人的生命与社会的存在问题联系起来，显示其充分的实践意义。但实践离不开理论，而理论也离不开方法。不断面对生活的现实，在生活实践中感受问题和危机，也因此引发理论的说明和方法的应用。哲学的不断创新发展是和自然与人的生生不已的过程密切相应的。这样一个过程，从一个抽象的眼光来看，就是一套生活的辩证法。黑格尔提出历史辩证法，把现实的存在看成问题，必须经过否定才能提升，虽然说明了主观和客观的绝对精神的两面的关系，但由于十分抽象，并不重视个体的实践，对哲学的发展也就未能更清楚地加以说明。马克思把黑格尔的历史辩证法转化为历史唯物辩证法，也许更能具体地说明历史现实的变化，却不能说明哲学史本身的发展，显然他的辩证法也构成一个挑战，使哲学面临新的方法的追求，以解决现实中各种具体的问题和危机，并体现个体实践的重要性。因而允许新问题的提出和新方法的应用。这是一个不断开放的过程。西方哲学史并没有因黑格尔的理论而终结，在他之后，德国的世界仍然发生战争，形成人类生存的危机。把哲学推向新的方法论，见之于 20 世纪的实证主义和实用主义，以及存在主义和后现代主义即现象学方法论与逻辑分析方法论的发展。这个过程是否可以无穷尽地发展下去？当然如果我们接受维特根斯坦的建议，维护我们通常的语言，在我们已有的概念中进行有规则性的思考，也许可以避免哲学问题的发生，产生思想的危机，但我们的语言并非一个封闭系统，我们的心灵也不是一个固定的机械工具。人生的新的问题必然发生，因为我们有一个动态生生不息的生命之源，而我们的心灵也具有一个应变自如的能量，而不会安定于一时一地或一人一家。

总结而言，哲学更主要的面貌是理论，而理论包含着一个方法和实践的要求。当理论无法适用于实际的生活，人们就必须寻求新的方法，建立新的理论。这就是所谓哲学的创新。这也说明了哲学史的发展过程，其最重要的内涵是生存起点、理论、实践、问题、危机、方法与思考。如果更简单地说，就是在一个起点的理论框架之中，先有理论和方法，理论是方法思考的结果，但理论却无法解决所有生存问题，因此必须寻求方法以建立新的理论。新的理论再因现实突破，引起新的方法，得出新的理解和理论。如果再进一步简化，就是在一个原始的架构中，不断用方法建立理论，理论的有限性促进方法的发展，因而创建新的理论。新的理论超越了原始的方法，而必须走向更新的方法，如此则可以无穷尽地发展下去。

这样一种认识，很明显地体现在西方哲学发展的历史道路之中。据实而言，柏拉图更具原始的西方自然主义，发现理论性不足以满足现实的问题，因而寻求新的方法，创建了理想的观念论或者理型论。但理型论也不能满足现实的要求，导向亚里士多德的实在形上学的方法论。亚里士多德的方法论又无法回应犹太宗教超越上帝论，导向了神学独断论的方法论。经过中世纪到文艺复兴，人们眼界大开，就必须放弃中世纪的神学方法，用实际的观察方法来说明问题，建立对存在的理解，并从事生活形态的改造。一直到 17 世纪，笛卡尔提出新的抽象思考方法，建立"心身二元论"，消除了文艺复兴时代的"心身统合论"以及带来的问题。笛卡尔之后，斯宾诺莎提出更为完善的理性方法，建立更为彻底的生命结构和上帝概念，但它也带来泛神论的问题，引发了莱布尼茨单子论的方法论和建构。但这些也不足以满足英国哲学家对经验的认识。从洛克的内在观念论走向休谟的知识怀疑主义，这当然也都是由于已有的哲学体系发生问题，需要一个新的方法来突破问题，建立新的理论。

休谟的怀疑主义引发伯克利的上帝知觉神学，最后激发康德的批判理性方法论，从不同层次的心灵活动来呈现一个新的生活境界，解除伯克利的主观存在论的格局。康德以后，也都是方法的不断提出，以解决不断出现的理论问题。康德否定了本体存在的实际经验，导向了黑格尔的绝对精神哲学。但黑格尔的辩证方法并不能解决所有的经验的现象，因而导向了德国的意志哲学，如叔本华和尼采。而意志哲学也有它自身的问题，不能说明现象之为现象，最后引发了胡塞尔的现象学。现象学的方法又无法解释人的自然存在经验感受，导向海德格尔的诠释方法的存在现实论。以此为起点，海德格尔的理论并未解决社会现实和历史意识的存在，因而导向了伽达默尔的哲学诠释方法论。但伽达默尔的方法论也不完美，导向了不同的哲学反响，包含我提出的"本体诠释学"。

从以上理论与方法的交互影响和不断突破与延伸，我们可以比较清晰地掌握西方哲学发展的线索，对西方哲学史可以有一个比较具体的逻辑的重要认识。基于这样一个实际的西方哲学发展过程，所面对的理论方法相互交替。我想我们也可以采用这个交替逻辑来说明中国哲学的发展。我们只要假设中国哲学有一个起点，而这个起点同时具有理论意识和方法意识，中国哲学的发展就是在这个整体的起点观照下，产生了方法呈现理论的特殊境界，然后理论又必须寻求新的方法，建立新的理论，蕴含着另外一个发展的可能的方法。如此，哲学不但能够持续发生，而且能够产生新的面貌。因为新的方法蕴藏在原有的理论之中，逐渐突破理论，与时代结合，自由地创新，同时体现原始创造力的存在和状态。

我上面说到的方法，并非以西方哲学或社会科学的方法作为标准。事实上，我们需要在中国哲学实际的问题的认识中，体现出中国人的创造范畴与架构的哲学智慧。西方的文化与哲学体系仍然可以为我们所参考，考虑的问题仍然在我们自己的经验中，关键在于如何用自己的语言和思想来表达一个深刻的存在知识与价值的真理。这样出现的一个思想体系，自然可以和西方的思想体系进行比较交流与相互认识，因而产生中西相互诠释的现象和成果。首先，我们要肯定语言本身就是一套成熟的经验意义和思想概念结合起来的表达系统，具有高度的指谓性以及相当程度的诠释性，可以显示最根本性的理解，因此反映我们的理性认知的功能。不能不承认人类都有这样理性认知的能力，也有从经验创造概念和意义的能力，只是用的语言符号不必一样，因此必须透过共同经验和实际体验来建立沟通。这样一个普遍性的基本共识体系，是人类可以实现意义沟通和语言沟通的基础。

有了这个基础，才可以进一步找到不同语言系统的相关对应经验意义和概念，进而认识到意义的相同与差别，再进而形成不同的范畴建立与理论建构。在这个方面，我想应该先把中国哲学的经验体系和逻辑思维体系建立起来，从经验体系中可看出中西哲学最原始的意义异同，可以作为比较融合的起点。但从概念理论的比较中，我们必须认识到人类思维普遍遵守的基本法则，也就是思维的逻辑。虽然西方在亚里士多德（公元前384—前322）已经提出了逻辑的定律，在中国哲学中《墨辩》（公元前388年）的发展也是在同一时代，应该都属于第四到第三世纪的产物。《墨辩》中也提到逻辑的定律，说明了定义的重要与存在、知识、价值基本概念的内涵。这些基本概念事实上和西方大同小异，在这个层次，中西思想是可以密切地沟通和融合。但必须指出，中西哲学最大的不同在于对整体宇宙存在和人存在价值的基本差异。事实上，任何整体的存在都有其根本的差异。因为构成一个抽象的整体，是心灵思想创造性的表达方式，因此两个文化完全可以不必相同，甚至不必相应。如西方所说的存在，并不表示等于中国哲学所说的存在：西方哲学的"存在"强调同一性和不变性，而中国哲学的"存在"强调变化性和非同一性。

另外，还有其他不同的特殊经验，来自一个环境中的印象，也反映一个人的心理状态。因此在抽象和复杂概念当中，中西文化语言的差异是十分明显的。但如果我们承认复杂的概念和经验可以用简单的概念和经验来说明，也可以至少在一个较低的层次中建立一套共通的感觉语言或知觉语言，至于抽象语言和理性，也就不能要求它自然地相通，必须经过心灵的重新组合或同情的理解，才能找到对方语言的基本含义，而与自己相关的语言概念进行对比或者对应，甚至进行融合与统一。这就需要对诠释的认识。诠释是就一个语言系统中的概念和经验结构，进行另外一个语言的分析与综合，以形成可理解的对象。

由于复杂概念和语言具有很高程度的主体性及创发性，因此我们必须考虑到一个概念的特殊语境或作为读者人的感受与认知，然后在一个人的心灵中进行两个概念或两个不同理论的相互转化或相互定义，这就是"诠释"的意义所在。因为它代表一个给定的立场上，考虑到一个或其他可能的立场而进行重新认识。传统西方的认知哲学（知识论）并没有重视这个诠释的认知，但在对西方圣经的意义解读与其概念的复杂性和涉及的情境性中，产生了所谓经典的诠释，如将希腊文的圣经翻译成阿拉伯的语言，就必须站在阿拉伯语言的立场对圣经的概念进行诠释，当然也必须站在希腊原文的基础上对阿拉伯的语言意义体系进行诠释。有了诠释，才有翻译的可能。

事实上，语言间的翻译基本上在这个方式下进行。但在诠释学成立之前，人们并不知道所涉及的各种因素，包括时间差别、空间差别、人物差别、理解差别、表达差别等。现代的诠释学认识到这些差别，因之认为每一个概念被翻译成为语言，都有它自己的特性，而不必看成是必然普遍性的。蒯因说翻译有其意义的不确定性，确实如此。但翻译仍然体现一个最基本的理解，也能基于定义的方式表达相当精确的概念，因此诠释仍然是文化与文本沟通的最根本的形式。我提出这个认识，主要说明西方哲学大部分可以为中国哲学所用，作为中国哲学自身诠释自己意义的一个工具。就是说，亚里士多德的"十个范畴论"和康德的"十二个范畴论"，也可以在中国哲学中找到对应，只是不受重视而已。中西哲学的最大差异是西方强调存在的普遍性和永恒性，中国哲学强调的是存在的变化性和创新性。西方形上学更强调超越的上帝存在，而中国哲学则强调内在的太极的活动，刚好与西方形上学的终极概念对立。

为了理解中西哲学的相互诠释和可能的对立，我们必须理解中西哲学发展的根源与方法为何，同时从文化环境的差异中认识到何以有这种根源和方法的不同，以及由此而产生的不同的发展意义和变化意识，也因不同的历史记录和文化遭遇而发生。

说明上面这一点，能让我们更好地从西方哲学的发展中理解中国哲学，也可以从中国哲学的发展理解西方哲学。中西哲学的各自特色与发展方向，也就自然突显出来。这是我认为当代撰写中国哲学史的一个重要功能。除了突显中国哲学相应于西方哲学的特色与气质，还必须掌握中国哲学的起点和西方哲学的差异，以及在历史过程中所以产生变化的客观与主观因素。有了这些最基本的理解，我有一个再撰写《中国哲学简史》的计划。但我并没有一个详尽的中国哲学通史撰写的想法，它的确需要集体的工作才能完成。当初我出版"本体与诠释"系列，只能就中国哲学的问题加以考虑，但后来并没有时间推动这个系列的出版，出版八卷之后就停止了。

我有意图撰写一部《中国哲学简史》，把上面所说的撰写哲学史的基本方法用来说明中国哲学的起源和发展。这个工作是有意义的，也可以更详尽地作为哲学史的蓝本。但目前我的时间仍然有限，整理我多年来的中英文文稿，就几乎花去我所有的工作时间。因此对于《中国哲学简史》的撰写，只是提出一个结构上的构想，建立一个中国哲学的形象和理论，作为后来者的参考，而我也会努力尽量使其实现。

郭齐勇的《中国哲学通史》，把中国哲学史分成四个时期，分别为先秦两汉、魏晋隋唐、宋明、现代，突出明末清初的新现代，显然是受到萧萐父教授有关中国启蒙的论述，至于前面三期的关系就不太明显。另外，对于20世纪以来的新儒家哲学，也未能包含进去。我理想的分类是先周先秦、两汉魏晋、隋唐、宋明、清末民初、中华人民共和国时期，这六个分期分别代表不同时期的时代危机和方法理论重建。每一次危机带来新的方法与理论，然后又遭受由外来因素造成的危机，必须产生新方法，建立新理论，来克服这个新危机。自古至今，这一个发展方式并无根本的改变。我计划的《中国哲学简史》将按照这样的历史发展来加以陈述，这样也便于把中华人民共和国时期引入的马克思主义纳入中国哲学的思考之中，作为解决中国哲学危机的一个方案和方法。

这在当前是最为详尽和最能反映当代中国哲学研究发展状况的一部哲学史，是前所未有的，因此是一部划时代的杰作。作者提出的七条特色，即自然生机、普遍和谐、创造精神、持续建构、德性修养、具体理性、知行合一，事实上反映出一个基于诠释的认知，却用简单的中文表露出来，其中就包含着中西的融通。但这七条中似乎缺少一个动态的生命精神，也许可以加以补充。

二、面对西方哲学的深刻体验

鸦片战争之后，中国人对西方不一定有实际的认识，把西方人笼统叫作洋鬼子。鸦片战争 50 年后，可以想象当时中国知识分子对西方的强权有了深刻的印象，他们不但船坚炮利，而且有强烈的侵略和征服欲望。西方文明何以如此，当时的高级知识分子和当政者并不十分理解。五四时代，中国知识分子才了解到西方的文明制度、政治制度有重大的优点，使西方成为军事大国，称霸天下。反观中华文明，产生一种自卑心理。一般社会人士是极端地消极，日本人侵略中国，中国知识分子也知道是因为日本成功学习了西方，但究竟西方有些什么样的文化值得我们积极学习，一时也不甚了然，最后在五四时代归纳为民主与科学。以民主与科学的昌盛说明西方的强盛，而以中国缺乏西方的科学与民主说明中国的衰弱，因此间接否定了中国文化的价值。实际上，他们对中国文化的本质并没有深刻的把握。

辛亥革命似乎代表这样一种对西方的认识，但孙中山对 19 世纪后期的中国有所觉醒，来倡导国民革命，推翻清政府，在文明制度上学习西方强国的政治制度。但在另一方面，他十分肯定中国文明的道德传统，可以说是一个具有灼见的当代中国知识分子和开明的政治思想启蒙者。他肯定中国文化道德传统必须传承下去，不能完全模仿西方，从而丧失自己的文化意识。毕竟他认识到中国历史上也有过强盛的时代，因此他在主张民主革命的同时，也主张民族自觉强种强国，因此他代表的是一个中国人深入西方传统，而又肯定中国传统的政治启蒙者。他不只是要求"师夷长技以制夷"，而是要学习西方的科学民主，以达到中华民族和西方列强的平等地位。在这个基础上，五四的一些知识分子有鉴于俄罗斯的"十月革命"的成功，并认识到马克思主义对西方文化的反制和批评，从而找到一个理论的工具来批评西方的工业社会，同时以此来建立一个理想的中国政治制度和社会制度。如此不但能拯救中国，也同时能匡正西方的种族主义、资本主义和霸权主义。这就是中国共产党进一步社会觉醒所要求的社会革命，建立一个理想的人类社会。但共产主义并未忘记西方人对中国的侵略和霸凌，因而极力提倡中西民族的绝对平等，并以此来改造世界，形成一个更加公平正义的人类社会。第二次大战之后中国的发展，显示出中国人对西方文明有了更深刻的批判意识，也对中国传统进行了严格的自我批判，确定了传统文化价值的精华，作为建设和发展的一个重要资源。

以上我粗略地叙述了中国一百多年来对西方的认识和自我觉醒的过程，同时以实际行动发奋自强，建立了一个强盛的中华人民共和国，并同现代西方的霸权主义进行对抗，从中华民族主义走向人类共同发展主义，确保世界的和平正义、繁荣及可持续的发展。

我出生在日本发动全面侵略中国的时代，在大后方的成长过程中，对西方的认识也就具备一些复杂的因素。一方面对西方有很大的好奇，也对古代西方的希腊产生一种浪漫的喜好，认识到希腊的神话使人悠游其中，感到不可思议。在读小学的阶段，对日本人侵略中国十分痛恨，却并不十分理解日本的暴行，对日本学习西方所形成的青出于蓝而胜于蓝的结果也不十分理解。小学尚未完成就回到南京，进入初中开始接触到西方的历史，但这也只是一个对西方抽象的理解。真正形成对西方的理解是通过高中时代认识到现代中国受西方列强侵略的历史故事而形成，但当时对西方的文学产生了深刻的兴趣，读了很多三联书局出版的现代翻译的西方作品，看到的是西方诗人和小说家的才华以及他们辉煌的史诗著作，同时我也对天文学有了浓厚的兴趣，因此更加理解西方科学的发展背景。

在高二时代，我还准备翻译介绍爱因斯坦相对论的读物，心中对西方的印象是西方人如此多才，但对西方列强侵略中国之居心何在，目的何在，心中常常并无固定的答案。只是我很不喜欢一些中国人对西方的奴役心理，崇拜西方而对自己的文化自卑不去发展。我当时就觉得西方人能做的，中国人也都能做。西方人只是更早地发展了科学文化，形成强权。西方为了自身的利益，来掠夺中国的资源和财富，我觉得这是可耻的，而某些中国人不知耻不反思也是可耻的。我觉得我要学习西方文学和哲学，一方面是在进一步地探索西方到底是何以强盛，另一方面也在心中比较中西的差别，何以中国在现代如此软弱，受到欺凌。在这样一种心情下，我报考了台湾大学的外国文学系。进入大学之后，除学习本科外，更积极地思考问题，同时兼修哲学，进修数学和物理学，以充实自己对西方科学知识来源与基础的认识。大学毕业后，我全部投入哲学学科，并决心留学海外，以深入西方文化的核心，掌握西方文化精神的价值与动力，并希望以此来唤醒国人，为中国的现代化与强盛贡献一番心力。这一个学习的历程，在上面篇章中已经有所介绍，在此就不再重复了。

我对西方的认识因此是在一个成长的过程中逐渐形成的，最后进入西方，直接面对西方。求学于美国的哲学课堂之中，更深入地体会到西方文化的精华，也更能理解西方文化的问题所在，以及它的缺失之处。当然西方哲学是西方文化的精华，真正认识西方哲学的精神，并学习到它的分析与综合的技能，是深入理解西方文化的一个重要方法。但我同时必须说，理解西方还需要面对西方具体的社会和人生，因此必须深入其境去理解西方人的心理和文化心态，这都必须在实际的生活中去体会。我从 1957 年留学美国，从西雅图的华盛顿大学到波士顿剑桥的哈佛大学，在短短 6 年中，可以说获得了和西方人深入沟通和学习以及辩难的最高最细致的经验，从观察中了解到西方的文化的精华所在，对其哲学中的逻辑思想和分析能力以及知识建构和批判能力有相当的掌握，因此体会到西方学术工作的创建精神与求知的能耐。在西方留学的中国科学家既然能够获得诺贝尔奖金，就已经证明中国人的理性智慧并不低于西方，不仅在物理学，也在数学逻辑方面。就我来说，我对欧美哲学的分析与知识论的掌握，也如西方的哲学家一样，能够发挥充分的分析理性和理论建构精神。

毕业之后，我在美国教学已 60 年，教授的哲学科目除中国哲学外，更多的是西方的哲学，从希腊哲学到欧洲近代哲学，再到德国理想主义，再到美国的实用主义，几乎接触到所有的重要课题。因此，我一方面可以说是从事西方意义的哲学思考，除分析批判外，更有一种包含和综合的能力。因为我也同时在中国哲学方面进行体会和观察，从比较和批判的角度来考察中西哲学的异同以及各自的专长和缺失。由于我对中国哲学与文化的内在感情，在对中国哲学的建构上更重视融合西方的优点，来发扬中国哲学的融通精神，也为人类的世界哲学构思，使中国哲学能够发挥一个启蒙世界的重要功能。这当然也是我自己的哲学心得，显示我对西方哲学的理解所产生的基本创造效应。

虽然我对西方哲学传统有深刻广泛的认识，但我仍然要问：我理解西方文化吗？对这个问题，我的回应是：文化包含的面向很多，从理论到实践，从生活到思想，从心理状态到角色过程，从基本欲念到政治野心，可以说包罗万象。认识西方哲学，只能说掌握了认识西方文化的钥匙，西方文化的实际操作和生活内容还需要广泛地观察和经验才能获得，所以我不认为我对西方哲学的理解自然地包含了对西方文化的理解。我在美国生活超越半个世纪，已有整整65年。我一直在学界与学者交流，在生活中的体验大多属于学者的阶层。

中国人比过去更能够理解美国的政治操作和所谓的议会政治，其目的都在打击他国来维持自身的优越地位。从这一点看，近五年来美国媒体更有效地把美国政治文化展现在世界面前。美国政治文化在当初具有高度的道德制约性，二战中也可以看出美国重视公平和正义的精神。但在二战后，美国就出现了自私的心理状态，把日本纳入美国战略体系，对中国完全采取一个防备和限制的政策，反而把中国人的战争成果交付日本人，这又是什么样的正义呢？因此，我们可以说美国既因二战而强盛，也因二战而失去道德，在心理上患得患失，失去平衡，任由利益的吸引，腐化了它的文化人格，造成精神的衰落。我是如此理解美国的。我想我和别人不同的地方是，我更能注意美国的政治与经济发展，同时更能从美国哲学，甚至西方哲学的概念中分析与理解美国文化走向衰弱的原因。

我有一个感觉，就是现代的欧洲人都愿意生活在自己的传统之中，感到自身的美好和稳定，以及获得精神的营养。如果不是因为共同安全和经济合作的需要，欧盟也不必存在。英国脱欧的重要意义就在于英国人要回到自己的传统，过自己的日子，不愿意接受他人的干扰与公共社会所形成的责任负担。因此，欧盟的存在是人为的，美国也因此利用欧洲，建立了北约联盟，由此来分享和获取欧洲可以取得的利益和战略安全。纵观西方世界，只有美国这样一个国家不安于自己的传统。也许因为美国没有发展出一个成熟的传统，因此在世界上栖栖惶惶，到处拉关系，以对抗假想中的敌人和美国霸权的竞争者，如中国。这就成为美国自然发展的负担。问题是：美国有能力去负担这个世界吗？美国的历史学家保罗·肯尼迪（Paul Kennedy，1945—）在《大国的兴衰》（*The Rise and Fall of the Great Powers*，1987）一书中提到，美国的霸权最大的问题在于要用大量的资金去支持海外的基地，这将把美国拖垮。当然，肯尼迪没有想到的是美国的政治家也很聪明，他们利用美元的森林体系大量印制美钞，来支持海外的军事基地，同时制造机会使他国到美国大量投资，把纸钞变成实际的财富。可见现在的美国人是何等聪明。美国的政治家是否能够做到供给和需要的永远平衡，是很难预料的。但这个需要正是美国要维持她的霸权和挑衅中国的基本理由。

以上是我对美国和西方文化的理解。此一文化更属于现代，却是从古代的西方文化逐渐进化而来。我同意英国历史学家汤因比的看法，就是把一个文化体系看成生命体系，各有其文化发展的生态和能量，有些文化不能长久，原因不外乎外在因素和内在因素，就像人的健康一样。因此也有所谓"文化基因"的问题。如果基因有缺陷，就很难持久，因为迟早有缺陷的基因会带来各种疑难杂症。如果基因正常健康，一个文化就能够持久不衰，甚至于永续发展。我研究西方哲学，逐渐重视西方的文化体系，把西方不同的文化传统看成一个生命体，从她的生老病死掌握她的兴盛和消亡的原因。我对这方面的思考还不成熟，但我观察到中国文化的传统历久而不衰，我觉得其中一个重要因素就在于中国人内在的道德精神。中国人重视道德，能够自行管理，也能够兼及学习，因此适应环境的力量以及再生的力量很强。只要不丧失这种内在的道德力量，中国人就能够创造更好的硬实力和软实力，以及不违反人性的巧实力，并体现生命智慧的自然力。这是我对国家发展四种力量的评估。以此可见，仅有硬实力是绝对不够的。而软实力则受到人的意向和居心的影响，是否合乎生态，是否合乎时代的需要，是否玩物丧志，使人屈服于机器，而把人当作工具，都是软实力应考虑的问题。

至于约瑟夫·奈所说的"巧实力"（smart power），指的是各种战略计划和设计，更是需要用道德的智慧来约束求胜的功利心态。有时候巧固然巧，却往往导致弄巧成拙而得不偿失。这固然是约瑟夫·奈所说的美国的优胜之处，但也可能是美国致命的缺陷所在，所谓聪明反被聪明误。中国人的长处就在于有庄子那种自然开放的心态，而不蓄意取巧，把生活弄得紧张混乱，导向失败。中国有易学这个传统，强调"简易"的精神，"简易"也可以是一种自然真实，是我说的"自然力"的一个重要表现。中国文化尊重实际与自然，人文与知识，也要求高度的道德自制和公正的仁爱关怀，易学的宇宙智慧把儒家和道家结合在一起，加上其他诸子百家，如墨家法家兵家等。中国人的生活具有一种内生的韧性，能刚能柔，能动能静，能屈能伸，不只依赖计谋，更强调开放与包含，中国文化的存在正如孔子所说，"智者乐，仁者寿"《论语·雍也篇》。中国的文化能够绵长悠久，生生不息，也就可以更好地理解了。

综上所述，我对西方的理解开始于哲学，进展到文化，同时形成一个观察和比较的态度，使我能够从中受益，回馈于中国文化的建设以及中国哲学的再造。如此，中国的文化和哲学就更具有一个理想的世界性，能为未来的人类提出一条可行的生活之道和发展之道。

三、对西方哲学史的认识和评估

　　西方的哲学溯源于希腊的哲学，而所谓哲学就是对自然现象来源和天地有关属性及关系的探讨。但一个不可否定的事实是，在希腊哲学于第六世纪泰勒斯（公元前624—前546）开始之前，希腊人的社群受到早期在埃及和两河流域流行的神话的影响，把神话当作一种宗教和文化来信仰和对待。由于《荷马史诗》（公元前9—前8世纪）和赫西俄德（Hesiod，公元前8世纪）《神统记》的传播，希腊神话自成体系，呈现了一套自然神祇创生和发展的故事。这个故事叙述基于对人性和动物性的一些特征而形成，首先肯定天地中有一个大神自然出现，然后产生了第二代的神祇彼此斗争，最后形成了第三代的神祇，也就逐渐统一在一个大神宙斯之下。这些神祇不受伦理道德的拘束，而受自然欲望的纠缠，代表原始的自然暴力，导向争夺与冲突，像水火雷电一样。宙斯一代其形象更接近人的存在，可能是上几代创生出来的结果，能够保存原始自然力量的是神，不能够保存原始自然力量的是人。神不必死，而人却生命有限，这样就分辨出人和神的差别。两者的关系并不一定是协调，有的神同情人的命运，有的神把人当作低等的存在，却经常掠夺人世间的美女来满足他们的欲望，如宙斯所为。有的神同情人的遭遇，如普罗米修斯（Prometheus）从天上偷火送给人间，而遭到宙斯的惩罚。可见神与人是对立的，神也嫉妒人，怕人赶上了神。但无论是神或人，都受到所谓命运（Moirae）的必然的控制，这说明希腊人对事物所以发生建立了一个管制生命的力量和法则。这样也就说明任何不幸的事情的发生都是命运的安排和决定，如神话中阿伽门农（Agamemnon）家族的悲剧和俄狄浦斯（Oedipus）杀父娶母的个人不幸，都非常理所能理解的，因此只能用命运来说明。这是希腊人对终极存在的统治力量的间接认知，是不可以违反的，涉及命运的事一定发生，只能承受和屈服。这也是希腊人终极地认为人的存在是痛苦的，而且永远得不到解放。这些民间文化既为民间所信仰，也就成为希腊人民间的宗教，一直流传到苏格拉底（公元前470—前399）时代。

苏格拉底的理性主义以及对正义的探求，显示最根本的真理不是盲目的命运，而是心灵的理性。他的哲学的传播，就是基于这个信心而进行。如果他的话被接受，人们便会失掉对文化宗教的信仰，自然是很危险的事，好像暗示着什么都会成为可能。因此，当时的当政者反对苏格拉底，但人们不知道的是，苏格拉底只是在发挥一个基于伦理性的价值信仰。他的信念符合逻辑与正义的真理，事实上也具体地提出理性的论证分析与定义的原则，来取代神话宗教的未经检查的信仰。

希腊哲学并不从苏格拉底开始，在苏格拉底之前一个多世纪，已经有希腊哲学家泰勒斯提出宇宙原始质料是水的理论。何以有泰勒斯的出现以及何以泰勒斯提出水是万物的原料的说法？在苏格拉底之前，希腊的殖民和商业已经相当发达，可以想象希腊人在两河流域和埃及两个旧的世界里面，不断学习到古代的知识，也进行了繁荣的贸易活动，互通有无，这乃是古代地中海国家发展的一个方式。埃及盛产农业，可以提供希腊原地中海的殖民地，而两河流域的各类产品也可以输送到其他地区。由此可以想象，希腊文化的活力与重心乃在商业的交往。希腊的地理位置处于地中海沿岸的中心地带，通过地中海可以与四周交流，同时吸收四面八方的文化传统与价值，刺激了希腊人的创造心灵。同时在选择和学习的过程中，逐渐产生希腊人特有的认知方式和生活方式。

我至少可以提出两点作为说明：一是希腊人逐渐跳脱出民间文化信仰的神话体系，从实际的经验和观察中认识自然的事物；二是希腊人逐渐理解到自己所需要发展的管理形态和生活方式，把商业自由交往的精神用在政治的组织上面，形成开放的民主制度，给予一个正式的希腊公民以平等的权利，参与政治的讨论和决策。当然，这也不妨碍希腊人仍然采用奴隶的生产制度，来维护自身优裕的文化生活，并获得空闲来发展艺术，包含雕刻、绘画和音乐，同时也有时间去更好地从事对自然的观察和对数学的理性探讨。这样就形成了希腊文明灿烂辉煌的形象，以及自由发展的美好生活世界。在这样对希腊文明背景的理解之下，泰勒斯提出他的新的理论也就不足为奇了。他说"水是最好的"，因为"水生万物"。而水生万物是在尼罗河退潮之后看到的各种水生动物在岸边和河床中的存在，由此推想出水能生物，而水是生物最原始的资源，或者说包含了生命的种子，生命也就不需要一个外在的力量来另行创造了。泰勒斯的"水是最好的"的说法，是和老子说的"上善若水"不一样的。泰勒斯是就观察现实的自然现象来说，而老子是根据水最具有柔和性，而柔能胜刚，能够消蚀任何事物，因此是人类可以学习的德性。泰勒斯从自然宇宙立论，老子从道德价值立论，也显示中西文化原始的差异。西方从泰勒斯开始就重视自然宇宙，因为西方有其特殊的商业文化背景。而中国文化的开始就是农业文化，所面临的自然环境以及所追求的生活目标都不一样。

泰勒斯在希腊西岸的米利都出生。米利都在古代就是有名的商业城市，居住着两河流域和地中海的移民，希腊也以它为殖民地。

泰勒斯从小就接受了来自各方的知识，长大之后到处访学，包括到埃及测量金字塔的高度。他不但懂得几何学，也观察天象，预测日食的发生，根据观察的资料来做数学的推算。可见希腊哲学一开始就走科学的路，把宇宙中的事物当作实体，进行精确的理解和测量，有如回答几何题目一样。这种科学研究的风气和精神，并非特殊的现象，而是在西方特定的非农业环境中形成的。泰勒斯的学生阿那克西曼德（Anaximander，公元前 610—前 545）跟随泰勒斯，并进一步优化了泰勒斯的宇宙原料论。他提出最根本的原料是水分解出来的气，气是无穷的，也是无形的，他名之为"不定形之物"（apeiron），但它并非一个元素，只是一切存在的根本。他认为不定形之物产生冷和热、干和湿等对立。但他并没有发展一套完整的对偶思想，如中国哲学所为。其次，他的"不定形之物"产生的各种元素彼此冲突，造成世界的不稳定，而必须有一个恢复正义的过程以实现和谐。关于这一点，阿那克西曼德并没有详细地讨论，他强调的是万物来自"不定形之物"，又回归"不定形之物"。"不定形之物"解释了所有物的存在，包括宇宙天地和人的存在。他对生物的演化的理解是由"不定形之物"变成彼此冲突、违反正义的对立体，由于没有正义，万物虽然彼此联系，也会彼此转化。一个人可以转化为动物，而男人也可以转化为女人。这是他的自然观，自然仍然是命运决定的，也可以说是命运决定主义。显然他的考察是客观的，但他的结论却不一定准确，往往出于想象，比如说太阳是地球的 27 倍等。

总言之，阿那克西曼德也和泰勒斯一样，代表了希腊哲学走向科学研究的一个思想现象，显然决定了西方哲学重视客观知识与观察现象的特性。他的学生也是泰勒斯的学生阿那克西美尼（Anaximenes，公元前 586—前 524）基本上继承了他的理论，把不定之物看成是气体，并用此来说明水火风雷的变化，把物质一元论的哲学更深一层地发挥了。后来希腊的其他自然科学家也大致如此，一直到苏格拉底，才把宇宙本源的问题转向人的本质问题。

苏格拉底似乎对物理哲学并不十分感兴趣，因为他很早就注意到人类社会与个人品质的问题。人能有知识，但什么是知识呢？人经常是无知的，但知道自己无知是不是也是一种知识呢？孔子说"知之为知之，不知为不知，是知也"（《论语·为政》），预设了可以肯定的命题，也可以是否定的命题。肯定自己知道是知，肯定自己不知道也是知。只是这里说的知，是高一个层次的知。肯定自己无知就蕴含所知是错误的，没有实际对象。我们说的知，往往就是无知。因为它可以是空洞的、无对象的、错误的，只是我们不知道而已。孔子说"不知为不知"也是知，这种知是对自己所知的反指或批判，甚至否定，必须真正学习掌握知识的真理。苏格拉底说"知道的自己"，包含知道自己的知是无知，必须谨慎小心，深刻学习，也就具有一种批判的精神，相当接近孔子。

孔子的自我无知论，没有预定什么是真知或人生的知识，就不知自己为何，在不断反思中认识到自我的无知。但孔子也肯定人可以有知，除了认知具体事物，也能认知他人，认知天命，包含认知终极的真理。孔子自述他知道自己，子曰："吾十有五而志于学，三十而立，四十而不惑，五十而知天命，六十而耳顺，七十而从心所欲，不逾矩。"（《论语·为政》）孔子显然是认识自己的，因为他确定观察和反思是控制自我的基本方法。知是真切地理解到存在关系及其属性，所谓真切地理解，就是能够实践和力行。"载之空言，不如见之行事之深切著明也"（《史记·太史公自序》），"讷于言而敏于行"（《论语·里仁》），"君子耻其言而过其行"（《论语·宪问》），孔子基本的意思是学而知，知而行，如果知而不行或言过其行，则不能算是知。知既有真切地理解的意思，也有通过行动才能够真切地理解和体会，也才能有真知的意思。失也是一种得，使人知道自己内在的能力的局限性或可以发展的潜在性。因此有得必有行，谓之德行。孟子受孔子影响，也主张知人而后知天，但所谓知人包括知己和知他者，是能够在实际上检验的知，往往表现为一种德行。

孔子提出的"仁义礼智信"，既是知，也是行，还是人之性的体现，有具体的形象和具体的行为。在这个意义之下，季路问事鬼神，子曰："未能事人，焉能事鬼？"曰："敢问死。"曰："未知生，焉知死？"（《论语·先进》）鬼和死都是不具体的概念，是否真的存在也并不可知，因此孔子表示他不知道鬼，也不知道死。但对于生命，他是有所理解的。但是要理解得很完全，却需要探索，不断力行，随着生命发展，不可能超出生命之外去理解生命。知道生命的本质才能够知道死亡的本质，事实上我们可以力行生命，却很难力行死亡。孔子说："生死有命，富贵在天。"（《论语·颜渊》）我们可以真切地过一生，在生之外的死却无法如生一般来体会。孔子的话似乎也有这样的含义，正确地知道生之后，也可能知道什么是死。但并非必然死，因为肯定前见而肯定后见是无法推论的。但如果我们说我知道死，按照这个逻辑，我们自然就知道生。但我们知道死吗？这正是问题所在。回到苏格拉底，苏格拉底的思想是和孔子的不一样。因为苏格拉底按照希腊已有的宗教观认为人有灵魂的存在，灵魂是人的本质，是超越生死的。生死是灵魂的载体，如果灵魂脱离了生死，就是如果人死去，灵魂可以仍然存在。所以人们可以有生死的知识。这是由于他和孔子对生死的定义不一样的缘故。

与孔子相反，苏格拉底反而会认为人对这个世界很多事情不知道，必须从概念和定义的探求，来认识对事物的本质，也就是真知。在这种认知的方式下，苏格拉底为希腊哲学开辟了一个超越的世界，其实也就是希腊人所信仰的超越世界。但它并非自然的神祇，而是超越自然的一切，包括神祇，是一个抽象的、概念的、清晰的美好世界，此即柏拉图后来所说的"理型世界"，是这个世界真实的版本和原模。人的灵魂也属于这个"理型世界"，人是可以回到这个"理型世界"来认识自身的存在和其价值的。这是在苏格拉底开辟的柏拉图对话篇章里面出现的。这个世界既非同时代的哲人看重的具体实物，也非较早期的自然哲学家所观察到的自然世界。

从希腊哲学史看，苏格拉底比他早期的自然哲学家泰勒斯晚150 年左右，他与另外两位著名的希腊早期哲学家巴门尼德（公元前 515—前 445）和赫拉克利特（公元前 535—前 475）晚 50 年左右，因此他们都属于可以见面的同一代。有传说巴门尼德见过苏格拉底，是否对苏格拉底产生影响并不可知。苏格拉底并非多元论者，也不是一元论者。也许他没有思考这些形而上学的问题，但巴门尼德属于毕达哥拉斯（公元前 570—前 495）学派，这个学派既强调数学和几何是世界的本质，也强调永恒的灵魂。也许这对苏格拉底是有吸引力的，因为这些信仰也成为柏拉图的中心思想。从苏格拉底对话中看不出米利都学派的泰勒斯及其学生对苏格拉底产生任何影响，可能还遭受到苏格拉底的批评，因为苏格拉底不重视现实生活和自然的知识，他的心灵有一种宗教性的虔诚，他甚至有某种程度的神秘主义，向往一个纯粹精神的世界，而这一点是呈现在他的对话录中的，明显地影响了柏拉图。柏拉图肯定这个世界，更以一个超越的世界作为真理的标准，因此产生一种存在的二元主义。这就为西方哲学的发展拟定了一个方向。

19 世纪的尼采对苏格拉底有强烈的批评，认为他是忽视生命的本质，生命是追求解放和幸福的，人们往往要突破理性和德行的形式，来实现自然本能的生命的展现。尼采认为苏格拉底主张理性主义，重视知识和德行，要消除人类的愚昧和欲望的活力。这在尼采看来，就是要把酒神（Dionysus）的美好的醉境打破，来实现日神阿波罗（Apollo）的理性与美德。也就是把人的悲剧可能性消除，不但消除人本能的自由豪放的追求，同时也打破悲剧这个艺术形式，使人生的痛苦无所寄托。总之，尼采认为苏格拉底是反艺术的、反悲剧的，也可以说是反人生的。但从西方哲学史的发展来看，苏格拉底却是奠定了西方理性思考的基础，开拓了一个新的人文时代，启蒙了柏拉图和亚里士多德这两位伟大的哲学家。柏拉图追求一个理想的社会，亚里士多德追求一个科学的知识体系，这对西方意识的发展和哲学的发展都有重大的意义和影响。

对于柏拉图和亚里士多德的哲学贡献和影响，我在此不拟详细叙述，甚至不想特别地描述，因为他们是西方家喻户晓的哲学家，一直到今天的西方都离不开他们的思考。怀特海更说："所有西方柏拉图之后的哲学都是柏拉图哲学的脚注。"当然这话有点夸张，毕竟西方的哲学还有其他的源头，不应该说只限于希腊的传统。当然，如果没有希腊的理性主义，希伯来宗教哲学就无法理性化地传播开来。我从一个后见之明的眼光来看，柏拉图和亚里士多德是可以和孟子与荀子相比拟的。孔孟荀思想是中国哲学的主流，也具有理性主义的色彩。但与柏拉图与亚里士多德相比较，古典儒家的哲学更多一份实践的智慧，对理想的人生和世界有一种务实的态度，不会落入到乌托邦的现象之中。因此中国的形上学有更多宇宙论的关怀，而不刻意追求抽象的神学理论。这样一种生活理性，显然在18世纪透过耶稣教士传到欧洲，引发了欧洲的启蒙运动，使西方的理性主义有了一种现实生活的含义，不必只有理想的出世思想和现实功利的科学思想。当然中国哲学的影响深度和广度远比不上希腊哲学，这样就看到当代的西方哲学仍然是希腊形态的，而缺少中国的共融性和综合性。

如果我们对西方哲学进行一个简易的理解，要注意西方哲学几个转折的实现。前面已经提到在希腊，神话的哲学转化成为理性的哲学，有强烈的理想主义色彩，而且容易走上极端，这是西方逻辑形成的一种非此即彼的心理所致。希腊哲学进入希腊化时代，见证了政治权威的主宰性，因此哲学从希腊文明衰弱到罗马的兴起，产生了斯多葛学派（苦行派）和伊壁鸠鲁学派（享乐派）的极端对立。这代表两种生活的方式，是从苏格拉底到亚里士多德所未能预知的。希腊的文化传统在神话宗教的影响下，强调欲望节制（Temperance）、道德勇气（Moral Courage）、社会正义（Social Justice）以及实践智慧（Prudence）。但到了后希腊时代，基本德行就转化成为苦修的节制和放纵的享乐，这两者都代表对人生价值的偏激的态度，并不有利于人类生活的发展。但希腊时代已经过去，新的罗马民族兴起，同时更重要的是，在这段时间，基督教逐渐发展，影响到社会的底层人士。这个发展是可以理解的，因为犹太民族在公元前 69 年就为罗马人所征服，他们的第二个神庙也为罗马人所破坏。犹太人并不放弃他们早就存在的宗教信仰，就是犹太人和上帝的契约。他们认为必须忍受世间的痛苦，来为未来进入天国受上帝的庇护，作为对上帝的奉献。这种生活态度也体现着另外一种绝对性的对立，就是人间和天国。

基督教这种思想在民间是和斯多葛学派相接近的，而信仰的天国却具有享乐派的理想特征。但基督教的发展并不在这两个后希腊时代的哲学流派，反而受到柏拉图和亚里士多德的形上哲学体系之影响，逐渐发展以亚里士多德哲学为基础的上帝神学，把上帝看成宇宙的创造主，也是人生的拯救者，因此可以更理性地去接受或忍受现实的生活。亚里士多德哲学和希伯来宗教最后的结合，形成巨大的说服力，然后改变了罗马帝国的命运，因为在 380 年，罗马皇帝狄奥多西一世宣告基督教为国教，作为国人的信仰，废除早期的多神教。这个发展是一个十分重大的历史事件，因为他把罗马带到另外一个时代，即是中世纪时代。基督教建立教会，对人民既统治又教化，塑造出一个新的社会文明，以基督教教皇为主，以基督教僧侣为治理者，以一般农民为生产者，把被征服的种族当作奴隶处理。

从某一种意义来讲，中世纪的社会结构有点接近印度的种姓制度，但它不是以种族作为阶级的划分，而是以参与基督教的程度作为划分的标准。从第四世纪到第七世纪，西方种族大迁移，北方的一些原始民族受到匈奴西迁的影响，逐渐向欧洲迁徙，并聚集成为一个原始的聚落。罗马教会趁此发挥其教化的作用，对当时的野蛮人进行基督教的教化，为欧洲打下一个以宗教的一元为本的多民族社会和多民族国家的基础。从四百多年开始的民族迁移到 14 世纪的欧洲文化复兴，整整一千年都在罗马教会的教化影响之下，欧洲人的思想有了基本的统一。这一宗教统一的发展，并不因为各种民族国家的建立而消失。事实上它是根深蒂固的，可以说是现代欧洲国家哲学思想的基础与前提。如此，我们理解西方的近代哲学，从 14 世纪到 20 世纪，都可以看到一条宗教的线索以及与宗教有关的哲学命题，这也构成我们对西方哲学认识的一把钥匙。

在一千年之久的西方基督教中世纪，西方的神学从原始的希伯来神学发展成为富有理性结构的基督教神学，表现在阿奎那（St. Thomas Aquinas，1225—1274）的神学体系之中。有关基督教神学的发展，也许我们可以考虑到两个神学家的重要影响和贡献：一个是早期的奥古斯丁（Augustine of Hippo，354—430），一个是 12 世纪的安瑟尔谟（Anselm，1033—1109）。奥古斯丁强调自由意志的重要性，因为他强调信仰宗教的心灵基础。但我们要问什么是自由意志，更要问什么是意志？"意志"这个概念在柏拉图哲学中并不突出，柏拉图哲学中强调情感或者激情是一种心理状态，既非理性，又非欲望；可以偏向于理性，也可以偏向于欲望。它是以柏拉图对话中心灵马车需要驾驭的与欲望之马不同的另一匹马，但柏拉图并没有特别地表明它是所谓意志，因为对意志本身的理解并没有真正形成。意志这个概念的形成事实上是在奥古斯丁的生活磨炼之中，奥古斯丁早期颓废放纵，任欲而行，造成无尽的痛苦，后来他忏悔自己早期的劣行，从欲望的捆绑中挣扎出精神的自由，在他的《忏悔录》里面表达出来。这一个挣扎战胜欲念的精神心灵，就是他所谓的意志。有了这个意志的概念，人们可以主动地去克服一些生命中或身体上或精神上的苦痛或受到的压迫，因此不但体现了意志的力量，还体现了意志的自由。

由于人有意志自由，可以选择信仰上帝，也可以选择不信仰上帝，至少在理论上是可以这样说的，连上帝也无法否认。因此他的意志自由是西方哲学中有关人的存在价值的重要因素，扮演着各种超越自我，维护自己独立的生命的重要角色。这在康德的道德哲学中特别突出。

在中文里，"意志"由"意"和"志"组成。人的心灵有意向性，"意"既非欲望，又非情感，只是一种对行为目标的盼望和倾向。孙子兵法提到所谓"攻其无备，出其不意"（《孙子·计》），显然这个"意"代表一种不自觉的心理期待。但"意"还有另一种非情感的意义，那就是"意"和"义"有相通之处，可以说意义的目标性就是"意"，所谓意有所指。《易·系辞上》"书不尽言，言不尽意"，就有一种意义的意思在。这都说明意不等于情，而是一种对具体或抽象存在物的意向所指。至于"志"，则是一种自觉的、积极的、主动的意向，有其明确的目标，可以作为追求和奋斗的对象。孔子说"志于道"，书里说"有志者，事竟成"（《后汉书·耿弇传》），都表示一种心理上自觉的决策。总和来说，"意志"是心灵主动的自觉的追求，但不一定具有奥古斯丁所赋予意志那一种强烈实现自由的力量。当然意志是自由的，能够克服各种困难。在这个意义上，奥古斯丁的意志并不违反中国哲学中意志的概念。

事实上，他的意志概念能够把中国丰富的意志概念传统引入西方，作为实现人生目标或追求理想境界的创造力量。这点是我们必须认识的。有西方学者认为中国没有意志的道德，表现出对中国哲学或伦理学深度的无知。其实道德的主体就在意志，是意志自我存在的主体。我理解此点。我在此处提到这一点，是因为我觉得中西哲学的沟通也需要一种意志的力量作为动力，来突破种种困境，创造出理解的空间，实现共同的善意。

中世纪哲学中，安瑟尔谟提出基督教神学神的存在的论证。西方基督教强调上帝超越的存在，但我们怎么知道上帝一定存在？如果他是强烈地超越，那么我们根本无法知道他的存在，可能也不必去证明他的存在。如果超越而不否定其具有现实存在的意义，那么仍然面临一个如何证明上帝存在的问题。在西方哲学中有三类论证说明上帝的存在：第一类就是上帝创造世界，所以上帝存在。世界如此多姿多彩，所以上帝不但是一个建筑师，也可以是一个设计师。由于上帝存在，我们才能说明万物的存在状态。但严格地说，这个论证是不合法的。因为上帝作为建筑师或设计师，并不是上帝所有的意义。上帝被界定为无所不能，无所不知，也无处不在，并具有无上的权威和尊严，那我们又怎么证明这样一种存在的对象呢？第二类论述是类比推理的论证，把上帝比喻成宇宙的父母或者天上的君主。如此理解上帝，也只是一种比喻而已，并不能说明上帝真正的特性何在，以及如何证明。

基督教《圣约翰福音》开篇第一句话就是"太初有道，道与上帝同在，道就是上帝"，也没有证明上帝是存在，只是说明了如果有道，道是和上帝在一起，而且就是上帝本身。但这又怎么去理解呢？什么是道？什么是上帝？上帝为何与道同在？如何存在？这都是有关存在的问题而无法给予清楚的回答。安瑟尔谟提出一个具有逻辑性的上帝存在的论证，名之为本体论的论证（Ontological Argument）。这就是我说的第三类论证。此一论证，认为上帝是世界上最完美的存在，既然是完美，他必须存在，因为完美是上帝的一个属性。因此，只要我们正确地思想上帝为一个完美的存在，就必然意味着上帝已经存在，不然我怎么能够思想他的存在呢？不然他怎么叫作完美的存在呢？而这个论证非常地巧妙，但到底能否证明上帝的存在却是一个问题。首先，我们可以想象一枚完美的铜钱，但一枚完美的铜钱既然是完美的，那它必须存在，不然缺少"存在"的一枚铜钱不能说是完美的。但这个在常识上是不存在的，只是想象中的完美铜钱，并不因为这种想象而铜钱就存在，如此可以说想象上帝完美并不保证上帝存在。

再说，"存在"并不是一个属性。"存在"是创生性事件，是从无到有的一个创造，具有其存在的物质性和其他属性，而这些属性都不能离开存在的主体而存在，这也就是亚里士多德的实体形上学的含义。所以，如果上帝是实体，则我们不知道他存在；如果他可以想象存在，那他就不是实体。这是安瑟尔谟存在论的最后结论，这个论证使西方人更能面对客观的世界，发现世界的真实，或者去创造一个存在的物体，而上帝也只是一个信仰而已，不具有实体存在的含义，也许更属于人的主体的一种心灵上的属性，并没有独立于人的主体的另一个主体，那这一点说明西方哲学的底层背景，最后不得不瓦解，而科学的一般思考则称为西方哲学的主题，一直延伸到现代。

现代西方哲学是由法国的哲学家笛卡尔开始的，笛卡尔论证人的存在保证上帝的存在。我的理解是，现代欧洲思想者虽然相信上帝，但不能确信上帝存在，因此对人自我的存在也造成怀疑。笛卡尔提出"我思故我在"（*Cogito ergo sum*）这个命题，从人的思想活动显示人的存在。但后来哲学家批评人的思想活动不一定表示人的存在，也许是一个机器人在进行思想活动，这不表示一个主体的人存在，因此笛卡尔的推理是有问题的。另一方面，笛卡尔也可以是在从思维活动的直觉中就能感受到思维者的存在，因为假如没有一个思维主体，就根本不可能有思维的活动。更重要的是思维主体的自觉，而不是一种程序设计的机械动作。这个论证因此就是预设人的主体和人的思维活动是一体的，有思维活动就意味着思维者的存在。事实上，思维自身就是一种存在。但重点在于这种存在的主体性是什么，就是人自身。笛卡尔把这个思维活动和人存在必然联系关系作为思维的一个特征，如此才可以从思维活动反推人的存在，不然只能说人在思维在，或说思维不在则人不在。人必然有思维，所以说因思维而人在，同时也可以说因人在而有思维。但我们怎样独立论证人的存在呢？

人是一个现象，也是一个真相，但如何认识人却正是笛卡尔提出的问题。他的"我思故我在"强调"我思"这个关系，在语言上提出"我思"，似乎已经预设了人的存在。拉丁文的"Cogito"是思维的第一人称，因此并没有出现"我"这个主体。但在英文或中文中，"Cogito"也就是"I think"或"我思"，"我"一定会出现。这样表述对他的命题的意义也就比较清楚了。当然，笛卡尔的论说还有另外一种意思，就是他直接表达"我思"能够存在，是因为有上帝做保证，可见他仍然必须把上帝请进来。有了上帝，就可以说明他对身体或心灵的绝对区分，而又彼此对应，以及延伸的主客对应，都是上帝的作用。此一学说，可称为"心物平行论"。笛卡尔的哲学影响了他之后的思想家斯宾诺莎和莱布尼茨。斯宾诺莎干脆直接提出上帝的自我存在，上帝创造一切，上帝也自我创造，成为唯一的存在实体。这个实体有无限的属性，而每一个属性又有无限的形态。心和物都是上帝实体的属性，它们因上帝而各有无限的模态。人的存在就是上帝属性心与物的结合，而各有其不同的模态，遵循不同的规律。但心物的活动永远都具有彼此的对应性，这样就达到一个心中有物、物中有心的效果。由于人的存在并非原始的实体，必须透过人对上帝智性的爱（intellectual love）才能直观上帝，与上帝同体。

这套斯宾诺莎的上帝存有论，表现为智性的对上帝的理解，也表现为人的情感与德性，也都来自上帝的活动，在不同的存在的层次中和模态中显示差别，显示了人的无知，以及如何从无知到有知的智性理解和直观认同。若把斯宾诺莎的哲学看成对上帝创造世界的说明，正统神学是不承认的。事实上，他所属的教会因为他的观点而革除了他的教籍，致使他一生穷困潦倒，靠磨望远镜镜片而求生。但他对哲学的影响仍然是深远的，迄今仍可看成最能自圆其说的上帝存在论。这个唯一的实体上帝也就成为世界的化身，被哲学史家称为"泛神论"。斯宾诺莎之后，莱布尼茨从一个分析的观点，同时基于对中国哲学的理解，认为世界是多元个体"单子"（monad）所整合起来的统一单子，这就是上帝。"单子"这套说法其实和斯宾诺莎的"泛神论"没有太大差别，但莱布尼茨可能受到耶稣教士从中国发给他的易学资料的影响，对单子一与多的关系的认识接近中国易学中的太极多元创化论的观点。尤其他认为世界存在之前就已经有一个所谓先行的"和谐体的存在"（Pre-Established Harmony）。这个概念不但接近易学中的太极，更接近张载哲学中的"太和"思想。他受朱熹理学的影响，把太极看作众理之门，理是统一的，但也是分殊的，所谓"理一而分殊"，也就同样具有斯宾诺莎形象学的结构了。

欧洲大陆哲学有一个特征，就是尽量维护和证明上帝的存在，用上帝的存在来保证世界万物的存在和人的存在。但这种理性主义的信条却在英国经验主义的分析和批判下失去效用。英国哲学从洛克开始，接受笛卡尔的心物二元论。但到了休谟，却提出具体的感觉知识，并不能保证形上学存在的内容。事实上，他提出的理论否定了理性主义的建构。他从有关人的实际经验中看到人认识万物从人的感官印象中得来，以及感官印象并不统一，也不必关联。因此，整个世界就是一个不相关联的、个别的人的感觉意向的集合。但人们可以有不同的认知习惯，在一定的认知习惯中把语言中的经验意向看作各自分离、并无一般性的关联，而只是心理活动的联想。在联想的意向中，也看不到一丝一毫的必然关联，因此他说这就是"世界的事实"（matters of fact）。当然他也承认，经验意向可以成为一些心灵中的概念，然后这些概念可以相互关联，却不反映意向是相互关联的。他称这种联想关联为"概念关系"（relations of ideas），因此我们的知识只是联想，并无必然性，也无普遍性。这是他的知识论的怀疑主义，影响非常深远。在怀疑主义精神的指导之下，他也提出了对上帝存在一般论证的无效性。事实上，上帝的无效性概念要由我们自身提出。

休谟之后，英国主教乔治·伯克利（George Berkeley，1685—1753）作为神学家提出"存在即被知觉"（esse est percipi），其含义在说明上帝知觉万物，也使万物为人所知觉，因而存在就有一个存在的形象，存在本身和形象也都在上帝的心中，两者是对应的。这就说明为何我们知觉万物，知道万物存在。但如果我们没有知觉的行为，万物也可能不存在。上帝是主客相应存在的原因，没有上帝的知觉，人的知觉不一定有存在对象，存在也不一定有知觉的主体。"存在即被知觉"意涵不知觉就无存在，如果我们没有看见一个事物，那个事物就不可能说是存在。伯克利的立场显然是上帝主观一元论，但我觉得可以把他的这句名言意义扩大，范围扩大，提出万物本来就客观存在，但人的知觉能力也是人的心灵活动，物的存在和人的知的关系是，在一定的客观和主观条件下，知觉感知存在，存在也感知被知觉，并不一定要有一个上帝作为牵引。我们可称这个观点为"心物对应发生论"。

这一理论是以天下万物和人的存在为一体的关系论，假设物与物之间、人与人之间、人与物之间都有一种潜在相连的关系。在一定主客的条件下，知觉与知识也就发生了。存在可以是潜在的可能性的实现，而人的知识则是人的心灵在知觉基础上的理性认知活动。这也是中国传统的本体论哲学，阴阳在整体中就已经有一种潜在的形式，在人的实际活动中阴阳对应配合，形成了知觉和知识。这样一个认识，就预设了客观的世界是可以认识的，而人也有认识客观世界的能力。事实上，人能否认识世界的全体和真相，需要主体心灵深刻的活动。此一主体的心灵活动，包含至少三种方面：一个是知觉方面，一个是理型方面，最后一个是评价方面。相应于这三个主观心灵的活动，客观的世界可以有被知觉的万象及其结构，也可以有被理解和知道的万物及其规律，以及能够展现价值的潜能。所谓价值，就是能够激发主体喜恶情感的能量。

因此，人类对宇宙真相可以进行三个方面的思考，即形式、实体和价值，形成三种不同的命题，也就是休谟所提示的关系命题与事实命题，再加上他的"人性情感"所蕴含的价值命题或应然命题。这一观点是儒家哲学可以接受的，儒家不采取怀疑主义，也不采取不可知论，而是认为人的心灵存在可以发挥有关存在知识与价值的理解，作为行为的基础和建立道德与文明的资源。

我提到以上观点，就是结合休谟和伯克利来解决怀疑论问题，并由此引进一个潜在的本体宇宙论的"本体"，以此"本体"作为主客对应存在的基础，同时以此"本体"为人类认知宇宙、判断价值和追求理想的基础。在中国哲学中，这可以说是易经哲学或易传哲学的基本内容，因为易经哲学主要包含了一个变动不居、生生不已的创造本体，在太极的层次产生阴阳的相反相成，也说明了人类心灵复杂的认知结构。在这样一个创生性的宇宙和认知心灵的相应存在关系中，可以认知宇宙真相，也可以创造宇宙新的事物。这样一个理论，当然和西方哲学在休谟之后的现代发展大不相同，却基本上可以回应各种发展的具体问题，为西方哲学开辟一个新境，同时也使中国哲学进入一个新的发展阶段。

休谟之后，西方哲学最大的成就是康德哲学的提出。康德要打破休谟的怀疑主义，他从人的心灵和理性结构来说明事物存在的真相，他的纯粹理性批判就在说明人的心灵是一种超越的存在，除包含感觉经验外，更具有知识理解的范畴机制，能够把外在世界的存在纳入范畴之内，而做出理性的判断，形成知识。他的范畴论来自亚里士多德，却更具有逻辑结构，任何事物都必须从范畴获得，范畴化的结构中形成合乎理性逻辑的判断，因而产生了，也事实上界定了知识为何。康德用他的这个理论说明他的时代中牛顿物理学的形成，可以说他是以科学的知识成果作为根据和参考体系的。但他也指出一些知识判断的吊诡（antinomies），要透过个别的理解判断力来解除。另一方面，他又必须承认知识的对象并不为人所知。所谓知识的对象，就是知识的根源与其真相是不可知的"物自体"（ding-on-sich）。也许为了弥补这个缺陷，他又强调了主体个人具有的判断力，能够判断是非、美丑、真假等，以及其他存在的特性和价值。但这是个人所具有的，并不属于一个"超越的自我"（transcendental self），和知识范畴不一样。

由此可见，康德非常重视人存在的主体性。为了说明人个体存在与社会存在的道德规则，他在《实践理性批判》中强调人的意志自由性，这是人自己可以知觉的，有此独立的意志自由，人可以自己为自己立法，建立一个普遍的行为道德律，不但要求他人遵守，更要求自我遵守。如此，他就建立了所谓人存在的道德律，来保障人的尊严和人的价值所在。我在此地的一些说明都是简略的，只是提示一个关于主客关系与本体、与现象关系的新的理性哲学，即康德的本体二元论。康德的本体二元论和笛卡尔的心物二元论不一样，心物一方面是统一在一定的理解范畴之中，一旦超过这个理解，心物就无法交叉，人只能凭借自己的意志判断力来生活，因此康德哲学更注重一个自主性的主体原则，和笛卡尔强调一个背景的上帝作为现象与自我的基础不一样。但我必须指出有一点是两者可以分享的，那就是对上帝的最后的依赖。笛卡尔明显地依赖上帝，来说明心物之间的关系。而康德则认为若要保障人的自主性和独立尊严，人必须有永恒的灵魂，因此要有上帝使之成为可能。上帝仍然是西方哲学最后的主体，但认知上帝的方式却表现为不同的途径，在康德可以说是非常隐秘，他是就人的尊严和价值来推论上帝的必然存在，这点受到尼采的批评。

康德之后，西方哲学最突出的是德意志的唯心论的发展。此一发展显然是受到康德的启示，使哲学更倾向于发挥人的理解和理性的思考与建构能力。康德之后的约翰·费希特（1762—1814），弗里德里希·谢林（Friedrich Schelling，1775—1854）及格奥尔格·黑格尔（Georg Hegel，1770—1831）都从事强调心灵的认知和建构功能，以证明人能够认知本体真相。黑格尔可说是最后的集大成者，他在《精神现象学》中把世界的存在看成人的主体精神来显现。人从感觉、知觉、情感、理性和绝对精神等活动来显示这个世界，事实上是建构这个世界。因为这个世界除本质上是精神的外，并非任何物质的存在，由此更进一步说明只有人作为绝对精神的主体，才能创造出人类文明的美好价值，包含艺术、宗教与哲学。而哲学是所有精神价值的主体，是绝对精神的极高表现。他同时又认为基督教就是绝对精神的宗教体现，作为神学的信仰，仍然次于哲学的智慧活动。他的这套绝对精神论等于否定了世界客观的存在，也否定了科学主张的客观真实，而他所谓的哲学家也就扮演了一个上帝的角色。

黑格尔此一绝对精神哲学很快就遭到各地西方学者的反对，但同时他的思想也影响了西方世界，包括新兴的美国。德国反对他的哲学家有阿图尔·叔本华（Arthur Schopenhauer，1788—1860）和弗里德里希·尼采（Friedrich Nietzsche，1844—1900），他们并不认为理性精神创造的世界，而是人的意志建立了生活世界。叔本华对人的生命采取悲观态度，因为他把人存在看成身体欲望和所形成的盲目意志，永远追求满足欲望的满足，但欲望又不断地发生，根本无法做到最后的满足。欲望是生命的核心，生命也就永远在一种盲目冲动和无法满足欲望的空虚之中，因此生命没有真正的意义，只能对自己的欲望加以限制和取消，走入一个空无的世界。印度哲学中就有这样的看法，而印度佛教更是以生老病死为无尽的苦，因此必须加以超脱到一个寂灭涅槃的空虚之中。值得注意的是，叔本华并不关注西方的宗教，所以上帝对他不发生任何作用。到了尼采，则干脆宣告上帝死亡，而人必须要有强烈的意志来建立人的世界。此一意志他称之为"权力意志"（will to power），而有"权力意志"的人就是超人。显然在尼采，他对上帝的批评是基于基督教和苏格拉底接受一个超越的存在而产生。尼采并不接受这样一种意志的态度，又以康德的本体不可知论作为否定上帝存在的基础。

黑格尔的哲学在英国首先造成影响，形成新黑格尔学派。但由于科学与逻辑的发展，20世纪初剑桥大学的乔治·摩尔教授提出黑格尔哲学主客不分，是一个逻辑的错误，完全不可接受。这代表一个新时代的来临，以数理逻辑和语言分析来判断一个概念和命题的真假和是非，不允许有任何含混。黑格尔的绝对唯心论因此受到致命的打击，被看成一个自我膨胀的封闭心理，完全与事实脱节。自摩尔以后，西方哲学又走入一个以分析概念认知语言意义和用法的心理活动。当然，20世纪30年代的维也纳学派基于科学知识与方法，提出意义标准，废除形上学，也可以说是这一个分析哲学的影响之下的成果，造就了罗素与怀特海的逻辑哲学的推广与发展，也促使维特根斯坦对语言用法进行内在规则的高度一致，为语言为哲学思考的认知方法与方式建立了坚实的基础，这就是现代分析哲学的重要精神。

西方哲学发展到 20 世纪，基本上对上帝的存在是想证明而证明不了，想肯定又肯定不了。哲学中，一个终极的本体并没有清楚地表露出来，基本上还是继承亚里士多德的"第一存在"之说。在法国哲学中，虽然有马塞尔（Gabriel Marcel，1889—1973）想凭借主观的存在之感来界定最高的存在，在逻辑上已经预设了一个上帝的概念。有了这样一个预设的概念，他才能够感受到超越"有"的"在"，也就是"是"。这个超越的可能是他对爱的对象的提升和扩大，仍然充满了主体的内在的经验。他知道从这个经验跳跃到上帝，是一种神秘，事实上也是他对上帝信仰的一个非理性基础的托词。在德国哲学中，雅斯贝尔斯（Karl Jaspers，1883—1969）也是有神论的存在主义者。他认为人生是孤独苦痛的，但人可以超越自己。事实上，人的可能性就包含了超越，超越就是认识上帝，与上帝交往。如此来肯定上帝的存在显得很薄弱，人可以超越自己，投向一个大我。但这个大我不一定是上帝，上帝存在也不会因为我有可能的超越性而发生。因此，雅斯贝尔斯有神论的存在主义并没有得到太多人的认同。在某种意义上，比马塞尔的实际经验要软弱得多。我举出这两位 20 世纪的欧洲哲学家，来说明西方早期的上帝信仰哲学在近代走向衰微。也许主要原因是近代欧洲的战争和文化冲突，带来个人更多的孤独失落和受苦，使人生蒙上绝望的色彩，对上帝的存在就没有任何实感了，所感觉到的只是人存在的悲苦和空虚，因此产生了像海德格尔和萨特（Jean-Paul Sartre，1905—1980）那样的无神论的存在主义。海德格尔认定人的存在不但经历空虚，而事实是从空虚而来。

人能否有意志突破这种空虚和对死亡的恐惧，是一个重大问题。萨特主张人的存在是虚无的，事实上存在作为存在的经验是没有根据的。萨特主张存在先于本质，也就否定人没有本质，在人没有找到一个可以依托的未来理想目标时，人的存在是没有意义的，只是一个空壳子，这是他早年《存在与虚无》（1943）对人的看法。而在1980年，他与本尼·莱维（Benny Lévy）的对话，提出《存在主义是人道主义》和《今天的希望》。他纠正了自己过去的哲学观点，认为人天生是自由的。由于自由，他也感受到孤独。他必须要找到一个外在的理想目标，来发挥他做人的能量，这就必须对未来进行追求。在这种了解下，人的存在已经不只是存在，而是具有本质的，这是一个很大的改变。人找到外在的理想追求有所依托，也就能够实现人存在的意义，把虚假、空虚的人（person）变成真实的人（man），这就说明人类仍有希望。他认同马克思主义，但他是无政府主义者，把马克思主义的实现看成人存在的一个基本条件。

萨特之前有海德格尔，海德格尔也是无神论的存在主义者，他从人的自我反思诘问中看不到人的本质，使人的存在成为一个问题。人的存在，从自我的经验中所体验出来的是存在的情绪，如空虚、绝望、恐惧以及对未来的焦虑和不确定。人也是无根的存在，后来他说人是"被抛出的存在"，隐示基督教《圣经》中人被上帝逐出伊甸园的故事，但海德格尔并没有表现他自己的悲观情绪，在他著名的《存在与时间》一书中，最后提出人要下定决心，做出决断。这样一个不可知的未来，投射自己的存在。但这有什么样的结果，海德格尔并未明示。因为他无法再继续自己原来计划要写的续集。他开始转向东方之学追求智慧，首先他想深读《道德经》，以理解人生的意义，后来又转向研究禅学，和日本的学者对话。这些发展，最后体现在他对人的存在的理解，那就是人的存在是一种"把有"（having），也可以说是上帝的"赠予"（gift）。这就等于回到上帝的神学，把上帝仍然看成人在绝望中对人的启示。当然也就是人找到上帝的一个成果，上帝赋予人存在的意义，是对上帝新的认识。这也可以说是一种转向，从无神论走向有神论的存在主义。

从客观的分析来看，海德格尔必然是重新认识到上帝的存在，是以人的需要而发现的上帝的存在，然后再从上帝的眼光来赐予恩惠于人，使人能够免除焦虑地活下去。我和他的学生伽达默尔在 2000 年对话时，问到"诠释学"（Hermeneutics）的哲学基础何在。伽达默尔忽然告诉我，他和海德格尔不一样，没有把诠释学的基础放在上帝身上，伽达默尔是回到天主教的基本立场，来肯定诠释存在的可能，而伽达默尔本身是从人的理性自我和历史意识中去肯定人的意义。

以上我思考西方哲学到了 20 世纪，发现其重点仍不外乎寻求人和上帝的关系，因此对上帝的存在特别地关注，成为西方哲学形上学基本的概念。当然，在每个哲学家那里"上帝"的概念都不一样，哲学中的上帝也不等于实际宗教里面的上帝。从哲学家的立场，是把哲学中理解的上帝看作宗教中上帝的基础或本质。因此，我得到一个重要的感受，西方哲学的重点在不断地追求和肯定上帝的存在，以肯定人的存在的意义，他们最恐惧的就是虚无主义和怀疑主义，两者都把上帝看成无关人的存在，而人的存在基本上也就没有任何意义了。

以上的探讨说明西方在上帝这个论点上花了很大的功夫，来维持他的存在和对他的信仰。但经历过两次世界大战之后，西方已经无力维护上帝的存在，感受到人的存在的失落。反过来讲，两次大战造成人的失落感，因而也加深了对上帝存在的怀疑，甚至加深了否定，这样又带来人的空虚主义。19 世纪以来，西方哲学家主张从上帝的焦点走向人的焦点，想从人自身的存在来理解人，其结果并不十分乐观。因为在面对人个别的存在时，人感受到的是孤独、焦虑和无望。若要解决人存在的空虚问题，是否必须要回归到一个上帝的存在，但这个上帝是虚幻还是真实，仍然是一个开放的问题。

在这样一种低落的情绪之下，西方哲学否定形上学的作用和意义，应该是可以理解的。形上学对传统的西方哲学来说，就是上帝的存在哲学。如果上帝的存在成为问题，形上学也就失去了它的作用。20世纪是西方哲学摆脱形上学，走入科学的知识的追求，形成一种科学实在论的风潮。

这在1930年以后特别明显，人无法回到自己的本质，而必须从人之所为所学来阐述人的存在的功能。这也说明了20世纪西方科学的蓬勃发展，因为西方哲学家在科学真理中找到真实世界。吊诡的是，这个真实世界要求与人无关，要求把人物化成为科学真理的一部分。这个趋势显然非常明显，1960年在西方兴起的新实在主义和所谓逻辑实在主义，都代表这样一种倾向，这也是分析哲学与专科哲学发展与兴起的重要原因。人不敢面对他自己的全部，却感受到有一个自己主观的未来，能否找到新的形上学基础，是一个21世纪的中心课题。近20年的西方哲学，都在概念和语言的逻辑分析中讨生活，看不到一条更长远的出路，也许这就是必须发展"世界哲学"的一个原因和动力吧。所谓"世界哲学"，必须探索和交往另一个文化传统的哲学思想，来弥补自身的缺陷，来达到自己想要的目标。

四、面对世界和对世界哲学的探讨

　　无论是中国哲学还是西方哲学都是以世界作为背景，但何为"世界"？一般直觉的意思是人所知道的或可能知道的，甚至还不知道的事物的总和，其中当然包含时间与空间。在中文里，"世"就是时间，"界"就是空间。因此，世界是一个时间和空间总的实际的、潜在的以及可能的一切事物。由于它包含过去现在与未来，世界基本上是一个开放的概念。它可以容纳更多的事，而且呈现实物之间的可能关系，发生一定的影响。但在一般自然科学、社会科学与人文科学的用法中，"世界"可以有它特定的对象。人文科学基本上指的是人文世界，社会科学指的是社会世界，而自然科学指的是自然世界。

　　在古代中国的哲学中，世界就是天地万物形成的宇宙，或说宇宙中发生的天地万物以及人。《易经》从人对万物的观察提出"乾坤"一词，这表明天下之物不外乎阴阳之道。因此，对易学来说，世界就是一阴一阳之道以及其所形成的象数以及关系，包含万象万物品物的流形，生命的繁衍，是人类活动与认知的场所，也是人类实现和谐与文明的存在基础。《易经》乾卦象辞说："乾道变化，各正性命，保合大和，乃利贞。首出庶物，万国咸宁。"这样呈现一个人类价值的世界，却被看成世界的本质，因为世界的自身存在有赖于万物生命的发展繁荣的和谐存在。这一概念，也彰显了世界具有的价值，是不可以轻易放弃的，而是应该持续发展的，更是应该不断扩充和创造的。我提出这样一个世界的概念，主要在说明为什么我们重视世界的存在，为什么世界是存在的根本形式，为什么世界给我们希望和实现未来的可能，这样才能彰显人类的文明和哲学思想可以有世界性，而不局限于一个当地的空间和时间，或只是一个民族的社会或历史。

英文的"world"一词来源并不十分清楚，可能是相应希腊文的"cosmos"所产生的一个概念，但并无其确切的定义。希腊文的"cosmos"是说所有事物有一个内在的秩序，而非无秩序的混乱（chaos）。秩序是人们可以观察到的，但秩序如何发生却需要解释，因此乃有上帝创造世界之说。但从英文"world"来看，它来自日耳曼语系，可能是一个最原始的对世界万物总体的直觉，并无内在的含义，只是代表一种对整体事物的经验。这和中国语言中的乾坤宇宙和天地自然给予世界一定的含义是不一样的。在哲学讨论中，我兼采中西两个方面，西方的"世界"直接呈现的万事万物并不突出内在的秩序，与希腊文的宇宙联系起来，或与圣经中的《创世纪》联系起来，世界才具有内在的秩序和意义。

但在中国文化的传统中，世界却具有早期的阴阳变化、万物流形的内在秩序。经过易学的洗礼，世界更具有一种创生性和内在的价值，等同于天地人合一的整体存在。再经过儒学对生命的体验和对人性善的认识，世界被认为是善的，也是实现善的场所与形式，因此弥足珍贵。朱子说，"'放之则弥六合，卷之则退藏于密'，其味无穷，皆实学也"（《中庸章句》），如此则把世界和人的心灵连在一起，是相互沟通并为一体的。再者，在宋明理学的发展中"性即理，心即理"，世界固然是气之所成，但气中有理，甚至理生气，气生理，因此中国哲学中的世界是一个理和气的世界。世界的价值与可贵性，就在世界能够实现理，也能够实现生命。如此类推，以世界为背景的哲学，也是以世界为目标，作为世界彰显生命之气，实现世界之理的一个活动，其重要性也就不言而喻了。

有了对世界生动的了解，世界哲学就应该有一个新的含义。一般说的世界哲学是就在世界上出现的不同文化传统的创造，东方西方的哲学合起来就是世界哲学。也许这是世界哲学最浅显的含义，也就是它必须是世界所共有的，人们应该有一个超越自我传统的整体意识，对其他传统的哲学思想给予尊重及理解，把它们看成一个分散的智慧的结晶。但第二层的意义却是更为深层，不把东方哲学和西方哲学看成分别的存在，而是要在认识东西方哲学传统中，发展和创造一个具有世界意识的哲学。这就不仅是属于一个文化传统，也被哲学家自觉地看作是属于这个世界的，因为它能够面对世界，吸收不同传统的哲学思想，创造出一个具有世界性的哲学思想。

最后一个世界哲学的含义是更为深刻的，可以说与中国哲学的世界观密切联系。哲学不但反映中西哲学的融合和交往，更反映出一个基于世界认识的哲学意识，要用人类的智慧来促进世界本身的发展和它可能形成的理想境界，当然这就是为人类整体提出一个自觉的思维方式和思想成果，掌握世界之气的生命力，呈现实现之理的价值。这反映在人类的整体沟通和和谐的生活之中，形成一个充满和谐精神及真善美同时存在的境界，为人类共同享有，也成为人类共同参与的大同社会。如此来看，"世界哲学"有一个内在的目标，它既要发挥人性之善，也要实现世界之美的心灵活动。这可以说是哲学最终的目的，也是我们必须把哲学提升到世界性的理由。"世界哲学"不只是第一意义和第二意义的世界，也是第三意义的终极的世界。这样我们对"世界哲学"的价值，就有一个新的认识。同时也认识到何以东方哲学和西方哲学都应该以走向"世界哲学"为终极目标，那样才能使人类得到终极的和谐和自由，并充分地发挥其生命的活力和创造力。

在人类历史的进程中，在早期古典时代，世界重要的文化传统都创造了辉煌的哲学经典，经典内在就具有一种世界精神或世界意义。希腊的柏拉图和亚里士多德哲学思想是有世界性的。中国传统文化中的儒家和道家传统以及诸子百家也都有深度的世界性。希伯来的超越上帝的文化传统与印度多神教的文化传统，当然有其世界意义，但不能说有普遍的世界性，这要透过历史和世界来认识。希腊的哲学传统开辟了一个自然客观的世界，作为科学真理发展的对象。中国文化传统展开了一个人类道德修持与实践的世界，作为人类可以普遍追求的生活目标。但希伯来人的超越上帝的信仰，是否能够得到普及化的认同，却是历史上的争论所在，而且它造成文化冲突和战争，是反世界性的，它所引申出来的种族优越和霸权概念，也是令人担忧的。

印度多神宗教中的哲学，包括佛学，也是一种超越哲学，不是超越到上帝，而是超越到生命之外的涅槃寂静世界。这个寂灭的想法是否能够普遍化，也是有令人质疑的地方。因此我对这两个宗教传统的世界普及化是有一些保留的。当然人们有权利选择自己的信仰，这个信仰却必须促进人类的和谐，而不是斗争。这个信仰也必须看重生命的价值，而给予生命充足发挥的能量与空间。希伯来传统和印度传统在这个世纪也经历了一个世俗化的过程，逐渐世界化，因此也可能成为世界哲学的一个面向。

就雅斯贝尔斯的轴心文化之说的观点，古典时期的人类文化各呈异彩，但彼此并不相知，当然也无法自觉地进行融合改进。但因为同在一个世界之中，自然地走上世界化的道路，彼此交往，相互磨合，传统的哲学家扩大了他的思想范围和知识对象。可悲的是，这个进程并非不断进步，实质上有时反而会倒退。西方中世纪哲学相对希腊哲学而言，往往被看成一个倒退，当然它也是一种宗教文化的发展现象。但西方中世纪哲学忘记和摒弃古典希腊哲学，也不可能不说是一种倒退。如果没有阿拉伯人的保存，也许欧洲就看不到希腊文化的灿烂了。中国的文化与哲学传统从未断绝，在历史长河中逐渐丰富和成长，即使在元代和清代，经史子集的传统也一直延续到今天，从未断绝。但一个很奇怪的现象是，中国文化历史逐渐扩大，经过痛苦的时代经典中仍然奋进学习，对侵害中国的西方文明也积极投入加以理解，使中国哲学的思维弧度和认知对象扩充，同时也由于新的经验而不断重新理解传统。

当然在 20 世纪初，中国文化受到西方的极度伤害，伤害到几乎不能复原的地步，因而否定自我，追求西方文明。这个现象是突出的，但五四以后，中国思想家又恢复了活力，在新兴的新儒家指引中，重新认识古典传统及其发展，宋明理学与清代的经学与考证训诂学，同时也不忘追求对西方科学精神和哲学思维方式的理解。但在西方来看，西方学者对中国哲学与文化的研究却并不普及，少数的欧美汉学家把中国文明当作博物馆的资料来讨论，不能说理解中国。即使到今天，这个状态虽有所改进，但只是存在学术的专家群中，并不普及，因此造成一个现象就是西方根本不理解中国，也不看重中国文明。中国的哲学思想在西方并不普及，甚至被怀疑是否具有哲学价值，这在黑格尔的著作中已经表明出来。

在黑格尔之后，西方哲学对中国哲学的认识与尊重，远远达不到中国哲学对西方哲学的认识与尊重。这一现象甚至也造成中国人的自我怀疑，提出中国哲学是不是哲学这样的荒谬问题。从这些事实来看，人类哲学自觉的世界化并没有开始，也许在中国学者不断地努力下，近年来情况有所改变。这里我就不能不提出我创办英文《中国哲学季刊》已超过 50 年的贡献。这个季刊如上面所记载，开始于 1973 年，我写此文正是出版英文《中国哲学季刊》50 周年的2023 年。季刊在 2023 年刊登了 4 期西方哲学家的论文，但那仍然是少数，也许这是一个西方真正理解中国文化传统的开始吧。

现代西方由于恃盛逞强，没有认真地去理解东方的文明和哲学，对自己所欠缺的文化属性无所自觉，也不进行反思，一味自大，这是对人类文明与哲学的世界化有妨碍的。值得注意的是，西方的政治家，尤其是美国的政客，对中国文明的传统完全不屑一顾，甚至缺少对西方汉学的理解，因此在国际社会中由于中西的不同，对中国文化传统不但不进行深入了解，反而以浅薄的霸权逻辑和政治语言来对应中国文化和中国文明，看不到任何尊重和关怀。这和美国对待英国，甚至德国与法国的态度完全不一样，这种文明的无知所因此产生的没有根据的自我优越感，可说是世界文明形成的障碍。这里不能不注意的是，美国以利益为重，对于正义的理解也受制于功利主义和实用主义，不能用于国际社会，也不能够平等待人。

20世纪80年代美国开始的世界全球化运动是经济全球化，而非文化全球化，而且是以美国的经济作为中心和以美国人最大的利益作为原则来推动的，名义固然堂皇，但具体行为却处处为美国人的利益考虑。30年后的今天，美国发现其全球化无法继续带来实际的利益，因此开始放弃全球化的某种程度的开放态度，直接以中国为竞争的对手，赤裸裸地追求美国的最佳利益。原始的全球化也就转化成为制裁他人的手段，这些都表示美国这个国家的当政者和舆论家对其他文明，尤其中国文明和中国哲学，并无任何认识，也不在意有任何认识，以自己片面的说辞来指责中国的缺失，进行对中国的斗争和挑衅，这自然是反世界化的。这也看出来早期轴心时代的文化并没有一个世界化正面演化的法则，而往往是出于个别的国家意志来处理文化沟通和哲学理解的问题。这是不幸的，因为这并不能促进东西文化的共同发展与共同进步，以达到文明沟通、哲学互鉴，甚至哲学互补的进步目标。

有鉴于此，中国哲学的世界化发展更需要中国人自身的努力，克服种种西方世界造成的困难，以达到人类哲学全球化的目标。这就是当前中国哲学面临的困境，也是它面对的挑战。要改变这个状态，就必须改变世界，至少要顺应潮流，坚持人类的价值，把哲学带入世界化的正常途径。然而就近20年的发展来看，中国大陆哲学系专业分科十分细致，除了马克思主义哲学和中国哲学的划分，还有外国哲学、逻辑学、知识论、伦理学和美学等科目。每一科目都有一个专业研究的研究室，培养该专业的专业人才。在专业分组的制度下，研究生和导师固然获得专业的特长，但对专业以外的其他专业却并不关心或并不重视，因此，专业与专业之间有很多不沟通的地方，研究生和导师只是专家，而无通识，无法进行深度沟通，更没有一个整体的认知体系为大家所分享。

　　在中国哲学与西方哲学之间，更显出这样一个很难沟通的差距。中国专业的哲学专业者，最多具有一般的西方哲学的某些认识，却没有一个整体的理解以及对西方哲学重点问题的认识，甚至在认识方法和方向上有重大的差异。因此，中西方的比较研究和互通基本上是一个很大的哲学问题。个别的中国哲学家可能逐渐学习到西方哲学的一些概念，甚至对西方哲学史也有梗概的认识，但不足以进行深度的分析比较，阐述其理论源起和效果。再加上由于对西方语言的掌握不够，仅从二手资料取得相关的知识，对原始文本的直接掌握不够，这就很难进行与西方哲学的沟通，更不能提出相关的中国哲学理念，来进行对应和批评，提出有深度意义的创见。这可以说是中国哲学发展的一个障碍，必须加以克服。

　　由于哲学这个行业需要知己知彼，首先就要掌握西方的语言，如英文、德文或法文，对西方文字的掌握不到一定程度，就无法阅读原典，当然也就无法提出自己真正感受到的问题，使中西沟通和对话成为有意义的理念交流和对撞。

既然我们认识了世界化的本质，哲学专业也必须以哲学通识作为基础。当代的哲学家可以扩大他的眼界，深度认识西方哲学以吸收西方哲学的精华，同时把中国哲学的精华在西方语言中精确地表露出来。中国哲学发展至今，已经到了必须认识西方哲学的关键时刻。只有知己知彼，才能保证自身哲学的活力和融合力，才能避免走入西方哲学的一些误区，表现中国哲学相对于西方哲学的特色和独特的贡献。这是当前中国哲学界应该重视的一个发展方向，不但重视专业，也兼及相对的全面，把中国哲学与世界哲学纳入到一个相互比较、相互融通的整体研究之中，这样才有利于中国哲学的时代化和世界化。其实从西方哲学家来看，他们也必须进行这样的工作，闭门造车是完全不能接受的。从哲学家之间的沟通到哲学之间的沟通，是一个世界化的趋势。

　　我深信只有在这样一种世界化的趋势之下，中国哲学家才能够有所警觉，真正地知己知彼，融合东西的思想工作，为人类未来建立一个共通的理想，既不放弃必然的差异，也不放弃最大的融通，这就是世界哲学可以发展的一条道路。

五、反思和评估我的本体诠释哲学建树

　　我在大学毕业之后，哲学思考几乎占据了我的一生。当然这并不表示我对文学和诗以及其他学科没有任何兴趣，相反，我更能够从一个哲学的观点体察文学、诗和科学的意义以及所引起的心情。但我的心灵是哲学的，总想把一个现象或一个生命终极意义找出来，然后给予它们以适当的哲学定位。这对我是理性的，但也有直觉的一面，这是我把哲学与生活结合在一起的一个现象，倾向于在具体中找到抽象，在抽象中寻求具体。这让我充分地体验到人的存在具有的多种面向，包含具体与抽象、动态与静态、自由与责任、意义与无意义。同时，我也欣赏道家的"自然无为"，不做任何思考，让自己的心理自在遨游，接近庄子的超越事实与自然合一的放任精神。但我必须说，我无法抵御一种对生命和世界的忧患意识，促使自己必须参与到积极地思索问题的情境之中，因此我觉得我是天生的儒家，对人的未来和存在事物的所以然，不能不有一份关切。也许我觉得生在世间，也就不能不关切世界的事物，也就不能不感受到生命的喜怒哀乐和世事变化的合理性或非合理性，尤其是在受到日本侵略战争的苦难后，很难不去思考人性善恶行为是非的问题。

　　在这个意义上，我说我是天生的儒家，这正是儒学所自然关心的问题，不需要一分勉强。后来我认识到《易经》的发生背景和它所以发生的缘故，以及它的最原始的动机和最终的目标，我就逐渐在易学中找到何以人天生为儒学，而我能够很自然地进入儒学。《易经》显示的是宇宙自然发展的过程，也包含人类存在的自然的发展，在这种自然中看到宇宙存在的变化方式和发展规律，这是人自身可以体察的宇宙自然本质，也就是人自身存在的本质，必须在变化中面临困境，也在变化中解除困境。人要发挥他自己的存在意义，就不能不刚健自强，厚德载物，并在一个整体的经验存在中以理解整体存在的所有个体，同时也能从个体的存在中推测整体的动静。人在宇宙之中，也就自然地具有宇宙的品质，参与变化，承受变化的冲击，而又突出变化，建立完成生命的德性和能耐。这不就是儒家自觉的社会要求吗？这个理解，是我从孔子反思《易经》的过程中悟解而来，我认为是孔子的儒学走向成熟的一个标志。这个标志建立了普遍的对存在的关怀，这就是德，这就是为己之道，把道家看成是凭借自身的才华在宇宙网络之中超越宇宙，可是仍然在宇宙中逍遥自在，不必忧虑世界的善恶，把心灵放在一个超越的关怀天下的道的观点，以静待动，以不变应万变，不必忧心困境，因为从一个道的立场，这都是自然形成，无困境可言。我以这样一个道家超然的观点，只能从易学的自然哲学中感受到仁义的情怀，而以此为出发点，来面对天下事物。

　　站在我所采取的易学本体自然主义立场，有人也好奇我对佛学和基督教宗教的感受和态度。对于佛学，我一直把它看成对生命困境的解除方法。但并未面对生命的诸多形象，肯定生命的价值。佛学执着于虚空，把生命看成幻境，同时又把生命看成实际的灾难，因而想回归到一个寂灭的境界。寂灭是空性，是比道家的"无"更深刻的"无"，因此等于断绝了生命的可能，是我无法完全接受的。但我能够欣赏佛学那种辩证的思考，如在《金刚经》所表达的"佛说虚空，是非虚空，因是虚空故"。这是一个对虚空的执着，不可能有任何理性可以改变。这种经历的执着，也是对世界不执着的理由。这样一个论证，我是欣赏的。佛学和道家结合产生的禅学，我必须说我很喜欢禅学。我对禅学的印象是"即是而是，即非而非"，这也可能是"即非而非，即是而是"，一切由人的直接深切的对存在的体悟而决定。这个禅学肯定真实和现象的态度和能力，是我绝对欣赏的。这也说明禅学在中国发生，显示了中国人认识存在真理的方法，但这毕竟不是自然生活的常道，因此禅学也可以用平常心来肯定儒学的生活。

从台湾地区到美国，我经常碰到基督教徒向我传教，他们的出发点是好的，因为他们要拯救世人。信仰上帝是人类救主，作为人就必须信仰上帝以求得救。这也是西方宗教的一个特色，以拯救世人为目标，认为世人生活在无知和愚蠢之中，本来就没有善性，更是恶行多端，违反上帝的意志，因此只有信仰上帝才能得救。这个出发点也许无可厚非，因为它包含了一个对人的存在缘由和处境的理解，希望能够帮助他人走出困境，找到生活的乐园。这个逻辑也和佛教的逻辑基本相似，佛学以人在无明之中，需要佛的化渡，但问题是人们有无必要接受这样一种存在处境的假设，有无理由相信传教者所说的方法是唯一的方法。哲学的思考不能不提出这样的问题，当然哲学思考也允许这种可能性，但无法说明一个宗教是唯一的可能性，毕竟在世界上有很多宗教，至少被承认的世界宗教就有六种之多。它们论证人的解脱逻辑是一致的，因此也是对等的，至于信仰哪一个宗教，完全是由现实的环境和个人的处境来决定的。哲学不是超越的宗教，却超越现实和环境，来思考抽象和普遍的问题，因此不能主张唯一解脱生命的任何途径，而允许一个开放的自然的选择或自然的认知观点。

从这个观点看，儒教可以说是一种宗教，因为它也有基督教和佛教那样的逻辑结构。作为宗教来看，儒家可以说有一种人的精神境界，是超脱于实际生活的烦恼的，甚至也超脱于生死，以自己的精神道德境界作为解脱自身困扰的出路。孔子就有这样一种胸怀，以心灵的智慧和生命的德行来安顿自己的精神，消除不必要的负担，建立无虑无忧无惧，也就是智仁勇的生命态度。生能安立，死能安静，意味着没有见到大道之行，这也可以说是一种宗教信仰，却不依附在任何怪力乱神的假设之上，这是儒家要建立的心理状态，来在尽心知人知天基础上建立自己生命的信念和对命运的依托。这种孔孟的心理态度，可说贯注在整个儒学的思考与感受之中，尤其见于宋明的理学和明代的心学。理学家心学家都能从一个智慧的立场来洞悉生命的缺陷悲苦和灾难，同时也能超然物外，以不动心的态度来面对或接受动态不已的世间人生。不管是二程还是张载，不管是朱熹还是阳明，都有这样一种深层的仁爱心肠和理性态度。

在这种认识中，儒学的哲理所产生的心理效果和基督教或佛学所产生的最好的心理效果有什么不同呢？当然我这里提到的是一个宗教哲学的问题，宗教能否为哲学所化解，或者必须依托于宗教，可能是一个关键问题。但从古代宗教的发展来看，宗教的创始者或教主也都是深思熟虑的哲学思考者，想通了各种问题，也能够用普遍生动的生活语言来表达这样一种信念，逐渐形成了一个教派，吸收了众多的信徒。哲学家并不重视这样一种宗教的集团和信徒的聚集，但他的思想可以传播很远，人人都可以回应，却不必成为一种具有特殊形式或仪式的生活团体。我的宗教感可说是哲学性的，是原始的生命思考，是开放的生命思考，因此无法落实到任何具体的宗教，但并不反对不同的宗教。也许这也是我的宗教哲学以及宗教的信念。

我的哲学成长与发展可以分为三个时期。第一个时期是早期对西方现代哲学的强烈关注和参与。在 20 世纪 60 年代以后，我更重视西方分析哲学的成果以及它的方法性，尤其对蒯因的逻辑哲学抱着深刻的兴趣，可能受蒯因教授多年的熏陶。我对近代逻辑、数学以及语言分析进行了相关的思考，蒯因可以说是罗素以来最有创造性的数理逻辑学家。他简化了当代的数理逻辑的系统，明确地分别逻辑和数学的界限，并不像弗雷格（Gottlob Frege，1848—1925）和罗素等认为逻辑涵盖了数学，他把逻辑定义在命题逻辑、真理函数和量化逻辑范围之内，所涉及的存在对象是自然界的万事万物，并没有超越自然界的存在物的抽象思维。因此，逻辑只是表达自然事物语言的逻辑关系的推理。

这种关系也有两个层次。一个是命题逻辑的真理层次，这是以我们自然语言的有意义的语句为单元的，所涉及的这些语句的关系不外乎否定（—）、联合（·）、选择（v）、物质蕴含（—）。而这些关系又是可以彼此转化的，如否定的否定就是肯定，肯定是不需要任何符号，就是写出这个句子。联合是同时肯定两个句子，选择则是肯定一个句子而否定另外一个句子。当然，在特殊情况之下，也可以两者都选或两者都不选。蕴含则是否定前句，然后与后句形成选择（—PvQ）。从这些逻辑关系的转化可以看到我们应用语句时的基本规则，这些规则不为我们自觉，甚至也不规范，因此它的真理值并不确定。逻辑是规范我们的语句，给我们的语句一种合乎规则的形式，然后经过逻辑符号的转换与推理，来确定一个句子的真值或伪值。我们说"人运动蕴含着人健康"这样的句子，在逻辑分析下，也就具有"人不运动"或者"人健康"这样的含义。当然这是一种逻辑分析句子意义的形式。一个句子为何有它的意义，以及因为有意义而产生与真实相关成为真句，或与真实相反成为伪句，也就是不真句。利用这种逻辑的分析，我们对语言进行了规范，这样我们也可以说把语言内涵的真实含义和关系彰显出来。一般逻辑学家强调逻辑的规范说，但我觉得句子的形成只有具有逻辑的内在形式，才能有逻辑的规范发展出来。我认为这也是蒯因的基本立场，因为他在真理逻辑和变化逻辑的基础上，提出了语言所自然承诺的存在物的指谓（ontological commitment）。任何一个有意义的句子都具有这样一种存在承诺，也就是对存在的事物的指谓。逻辑形式就是把这个存在承诺明朗化而已。我们说的语句相当于传统逻辑所说的命题，是一种意义的单位，也就是我们概念和意义的表达。

逻辑学家弗雷格很早就分辨了"概念"（concept）与"所指"（reference）的差别，他又分辨概念与"意义"（sense）的差别。意义是主体自我心灵的一种感受状态，无法等同于一个用词的所指，也不等同于我们心理中理性的概念。概念是一个所指的函数，因此可以用命题或语句来表达。但所表达者并不一定能够穷尽意义的主观感受。逻辑学家为了消除主观性，对意义就不十分重视，或者根本将它忽视，把它等同于概念。但从胡塞尔的现象学来看，意义往往是一种"意向性"（intentionality），有其自身的对象和目标。这个意向性的对象或目标并不一定存在于自然的事物之中，因为它可以是不存在的事物，因此在现象学中有所谓"不存在的意向对象"（in-existential object of intentionality）之说。但蒯因从他的自然存在论并不肯定这样的说法，他甚至把我们心灵意向的可能性直接也都否定，因为其意义不能在自然界确定，而只是一种心理活动的意向而已。在蒯因逻辑体系中，他也不承认命题的存在，直接就用"语句"来代替命题。他认为人的语言都是以语句作为单位，因为语句是因意义而产生，而意义的表达方式就是语句，因语句的需要而产生了语词与语音。语言学家就是研究语词和语音以及这些单元，形成语句的语法。

关于语句，除上述语间的逻辑关系外，还有规范语句的对象范围的两个逻辑概念，即所有（everything）和有些（something）。这都是具体地描述事物存在的量词，因为量词是重要的，用具体事物的存在不能不涉及量，而不只是质的问题，因此我们的语句一定会自然地包含量的所指，表达"所有"和"有些"关系的符号是"∀"和"∃"。所谓"有些"，代表至少一个，但不是全部。我们的语言并不明显地用这些量词，但是量词的概念是在表达这个语句的意义的时候必须涉及的，因此必须要明朗化地表达出来。比如说"老虎存在"，指的是所有老虎存在或至少有一个老虎存在。"所有"符号与"有些"符号的关系是否定"∀"以否定"∀"后面的句子，也就是"–∀–"，就得到"有些"的概念。同样，否定"∃"以否定"∃"后面的句子，也就是"–∃–"，就得到"所有"的概念。有了这两个符号，加上真理逻辑的四个符号，一共有六个符号，也就涵盖了所有自然语句的语义关系。这套逻辑也就可以用来作为分析和形式化我们语句意义的方法和规范，可以进行推理的明确程序，有如在几何学中证明一个几何定理一样。真理逻辑与量化逻辑的关系，并没有逾越自然和自然语句的结构，以及其一般的存在论承诺。但这种自然语言的论述并不包含我们对"数"和数学的概念的认识。因为涉及数，就涉及另外一种存在，而并非自然事物的存在。

虽然我们经常涉及数的应用和规律，但"数"（number）究竟是什么呢？这个问题一直要到弗雷格才得到一个解答，他说明了数的存在和一般事物的存在，在性质上完全不一样。弗雷格在《算数基础》（*The Foundations of Arithmetic*，1884）一书中，把"自然数"（natural numbers 如 1、2、3……）界定为事物之"类"的类的类（class of classes of classes）。因为每一个自然数都是类之类（class of classes），我们说数是指所有的数，它自然是类之类之类了。所谓"类"是指一个集合，有属于它的"分子"（member）。类和其分子是形成类的概念的基础，是对类的认识的抽象概念的条件。为了避免"罗素吊诡"（Russell's Paradox），蒯因把类改成"集合"（set），两者的差别是类可以成为另一类的分子，但"集合"却不一定要求这个条件。事实上，有些"集合"可以被界定为不可成为其他集合的集合，这就避免了"罗素吊诡"。我在这里强调的不只是集合和类概念的内在一致性，而是说明它代表一种新的存在规定和方式。这种存在方式的存在不一定等同于我们直觉的数的概念，因为我们谈数往往并没有想到类和集合和其分子所属，而只是把数当作表达在时空中量的序列的方法。所以我们的语言中对数的概念可能最早开始于"动词的数"（to count），表达的只是数的事物的先后次序而已，并没有把数当作一个事物与事物之间的所属关系来看待。

中国易学中的象数所指的数，就是可以具体数出来的事物以及其排列的秩序，因此数就具有物与物之间内在或外在秩序的意义，象征宇宙自然事物的特定或基本关系，如河图洛书所表示。在这个意义上，事物仍然是自然存在的事物。但在近代西方，分析数的概念内涵而进行了对数的逻辑定义，数的存在就变成一个突出自然事物抽象存在，名之为"类"或"集合"。数学家一般都精于用类和集合来描述其思考的对象，把自然数界定为集合，就体现了数学是一种抽象的几何思考，所肯定存在的对象是在自然事物的时空之外。有了这个认识，我们就能更好地去认识到现代数学的发展到何等抽象的程度。现代数学中的拓扑学、实数函数论、抽象代数，都是数为集合所形成的理论建构。从这个意义说，数学的存在程度是在自然之外所形成的一个抽象的存在空间。但这个抽象的存在空间又能规范自然事物的存在方式，不但可以促进自然规则知识的认识，同时也可以作为发现新的自然存在事物的工具和模型。

任何一个物理学的发现，都必须有这样一个数学的规范，以及相应的数学模型，这不但有利于发现自然世界的新事物，也帮助诠释一个自然世界的定律关系及其技术应用，形成各种技术模型，并具有预测未来的和证伪理论的作用。原因在于，数学的模型不具有普遍性和必然性，但一个数学的模型应用到具体事物之上，只要使具体事物符合它的前提或部分规则，其他相关的规则和部分也就自然生效。纵贯时间与空间，这样就说明了一个数学理论先天的预测性，这也就是作为抽象存在的数学的重大功能。蒯因也指出，如果我们在经验上有众多复杂的因素和关系，原来的数学模型就必须被打破而另行重建新的数学模型，这样才能诠释和驾驭一个复杂体系的运作和推理，做出正确的预测。

在这里蒯因对我有两个启示：一个是这个世界固然是自然事物，但规范自然事物的抽象世界也可以说是我们自己理性的建构，它是可以和我们的经验相互激发的，即新事物带来新理论，新理论带来新事物，这也就表示抽象和具体，数和象可以有内在的一致，我们甚至可以说一个客观世界和主观世界在根源上应该是相通的，只是在发展的过程中如何整合。数学的数的模型和具体的自然经验是人类知性理解的考验，我在《本体诠释学》一书中提到的"主客对应"关系，形成和谐的统一，这个认识是从蒯因哲学中的数与自然数的关系中吸引而来的。第二个启发是我坚信自然事物作为存在的根本，是与理性建构的生活世界互通的。所谓诠释，就是用一个抽象的模型来说明和推测具体的事物的特征以及它的发展。这都是我的形而上知识论的推断，并非蒯因所主张。它隐含了我的辩证和谐理论，在实践的过程中获得数理的发展和经验的认识，此乃整体的世界本体发展的一个方式。这也就坚定了我所谓"本体用"的说法，超越了伽达默尔的历史相对论的"哲学诠释学"。

基于我对蒯因和其语言哲学的研究和理解，我一直主张的中国哲学的"经验实在论"就有了一个逻辑的形式和基础。同时不必排除基于数的思考和形成的存在范畴和存在模型，使我们对自然存在具有无限的深度和高度，而不必限制于有限的物质空间，却必然包含理性建造的抽象世界。抽象存在世界也并非离开自然世界而单独存在，是经过人的心灵而与自然世界同时存在。基于我对蒯因的逻辑的认识，我更能肯定中国哲学所呈现的生活世界的自然存在基础，构成我的自然哲学存在层次论的想法。因此，在早期多年我从事逻辑哲学的研究和对数的研究，导向我写出有关逻辑思考的论文。除了认真讨论蒯因的逻辑哲学和语言哲学的逻辑问题，还逐渐用自然哲学的观点来重新认识中国墨家逻辑的产生与发展。这是1963年到20世纪80年代初期的事情，这也是认真地思考逻辑哲学的问题，对它所做出的存在论的分析。儒家觉得并不周全，因为蒯因把存在的对象完全限制在自然事物之中，与实证科学连成一片，最后也不能解决像大卫森提出的"非正常一元论"（anomalous monism）的问题。我发现中国哲学中就不会有这样的问题，因为这涉及在某个意义的框架下心物是一体，心是物的表现，物也是心的表现，心物都属于同一个存在的本体，透过二元分别来完成二元统一的整体，而并不一定要把现象中的有心灵意义的语句转化为纯粹为物理学的或心理学的语句。

除这一点外，蒯因在他最后的著作中，很明显地具有物质化约心灵的倾向，而忘记语言可以有另一番抽象的所指。在这种化约主义的基础上，当然蒯因不必谈可能性和模态性的问题，也更不能谈价值评价的问题，因此未能形成伦理学中的是非善恶的概念，也未能形成美学中的美丑优劣，在他的哲学中缺少伦理学和美学的思考。这是我很不愿意看到的。

总的来说，在蒯因哲学的基础上，我开始进行对中国哲学的深入探讨，尤其重视中国哲学的源起与发展，以及它对存在本体的认知。同时，我也关注中国哲学中的价值概念和价值判断，思考价值哲学，尤其是中国的价值哲学如何能够弥补当代西方科学哲学中所缺失的价值意识，也补充现代哲学中所缺少的整体人的存在认识。这是我哲学发展的第二阶段，是从 20 世纪 80 年代中期进行到这个世纪的开始。关于中国哲学，我在 20 世纪 70 年代就特别关心古典儒学和当代新儒家的关系，以及知识与价值的关系。1973 年我出版了两本小书，名为《中国文化与中国哲学》及《科学真理与人类价值》，最后重点放在西洋哲学。一直到 80 年代才重新思考中国哲学的起源与整体发展的现代意义。

关于中国哲学的起源，在方东美先生的启发下，我发现中国哲学史家，如冯友兰等，都没有从中国哲学本身发展来看中国哲学的起源。因此，早期的中国哲学史都不能比较具体地说明中国哲学如何开始，以及其关注的问题何在。在我仔细地考察之后，我认识到文化与环境是最早引发哲学思想的原因，因为人们要回答什么是真实存在的品质。如何认识此一真实世界品质，来达到深层发展的目的？这个问题可能在其他文化传统中，尤其在希腊哲学的发展中特别突出。希腊哲学的前身希腊神话，就在说明思想有何等存在力量与人相关，以及如何面对和转化这等力量。在犹太宗教中，对上帝概念的形成也是经过对犹太民族存在的环境与遭遇的反思，发展了一个超越现实的上帝，来作为思考与遵从的终极对象，因而产生了对耶和华超越存在的信仰。早期的印度人也是针对其特殊的环境，构建出一套自然神的"知识体系"（veda），也就成为他们宗教与哲学的根源了。因为印度人用这套知识体系如森林书和奥义书来解释现象并规范人生。

我想中国文化也应该有这样一种自然发生的对自然真实与人的生命的基本认识，但那是什么呢？我的结论就是儒学六经里的《易经》。但如何说明《易经》和中国哲学开始的关系，是需要一番周章的反思。因为《易经》已经被纳入儒家的经典，以周易的形式存在。在历史上和传说中的三易即夏易、商易和周易，前两者已经无法找到原貌，因此我们只能就周易的文本来理解中国哲学的开始。同时也把夏易和中国哲学与文化的内容与形式连接起来，也许更能说明中国哲学的逐渐兴起，是中国文化和中国人思考的最根本的方式。此一内容自然影响到后来中国哲学的发展，也就是儒学与道学的发展。

关于易学的起源，我很看重伏羲画卦这个说法。易学涉及卦象，卦象是表达人对自然事物和人的处境的一种象形，并对这个象形赋予人所感知的自然存在的意义。伏羲画卦因此是一个复杂思考的过程，必须从最原始的宇宙卦象发展到可以描述一切事物的卦象体系。这不是一个简单的抽象符号的创造过程，而是经历长期观察宇宙自然现象变化的各种可能性所提供的一个象征体系，只是所要象形的并不是个别事物，而是事物变化的过程与关系。这些过程与关系，是在具体事物结构中透露出来。事物的结构却不只是一个静止的形式，更是一个动态变化的自然化过程。因此，事物的变化也就有一个动态的形象，表现在整体的过程和关系之中。当然，这个体系是经过长期的发展形成的，其中必然经过各种基于经验的修正与改进，尤其在对事物动态关系的认识上。以现代哲学眼光来看，对动态事物的动态认识，是人的普遍生活经验。因此，所谓自然的卦象，是不但生动，而且复杂。但是由于它开始于基本的认识，因此再复杂的卦象也可以把它从基本的构成简单因素来理解。但对构成这种复杂因素动态力量，最后必须要有一个总体的形象的认识，把它称之为"道"或称之为"太极"，就是这种认识的直觉综合的结果。

在现代对易学符号体系认识中，无论是"太极"还是"道"，都可以用动态的线条来表达，也就变成一种终极存在的形象了。但人们问：为什么中国会发生这样一种形象化的自然宇宙符号？是什么力量促使中国人认真地去构造这样一个自然宇宙符号体系？对此问题，我的回答是中国人从开始就注意到天地与人之间的依存与变化关系，以之为求生与持续发展的重要方法。这是因为早期的中国人（或称华夏人）作为最早的农业发展者，必须靠耕作农地来生产粮食，也就必须依靠天时地利来耕种农田，并依循时节的变化掌握耕种稻米的时节。这当然需要观天察地，审察河山，来发挥耕种农地的最大积极效果。显然的是，从伏羲时代观天察地，到神农氏耕种稻田，到黄帝与尧舜整合社会建立文明制度，形成中国文化的蓬勃发展。这种思考天地与万物的本质以及天地与人的关系，自然建立了一套天人攸关的哲学思想。同时也基于长期观察，形成了一套象征万物及其变化的符号体系。其中，最简单的符号是所谓爻，爻代表变动，可见是存在的基本形式。

爻构成卦象，代表一个整体事物的形象，使我们不但能够认识事物存在的形态，也同时认识到事物变化的方向。这就是卦爻系统的发展。我在此处并不想把《易经》的符号体系详细说明，但从它的形成和它所代表的意义，就可以看出它的来源就是当时中国人类对天地宇宙长期观察和认识反思的结果，因此也就是一个哲学活动的见证。没有这样的哲学思维活动，就不可能有这样的自然符号体系，也就没有这样一个可以与自然现象相对应，甚至没有代表未来动向的符号体系。

如此观之，我说中国哲学的开始是从易学的开始，一点也不为过，而且必须加以强调，以显示中国哲学思维方式和西方、希腊、犹太与印度的自然反思不同。因此也说明了中国哲学思维的特质，由此而影响到中国文化的继续发展和中国哲学的不断再造，这就是一个中国哲学生生不息的过程，也是说明中国哲学如何开始发用的真实描述。后人喜欢把中国哲学诸家说成来自官府部门的不同职能，但中国的官府职能又如何加以说明呢？是不是又回到一个中国哲学逐渐发展成为符号体系，并为社会的需要建立不同的组织关联的情形，这样就不会倒因为果，似是而非了。

　　以上我对中国哲学思考的起源的认识，在海外已经为许多学人所采用，见之于新的中国哲学历史论述。在中国国内，这个认识也在逐渐普遍化，至少我说的"易学是中国哲学的源头活水"这句话，从我在山东易学大会提出后，到今天已为学界所接受。但很多细节却还需要学者们加以认识，这些中国哲学的研究离不开古典中国哲学的认识，因此也离不开对中国文化考古的哲学认识。在这种认识下，我们可以重写一套中国哲学史。目前，郭齐勇主编了一套最新的《中国哲学通史》，他强调出土资料和历史记载来理解中国哲学的原始和特质。这个观点是正确的，但我早就提出除了这种王国维所说的"两重证据法"的研究方法，还应该重视义理和事实之间的统一问题，就不能废除黑格尔所说的逻辑与历史统一的问题。但我所采取的研究方法是对过去历史的重新说明和诠释，我们必须假设先有一些初步的历史事实作为基础，然后透过地下发掘的资料和人们的记忆与记载，来更进一步说明历史事件发生和包含的现象与意义。

　　我们必须注意到象生义、义生象这个现代学的命题，如何把象中之义合理地扩充，就其本体的存在的意义来进行思考一个现象的全部含义，或从一些历史的含义中推演出整体的形象。因此，如何决定一个历史命题的意义和形象，就必须涉及事实与逻辑之外的想象力，应用想象力来实现事实与现象之间的统合。所谓"两重证据"，需要第三重证据，也就是想象与推理所形成的整体结构，来整合零星的事实或片段的出土资料，所要追求的并不是新的事实或新的出土资料，而是一个完整的思想与概念或理论的整体系统，更好地呈现意义和形象。这就是我说的第三重证据的作用。过去也提到所谓"经典诠释"这个方法，但经典诠释最重要的部分是本体诠释。经典诠释只是针对经典，从历史意义来诠释经典，辅助以出土的资料。但一个经典是面对真实的存在的，也就是它必须面对真理，因此必须直接涉及本体存在的问题，而不只是经典文字的解释问题。

在这个意义上，我上述的中国哲学的源起并没有受到重视，因此，所呈现出来的中国哲学开始，仍然是一些抽象的名词而已，而不能与实际的经验结合在一起。这是令人遗憾的。当然，这个对中国哲学开始点的认识问题，要我们对哲学有深刻的认识才能够更好地描述。我们必须认识到哲学涉及真实存在及本体的含义，涉及知识与知识方法的应用，而这些都不只是在针对语言，而是必须针对真实的世界。

我说的中国哲学始于易学的建立，也就是始于实际对宇宙存在现象的深刻认识。这样就自然把中国哲学的"哲学"一词带到最初的思维语境，与人类所处的经验观察脱离不了关系。《中庸》说："道也者，不可须臾离也，可离者非道也。"这里所谓"道"，是真实的对自然本体的认识与体验，而不只是一个语言中的名词而已。只有基于这种实际的认识和体验，我们才能够看到哲学如何开始。因为哲学就是对真实的实际经验的认识，离开此也无所谓哲学了。经典诠释不能面对第一层次的存在，不能把已经有的哲学思想用来说明最原初的哲学语境，很难得到所谓意义的来源。上面我提到的"象生义，义生象"，已经表明我们必须就实际的象来观察我们心中所产生的义，并不是脱离这个象来谈这个义的。假如这样，就无法找到这个义的来源了。总言之，中国哲学的开始就是中国人对存在真实的思维活动，因此不存在有无中国哲学这个概念。我们不必把西方所说的哲学意义强加于我们认识宇宙的经验过程之中，中国人认识宇宙，和宇宙有深刻的知觉与感情关系，也能从这种关系的认识中掌握人的行为方式和方向，必须从开始就要把哲学纳入到我们生活之中，当然也就没有什么中国有无哲学的这种错位与错解的问题了。

由于对原始中国哲学的意义的探求，我特别重视诠释的重要性。对"诠释"这个词，是我对英文的"interpretation"的翻译。但它并不止于翻译，它也有独立的含义，只是与"interpretation"有很好的契合。这不仅是一个事实问题，也是一个理解问题。我在20世纪70年代读到伽达默尔《真理与方法》一书，对他提出的哲学诠释学产生浓厚的兴趣，并有机会和他亲自见面探讨。利用"interpretation"这个词，其根源是拉丁文。但"interpretation"有另外一个字眼，就是德文的"Auslegung"，意义是展现。"Auslegung"不等于"interpretation"，因为"interpretation"意涵相互参与，有融合一体的意思，所融合者，就是人对一个经验或概念产生的心中意念，也就是意义。我们可以说"Auslegung"就是象，"interpretation"就是义。象和义应该是结合在一起的，因为这是最初对真实世界的最初经验。世界呈现象，人的心灵产生义。象义而合一，就是一个符号的意义所在。这里所说的符号就是文字和人心中的概念。在写博士论文时，我注意到美国哲学家皮尔士提出人心中的理念客观现象与语言符号结合起来，产生了无象的含义，说得更详细一点，也就产生无象结合符号所产生的含义了。

皮尔士这个说法和我对中国易学中象与义的统一的理解完全一致，在这个理解中我提出一个有意义的符号可以诠释真实存在，实际上表达了人的心灵的理解活动，具有一定的创造性，而不是一个以一般概念来说明个别例证的解释活动。这就是解释和诠释的不一样，两者不可混淆起来。诠释永远是开放性的和创造性的，解释则是找寻已有的一般意义，来说明一个词句的意义，并不涉及经历或面对实际现象的经验。但这个细微差别，也就是诠释（interpretation）和解释（explanation）的差别。很不幸，中国近代语言中，这两个词都可以说是新造的名词，虽然有古典语言的背景，但所要表达的是现代的意义，因此必须表现它们之间的差别。因此我们可以说牛顿的物理学和万有引力，解释了苹果为何落地，而不是向上飞升。就像我们诠释孔子对仁的认识，是基于孔子创造性的理解或我们自身的理解来发挥的，因之是一种诠释。我在1986年提到这个差别，要把中国诠释学建立起来。北大汤一介教授却并无诠释学的概念，他以为诠释就是解释，一定要把诠释学说为解释学。但这从世界哲学的观点来看，是一种概念的混淆。

一直到今天，这个混淆仍然存在。当然我们可以理解，有些人说的解释就是诠释，但他却没有对诠释和解释分别地认识，因此不能说对"诠释"一词有所理解，自然也不能说对"解释"有所理解，这成为当前中国哲学中的一种通病。我曾做过数次疏导，但仍然不能改变现状。对于这个现象，我只能说是先入为主习惯在作祟。如果没有批判的思考，就很难改变。这是令人遗憾的事。回到前面所说，由于我对诠释这个中国原始点的兴趣，我更进一步理解到中国哲学的先贤所做出的对宇宙存在现实的诠释，并以此来解释各种宇宙现象。在诠释的过程中，人们观察到气的存在与阴阳两气的对照，并从对照中看到阴阳之间的对应、对立、和合补充、激发变化等自然现象。阴阳作为存在实体的基本存在属性，被用来解释各种变化现象，尤其是生生不已的现象以及生生不已中的条理现象，也就是阴阳合一为太极的统一体，并以此为基础为阴阳相对变化的各种方式，即万变不离其宗。

一个整体统一的宇宙可以充满纷纭多彩的万事万象，又可以被逻辑地看成有条理地产生与阴阳相互变化的成果，产生所谓一生二，二生四，四生八，八生十六等，具有数学两元多次平等式的形式。这是易经哲学提出的宇宙发展模型，而道德经则建立一个一生二，二生三，三生万物的另一个创发过程模型。这两个模型都适用于阴阳之气的存在现象，可以说是相互对等的，各有其满足诠释的存在现象的优良效果。当然这也证明易道同源，但道家必然是受到易学的影响，从某种意义上说，把易学简化，并没有把易象系统纳入其道学的发展系统之中。这两者明显地有一个共同根源，不管是太极还是道，都在说明终极存在的性质是一个终极的根源所产生的创发性的过程。在此认识下，我自然得到以下几个结论：

第一，儒学的发展受到易学的影响，认为人可以刚健自强、独立自主，并能发挥自己的才能，以实现生命的意义。由于万物相互关联，儒学也更能发挥其仁学思想，甚至认识到仁是实现生命之道，并以仁为基础完善仁德，博施而济众，实现圣贤的理想，甚至与万物为一体，享有生命的整体感。也许促使了儒学，赋予儒学中已经发展的经典诗书礼乐以一种宇宙意义，可以无限地进取和更新。因此，对于易经符号体系的认识十分看重，尤其重要的是，可以从卜筮的活动中认识未来，不但防患于未然，也能借此培养德性，达到孔子所说的"知其德义"以求善的目标。当然这是一个理想的说法，实际儒学是否能做到这一点，要看儒家自身的反思能力了。

第二，易学给予道家一个宇宙自然的对象以及存在意识。易学的创化思想和生化思想界定了道家之道的终极含义，但道家并不像儒家，强调主体性个人的奋发图强，而是加深了人们对自然的依附和认同，因此导向老子的无为而无不为的思想，认为人为的努力反而阻碍了人的本性，因此必须消除人类的主体欲望与追求，以达到人的自由安顿的生命智慧。由于人可以依靠自然，不需要强调任何人的接触，造成文明的污染，因此不需要特殊的符号体系，来进行对未来的预测。未来已在整体的自然感受之中，对自然观测就能体会时间的真相，甚至超越生死的界限，达到一种生命精神的超脱。

第三，易学为儒道奠定了一个共同的本体宇宙论基础，同时导向两种不同的生活态度，就是儒道的哲学。在易学儒道思想相互交织中，中国哲学思想的创造力也就自然涌现出来。因为有儒家对文化的积极追求态度，可以说合理地创造了社会与国家存在形式。但也因此产生相应的问题，对于权力和善恶往往没有一个统一的标准而流入泛滥，因此乃有道家的批评，更引发墨家直接的挑战。墨子认为天有天志，是具有人格意义的天的权力所在，把天看作人格神是墨子的创意。他认为天志在兼爱天下，所谓兼爱天下，就是人们应该和天一样"兼相爱，交相利"，才能消除天下之不义和因自私而产生的冲突。他从这个信仰出发，要求人们上同于天，不必计较于儒家的礼仪道德。

墨子可说是不自觉地对易学做了一个极端人格化的诠释，使他的哲学十分接近基督教神学的体系。但有一点不同是，他仍然是自然主义者，他的天志也并非超越的上帝，而是统合天地而居于天地的一个君王主宰。虽然他有他的信仰者，但最后因为要实现他的兼爱理想，追求文明的进步，反而导向原始的公社集团组织，不能因应人的文明需要，与易学的阴阳变化自然创化的思想相反，最后导致失败。但墨家却留下了一个宝贵的哲学传统，即为了对兼爱思想的说明，进行了对人类语言意义的分析。首先审查我们用词的定义，并进行精确的解说，进而导向逻辑思维的基本原则，可以说是逻辑与逻辑哲学的首创者，其功劳并不低于亚里士多德。可惜他的逻辑思想是为他的兼爱哲学服务，当墨家的生活集团不能维持下去时，墨家逻辑也就失掉了支持者，未能持续地发展。中国哲学无法在客观精神与科学研究方面建立坚强的传统，可以说是一个缺陷，也是一个遗憾。

有一点需要指出的是，墨学不一定与易学相冲突。但易学的本体宇宙论却未能影响到墨家思想，墨家的天志思想也就成为一个限制，既不能走向超越，又未能发挥文化的功能。后者当然不是墨家之过，是时代性的现状和趋势所引起的。当然也可以说墨家并不理解易学，未能掌握易学变而不变，重视交易与合易的内在精神，不能不导向僵化而失败的后果。

第四，易学导向儒道的发展，以儒道的发展导向诸子百家的兴起，可以说是中国哲学充满活力的象征。但并非所有后起的诸子百家都能得益于易学，战国时代的阴阳学家和五行论者似乎是易学发展的成果，阴阳之说只谈阴阳，不谈阴阳本体的道，则流入术士或方士，甚至杂家如邹衍之流。关于名家，如公孙龙，我认为是相应儒家的正名思想而引起的，却远离易学的宇宙论思想而流入语词的形式主义，并与墨辩的实在主义产生分歧。由于不受易学的影响，反而演绎成另外一种事物存在论，甚至也接近柏拉图的理念论。这些都可以看成易学未能影响到的学派，只有片面的哲学意义。虽非中国哲学的主流，却可以跳跃式地与西方现代逻辑思想相近，显示了中国文化的多姿多彩。最后必须指出的是，易学发生的伏羲时代促进了农业发展的农业时代，易学的观察体验世界的精神也引起神农氏的遍尝百草，成为中国医学的起点。经过长时期的演变与实际的经验和实践，《内经》一书在春秋时代就已经成书也是十分可能的。《内经》可说是继承了《易经》的观察与实践精神而逐步发展，都是以人的生命经验作为基础的。《易经》是对外在宇宙的现象和变化的认识，而《内经》则是对人的内在的藏象和经络的关系的理解，却必须以自然宇宙作为最后的参照体系，因此可以说是属于《易经》的实用成果。

以上我说的《易经》，除了原始的卦爻体系，还有已经包含孔子思想的《易传》。《易经》的本文是六十四卦的卦爻辞，看起来像是卜筮来的结果，实际上我们应该了解这六十四卦的卦爻辞是对六十四卦象的个别解说，这个解说的来源可以是实际卜筮引发的情况描述，因此涉及一些历史的事件和可以想象的行为方式，也包含一种自然人性对环境状态的直接回应，其中有很多象生象形的生动语词。我并不认为周易卦爻辞的形成是一个特定的卜筮结果，相反地，我认为这些卦爻辞更是经过巫师或史官有意识的反映。不但可以看成是客观情况的描述，也包含着一种应然的肯定。比如说"潜龙勿用"，不只是描述在某一情况之下人应该保存元气，不必张扬发挥，这种描述隐含着一种劝告和一种智慧。如此看来，每个卦既是描述，又是应然的要求，因此成为相应行为的标准。传统说易学只是卜筮之说，我提出易卦并非对具体卦象的描述，而是包含了一种价值判断和行为规范，因此我说它不只是卜筮之书，而是以卜筮为用，以认知价值为体的哲学反思的整合。

孔子晚年深读《易经》，把《易经》的卦爻辞看成应然命题或价值命题，并对易学的本体宇宙论前提进行了深刻的认识和说明，形成了后人所称的《易传》。《易传》是孔子的学生和学生的学生写出的，但也是接受孔子的思想而写成的。它的价值就在于它首先呈现了易学卦爻辞的自然宇宙本体论的认识架构，同时也领悟到每一卦的卦爻辞整体所包含的现象和本体的含义，最后并提出具有价值判断的说明，这就构成孔子《易传》对易经本文的诠释。《易传》从孔子后就成为《易经》的一部分，这样更把《易经》作为"易的哲学思考"的本质突显出来，而绝对不可把它看成只是卜筮之书，如朱熹等人所强调的。这是未经思考的误论，历史上也几乎没有人指出，我是在哲学思考的理解中首先说明《易经》这本书的诠释性以及所包含的诠释方法，这一点我还会在下面加以发挥。

此处要指出的是，由于《易经》包含的哲学诠释性，后来中国哲学的发展就是要顺应这种诠释性的易学方法，或是偏离这个方法，这就构成中国哲学的一个主流传统的力量，使每一代的中国哲学都受到这个主流传统的影响，或是在方法上，或是在实际的内容上，这也构成中国哲学最根本的特色，是我们研究中国哲学不能不认知的。从中国哲学史的发展来看，任何新的哲学门派，最后都必须回到易学的原点，指出新的发展方向，却并不离开这个易学广泛的本体诠释的架构。汉代的易学如此，董仲舒的"春秋易学"更是一个明显的例子。魏晋玄学也是回到易学，来彰显所谓"三玄"之说。隋唐哲学包含一大部分中国佛学的发展，中国道家或儒家面对印度佛学，采取一种本体诠释创新的易学方法，最终把佛学的基本思想也纳入到易学的主体思想之中。中国佛学扬弃了印度佛学中的寂灭思想，把佛性看成一种生命性，是生命的"世间觉"。禅学尤其发挥了道家认识莫名的道的真实，并不脱离世间，而是转化了世间。

隋唐之后，宋明理学更是回归易学的本体论，从人的生命的性看到人的存在定理。理气虽然有所分别，但理和气仍然是合体的，甚至同一的，提出了"性即理"的认识。因此，无论伦理学还是心学，都可以说是易学的发挥，其之所以能够发挥，是因为时代的需要，也是时代所启示的易学精神使然。因而能够产生满足时代需要的宋明理学，这在理学与心学哲学家都是说得通的。我对周敦颐、张载和王阳明的阐述，也就根据对易学的本体诠释而形成。明末以后西学东来，面对心学与理学，提出了西方的神学和宗教。

我注意到明末的中国学者和明末清初的几位重要哲学家，如方以智、黄宗羲、王船山和颜元等，都能回答易学，来面对西方哲学的差异性和挑战性，形成新一代的哲学启蒙运动，其内在的创新精神无疑来自易学。因为易学能够接受变化，也能够保存整体，更能够开源创新，有绵绵不绝的生命力与创新力。在任何艰难的时代都能发挥出来，也就是易学在中国哲学史中的一贯之道。我对此有极为深刻的认识，这也是我这个时期着重中国哲学发展的精神及其形成的智慧的根本认识。我掌握了中国哲学的原始点，因此能够看到易学如长江黄河，有其深远的源头，因而开展了一条哲学发展的长江大河。一方面容纳了外来的思想，汇集成为更大的潮流；另一方面，又像长江黄河的支流一样，吸引长江黄河之水，灌溉沿岸的土地，形成大大小小的地方文化，蔚为大观。

在这段以中国哲学研究为主的阶段，我经历了一个整体的中国哲学发展的内在逻辑。过去学者讲内在逻辑是抽象地讲，而我发现的内在逻辑是基于易学的变化思想和本体思想而形成的，不是一般抽象的逻辑，而是实质性的本体宇宙论的认识，当然也不排斥逻辑的相关性。这也解决了中国哲学的起点问题，可以更有效地和世界文明中的哲学传统进行比较。在这种理解之下，我也理解到这个易学传统的发展包含了一套重要的诠释哲学方法，成为我第三阶段发展的主要关切所在。总结我在第二阶段的基本心得，使我对中国哲学有了一个整体和根源的理解，而且得到诠释方法论的启示，在我论述中国哲学家的思考中看到一条隐藏的线索，对中国哲学的发展也形成了一种既是历史的也是哲学的认识，成为我计划写出一部本体思想贯通的中国哲学史愿望。

我在第三个阶段的哲学思考结合中西哲学来建立世界哲学这个基本方向进行思考与研究阶段，基本可以把这个世纪我于 2000 年与伽达默尔在德国海德堡伽达默尔家中交谈作为开始，一直到最近的现在。我与伽达默尔在他家中交谈并非偶然的，而是我认识的一位美国哲学教授帕尔默（Richard E. Palmer，1933—2015）由于理解我对诠释学的兴趣和发展，而推荐我与伽达默尔做一次深刻的东西交谈，时间是在 2000 年 5 月 26 日。我记得我先到波东和波恩两地开会，然后从波恩坐火车到海德堡，在电话中伽达默尔提示我坐计程车跨过莱茵河，到对岸他家中与他见面。我们两人从下午 2 点到下午 5 点左右对谈，兴趣越谈越浓。但是由于考虑到伽氏 100 岁的高龄，我主动告别，双方都表示以后还会再行交谈沟通。可惜的是我对当时交谈的记录并不完整，但我仍然写了一篇《世纪交谈》的文章，在哲学与诠释第二册中发表。我在这次会谈中表示了我自己的立场，从易学本体存在论和本体宇宙论的观点，也是一个文本基本含义以及对它的基本诠释。

一个文本的基本含义终极地说，是具有本体宇宙论意识的，至少有一个对宇宙论的起点和前提，才能发展和形成一个有关的意义概念，表达为相关的语言，而诠释则必须有一个本体论的前提，以读者的眼光认识相关的意义和概念，进而进行一个重新描述和说明。这也是一个理解的过程，理解的对象可以是文本，或是导向文本的存在经验。显然我们无法获得原初作者的意义概念理解，但我们可以从文本的语言中认识到新的理解的可能性。新的理解不一定完全区别于原有的理解，但总可以看出一些差异。因为作为读者，我们看到的是基于我们对文本对象的认识，所产生对文本的认识，因而有了新的添加而不必雷同于作者。我们自己观点的起点可以具有时代性，也可以具有某种超时代性，这要看诠释者的目标何在。因此，对一个文本的认识是涵盖作者的表达意思与诠释者的真实理解认识的意义的，而不必等同于作者原始的含义。这也可以比喻为我们用一个成语来彰显现实情况的具体含义。

一般我们对成语的用法是直觉的，但理论上我们可以分析何以用此一成语而不用另一成语，而且可以表达此一语言所要表达的意义。这就是《易传》对《易经》的诠释方法，伽达默尔认同这样一个诠释方法，并认为这就是他主张的哲学诠释方法，只是哲学诠释不考虑到一个终极的本体存在的参照体系，而直接就现实的真实来发展对一个文本新的意义。人只能够对新事物和文本产生意义，是由于人有一个本体论的存在基础。这样一个潜在的基础来认识现象的各种面貌，形成文本或是对文本的重新认识。但随后我发现我和伽达默尔也有重大的不同：伽达默尔无法假设一个真实的本体宇宙意义，同时也是为人所理解的，引发人的基本经验。在我问及诠释学形上学基础的时候，他提出海德格尔的存在哲学。但海德格尔并没有一个本体论的哲学基础，那只是对存在意识的感受。海德格尔又说人是"被抛出的存在"，因此并没有一个本体存在的基础，必然随风飘荡。而我的本体诠释学强调一个常道，也就是易学的变而不变的生命力和创造力，以此来作为诠释永远的形而上基础，也就避免了走入相对主义，而且能够面对不同的目标发挥多元的诠释可能性。但是其本源却可以是常道，以此作为标准，也可以比较和判断不同诠释的优劣和相关性与非相关性。

我从德国回到美国，在哲学讲学和研究上都更强调诠释学的重要。首先引进了哲学诠释学的课程，也建立了"本体诠释学"的讨论课程，把伽达默尔和海德格尔作为显示存在论的诠释哲学代表，而把我自己逐渐发展出来的本体诠释学作为可依持的哲学诠释方法和标准。我把它分别用在中国哲学和西方哲学的研究上面，因此我这 时期以后的论文都具有彼此相关性和内在统一性，当然也更好地帮助我建立了我哲学思想的体系。

我提出"本体诠释学"有两个重要意义：一个是从本体论看到一个哲学思想的根基和范围，以及它可能的发展。就已存的文化传统中的哲学主流来看，每一个哲学主流都代表一个世界。当然，在一个哲学主流中仍然可以有分歧与多元的看法，我提出哲学主流是以它的理论重要性和影响性来决定的。主流中也可能有一个以上的学派，形成彼此对立的局面。如在希腊哲学中有柏拉图主义和亚里士多德哲学的对立。在德国哲学中，则有康德与黑格尔的对立。英国哲学传统中，在休谟之外，我看不到一个特殊的坚强的对立，可能只能举出这个常识学派的里德（Thomas Reid，1710—1796）作为对立面。

在当代西方哲学中，英美分析哲学是主流，而德法的存在主义和现象学则是一个有力的对立面。对立之所以形成，是因为本体论的差别，如果推广到全世界，中国哲学的主流学派其本体论显然有其自身的对立面，如儒家和道家的对立。但两者又和西方主流的本体论思想相去甚远，在这种粗略的分类中，我们又如何谈世界哲学呢？我们仍然要以本体论做基础，承认不同文化传统中的哲学具有的不同的本体思想。但所谓世界哲学，则是这些不同传统的哲学。可以是自身的本体论立场来诠释其他传统的哲学，形成可能的对话或辩驳，最后形成一个差异多元的哲学思考的开放结构，来形容或构成所谓世界哲学的网络。世界哲学的世界是所有事实的总和，如维特根斯坦早期所指出的。但这些事实在哲学中都变成人的知觉、信念、理解、知识以及理论，我并不要求每个传统都有同样的知觉、信念、理解、知识以及理论，但也不妨碍它们在差别中可以有相似的想法，而它们之间可以进行相互的诠释和理解。由此产生的影响可能使它们趋同，也可以使它们趋向协同，但也有可能趋向更大的差异。基于客观经验的观察，以及人的社会交往和文化共享，我们可以假设趋同性大于分歧性。当然这也不是可以保证的。

皮尔士认为科学真理是最后人人都可以看到的而且接受的，因此，科学家可以最后有一个彼此同意的世界观，但问题是针对同一的真实和对象却是问题。因此并不能保证人们具有可以经过科学的研究，达到同一的信念。再说，科学家各有奇才，并非人人有理性的一致。因此，从主体方面来看，也不一定达到同一的认识目标。此一观念用之于世界哲学，我们更可以说世界作为思考的对象，可以有不同的面貌。而人作为理性的思考者，也可以有不同的意见，要达到一个人类完全同一的客观的世界认知，可以说几乎是不可能的。如此，人们讨论世界哲学或提出世界哲学有什么意义呢？回答是，人们可以从知觉上看世界是一个共同的对象，而人的知觉提供一般性的认知，因此即使深度的理性认知仍然不一样。但知觉上的认知却可能趋向一致，因此我们仍然可以说一个共同的世界作为我们共同知觉认知的对象，加上我们允许相互的本体论的诠释，我们认知的差异也可以说建筑在一个广泛浮动但又一般的经验知觉之上。我认为这已经足够提供我们进一步交往的动力，使传统之间的交往发挥不同的见解，也因此形成一个共同的、多彩的、开放的世界观，在追求共同性中实现差异性，更导向共同性的追求。

因此，每一个哲学家的意见，不管他的传统如何，都有他可以贡献差异性和同一性的潜力，使这个世界更富有挑战性，生命更具有追求与发展的活力，并不断创新解决能够解决的问题，也发掘新的问题。我想这就是所谓的世界哲学的重要含义，世界哲学不在于已经形成一个世界性的哲学思考，而在于自觉地对哲学问题的探讨和贡献，来实现它的实际的世界性。

通过以上对世界哲学概念的分析来看，世界哲学开始于每一个文化的传统哲学，然后在不同文化与不同哲学的交往之中，掌握了认识对方的基本方法，那就是诠释的理解，在诠释的理解中自觉地认识到一个世界的存在事实，世界所构成的文化与思维创造力，体现为以我心知彼心，作为知是主体的知，并非客观的知，并不保证一个主体的所知就是另外一个主体的所知。中国哲学传统中"人同此心，心同此理"是过分乐观的说法，因为人可以有不同的心灵出发点，而所认识的对象作为理，也不一定能够相互接近。这个开放的新时代，就在不同的哲学家也只能做到相互诠释，相互理解，而不能保证这个理解和诠释的对象是客观一致的，甚至不一定是主观一致的。但有此相互的理解和相互的同意，就可以建立行为的协同性，避免不必要的冲突，并因此达到彼此和平相处的生活状态。

总而言之，世界是开放的流动性，但我们却可以相信它的发生有一定的因果结构。世界的真相和根源就是它的因和本体，而世界的具体形象和存在事物则是本体或本因从内而外展现的效果，也就是果，也就是体。认识这种本体的关系是重要的，其重要性在于承认世界是变化的，而非永恒不变的。对这个本体因果关系的认识就是知，但人们也可以否定这个知，而以否定的知为知。如巴门尼德不承认变化，只接受永恒的同一性，而以变化为假象不可依靠。这自然也是认知世界存在的一种方式，我肯定认知的多重性，甚至其相反性，但如果以行为来衡量，按照巴门尼德的观点，人们应该保持寂静，而其动态则是错误的，有别于本体存在的真相，因此主张寂静的沉思是人的认知的最深刻的方式。

在现代哲学中，从维特根斯坦到麦克道尔（John McDowell，1942— ），我们可以看到这样一种认知论的倾向，把哲学认知看成一种心理治疗，然后对世界不做任何改变，而是通过改变自己，消除哲学的问题。显然这并非我看到的世界哲学的作用，毕竟人有相互沟通的需要，也有自觉认知的能力，知识的客观性导向科学的发生，知识的主观性则形成伦理与道德修养的存在，因此一个积极的世界哲学观是需要的，主要是人的生命和宇宙的生态在自然无形中导向对共同真理的追求，也导向我们确认自我行动合理性的需要。当然，维特根斯坦和麦克道尔在现代的诠释学中具有一定的价值，但由于我肯定诠释本身的合理性和本体性，我更愿意支持提供这种本体性与合理性的客观认知和主观认知，以及两者合一的一个理想认知。

基于理解的需求，我接受蒯因哲学的自然主义本体观和其自然化的知识论，但对他忽视价值因素和主观心理因素的态度却不能同意。我想就已经提出来的看法再加以发挥，来论述中国哲学与西方哲学比较而统合的可能。

蒯因哲学的一大优点是尊重一个现实的活的语言所包含的一些意义和规则，利用逻辑分析和概念分析来显示这些意义的作用，并用清晰的逻辑语言加以表达，随时可以向本族语言使用者（native speaker）和本族语言倾听者（native hearer）求得证实。如此初步掌握一个本族语言（native language）所表达的真相。在逻辑重建的过程中，一个活的语言取得逻辑形式，并由此来掌握真实，显示语言所指的客观事实和心灵感受的意义相互配合。但蒯因侧重科学理论显现的科学真理，往往把一般语言所呈现的客观世界优化为科学知识世界，最后造成科学知识真理解释了或诠释了语言中的意涵，似乎对原本的语言的意义有所转化，看不出主体意义的真实概念的贡献。这是他的特点，可能也是他遭受批评的原因所在。

上述麦克道尔就认为他的知识论是一种约化的自然主义，而没有直接的表象。我觉得这个批评是合理的，因此并不坚持每一个语句都必须要有科学知识的所指，所指的对象可以是生活中的事物，是我们心灵所感受到的存在。如此则一个语言对真实的表述，必然是主体客观所指与心灵意象的结合，才能够作为价值和行为的根据。因此我的观点是以蒯因的客观语言为对象，却以心灵的意义感受为主体的贡献。再者，我对客观对象的认识也不只见于科学知识的所指，因为科学知识显现的世界就是一个物质的基本粒子世界。但这个世界是否有另一个底层则不可知，但我们可以想象这一个尚未取名的真实世界，作为物质世界的一个起源。这个尚未取名的真实世界，康德称之为"物自体"，但康德的"物自体"却是不可知的。

我并不倾向可知论，而是认为我们可以经过科学知识的重建和整体意义的把握，来设想这样一个本源的世界，我称之为创造力。从中国哲学的观点，这就是太极，就是道。另一方面，我也接受中国哲学中的象数与义理相应的贯通理论，也就是我前面说到的"数生象，象生义，义生理"是相互贯通的，表现出一种层次上的关联，而各具其整体性和特殊性，因此我则把客体性与主体性在存在的结构中结合为一体。我可以用下图加以表示：

这个图最主要表现的是客观的复杂性和主观的复杂性。用现代分析语言来说，客观的复杂性在于数学模型和具体的物理现象之间的相互关系，在主体感知的复杂性则是意义和理构的相互关系，也就是意义中有一定的规则性，而规则在一个意义的概念中呈现。但是主体和客体的差别还是可以分明地显示出来，至少在我看来就是客体的存在有其整体的独立性，而主体也有其自身的独立性，但主体与客体两者之间既是相互结合，也是相互分别，这代表一种心灵的意象，有一种主客对立而又相应的关系。

我提出易这个意象性的概念，主要在于说明主客之间如果没有这样一种主体的意象性，两者便很难分开。例如我们在看一只鸟，我们怎么知道客观世界的鸟在主体世界里面只是一个眼目和大脑中的意象？这个认识也需要一种主体的意象性来决定，因为主体的意象主要是义和理的结合。当然也靠主体的意象性来做分别，从发生学的观点出发，主体与客体可以说是统一的。在一个统一的本体中，主客是不分的。主体之为主体，是因为主体的意象性的存在。所谓意象性，是指向一个自觉或不自觉的目标或理想，是心灵活动的一个标识，标识一种自觉的心灵存在，也标识心灵活动的实际意图，能够导致主体的活动。客观的数象并不能引导人们走向有目标性或意象性的行为，但经过区别主体与客体的意象性义理心灵结构，可以导致具体的主体的行动。

但逻辑上，客观世界属于所指向（denotation），而主体世界则属于所包含（connotation）。当在所指向和所包含结合为一体的时候，就产生一种诠释的作用，也就是显示一个由主体世界参与的新的客体世界的面貌，当然也可以看成由客体世界参与的新的主体世界的面貌，两者是相应而统一的。这种统一作为诠释，可以展现一个原有的语词的意义世界，使其扩充或缩减。同时也透露出新的义理的空间和相应的客观事物，因此诠释带来新意，或者说新意带来诠释，也同时带来主体的理解与客体的新貌，好像一个古老的建筑重新翻修了一遍一样。何以翻修是一种意象所决定，而翻修的成果则必须显现一个时代的新貌。但这个过程也可以看成本和体的发展过程，所谓本是两者存在的共同原点，而体就是一个事物呈现出来的主体与客体的相互关照的形象，其中包含了所指向与所包含两方面。

这样一种发展形成的诠释在于它带来新貌，因此引申新的语言描述，名之为"诠释"，也让我们有一番新的感受和知觉，名之为"理解"，整个的过程可称之为"本体的诠释"。由于诠释是涉及语言的表达，故称之为"hermeneutical"，因之"本体的诠释"也就是"onto-hermeneutical interpretation"。这样一个对诠释的理解是西方诠释学并未展现的，西方诠释学，如伽达默尔的哲学诠释学把文本的意义和读者的意义结合在一起，名之为"视野的融合"（fusion of horizon），但并未做出分析的、清楚的说明。"本体诠释学"却做出了这样的说明，当然也展现了一个诠释的结构和发生，是和伽达默尔的"哲学诠释学"不一样的。但它却可以用来阐明伽达默尔的诠释学，将其阐释为一个更清晰的本体世界。

必须注意，"本体诠释学"的这个结构图是独特的，因为它是动态的，把整个诠释看成在时间中展现的活动，其中包括世界的复杂层次和心灵的复杂作用。而我所知其他所谓的诠释学典范则只是抽象地说明具体的诠释活动，并没有做出任何清楚的分析，尤其没有把本体的相应结构展现出来，不是失之于过分的客体化，就是失之于过分的主体化。蒯因也许是一个过分客体化的例子，而黑格尔则是一个过分主体化的例子。而"本体诠释学"则是一个平衡又融合主客的动态结构的活动，这是它最重要的特征。

有人认为海德格尔只有"本体论诠释学"（ontological hermeneutics）的概念，这个概念预设了一个本体论作为诠释的基础，并未直接针对存在的本体来做出诠释。我用"本体诠释学"（onto-hermeneutical）一词也包含一个本体论的前提。对这个前提侧重于其本体论内容之所指，是一种实感，或者一种直接经验或体验，也可以看成直觉的观照，是从诠释者的第一人称来论述本体的，因此并不把本体的经验当作概念性的理论，而是一个开放的对本体的直接认知或语言表述，并以此作为基础来进行诠释或理解。本体诠释可以包含本体论诠释，但本体论诠释却不一定包含本体的直觉。因此，它最能够说明我们诠释的活动应该如何以及何以在诠释中取得理解。我说应该如何的意思是在描述诠释活动的时候所呈现出来的一种规范，把它划归为心灵的意象结构。因为心灵是理解的主体，是由取得以达到理解作为目标，我对诠释的要求可以有从理解到规范的这个进展态度。

我一再讨论"本体诠释学"的诠释作用，主要是看重世界哲学的发展问题。世界哲学的基本问题是相互理解，而不是要固定在一个哲学模型中，相互理解就必须相互诠释，因此有了"本体诠释学"的方法论，我们就可以实现建立世界哲学沟通的目标，也因此是人类一个逐步地走向和谐化与和平化的境界，消弭人间各种因理解欠缺和错误所形成的问题。事实上，世界的问题基本上是由没有充分的理解和沟通引起的，而世界需要理解和沟通，也是因为世界本质上是一个一体多元的存在。有了"本体诠释学"作为对峙之道，就能在多元的相互诠释和理解中，走向一个复杂的但是整体的多元永恒和一体相结合的存在共同体，在不断地诠释与理解中，创造新的世界关系，取得人类价值的实现。但此一过程是生生不息的，因此必须以易学的"既济而未济"来作为对未来的写照。

事实上，"未济"是在"既济"之中，"既济"也在"未济"之内。两者动态的平衡就显示出本体创造性的诠释和理解作用，如果把行为的因素也加入，这样一个诠释而又理解的世界就可以实现为一个具体活动的生活世界为人们所享有，也是人类未来的希望所在。

在我与西方哲学家交往的回忆中，除了我早期求学的蒯因教授，留下最深刻印象的是 2000 年与我深入交谈的伽达默尔教授。由于和他交谈的时间较长，他的真诚的理性和温和的性情使我如沐春风之中。他不但是一个好的哲学家，也是一个君子人物，有儒家的尔雅风度。我和他交谈的重点是他的"哲学诠释学"和我提出的"本体诠释学"，那时他已经一百岁，离开时他送我最新论文的集选，我也送他一本有我论文的最新英文《中国哲学季刊》。我表示希望有机会再交谈，他也表示同一个希望。没有想到的是，2002 年 3 月他就过世了，令我十分哀悼。我买了一套德文版一百本的《伽达默尔选集》，利用时间对他进行进一步理解。2003 年 11 月，我收到一份邀请，提交论文并出席纪念伽达默尔学术研讨会。研讨会在纽约上州圣凯瑟琳（St. Catherine）的一个天主教大学内举行，主办单位是以伽达默尔为主的世界诠释学研究学院（International Institute for Hermeneutics，缩写为 IIH）。为了纪念伽达默尔，我决定参加此一会议。会议一共三天，开幕时我发现大会有一百多人的规模。后来才知道这一百多人都是伽达默尔的学生和与他有密切关系的学人，并且大多都是欧洲人。美国的诠释学研究者大致在场，但全场没有一个中国人。大会主席威尔辛斯基（Andrew Wiercinski）在大会发言中指出，我是亚洲和中国唯一的代表。我一时颇感意外，但经过仔细思考，在我之前的确没有东方人和伽达默尔直接接触，他的"哲学诠释学"也很少在中国或其他地区讨论，我作为亚洲代表也就不足为奇了。这又让我想到伽达默尔的"哲学诠释学"是世界哲学的重大贡献，但东方学界并没有充分地认识。在西方学者中，欧洲学者是最早关心的。

何以伽达默尔的哲学如此受到重视？我有一个见解是，在 20 世纪这个新时代，人类面临最大的问题是文明的沟通和文化的相互理解。如果没有这样的理解，文明冲突和文化侵略就很难避免，由此导向世界深度的不安，甚至引起战争。在我看来，伽达默尔提出"哲学诠释学"，不但聚焦于人类文明的沟通，也在促使人类文明的自觉和自我理解。作为哲学家，他的诠释学不只是一般意义的沟通和理解，而是对沟通和理解自身的沟通和理解，促使人类警惕人类自我对偏见的固执而不知为偏见，也促使人们看到对话沟通的无限性，应该是人类解决问题的常道，如此方能避免人们落入自私和蒙蔽。这一点和中国儒学的孔孟与荀子十分接近。但这是我较后对伽达默尔诠释学意义的悟解。在我和伽达默尔会面的时候，重点还是在探索一个更为完整的理解与沟通之道，因而把我的"本体诠释学"补充作为完善"哲学诠释学"的方案，更是中国文化传统的终极思想，寻求人类文化思想共同的根源，实现多元性的成体和求知之道，认识理一分殊的基本逻辑，这提供了一个更为完善的理解哲学、沟通哲学。这正是人类在新时代所需要的，也应该被看作哲学思想的本质。如此，中西的差异才能够更好地沟通，而不必导向激化的独断和迷思。

这种世界哲学的含义，在"本体诠释学"中是十分强烈的。许多中国学人对此毫无感受，和西方一些学者未能感受到伽达默尔哲学的世界性一样。这是很不幸的事，因为一旦发生直接的利益冲突，再回头寻求文化和文明的沟通可能已经太晚。伽达默尔表示他对未来极为悲观，可能也是因为他的诠释学没有肯定一个人类根源的本质。而我对人类仍然保持光明的乐观，这是因为想通了中国易学与儒学的本体学的传统。

我在加拿大会议中发表了我的"本体诠释学"论文，回答了相关的一些提问，使我更深信"本体诠释学"具有内在的价值和伦理学的意义，应该走向实践。我强调"本体诠释学"的实践性，不但诠释学要实践，本体学更要实践。这自然涉及人的心性与意识发挥和发展，是人类未来文明的重要元素。

纽约上州会后，我回到经常性的教学和学术研究工作中。在英文《中国哲学季刊》中策划了几次专题研究，涉及中国先秦的"实践哲学"（Practical Philosophy），经过数次在欧洲主办的国际会议，同时也经过五届国际中国哲学会议，于 2006 年、2007 年收到国际诠释学研究学院的一些信息，进行了一些学术交流。2012 年，我不仅收到国际诠释学研究学院出版的纪念伽达默尔的文集，还逐渐和德国波恩大学哲学研究中心建立了合作关系。9 年之后的 2021 年 11 月，我突然收到庆贺我被该院选拔为院士（亦为荣誉教授）的信件，于同年 12 月 8 日收到正式的国际诠释学研究院的院士赞词（citation）。我在下面把赞词的任命书附在此处：

IIH
INTERNATIONAL INSTITUTE FOR HERMENEUTICS
INSTITUT INTERNATIONAL D'HERMÉNEUTIQUE

confers the award of

PROFESSOR HONORIS CAUSA

upon

Prof. Dr. Chung-Ying Cheng

for exceptional intellectual acuity and advancing the culture of thinking, inventiveness, and originality in contemporary academia. Acknowledging your outstanding contribution to the interpretive approach to our being-in-the-world as being-with-others, we welcome you to *Agora Hermeneutica*, an eminent circle of world-class scholars in philosophy, theology, literature, architecture, education, law, and medicine.
Quod bonum faustum felix fortunatumque sit.

Conferred on December 8, 2021

President
International Institute for Hermeneutics

For the Committee

我平生从来不蓄意追求任何荣誉、奖项和荣誉职位，我觉得一切听其自然发生更有意义。至于蓄意追求，得到固然很幸运，却是另外一种评价，是否真正应得或非应得。孔子的正名主义包含一种应然的要求，任何事实应该与称名或称号真正相应或相当。成固可喜，努力求成，不会追求虚名来满足自己。国际诠释学研究院选拔我为院士，我看重的是这份自然的荣誉。实际上，我更看重的是我和伽达默尔交谈的那份回忆，我对人类未来相互沟通与理解的期待。

结束勉词 ～～～～～

海外来孤鸿，原自神州行。
回归爱吾土，总关生命情。
寰观大宇内，天地知我心。
春秋千古业，继往再开新。

附

录

一、大事记 〰〰〰〰〰〰〰〰〰〰〰〰〰〰〰

1935 年　　出生于南京，祖籍湖北阳新。

1940 年　　进入重庆东郊岐山庙小学，后又转入蔡家场小学，最后转入重庆市李子坝小学。

1947 年　　进入南京的国立社会教育学院附属中学，该校随即改名为南京市第六中学。

1948 年年底　随家人到浙江金华避难。

1949 年年底　与父亲移居台湾台北。

1950 年　　进入台北建国中学。

同年　　　母亲及弟妹来台，全家团聚。

1951 年　　考入台湾大学外文系。

1955 年　　自台湾大学毕业，获文学学士学位。

1957 年　　考入台湾大学哲学系研究所。

1957 年　　赴美留学深造，在西雅图华盛顿大学读哲学硕士。

1959 年　　获得华盛顿大学哲学硕士学位。获得 4 所名校的研究生奖学金，入哈佛大学哲学系读博。

1963 年　　获得哈佛大学哲学专业博士学位。

同年秋　　应邀担任夏威夷大学哲学系助理教授。

1970—1972 年　接受耶鲁大学哲学系邀请，担任该校哲学系访问教授。

1971 年　第二版英文《戴震原善翻译及研究》出版。

同年　　赴台湾大学担任哲学系主任。

1973 年　回夏威夷大学哲学系担任终身职正教授。

同年　　创办英文《中国哲学季刊》。

1975 年　在美国创立"国际中国哲学会"。

1979 年　提出"C 理论与中国管理哲学建构"，影响深广。

同年　　在美国创立"国际易学学会"。

1984 年　受邀组织第十七届世界哲学大会中的中国哲学圆桌会议，会议在加拿大蒙特利尔举行。

1985 年　受邀任北京大学哲学系客座教授，并授课于清华大学与人民大学等名校。

1986 年　倡导成立"国际儒学联合会"。

同年　　在夏威夷创办远东高级研究学院，该学院后改名为国际东西方大学。

1987 年　暑期在夏威夷希洛（Hilo）召开第一届国际周易学术讨论会，提出《易经》是世界哲学的思想模型。

1988 年　出席在山东举办的中国全国易经会议，提出《易经》是中国哲学的源头活水。

1992 年　受邀在日本国际基督教大学（ICU）讲学两学季。

1993 年　与德国慕尼黑大学鲍尔教授合作，共同在该校主办第七届国际中国哲学会议。

同年　　经多年倡导，"国际儒学联合会"在北京正式成立。

同年　　英文著作《儒学与理学的新向面》（*New Dimensions of Confucian/Neo-Confucian Philosophy*）在纽约大学出版社出版。

1995 年　出席在波士顿大学召开的世界哲学会和国际中国哲学会，

在会上被俄罗斯科学院远东研究所授予荣誉博士（Doctoris Honoris），并受邀访问俄罗斯。

1996 年　访问俄罗斯科学院远东研究所，并参观圣彼得堡。

1997 年　在香港浸会大学担任哲学客座教授。

1998 年　应邀担任德国柏林科技大学客座教授。

2002 年　应邀赴英国牛津大学担任客座教授。

2009 年　趁开会之便赴重庆探寻儿时故居洪家榜。

2012 年　在伦敦大学担任中国哲学客座教授。

2013 年　在牛津做讲座，发起成立国际新儒学学会。

同年　　庆祝英文《中国哲学季刊》（*Journal of Chinese Philosophy*）创刊 40 周年。

2016 年　获评中国北京中央电视台第五届"中华之光——传播中华文化年度人物"。

2017 年　《成中英文集》十卷本由北京人民大学出版社出版。

2018 年　创办"北京中英书院"。

同年　　荣获第三届全球华人国学传播奖之海外影响力奖。

2020 年　英文著作《原道：中国易经哲学》（*The Primary Way: Philosophy of the Yijing*）出版。

2021 年　当选"欧洲国际诠释学研究院"（IIH）院士（荣誉教授）。

2023 年　举行在夏威夷大学哲学系教学 60 周年纪念活动。

同年　　庆祝英文《中国哲学季刊》创刊 50 周年。

同年　　英文易经哲学研究新著《易经哲学的比较研究》（*Comparative Insights in Philosophy of The Yijing*）出版。

二、主要著作表

中文部分

《中国哲学与中国文化》，台湾三民书局股份有限公司，1974 年版。

《人类价值与科学真理》，台湾三民书局股份有限公司，1974 年版。

《中国哲学的现代化与世界化》，台湾联经出版事业公司，1985
　　年版。

《知识与价值：和谐，真理与正义的探索》，台湾联经出版事业公司，
　　1986 年版。

《中国现代化的哲学省思——"传统"与"现代"理性的结合》，台
　　湾三民书局，1988 年版。

《中国哲学的现代化与世界化》，中国和平出版社，1989 年版。

《文化—伦理与管理》，贵州人民出版社，1991 年版。

《世纪之交的抉择：论中西哲学的会通与融合》，上海知识出版社，
　　1991 年版。

《C 理论：易经管理哲学》，台湾东大书局，1995 年版。

《论中西哲学的精神》（《世纪之交的抉择：论中西哲学的会通与融
　　合》改名再版），东方出版中心，1996 年版。

《智慧之光：中国管理哲学的现代应用》，与周翰光共同主编，中国
　　纺织大学出版社，1997 年版。

《C 理论——中国管理哲学（修订本）》，学林出版社，1999 年版。

《本体与诠释》，三联书店，2000 年版。

《合内外之道——儒家哲学论》，中国社会科学院出版社，2001
年版。

《创造和谐》，上海文艺出版社，2002 年版。

《成中英自选集》，山东教育出版社，2005 年版。

《易学本体论》，北京大学出版社，2006 年版。

《成中英文集》（四册），理翔海、邓克武编，湖北人民出版社，
2006 年版。

《新觉醒时代：论中国文化之再创造》，中央编译出版社，2014
年版。

《成中英文集》（十卷本），中国人民大学出版社，2017 年版。

《易学本体论（扩大本）》，商务印书馆，2020 年版。

《中国古典政治哲学发微》，商务印书馆，2021 年版。

《中西哲学论》，商务印书馆，2021 年版。

《我的治学之道》，岳麓书院出版社，2023 年版。

《理解之根：本体存在论与本体诠释学》，商务印书馆，2023 年版。

英文部分

Peirce's and Lewis's Theories of Induction，The Hague：Martinus
Nijhoff Publishing Company，1969.

Tai Chen's Inquiry into Goodness，*A Study with A Translation of
Yuan Shan*，Honolulu：The East-West Center Press，1971.

New Dimensions of Confucian/ Neo-Confucian Philosophy，
Albany：State University of New York Press，1991.

Contemporary Chinese Philosophy，edited with Nick Bunnin，
Boston United States and Oxford，England：Blackwell Publishers，

2002.

The Primary Way: Philosophy of the Yijing，Albany：Suny Press，2020.

Insights into Change: Comparative Studies in the Philosophy of Yijing，Albany：State University of New York Press，2023.

后记 ～～～～～～～～～～～～～～～～～～～～～～～

　　我的学术自传 5 年前就在计划之中，但一直没有时间来真正开始写作。有些片段虽然记录下来，却不知最后到了何处。2017 年华东师范大学中文系美学教授朱志荣教授在电话中向我表示，华东师范大学出版社想出版我的学术自传，他愿意帮我并安排我进行初步的写稿。同时邀请我到华东师大访问一个月，由我讲述，他安排学生来记录。这样我就在 2019 年 6 月份到上海华东师大闵行校区居住，进行每天 8 个小时的采访和录音。这个过程进行了将近一个月，录音的稿件也由学生和朱教授整理成一份初稿。但这份稿件并不理想，信息也不完整，我觉得必须由我自己重写。这个重写的工作到 2020 年暑假才开始，是经过我重新构思，以清楚地写作文字，而不是口语来表述的。我很幸运找到一个助手，他能够跟从我的口述语句迅速地打印出来。但这个工作也是时做时断，因为我还有别的工作要做，并不能持续地完成。现在这份写成的初稿是从 2020 年夏天开始，到 2022 年冬季才最后完成。虽然这份稿件经过初步的审读，但还需要更多的反馈，到 2024 年春天才能真正地定稿。

　　这是一个考验我的记忆和耐心的过程，尤其在这个我的身体状况并非最佳状态阶段，我对任何写作都不愿意马虎，所以一再反思检阅和调整题目及内容，最后才得到现在这一个形式。这份书稿既反映我动态的发展，更反映我学术思想开展的过程。我在此仍然要感谢朱志荣教授的最先安排，也感谢为我记录的助手袁野同志。

在这个学术活动记录的过程中，我的思想往往从具体生活流向抽象的理论。这好像是一个哲学家的通病，不能持久地安于描述生活的具体情况，包括人物与事件等。但我仍然坚持，一个哲学家只有面对具体生活情况和环境，才能更好地认识和回顾理论的发生。有一点奇怪的是，我在最初的计划中很想评述一些具体的学术人物，平常对他们往往有一些看法，很想做出客观的评论，尤其对一些言行不一致、缺乏良知的西方同行，在追求学术的地位时往往逾越道德水平，表现在自私、欺骗、不义或不公平等各种粗鲁的行为上面。其实我这里说的西方同行，更多的是自以为是的汉学家，以为自己了解一些汉学，就以为了解中国，其中少数更是侧重以经济利益和学术权威来影响其他学人。我心中至少有三个例子。但我又想到大部分的学人还是真诚正直的，对这少数的学术伪装者，也就不想浪费口舌了。因此，我在这个自传中很少涉及对哲学学者的批评，这并不表示这类学者不存在，而我也受到过他们的危害。

回顾这几年所处的时代，所经历的社会遭遇，我想要说的话很多，但也不应该在一本学术自传中说出来。因此，我宁愿保持学术的安宁和自由，而不愿意涉及学术当事者的劣行和欠缺修养。哲学当然并非纯粹自我修持之学，但哲学在修持上和行为上都应该产生一种无形的影响，这在中国哲学家是可以期待的，但在西方学界中，哲学纯粹只是知性之学，而欠缺了这种心性的修养之道。也许这就是中西哲学明显不同的地方之一。